suhrkamp taschenbuch
wissenschaft 2104

Was unterscheidet uns Menschen von anderen Lebewesen? Laut dem großen amerikanischen Philosophen Robert Brandom vor allem die Tatsache, dass wir in unserem Handeln und Urteilen Verpflichtungen eingehen und Verantwortung für das übernehmen, was wir tun und sagen. Wir leben in einem »Raum von Gründen«, insofern wir unser Tun stets rechtfertigen müssen und solche Rechtfertigungen auch von anderen verlangen. Menschliches Leben ist somit durch und durch normativ. In *Wiedererinnerter Idealismus* zeigt Brandom, dass der Ursprung dieser Einsichten bereits in der Philosophie Kants und Hegels zu finden ist. Seine fesselnden Studien beweisen die Aktualität und Bedeutung ihres Denkens für das Verständnis unserer Lebensform.

Robert B. Brandom ist Distinguished Professor of Philosophy an der University of Pittsburgh. Veröffentlichungen im Suhrkamp Verlag: *Expressive Vernunft. Begründung, Repräsentation und diskursive Festlegung* (2000) und *Begründen und Begreifen. Eine Einführung in den Inferentialismus* (stw 1689).

Robert B. Brandom

Wiedererinnerter Idealismus

Aus dem Amerikanischen von
Falk Hamann und Aaron Shoichet

Suhrkamp

Bibliografische Information der Deutschen Nationalbibliothek
Die Deutsche Nationalbibliothek verzeichnet diese Publikation in der Deutschen Nationalbibliografie; detaillierte bibliografische Daten sind im Internet über http://dnb.d-nb.de abrufbar.

suhrkamp taschenbuch wissenschaft 2104
Erste Auflage 2015

Umschlag nach Entwürfen von Willy Fleckhaus und Rolf Staudt
Druck: Druckhaus Nomos, Sinzheim
Printed in Germany
ISBN 978-3-518-29704-9

Inhalt

Wiedererinnerter Idealismus

Erster Teil: Eine semantische Sonate über Themen von Kant und Hegel

Zweiter Teil:
Erkennen und Repräsentieren.
Eine Lektüre (zwischen den Zeilen) von Hegels Einleitung in die *Phänomenologie*

Dritter Teil:
Wiedererinnerter Hegel

James Conant und Andrea Kern

Analytischer Deutscher Idealismus
Vorwort zur Buchreihe

Die Philosophie des Deutschen Idealismus – und damit meinen wir die Philosophie von Kant bis Hegel – scheint vielen durch die analytische Philosophie überholt. Nicht selten wird sie als Gegenprojekt zu dieser Tradition der Philosophie verstanden. Mit der Buchreihe »Analytischer Deutscher Idealismus«, deren Auftakt der vorliegende Band bildet, wollen wir sichtbar machen, dass die Philosophie des Deutschen Idealismus keinen Gegensatz zur analytischen Philosophie darstellt, sondern umgekehrt ihr Maßstab und Fluchtpunkt ist.

Die Reihe antwortet auf eine intellektuelle und gesellschaftliche Herausforderung, die durch die Renaissance des Naturalismus in den Wissenschaften erneut ins Zentrum der Aufmerksamkeit gerückt ist. Sie liegt in der für uns grundlegenden Frage, wie wir es verstehen können, dass wir geistbegabte Tiere sind, die einerseits das, was sie tun, aus Freiheit tun, deren Leben aber andererseits durch Gesetzmäßigkeiten bestimmt ist, die sie nicht selbst hervorgebracht haben. Es ist offenkundig, dass man diese Frage nicht beantworten kann, indem man ihre eine Seite – die Freiheit des Menschen – leugnet. Eine Naturalisierung des Geistes, die leugnet, dass all das, was das menschliche Leben ausmacht – Denken, Sprechen, Handeln, soziale Institutionen, religiöser Glaube, politische Ordnungen, Kunstwerke etc. –, Gegenstände sind, die, um mit Kant zu sprechen, dem Reich der Freiheit angehören, löst das Problem nicht, sondern kapituliert vor ihm. Doch auch wenn jeder sieht, dass diese Leugnung, die der Szientismus unablässig predigt, nicht das Resultat einer Erkenntnis sein kann, sondern vielmehr Ausdruck einer intellektuellen Hilflosigkeit ist, führt uns diese Reaktion ebenso vor Augen, dass die Frage nach der Einheit von Geist und Natur eine echte Frage ist, bei deren Beantwortung unser Selbstverständnis als geistige Wesen auf dem Spiel steht.

Die beschriebene Situation ist indes nicht neu. Blicken wir ins 18. Jahrhundert zurück, erkennen wir eine ähnliche intellektuelle Lage. Auch damals war es der Fortschritt der modernen Naturwissenschaften, der unser Selbstverständnis als geistbegabte Tiere herausgefordert hat. Der Deutsche Idealismus antwortet auf diese Herausforderung, indem er die Philosophie explizit durch die Frage nach der Einheit von Geist und Natur definiert. Im Angesicht der modernen Naturwissenschaft ringt die Philosophie von Kant bis Hegel darum, die zwei Seiten des Menschen zusammenzubringen: dass er ein Tier ist und doch ein geistiges Wesen, dass er Natur ist und doch Gesetzen unterliegt, die von anderer Art sind als die Gesetze der Natur: Gesetzen der Freiheit. Die Philosophie des Deutschen Idealismus ist von dem Bewusstsein durchdrungen, dass das Begreifen dieses Verhältnisses – des Verhältnisses von Geist und Natur, wie Hegel es zu Anfang seiner *Enzyklopädie der philosophischen Wissenschaften* formuliert – die bestimmende Aufgabe der Philosophie ist. Wenn wir daher mit der Buchreihe »Analytischer Deutscher Idealismus« die Philosophie des Deutschen Idealismus stärken wollen, dann weil wir meinen, dass der Deutsche Idealismus für die intellektuelle Herausforderung, der wir uns gegenübersehen, die maßgebliche Orientierung ist. Der Deutsche Idealismus liegt nicht hinter uns, sondern vor uns. Damit meinen wir, dass die Art und Weise, wie der Deutsche Idealismus seine grundlegenden Begriffe und Ideen, allen voran die Begriffe der Freiheit, der Vernunft und der Selbstbestimmung, entwickelt und artikuliert, dem gegenwärtigen philosophischen Bewusstsein vielfach unbekannt und verstellt ist. Das liegt teilweise daran, wie die Philosophie in Westdeutschland nach 1945 mit diesem philosophischen Erbe umgegangen ist. Sie hat ihre durch den Nationalsozialismus verursachte Verstümmelung viel zu wenig als solche erfasst und zu heilen gesucht. Damit hat sie sich in eine Lage gebracht, in der sie aus sich heraus nicht mehr die Mittel schöpfen konnte, um die Begriffe und Ideen, in denen sie zu Recht ihre Bedeutung sah, so zu artikulieren, dass sie als Maßstab der systematischen Arbeit erscheinen konnten. Für einen großen Teil der Jüngeren wurde dieser Maßstab stattdessen die analytische Philosophie angloamerikanischer Prägung.

So wichtig diese Erneuerung der Philosophie war, so entstand dadurch doch der falsche Eindruck, die analytische Philosophie und die Philosophie des Deutschen Idealismus seien Gegensätze, nämlich Orientierungen und Vorgehensweisen, die nicht nur nichts miteinander zu tun haben, sondern einander ausschließen. Die Bücher dieser Reihe möchten darum auch sichtbar machen, dass der Deutsche Idealismus von Kant bis Hegel nicht nur kein Gegensatz zur analytischen Philosophie ist, sondern eine Form, und zwar eine maßgebliche Form, der analytischen Philosophie. Der Deutsche Idealismus, als analytische Philosophie, ist eine Reflexion auf elementare Formen des Denkens und damit auf die Quelle unserer grundlegenden Begriffe, die diese Begriffe zugleich als notwendig ausweist. Philosophie ist, so sagt es Hegel, der Versuch, das Denken aus sich selbst zu begreifen. Sie ist ein Begreifen des Denkens, das von keinen »Voraussetzungen und Versicherungen« abhängt, wie er sagt, eine radikal voraussetzungslose Untersuchung der Voraussetzungen des Denkens. Darin liegt der gemeinsame Zug der Philosophie des Deutschen Idealismus: dass die Begriffe, die sie durcharbeitet, von nirgendwoher – von keiner Wissenschaft und keinem Common Sense – übernommen werden, sondern diese Begriffe nur dann verwendet werden, wenn sie als notwendig für das Denken erkannt werden. Diese Einsicht, dass die Philosophie ihre Begriffe nur aus dem Denken selbst nehmen kann, macht den radikalen Anspruch des Deutschen Idealismus aus. Und so ist die Idee der analytischen Philosophie, die Idee der Philosophie als logischer Analyse der grundlegenden Formen des Denkens und der Aussage, nirgends so streng durchgeführt worden wie im Deutschen Idealismus.

Unter dem Label »Analytischer Deutscher Idealismus« versammelt die Buchreihe Texte und Bücher, die auf exemplarische Weise Philosophie als analytische Aufklärung verstehen, im Geist und mit den Begriffen des Deutschen Idealismus. Die analytische Philosophie kommt erst da zu sich selbst, wo sie sich nicht von der idealistischen Philosophie abwendet, sondern auf diese ausgerichtet ist: in ihren Grundbegriffen und in der Radikalität ihrer Methode. Das mag manchem als provokante These anmuten, doch es gibt viele Beispiele, die ihr entsprechen. Gottlob Freges *Begriffsschrift*, die vielen als Gründungsdokument der analytischen Philosophie gilt, ist kein Gegenprojekt zum Deutschen Idealismus, sondern eine Weiterführung der kritischen Philosophie Kants. Und wenn wir uns zwei andere große Werke der analytischen Philosophie vergegenwärtigen, Wilfrid Sellars' *Empiricism and the Philosophy of Mind* (dt.: *Der Empirismus und die Philosophie des Geistes*) und Peter Strawsons *The Bounds of Sense* (dt.: *Die Grenzen des Sinns*), sehen wir, dass sich die herausragenden Repräsentanten der analytischen Philosophie niemals vom Deutschen Idealismus abgewendet, sondern stets dessen Nähe gesucht haben. Das offizielle Selbstverständnis der analytischen Philosophie, in dem sie sich dem Empirismus verschreibt und sich damit dem Deutschen Idealismus entgegensetzt, ist ein Selbstmissverständnis. Der Empirismus, der sich für aufgeklärt hält, weil er die empirischen Wissenschaften zum Maß der Erkenntnis erklärt, ist in Wahrheit der Widersacher der analytischen Philosophie, nämlich der radikalen, der grundlegenden Analyse der Formen unseres Denkens und Verstehens. Soweit der Empirismus die analytische Philosophie dominiert, verdeckt er deren eigentliche Orientierung, die dieselbe ist wie die des Deutschen Idealismus.

Die Buchreihe wird mit einem Band von Robert B. Brandom eröffnet. Brandom ist Distinguished Professor of Philosophy an der University of Pittsburgh, an der auch Sellars lehrte. Mit seinem großen Werk *Making It Explicit* (dt. *Expressive Vernunft*) ist Brandom als der Hegelianer der analytischen Philosophie hervorgetreten. In dem nun vorliegenden Band *Wiedererinnerter Idealismus* macht er explizit, inwiefern sich seine wirkmächtigen sprachphilosophischen Thesen einer fortdauernden Auseinandersetzung mit dem Deutschen Idealismus verdanken.

Die Buchreihe wird von einem internationalen Forschungszentrum getragen, dem *Forschungskolleg Analytic German Idealism* (FAGI), das 2012 an der Universität Leipzig gegründet wurde und dessen Arbeit durch ein international besetztes Gremium unterstützt wird (siehe ⟨http://www.sozphil.uni-leipzig.de/cm/fagi/⟩). Ziel des FAGI ist es auch, die Stimme des Analytischen Deutschen Idealismus in die außerakademische Öffentlichkeit hineinzutragen und ihr Gewicht in den Debatten über unser Selbstverständnis zu stärken.

Wiedererinnerter Idealismus

Erster Teil:
Eine semantische Sonate über Themen von Kant und Hegel

I
Normen, Selbste, Begriffe

1.1 Einleitung

In diesen ersten drei Kapiteln werde ich einige der Ideen untersuchen, die jene philosophische Tradition beseelen, welche mit Kant und Hegel beginnt, von ihnen exemplarisch ausgearbeitet und ›Idealismus‹ genannt wurde. Mein Ziel ist dabei, einigen dieser Ideen neues Leben einzuhauchen. Dafür werde ich eine neue Perspektive aufzeigen, aus der heraus sie sich heute unseres Interesses und unserer Aufmerksamkeit als würdig erweisen. Ich werde zu diesem Zweck rückblickend einen kohärenten und sich entfaltenden Gedankengang rekonstruieren, ihn aus seinem bisherigen Kontext herauslösen und dabei keine Rücksicht auf solche Elemente nehmen, die für ihn unwesentlich sind, selbst wenn diese Kant und Hegel lieb und teuer gewesen sein mögen. Das wird einigen wie ein verqueres Projekt erscheinen. Am Ende des dritten Kapitels werde ich aber begriffliche Ressourcen aus allen drei Kapiteln zusammentragen, um anhand ihrer die methodologische Frage aufzugreifen, wie man dieses Projekt im Hinblick auf seine Form, Rechtfertigung und seinen möglichen Wert beurteilen sollte.

1.2 Probleme der frühneuzeitlichen Semantik

Im Zentrum der Neuerungen, die Descartes in der Erkenntnistheorie und der Philosophie des Geistes eingeführt hat, findet sich eine revolutionäre semantische Idee. Er erkannte, dass die aufstrebende neue Naturwissenschaft es erforderlich machte, die alten Vorstellungen vom Verhältnis von Erscheinung und Wirklichkeit aufzugeben. Seit den Griechen herrschte die Idee vor, dass die Weise, wie die Dinge uns erscheinen – zumindest wenn alles gut geht –, ihrem wirklichen Sein *ähnlich* ist. Bei Ähnlichkeit in diesem Sinne geht es um geteilte Eigenschaften (oder eine allgemeinere Art von Form), so wie zum Beispiel ein realistisches Bild einige Elemente hinsichtlich Gestalt oder vielleicht Farbe mit dem in ihm Dargestellten teilt. Nach Kopernikus' Erklärung verbirgt sich hinter der Erscheinung einer ruhenden Erde und einer sie umkreisenden Sonne allerdings die Wirklichkeit, dass die Erde um eine ruhende Sonne kreist. Hier findet sich keine Ähnlichkeit. Ebenso verhält es sich mit Galileos Deutung des von ihm sogenannten »Buchs der Natur«, welches »in der Sprache der Mathematik geschrieben« sei: Dieser Deutung zufolge haben wir auf die Wirklichkeit der Bewegung den besten Zugriff, wenn wir geometrische Erscheinungen verwenden, in denen sich ein Zeitabschnitt als Länge einer Linie darstellt und Beschleunigung als Fläche eines Dreiecks. Die Kategorie ÄHNLICHKEIT ist kaum hilfreich, um die Zusammenhänge zu verstehen, die hierbei herausgearbeitet werden. Auch in Descartes' eigener algebraischer Geometrie ähneln die Gleichungen der Linie und des Kreises in keinster Weise den geometrischen Figuren, über die wir anhand dieser Gleichungen derart effektiv Schlussfolgerungen ziehen können. Descartes erkennt folglich, dass ein abstrakterer Begriff der REPRÄSENTATION benötigt wird – und diese Idee lässt uns seither nicht mehr los.[1]

Descartes dient die Art und Weise, in der algebraische Gleichungen im diskursiven Denken geometrische Figuren repräsentieren, als ein Paradigma repräsentationaler Beziehungen im Allgemeinen und der Beziehung zwischen Erscheinung und Wirklichkeit im Besonderen. Letztere besteht zwischen dem Begriffe verwendenden Geist und der geometrischen, galileischen Welt von ausgedehnten und bewegten Dingen, auf welche der Geist denkend Bezug nimmt, indem er sie repräsentiert. Die Bedingung dafür, dass algebraische Formeln für das schlussfolgernde Denken in Bezug auf geometrische Gegenstände gebraucht werden können – dieses Phänomen diente Descartes ja, wie ich behaupte, als semantisches Paradigma –, ist der *globale Isomorphismus* dieser zwei Systeme. Wer mag, kann von der Formel und der von ihr repräsentierten Figur weiterhin denken, dass sie etwas gemeinsam haben bzw. einander gewissermaßen ähnlich sind. Was sie aber gemeinsam haben, muss von der Rolle her verstanden werden, die jede von ihnen in dem

1 John Haugeland gibt diese Geschichte im Anfangskapitel seines Buchs *Artificial Intelligence. The Very Idea*, Cambridge, Mass./London 1987, gut wieder. Zu Kants Zurückweisung des Begriffs der Ähnlichkeit zugunsten der Repräsentation vgl. Haugelands Dissertation *Truth and Understanding* (University of California, Berkeley), § 4, Ak. II, S. 385-393.

System spielt, dessen Teil sie ist, also von der Weise her, in welcher die Beziehungen einer Formel zu anderen Formeln auf die Beziehungen einer Figur zu anderen Figuren so abgebildet werden können, dass die Struktur erhalten bleibt. Anders als die horizontalen Beziehungen des Repräsentierenden untereinander sind die vertikalen semantischen Beziehungen zwischen Repräsentierendem und Repräsentiertem unerkennbar und unverständlich. Dieser holistische Charakter des neuen Begriffs der REPRÄSENTATION ging weder bei Spinoza verloren, für den ein auf die Welt Bezug nehmendes Denken nur dadurch möglich ist, dass »die Ordnung und Verknüpfung der Dinge dieselbe ist wie die Ordnung und Verknüpfung der Ideen«,[2] noch bei Leibniz, der von jeder Monade forderte, dass sie ihr gesamtes Universum repräsentieren müsse, um überhaupt etwas von ihm zu repräsentieren.[3]

Während sich Descartes' Interessen in der Semantik auf das Wesen repräsentationalen *Erfolgs* konzentrieren, behandelt Kant die fundamentalere Frage nach dem Wesen repräsentationalen *Anspruchs*. Was heißt es für unsere Vorstellungen, so möchte er wissen, dass sie auf etwas auch nur Bezug zu nehmen *scheinen*? Was heißt es für uns, sie als etwas Repräsentierendes zu betrachten bzw. zu behandeln? Und was heißt es für sie, sich als etwas Repräsentierendes zu zeigen, wenn damit gemeint ist, dass sie sich für ihre Richtigkeit gegenüber dem verantworten, was von ihnen repräsentiert wird?[4] Um dieses Problem herum gruppieren sich alle anderen Elemente, die sich in Kants Beschäftigung mit jenem Problem finden, das er »Objektivität« nennt. Der Gedankengang, den er zur Beantwortung dieser Fragen entfaltet, hebt mit der Feststellung an, dass sich an der ihm überlieferten Lehre vom Urteil ein entschei-

2 Baruch Spinoza, *Die Ethik*, Stuttgart 1977, Zweiter Teil, Lehrs. 7.

3 Ich diskutiere ihre holistischen Theorien der Repräsentation ausführlicher in Kap. 4 und 5 meines Buchs *Tales of the Mighty Dead. Historical Chapters in the Metaphysics of Intentionality*, Cambridge, Mass./London 2002.

4 Schon in seinem Brief an Marcus Herz vom 21. Februar 1772 schreibt Kant: »[...] so bemerkte ich: daß mir noch etwas Wesentliches mangele, welches ich bei meinen langen metaphysischen Untersuchungen, sowie andere, aus der Acht gelassen hatte und welches in der Tat den Schlüssel zu dem ganzen Geheimnisse, der bis dahin sich selbst noch verborgenen Metaphysik ausmacht. Ich frug mich nämlich selbst: auf welchem Grunde beruhet die Beziehung desjenigen, was man in uns Vorstellung nennt, auf den Gegenstand?« (Immanuel Kant, *Briefwechsel*, Hamburg 1986, S. 100.)

dender Mangel findet. Diese Lehre hat ihren Sitz in der traditionellen *klassifikatorischen Theorie des Bewusstseins.* Dieser wiederum liegt der Gedanke zugrunde, dass einer Sache gewahr sein bedeutet, sie *als* etwas aufzufassen; paradigmatisch heißt das, etwas Einzelnes als Instanz einer allgemeinen Art zu klassifizieren. In ihrer Gestalt als Urteilstheorie führt sie zu der Auffassung, dass Urteilen darin besteht, einen Begriff von einem anderen zu *prädizieren.* Zwei Begriffe werden hier zueinander in Beziehung gesetzt, was durch die Kopula angezeigt wird. Das Paradigma der Prädikation besteht darin, dass ein besonderer Begriff unter einen allgemeinen gebracht bzw. ein Begriff von geringerer Allgemeinheit einem Begriff von höherer Allgemeinheit untergeordnet wird.

In einem radikalen Bruch mit der gesamten logischen Tradition vor ihm verwirft Kant dieses Verständnis von Urteilen, und zwar deshalb, weil es nicht auf logisch zusammengesetzte Urteile anwendbar ist:

> Ich hab mich niemals durch die Erklärung, welche die Logiker von einem Urteile überhaupt geben, befriedigen können: es ist, wie sie sagen, die Vorstellung eines Verhältnisses zwischen zwei Begriffen. [...] [D]as Fehlerhafte der Erklärung [ist], daß sie allenfalls nur auf *kategorische*, aber nicht hypothetische und disjunktive Urteile paßt, (als welche letztere nicht ein Verhältnis von Begriffen, sondern selbst von Urteilen enthalten), [...] aus diesem Versehen der Logik manche lästige Folgen erwachsen sind [...].[5]

Es ist lehrreich, einige dieser »lästigen Folgen« zu erläutern. Dieselbe logische Tradition unterscheidet zwischen mentalen *Akten* und deren *Inhalten* – das heißt zwischen den zwei Seiten dessen, was bei Sellars *notorious ›ing‹/›ed‹ ambiguity* genannt wird.[*] Diese Doppeldeutigkeit betrifft Begriffe wie URTEIL, REPRÄSENTATION, ERFAHRUNG und WAHRNEHMUNG; bei ihnen lässt sich das, was man im Urteilen, Repräsentieren, Erfahren oder Wahrnehmen *tut*,

5 Immanuel Kant, *Kritik der reinen Vernunft*, Frankfurt/M. 1974 (hiernach *KrV*), B 140 f.

* Diese Mehrdeutigkeit betrifft Wörter wie hier z. B. ›Urteil‹, mit denen entweder ein spezifischer subjektiver Vollzug, das Urteilen bzw. der Urteilsakt, oder der Inhalt eines solchen Vollzugs, das darin Geurteilte bzw. der Urteilsinhalt, bezeichnet werden kann. Im Deutschen entspricht dem die Unterscheidung zwischen dem *Verbalnomen* (›das Urteilen‹) und der *Substantivierung des Partizips Perfekt* (›das Geurteilte‹). (Anm. d. Übers.)

von dem unterscheiden, *was* beurteilt, repräsentiert, erfahren oder wahrgenommen wird. Ein Gespür für diese Unterscheidung sollte zu der Frage führen, ob sich jene Vorstellung, der zufolge das Urteil eine Prädikation bzw. eine Beziehung zweier Begriffe ist, auf den Urteilsakt oder auf die propositionalen Inhalte solcher Akte bezieht. In diesem Kontext macht der Verweis auf die zusammengesetzten Formen des Urteils, die Kants Urteilstafel bevölkern – also negative, hypothetische, disjunktive und modale Urteile –, die Unangemessenheit dieser traditionellen Weise, Urteile zu verstehen, am deutlichsten.

Es wird so nämlich klar, dass in der traditionellen Theorie dem Begriff der PRÄDIKATION zwei miteinander unvereinbare Aufgaben zugewiesen werden. Einerseits hat er die Aufgabe, rein strukturell neue mögliche Urteilsinhalte aufzubauen, andererseits aber wird sie als eine Art von Tätigkeit begriffen, deren Bedeutung darin besteht, solche Inhalte zu bejahen. Die Kollision dieser beiden Sinngehalte, in denen Prädikation eine »Operation« ist, wird am deutlichsten, sobald man an mögliche Urteilsinhalte denkt, die als nichtbehauptete (nichtbejahte) Bestandteile von komplexeren Sätzen (Urteilen) auftreten. Ein paradigmatischer Fall hiervon ist das Konditional. Wenn ich behaupte ›Wenn *Pa*, dann *Pb*‹, dann habe ich *nicht* behauptet, dass *Pa*. Aber habe ich *P* von *a* prädiziert? Wenn ja, läuft Prädikation nicht automatisch auf Bejahung hinaus – Prädizieren und Urteilen wären nicht identisch. Wenn nein, scheint es sich um eine Äquivokation zu handeln, wenn ich das Konditional folgendermaßen auflöse:

Wenn *Pa*, dann *Pb*
Pa
―――――――――
Pb

Denn die zweite Prämisse *ist* in der Tat eine Prädikation, das Antezedens der ersten Prämisse hingegen *nicht*.

Peter Geach greift diesen Punkt von Kant und Frege auf und führt ihn in seinem meisterhaften und prägnanten Aufsatz »Ascriptivism« argumentativ gegen emotivistische Analysen der Semantik moralischer Wertungen ins Feld.[6] Sein Gegner sind Theorien, wel-

6 Vgl. Peter Geach, »Ascriptivism«, in: *The Philosophical Review* 69.2 (1960), S. 221-225.

che die normative Bedeutung von Ausdrücken wie ›gut‹ nicht als einen Teil des *Inhalts* dessen verstehen, was von einer Handlung ausgesagt wird, das heißt nicht als Bestimmung einer ihr zugeschriebenen Eigenschaft, sondern vielmehr als etwas, worin sich die *Kraft* des Sprechakts zeigt. Etwas gut zu nennen bedeutet demnach, etwas Bestimmtes zu *tun* – nämlich es zu loben. Geach fragt zunächst, wo dieser Schachzug an seine Grenzen stößt. Er verweist auf das schöne archaische englische Verb ›to macarize‹, das so viel bedeutet wie *jemanden glücklich preisen*. Bedeutet nun aber die Tatsache, dass es als ein Akt des Preisens (*macarizing*) aufgefasst werden kann, wenn jemand glücklich genannt wird, dass glücklich zu sein selbst keine Eigenschaft ist, die angeführt wird, um den Inhalt der Behauptung zu bestimmen, dass jemand glücklich ist? *Tun* wir, indem wir dies sagen, in Wirklichkeit etwas ganz anderes – vollziehen wir einfach nur den besonderen Sprechakt des Preisens (*macarizing*)? Wenn wir dies aber für ›glücklich‹ behaupten können, warum nicht auch für ›Masse‹ oder ›rot‹? Was sind die Regeln dieses Sprachspiels? Um das aufgeworfene Problem zu lösen, schlägt Geach einen Einbettungstest vor: Man untersuche, ob mit einem Ausdruck ein möglicher Urteilsinhalt gebildet werden kann, der gerade *nicht* direkt zum Vollzug eines Sprechakts verwendet wird, wie dies paradigmatisch im Antezedenz eines Konditionals der Fall ist. Weil imperative Kraft sich grammatikalisch zeigt, können wir nicht sagen:

*›Wenn mach' die Tür zu, dann …‹

Tatsächlich *können* wir aber so etwas sagen wie ›Wenn er glücklich ist, dann bin ich froh‹ und ›Wenn es gut ist, dies zu tun, dann hast du einen Grund dazu‹. *Weder* habe ich im ersten Fall jemanden gepriesen (*macarized*), *noch* im zweiten eine Handlung gelobt. Folglich tragen die Ausdrücke ›gut‹ und ›glücklich‹ zur Bestimmung des Inhalts bei und dürfen nicht als bloße Indikatoren der Kraft (im Sinne Freges) aufgefasst werden. (Ich habe Geachs Aufsatz ›meisterhaft‹ und ›prägnant‹ genannt. Geach diagnostiziert ein tiefgreifendes Missverständnis einer ganzen philosophischen Strömung, bringt das Problem auf den Punkt und lässt es einfach so stehen – der Aufsatz ist gerade mal fünf Seiten lang![7])

7 Freilich macht dieses Argument es nicht für immer unmöglich, eine emotivistisch-expressivistische Theorie zu entwickeln. Es lädt nur demjenigen, der dies tut,

Seine Bedenken im Hinblick auf zusammengesetzte Urteilsformen, die mögliche Urteilsinhalte als Bestandteile enthalten, die selbst nicht bejaht werden, zwangen Kant, die Operationen, durch die diese Inhalte entstehen, von derjenigen Tätigkeit zu unterscheiden, in welcher die Resultate dieser Operationen bejaht werden. Die Lehre, der zufolge das Urteil in einer Prädikation besteht, möchte dies beides zugleich haben, keine einzelne ›Operation‹ lässt sich jedoch als etwas verstehen, das sowohl Inhalte bildet als auch eine Stellungnahme zu diesen Inhalten enthält. Sobald wir das erkennen, wird an der Notwendigkeit, dass eine Urteilstheorie auch etwas zu zusammengesetzten Urteilen sagen muss, deutlich, dass der Begriff der Prädikation für *beide* Zwecke inadäquat ist. Es ist nicht sehr geschickt, die Bejahung von hypothetischen (konditionalen) möglichen Urteilsinhalten als ein Prädizieren aufzufassen; und es ist ebenso ungeschickt, diese Inhalte als etwas aufzufassen, das durch Prädikation gebildet wird.[8]

1.3 Die grundlegende Idee Kants

Das ist der Grund, weshalb Kant die traditionelle klassifikatorische Theorie des Bewusstseins, die davon abhängt, dass Urteilen als Prädizieren verstanden wird, nicht übernehmen konnte. Was aber kann an ihre Stelle treten? Hier findet sich Kants tiefste und originellste Idee – das Zentrum, wie ich glaube, um das herum alle Momente seines Denkens kreisen. Dieser Idee zufolge ist das, was Urteile und intentionale Akte von den Tätigkeiten vernunftloser Lebewesen unterscheidet, nicht eine besondere Form von menta-

die Pflicht auf, zu eingebetteten Verwendungen ebenso etwas sagen zu können wie zu eigenständigen. Die Auseinandersetzung mit diesem Punkt markiert die Grenze zwischen klassischen Expressivisten wie C. L. Stevenson und der elaborierteren Generation von Neo-Expressivisten, für die exemplarisch Alan Gibbard und Simon Blackburn stehen.

8 An diesem Punkt sind einige (auch kurzzeitig Frege selbst) versucht gewesen, das Urteilen so zu verstehen, dass darin von einem Satz sein *Wahrsein* prädiziert wird – das aber um den Preis, dass so in jedem Urteilsakt das gleiche Prädikat verwendet wird. Aber die Sätze, die durch Anwendung von ›… ist wahr‹ auf andere Sätze gebildet werden, können auch als Antezedenz eines Konditionals auftreten, und dann stellt sich die gleiche Frage: Haben wir, indem wir ein solches Konditional behaupten, von jenem Satz, der als Antezedenz auftritt, Wahrheit »prädiziert«?

lem Prozess, der in jenen enthalten ist. Vielmehr besteht der Unterschied darin, dass es sich bei Ersteren um etwas handelt, für das Erkenntnis- und Handlungssubjekte in einem spezifischen Sinne *verantwortlich* sind. Zu urteilen und zu handeln beinhaltet *Verpflichtungen*;* beides sind *Bejahungen*, also Ausübungen von *Autorität*. VERANTWORTUNG, VERPFLICHTUNG, BEJAHUNG, AUTORITÄT – dies sind *normative* Begriffe. Urteile und Handlungen machen Erkenntnis- und Handlungssubjekte für charakteristische Formen *normativer* Bewertung angreifbar. Kants grundlegende Idee ist, dass geistige Lebewesen von nichtgeistigen nicht anhand eines sachlich *ontologischen* Kriteriums (dem Vorhandensein einer geistigen Substanz), sondern anhand eines normativ *deontologischen* Kriteriums unterschieden werden müssen. Hierin besteht seine *normative Charakterisierung* des Geistigen.

Kant knüpft an die rechtswissenschaftliche Tradition einschließlich Grotius, Pufendorf und Crusius an, indem er über Normen als eine Art von *Regel* spricht. Zu urteilen und zu handeln – das Bejahen von Behauptungen und Maximen, wodurch man sich selbst darauf verpflichtet, was wahr ist oder sein sollte – bedeutet, dass wir uns selbst durch Normen binden. So machen wir uns zu einem Gegenstand von Bewertungen, die sich an den Regeln orientieren, die Ausdruck der *Inhalte* jener Verpflichtungen sind. Diese Normen bzw. diese Regeln nennt Kant »Begriffe«. Alles, was ein kantisches Subjekt im strengen Sinne tun kann, ist, Begriffe anzuwenden – entweder theoretisch im Urteilen oder praktisch im Handeln. Diskursive, das heißt Begriffe verwendende Lebewesen sind normative Lebewesen. Sie leben und bewegen sich in einem ihnen eigentümlichen normativen Raum.

Hieraus folgt, dass die dringlichste philosophische Aufgabe darin besteht, das Wesen dieser Normativität, also die Verbindlichkeit oder Gültigkeit begrifflicher Normen, zu verstehen. Descartes fragte sich, wie wir unseren Zugriff auf unsere Begriffe, Gedanken oder Ideen verstehen müssen. (Ist er klar? Ist er deutlich?) Für Kant

* Der englische Begriff *commitment* wird hier durchgängig mit ›Verpflichtung‹ oder entsprechenden verbalen Formulierungen übersetzt. Dies geschieht vor allem, um die *normative* Dimension, die der englische Begriff bei Brandom wesentlich aufweist, in der Übersetzung adäquat zur Geltung zu bringen. Zu beachten ist aber, dass *commitment* in früheren Texten zum Teil auch mit ›Festlegung‹ übersetzt wurde.

stellt sich dagegen vielmehr die Frage, wie ihr Zugriff auf uns zu verstehen ist: Unter welchen Bedingungen ist der Gedanke, dass wir durch begriffliche Normen gebunden sind, verständlich?

Einige der charakteristischsten Neuerungen Kants folgen fast unmittelbar aus dieser leitenden Idee. Für die logische Tradition, in der Urteilen als Prädizieren verstanden wurde, war dieses Verständnis Teil einer semantischen Erklärungsordnung, die von partikularen und allgemeinen Ausdrücken oder Begriffen ausgeht, auf dieser Grundlage zu einem Verständnis von Urteilen (möglichen Urteilsinhalten) fortschreitet, dem zufolge diese in der Anwendung allgemeiner Ausdrücke auf partikulare bestehen, und hierauf schließlich eine Erklärung von Inferenz und Folgerung aufbaut. Die Inferenzen und Folgerungen wurden syllogistisch gemäß jener Form von Prädikation und Klassifikation gedeutet, welche an den Urteilen zum Ausdruck kommt, die in ihnen als Prämissen und Konklusionen fungieren. In einem radikalen Bruch mit dieser Tradition begreift Kant das ganze Urteil in begrifflicher wie auch in explanatorischer Hinsicht als Grundeinheit. Es ist Grundeinheit sowohl des Bedeutungsgehalts, des Erkennens, des Gewahrseins als auch der Erfahrung.[9] Begriffe und ihre Inhalte müssen allein von ihrem Beitrag her verstanden werden, den sie zum Urteil leisten – Begriffe sind Funktionen von Urteilen. Warum? Kant wählt diese semantische Erklärungsordnung, weil Urteile minimale Einheiten der *Verantwortung* sind; sie sind die kleinsten semantischen Bestandteile, die eine *Verpflichtung* ausdrücken können. Das semantische Primat des Propositionalen ist eine Folge der zentralen Rolle, die Kant der *normativen* Bedeutung unserer begrifflich gegliederten Akte zuerkennt. Dieser Gedanke taucht in der Behauptung Freges wieder auf, dass mögliche Urteilsinhalte die kleinsten Einheiten sind, denen pragmatische – paradigmatisch behauptende – Kraft zukommen kann. Beim späten Wittgenstein taucht sie als die Behauptung auf, dass Sätze die kleinsten linguistischen Einheiten sind, mit denen wir einen Zug in einem Sprachspiel machen können.

Das normative Verständnis des Urteilens, dem zufolge es im Eingehen einer spezifischen Form von Verantwortung besteht, ist zugleich für die Grundzüge der kantischen Erklärung der *Form* des Urteils verantwortlich. Die subjektive Form des Urteils ist das

9 Wir könnten sagen, das Urteil ist für Kant der Ur-Teil des Redens.

»Ich denke«, welches, wie uns gesagt wird, alle unsere Urteilsakte begleiten kann und so, in seiner reinen Formalität, die gehaltloseste aller Vorstellungen ist. Diese Vorstellung zeigt im Sinne der normativen Pragmatik des Urteilens an, *wer* für das Urteil verantwortlich ist. (Entsprechendes gilt für das Bejahen praktischer Maximen.) Das »Ich denke« zeigt die Beziehung eines Urteilsakts zur »ursprünglich-synthetischen Einheit der Apperzeption« an, der er angehört. Ich werde gleich mehr darüber sagen, wie Kant diesen zentralen Begriff verwendet. Die Idee dahinter ist aber, dass eine grundlegende Voraussetzung der normativen Bedeutung von Verpflichtungen darin besteht, Bejahungen in Klassen zusammengehöriger Verantwortlichkeit (*co-responsibility classes*) einzuteilen. Wenn ich mich zum Beispiel darauf verpflichte, dass dieses Tier hier ein Fuchs ist oder dass ich Sie morgen früh zum Flughafen fahre, dann verbietet *mir* das, mich darauf zu verpflichten, dass das Tier ein Hase ist oder dass ich morgen ausschlafe (nämlich insofern ich zu solchen Verpflichtungen nicht berechtigt bin); sie schränken jedoch nicht gleichermaßen ein, welche Verpflichtungen *andere* eingehen können.

Die objektive Form des Urteils ist Kant zufolge »Der Gegenstand = X«, worauf sich Urteile, eben aufgrund ihrer Form als Urteile, immer implizit beziehen. Im Sinne der normativen Pragmatik des Urteils zeigt die objektive Form an, *gegenüber was* sich jemand verantwortlich macht, indem er ein Urteil fällt. Sie drückt die Objektivität von Urteilen aus, den Umstand also, dass Urteile intentionale Gegenstände haben – dasjenige, was sie zu repräsentieren beanspruchen. Das Verständnis der intentionalen Gerichtetheit von Urteilen – die Tatsache, dass sie etwas *repräsentieren* bzw. *darauf Bezug nehmen* – ist durch und durch *normativ*. Dasjenige, worauf ein Urteil Bezug nimmt, ist der Gegenstand, welcher die *Richtigkeit* der Verpflichtung bestimmt, die jemand eingeht, insofern er das Urteil bejaht. (Auf praktischer Seite sind es die normativen Bewertungen des *Erfolgs* einer Handlung, für die man auf den Gegenstand verweisen muss, gegenüber dem man sich durch das Bejahen einer Maxime verantwortlich gemacht hat.) Mit der Bejahung eines Urteils macht man sich für spezifische Formen normativer Bewertung angreifbar. *Worauf* man im Denken und Reden Bezug nimmt, spielt eine besondere Rolle, insofern es eine besondere Form von *Autorität* in solchen Bewertungen ausübt. Etwas zu repräsentieren, das heißt *auf* etwas im Reden Bezug zu nehmen oder *an* etwas zu denken, bedeutet, dessen semantische *Autorität* über die Richtigkeit jener Verpflichtungen anzuerkennen, die man im Urteilen eingeht. Repräsentationaler *Anspruch* ist ein normatives Phänomen. Von ihm her muss, wie sich zeigen wird, auch der repräsentationale *Inhalt* verstanden werden.

1.4 Die normative Pragmatik des Urteilens und die Beschaffenheit möglicher Urteilsinhalte

Neben der Frage, *wer* für einen Urteilsakt und *gegenüber was* dieser verantwortlich ist, gibt es noch zwei andere Elemente, die man in einer normativen Pragmatik des Urteilens behandeln sollte:

- *Wofür* macht sich jemand verantwortlich, indem er urteilt?
- Was *tut* jemand, wenn er sich verantwortlich macht, sich verpflichtet bzw. etwas bejaht?

Die erste Frage zielt darauf, wie wir mögliche Urteils*inhalte* verstehen müssen. Die zweite Frage benennt eine Herausforderung, nämlich die Herausforderung, die skizzierte Auffassung des Urteilens auszubuchstabieren, der zufolge Urteilen als ein normativer Akt, als Änderung des eigenen normativen Status, als Übernehmen einer Form von Verantwortung verstanden wird. Dies ist das entscheidende Problem. Denn auf Grundlage der Antwort auf diese Frage müssen wir sowohl die beiden Dimensionen des Inhalts verstehen – *wofür* sich jemand in seinem Urteilen verantwortlich macht und *gegenüber was* er sich so verantwortlich macht – als auch das Wesen des Subjekts dieser Verantwortungen. An dieser Stelle stoßen wir, wie ich meine, auf Kants nächste große Idee.

Diese Idee besteht darin, dass die Verantwortung, die jemand durch sein Urteilen übernimmt (Ähnliches lässt sich über das Bejahen einer praktischen Maxime sagen), der Gattung nach eine Form von *praktischer* Verantwortung (*task-responsibility*) ist – eine Verantwortung, etwas *zu tun*. Insbesondere handelt es sich bei ihr um die Verantwortung, das Urteil in eine *Einheit der Apperzeption* zu *integrieren*. Die Tätigkeit des Synthetisierens von etwas zu einer Einheit der Apperzeption liefert uns den Hintergrund und den Zusammenhang, vor bzw. in dem mentale Episoden die Bedeutung von Urteilsakten erhalten. Diese Tätigkeit zu vollziehen bringt eine synthetische Einheit der Apperzeption – ein *Selbst* bzw. *Subjekt* – hervor, erhält und entwickelt sie. Was muss man hierfür tun? Man muss neue Bejahungen in das Ganze seiner bisherigen Bejahungen integrieren. Eine Synthesis aufgrund sukzessiver Integration kann so gedacht werden, dass sie drei Arten von Tätigkeit umfasst: Kritik, Erweiterung und Rechtfertigung. Die Verantwortung eines jeden zur *Kritik* besteht darin, material miteinander unvereinbare Verpflichtungen auszumerzen.[10] Das bedeutet, mögliche Urteile zu verwerfen, die mit dem unvereinbar sind, was man bereits an Verpflichtungen und Verantwortungen hat, oder die widersprechenden früheren Verpflichtungen aufzugeben. Wer urteilt, hat als solcher die Pflicht, auf solche Verpflichtungen zu verzichten, die mit seinen anderen Verpflichtungen *unvereinbar* sind bzw. derartige Verpflichtungen zur Folge haben. Sind zwei Verpflichtungen nämlich miteinander unvereinbar, so fungiert jede als ein Grund dafür, die jeweils andere aufzugeben.

Die Verantwortung zur *Erweiterung* besteht darin, die material-inferentiellen Folgerungen aus jeder der eigenen Verpflichtungen zu entfalten, alter wie neuer, und dies im Zusammenhang mit Hilfsannahmen und zusätzlichen Prämissen, die aus den übrigen eigenen Verpflichtungen genommen werden. Jede Verpflichtung gibt einem einen Grund, andere Verpflichtungen zu akzeptieren, die man insofern akzeptieren *soll*, als man sich bereits durch das Anerkennen der Verpflichtung, aus der sie folgen, implizit auf sie verpflichtet hat. Die Verantwortung zur *Rechtfertigung* besteht darin, darauf vorbereitet zu sein, Gründe für die eigenen anerkannten (theoretischen wie praktischen) Verpflichtungen anzugeben. Zu diesem Zweck führt man frühere Verpflichtungen an (oder geht

10 Hier wie im Folgenden greift meine Rede von »materialen« Beziehungen der Unvereinbarkeit und inferentiellen Folgerung Begriffe Sellars' auf. Sie bezieht sich auf Beziehungen der Inferenz und Unvereinbarkeit, die kraft dessen bestehen, was in *nichtlogischem* Vokabular ausgedrückt wird. So hat die Behauptung, Pittsburgh liege westlich von New York, die material-inferentielle Folge, New York liege östlich von Pittsburgh, und ist material unvereinbar mit der Behauptung, Pittsburgh sei eine Primzahl. Ich diskutiere diese Idee ausführlicher in Kap. 1 meines Buches *Begründen und Begreifen. Eine Einführung in den Inferentialismus*, Frankfurt/M. 2004.

weitere Verpflichtungen ein), die einen inferentiell zu diesen neuen Verpflichtungen berechtigen. Indem wir bestrebt sind, die zuerst genannte Form von Verantwortung zu erfüllen, zielen wir auf eine ganze Konstellation von Verpflichtungen, die in sich *konsistent* ist. Indem wir bestrebt sind, die zweite zu erfüllen, zielen wir auf eine solche Konstellation, die *vollständig* ist. Und indem wir bestrebt sind, die dritte zu erfüllen, zielen wir auf eine Konstellation von Verpflichtungen, die *berechtigt* ist. (Vielleicht wird an dieser Stelle deutlich, wie Kant der Meinung sein kann, dass die systematischen Pflichten des Philosophen lediglich die explizite Form genau derselben Pflichten sind, denen rationale Erkenntnis- und Handlungssubjekte als solche implizit unterliegen.)

Durch das praktische Anerkennen dieser praktisch-integrativen Verantwortungen zur Kritik, Erweiterung und Rechtfertigung wird eine *Einheit* hervorgebracht, erhalten und entwickelt, und zwar genau in dem Sinne, dass man von den Normen der Integration geleitet und gemäß ihnen bewertet wird. Sie ist eine *synthetische* Einheit, insofern sie durch die Tätigkeit der Synthesis, das heißt durch das Integrieren unterschiedlicher Verpflichtungen in eine solche Einheit, hervorgebracht wird.[11] Sie ist eine *ursprüngliche* synthetische Einheit der *Apperzeption*, weil ein Akt bzw. eine mentale Episode in erster Linie dadurch zu einem *Urteilsakt* wird, dass er dem normativen Erfordernis unterliegt, in ein systematisch vereinigtes Ganzes dieser Art integriert zu werden.[12] Und das Gewahrsein im Sinne der

11 Dies ist nicht die einzige Form von »Verbindung«, die Kant »Synthesis« nennt. (Vgl. *KrV*, B 130 f.) Aber dass sie die basale Form ist, das ist wichtiger Bestandteil der von mir hier vorgestellten Lesart. Man vergleiche Kants Behauptung ebd., B 104 f.

> »Dieselbe Funktion, welche den verschiedenen Vorstellungen in *einem Urteile* Einheit gibt, die gibt auch der bloßen Synthesis verschiedene Vorstellungen *in einer Anschauung* Einheit, welche, allgemein ausgedrückt, der reine Verstandesbegriff heißt. Derselbe Verstand also, und zwar durch eben dieselben Handlungen, wodurch er in Begriffen, vermittelst der analytischen Einheit, die logische Form eines Urteils zu Stande brachte, bringt auch, vermittelst der synthetischen Einheit des Mannigfaltigen in der Anschauung überhaupt, in seine Vorstellungen einen transzendentalen Inhalt […].«

(Ich werde hier nichts über den Übergang von dem Vereinigen von Urteilen in einer ursprünglich-synthetischen Einheit der Apperzeption hin zur Vereinigung von Begriffen und Anschauungen in Urteilen sagen.)

12 Dies ist meines Erachtens die Idee hinter Kants vermeintlich misslicher Behauptung, dass Vorstellungen sowohl bereits unter einer synthetischen Einheit »ste-

Apperzeption (was vielmehr eine Sache der Verstandes- als der bloßen Empfindungsfähigkeit ist) ist das Urteil: Apperzipieren heißt Urteilen.[13] Es ist aufschlussreich, dass Kant das Ergebnis dieser synthetischen Tätigkeit auch als *transzendentale* Einheit der Apperzeption bezeichnet. Sie ist nämlich transzendental, insofern wir von ihr her die Beziehung zu den Gegenständen – die Repräsentation derselben – verstehen müssen, welche eine wesentliche Dimension des *Inhalts* von Urteilen ist. Der Schlüssel zu Kants Theorie der Repräsentation liegt in seinen Ausführungen darüber, auf welche Weise wir repräsentationalen Anspruch von der Tätigkeit her verstehen müssen, in der etwas zu einer ursprünglichen Einheit der Apperzeption synthetisiert wird – einer Tätigkeit also, wie ich sie bisher beschrieben habe. Es wird helfen, wenn wir uns diesen Ausführungen in Etappen nähern.

Als Antwort auf seine prinzipielle Zurückweisung der traditionellen Erklärungen des Urteils als Prädikation habe ich Kant bislang zwei Schachzüge zugeschrieben:

- Die Tätigkeit des Urteilens wird *normativ* verstanden, nämlich als das Eingehen einer Form von Verantwortung oder Verpflichtung.
- Diese Form von Verantwortung wird als eine *praktische* Verantwortung verstanden, also als eine Verpflichtung, etwas *zu tun*. Sie ist eine Verpflichtung dazu, den möglichen Urteilsinhalt, den man bejaht, in eine synthetische Einheit der Apperzeption zu integrieren.

Im Lichte der rechtfertigenden, erweiternden und kritischen Dimension dieser praktischen, synthetisch-integrativen Verantwortung lässt sich der zuletzt genannte Punkt auch wie folgt ausdrücken: Wir sind dafür verantwortlich, *Gründe* für unsere je eigenen

hen« als auch unter diese durch die Tätigkeit der Synthesis »gebracht werden« müssen:

> »Das ist soviel, als, daß ich mir einer notwendigen Synthesis derselben a priori bewußt bin, welche die ursprüngliche synthetische Einheit der Apperzeption heißt, unter der alle mir gegebenen Vorstellungen stehen, aber unter die sie auch durch eine Synthesis gebracht werden müssen« (ebd., B 135).

13 »Diejenige Handlung des Verstandes aber, durch die das Mannigfaltige gegebener Vorstellungen [...] unter eine Apperzeption gebracht wird, ist die logische Funktion der Urteile [...]« (ebd., B 143).

Akte des Bejahens zu haben, die Inhalte, die wir bejahen, als Gründe für und gegen die Bejahung anderer Inhalte zu nutzen und mögliche *gegenläufige* Gründe zu berücksichtigen. Dies bedeutet, dass wir als *normative* Lebewesen *rationale* Lebewesen sind. Damit ist nicht gemeint, dass wir immer oder auch nur in den meisten Fällen so denken und handeln, wie es unsere Gründe von uns verlangen, oder auch nur, dass wir gewöhnlich gute Gründe für das haben, was wir tun und denken. Gemeint ist vielmehr, dass wir in Hinblick auf unsere Gründe, so zu denken, wie wir denken, bzw. das zu tun, was wir tun – gleichgültig ob wir etwas tun oder nicht –, immer für normative *Bewertungen* angreifbar sind. Wie *empfänglich* auch immer wir in Wirklichkeit in jeder einzelnen Situation für die normative Kraft von Gründen sein mögen (diese eigentümliche Kraft, die, verbindlich und dennoch nicht immer zwingend, die griechischen Philosophen der Antike so faszinierte und verblüffte), wir sind allein dadurch die Art von Lebewesen, die wir sind – Erkenntnis- und Handlungssubjekte, Lebewesen, deren Welt durch die *Verpflichtungen* und *Verantwortungen*, die wir eingehen, strukturiert ist –, dass wir immer für normative Bewertungen unserer Gründe angreifbar sind.

Die Normen, durch welche Urteilsinhalte gegliedert sind, sind *Begriffe*. Das Vermögen der Begriffe, der Verstand, ist das Vermögen zu urteilen. Die Inhalte von Urteilen werden durch Begriffe gegliedert, indem diese bestimmen, wofür jemand Verantwortung übernehmen, worauf er sich verpflichten würde, sobald er diese Inhalte bejaht. Kant fasst Begriffe als eine Art von *Regel* auf. Wofür aber sind sie Regeln? Sie sind Regeln für das Synthetisieren von etwas zu einer Einheit der Apperzeption. Und das bedeutet, es handelt sich um Regeln, die gliedern, was ein *Grund* wofür ist. In ihrer Anwendung bestimmen die Begriffe, was aus einer gegebenen Behauptung (dem möglichen Inhalt einer Behauptung) *folgt*, worauf man sich mit ihrer Bejahung also (auch noch) verpflichtet bzw. wofür man sich verantwortlich macht. Sie bestimmen, was als ein rationaler *Beleg* für oder gegen einen möglichen Urteilsinhalt bzw. was als *Rechtfertigung* desselben gilt; sie bestimmen mithin, was als ein *Grund* gelten würde, der für oder gegen eine Bejahung des Inhalts spricht.

Für die Aufgabe, ein Urteil (bzw. eine praktische Maxime) in eine synthetische Einheit der Apperzeption zu integrieren, gibt es nur dann bestimmte* Kriterien, anhand deren wir bei ihr über Erfolg und Misserfolg entscheiden können, wenn Urteile Inhalte haben, die in materialen Beziehungen der inferentiellen Folgerung oder Unvereinbarkeit zueinander stehen. Nur dann kann ein Erkenntnissubjekt eine bestimmte praktisch-integrative Verantwortung zur Kritik haben, wenn feststeht, welche möglichen Urteilsinhalte mit welchen anderen material unvereinbar sind, so dass das Bejahen einiger gute Gründe dafür liefert, andere zu verneinen. Und ein Erkenntnissubjekt kann nur dann eine bestimmte praktisch-integrative Verantwortung zur Erweiterung oder Rechtfertigung haben, wenn feststeht, welche Urteile uns inferentiell auf welche anderen Urteile verpflichten bzw. zu ihnen berechtigen und somit gute Gründe dafür liefern, diese weiteren Urteile zu akzeptieren. Die im Urteilen angewandten Begriffe gliedern den Inhalt des jeweiligen Urteils (den möglichen Urteils*inhalt*, für den man verantwortlich wird), insofern sie die materialen Inferenzbeziehungen und Unvereinbarkeiten spezifizieren, in denen dieser Inhalt zu anderen Inhalten steht. Dadurch nämlich wird festgelegt, *wozu* jemand Verantwortung übernimmt, indem er das Urteil fällt. Der begriffliche Inhalt liefert in diesem Sinne die Details der synthetisch-integrativen Verantwortung, die man hierbei eingeht. Die beiden zusammengehörigen Ideen des möglichen Urteilsinhalts und der Verantwortung für einen solchen Inhalt, insofern man diesen bejaht bzw. sich auf ihn verpflichtet, werden hier von einer basalen Form praktischer Verantwortung her verstanden – der Verantwortung, etwas *zu tun* (nämlich das Urteil in eine normative Einheit der Apperzeption zu integrieren).

Die Weise, wie Kant sich den Akt bzw. die *Tätigkeit des Urteilens* denkt, legt fest, wie er den Inhalt eines *gefällten* Urteils verstehen muss. Indem er die semantische Erklärung des *Inhalts* an die pragmatische Erklärung der *Kraft* (in Freges Sinne) knüpft – die Art und Weise, in der seine Erläuterung dessen, worin der *Akt des Bejahens* besteht, seine Erläuterung des *Bejahten* formt –, vertritt Kant eine Form des methodologischen *Pragmatismus*. Dieser Pragmatismus

* Das Adjektiv ›bestimmt‹ wird hier wie im Folgenden stets als Übersetzung von *determinate* verwendet, was an den Sprachgebrauch Hegels anknüpft, jedoch an einigen Stellen mehrdeutig sein kann. Mit ›bestimmten Kriterien‹ ist daher nicht ›gewisse Kriterien‹ gemeint, sondern ›Kriterien, welche bestimmt sind‹. (Anm. d. Übers.)

behauptet nicht ein explanatorisches Primat der *praktisch*-diskursiven gegenüber der *theoretisch*-diskursiven Tätigkeit, sondern vielmehr ein explanatorisches Primat des *Akts* gegenüber dem *Inhalt*, und das sowohl im theoretischen als auch im praktischen Bereich. Kants explanatorisches Primat der *Tätigkeit* des Synthetisierens von etwas zu einer Einheit der Apperzeption findet Nachklang im auf ihn folgenden Deutschen Idealismus und wird besonders von Fichte und Hegel aufgegriffen und weiterentwickelt.

Die argumentative und explanatorische Struktur, die, wie ich angedeutet habe, Kants Kernidee des fundamental *normativen* Charakters des Urteilens leitet und (in einem pragmatistischen Geist) ausarbeitet, erlaubt es uns, über das Verhältnis der folgenden vier Punkte zueinander nachzudenken:

(1) Was muss man *tun*, um im relevanten Sinne für einen möglichen Urteilsinhalt (oder eine praktische Maxime) Verantwortung zu übernehmen bzw. sich auf ihn (ober sie) zu verpflichten? – Man muss die Tätigkeit des *Synthetisierens* von etwas zu einer ursprünglichen Einheit der Apperzeption vollziehen, indem man den betreffenden Inhalt in das Ganze aller bisher eingegangenen Verpflichtungen *integriert*, und zwar im Lichte der materialen Beziehungen der inferentiellen Folgerung und Unvereinbarkeit, in denen diese zueinander stehen.
(2) Was schafft, erhält und entwickelt man, indem man dies tut? – Es ist diese Konstellation von Verpflichtungen, die eine ursprünglich-synthetische Einheit der Apperzeption ist.
(3) Was sind die Elemente dieser synthetischen Einheit, für die man Verantwortung übernimmt bzw. auf die man sich verpflichtet? – Es sind die möglichen Urteilsinhalte, die in die ursprünglich-synthetische Einheit der Apperzeption integriert sind.
(4) Gegenüber was macht man sich verantwortlich? – Es sind die *Gegenstände*, die man *repräsentiert*, insofern man sich (*für* die Richtigkeit der von einem selbst bejahten möglichen Urteilsinhalte, aus denen die ursprünglich-synthetische Einheit der Apperzeption gebildet ist) diesen Gegenständen *gegenüber* verantwortet und dadurch in dem normativen Sinne als jemand gilt, dessen Denken (Reden, Urteilen) *auf sie Bezug nimmt*. Es liegt an dieser Dimension des begrifflichen Gehalt-

vollseins, dass die synthetische Einheit der Apperzeption als eine *transzendentale* Einheit der Apperzeption gezählt werden darf. Nach Kants Gebrauch ist nämlich die *transzendentale* von der *allgemeinen* Logik gerade darin unterschieden, dass sie sich auf den *Inhalt*, nicht allein auf die *Form* von Urteilen bezieht, wobei der Begriff des Inhalts hier im Sinne der Repräsentation von *Gegenständen* in Urteilen bzw. der Referenz von Urteilen auf *Gegenstände* (der normativen Verantwortlichkeit ihnen gegenüber) aufgefasst wird.

Aus dieser Liste ergibt sich eine Erklärungsordnung. Man geht dabei so vor, dass jedes der Elemente jeweils im Lichte der vorhergehenden erläutert wird. Eben aus dem Grund, dass wir die Art normativer *Einheit*, die für die synthetische Einheit der Apperzeption charakteristisch ist, von der synthetisch-integrativen *Tätigkeit* her verstehen müssen, durch die sie hervorgebracht wird, ist es ungeschickt, die traditionelle Kategorie SUBSTANZ zur Beschreibung des erkennenden und praktischen Subjekts bzw. Selbst zu verwenden, welches mit einer synthetischen Einheit der Apperzeption identifiziert wird. Dieses Selbst ist die sich bewegende, lebendige Konstellation seiner »Affektionen«, das heißt der parallel bestehenden Verpflichtungen, die es ausmachen und gliedern. Welche Bedeutung eine Verpflichtung hat, die zufällig und zeitweise in einer bestimmten synthetischen Einheit der Apperzeption als ein Bestandteil derselben enthalten ist, beruht jeweils holistisch auf ihren rationalen Beziehungen der Folgerung und Unvereinbarkeit zu diesen anderen Verpflichtungen. Diese wechselseitige Abhängigkeit des Ganzen und seiner Teile, zusammen mit dem dynamischen Charakter solcher rationalen Strukturen, die durch synthetisch-integrative Tätigkeit erhalten werden, machte es für die Idealisten, die nach Kant kamen, unwiderstehlich (indem sie seiner *Kritik der Urteilskraft* folgten), hier auf *organische* Metaphern zurückzugreifen.

Auch die Idee begrifflichen Inhalts, welche zwei Aspekte umfasst, auf die ich in den letzten beiden Einträgen der Liste hingewiesen habe – bestehend aus dem, *wofür* man sich, und dem, *gegenüber dem* man sich im Urteilen verantwortlich macht –, müssen wir auf Grundlage der ursprünglichen synthetischen Tätigkeit erklären, durch die wir unsere je eigenen Verpflichtungen gemäß ihren rationalen Beziehungen zueinander integrieren. Ich habe behauptet, dass wir hier von einer *pragmatistischen* Erklärungsstrategie sprechen können, und zwar in dem Sinne, in dem wir eine solche Strategie auch bei zeitgenössischen Sprachphilosophen finden können. Denn diese Philosophen wollen die *Bedeutungsgehalte*, die von verschiedenen sprachlichen Ausdrücken transportiert werden, vom *Gebrauch* dieser Ausdrücke her verstehen, also – in einem angemessen weiten Verständnis – der *Pragmatik* ein explanatorisches Primat gegenüber der *Semantik* einräumen. Bislang aber habe ich nichts über das Verhältnis zwischen den beiden Dimensionen des begrifflichen Inhalts gesagt, die an dritter und vierter Stelle in der Liste auftauchen. Ich habe angeregt, die anvisierte Idee des REPRÄSENTATIONALEN ANSPRUCHS als einen normativen (Meta-)Begriff zu verstehen. Dabei geht es darum, die eigenen Verpflichtungen als etwas zu betrachten bzw. zu behandeln, das einer spezifischen Form von *Autorität* untersteht, indem es (für seine charakteristische Richtigkeit) *gegenüber* den Dingen *verantwortlich* ist, die ihrerseits in diesem normativen Sinne durch *repräsentierende* Zustände als *repräsentiert* gelten. Diese Zustände sind dasjenige, was in eine ursprünglich-synthetische Einheit integriert werden muss. Wir müssen aber noch klären, wie diese rationale synthetisch-integrative Tätigkeit so aufgefasst werden kann, dass durch sie eine spezifisch *repräsentationale* normative Dimension von Autorität und Verantwortung instituiert wird. Und dies müssen wir verstehen, um die Behauptung zu rechtfertigen, dass die ursprüngliche rational-synthetische Einheit der Apperzeption, soweit sie hier beschrieben wurde, auch als eine *transzendentale* Einheit der Apperzeption zu denken ist. Diese transzendentale Einheit ist der Gegenstand der *transzendentalen* Logik, die gerade darin über die *allgemeine* Logik hinausgeht, dass sie sich nicht bloß mit der Form von Urteilen beschäftigt, sondern auch mit dem Inhalt derselben – besonders ihrem *repräsentationalen* Inhalt.

Es gibt zwei Sorten von Intentionalität bzw. des semantischen Gehaltvollseins – »Von«-Intentionalität und »Dass«-Intentionalität. Die erste, *repräsentationale*, Dimension ist die semantische Gerichtetheit auf einen Gegenstand, *auf* den das Reden bzw. Denken *Bezug nimmt*. Die zweite, *expressive*, Dimension betrifft den *Inhalt* unseres Denkens und Redens, also dasjenige, *was* man (über den Gegenstand) sagt bzw. denkt. So kann man etwas *von* Füchsen denken bzw. *auf sie Bezug nehmen*, indem man denkt, *dass* sie nachtaktive Allesfresser sind. Was einer solchen Beschreibung zufolge in den Bereich des ›von‹ fällt, ist ein Ausdruck, während das, was in Sätzen wie ›Ich denke (oder Johann denkt), dass Füchse nachtaktive Allesfresser sind‹ auf ›dass‹ folgt, ein Aussagesatz ist.* Die vorkantische, frühneuzeitliche Tradition der Philosophie sah es als selbstverständlich an, dass wir zuerst eine unabhängige Erklärung der repräsentationalen »Von«-Intentionalität liefern müssen, also eine Erklärung dessen, was es überhaupt heißt, etwas zu repräsentieren. Erst dann und auf dieser Grundlage könnten wir die expressive »Dass«-Intentionalität erläutern, indem wir sagen, was es heißt, zu urteilen bzw. zu behaupten, *dass* es sich so-und-so verhält.

Diese theoretische Verpflichtung folgt nicht direkt aus der traditionellen *bottom-up*-Ordnung von logisch-semantischen Erklärungen, welche, von einer Erklärung der Begriffe ausgehend, hierauf eine Erklärung des Urteils aufbaut und auf dieser wiederum eine Erklärung des Schlusses. Man kann versuchen, eine solche dreistufige Erklärung zuerst in Hinblick darauf zu geben, was Ausdrücke in verschiedenen Graden von Komplexität *ausdrücken*, und sich erst danach der Frage zuwenden, was sie *repräsentieren* (beispielsweise Gegenstände samt ihren Eigenschaften, Tatsachen und Gesetze). Daher bedeutet die Tatsache, dass Kant die traditionelle Logik im Lichte des normativ-pragmatischen Primats des Urteils (welches bei ihm, wie wir gesehen haben, schon ein beträchtliches inferentielles Moment enthält) verwirft – dass er Begriffe als »Urteilsfunktionen« auffasst –, noch nicht automatisch, dass er auch die expressive Dimension semantischen Inhalts vor der repräsentationalen auszeichnet.[14] Aber Kant stellt in der Tat auch hier die traditionelle

* Das ist im Deutschen nicht ganz der Fall, da sich in einem mit ›dass‹ eingeleiteten Nebensatz im Vergleich zu einem Hauptsatz die Stellung des Verbs verändert. Entscheidend für den Gedanken ist aber nur, dass der Nebensatz selbst einen propositionalen Gehalt hat, also nicht einfach nur wie ein singulärer Terminus etwas benennt. (Anm. d. Übers.)

14 Aus der Perspektive späterer Entwicklungen können wir dies als eine Frage des relativen explanatorischen Primats betrachten, welches den Ideen des in einem Satz AUSGEDRÜCKTEN SINNS oder des durch einen singulären Terminus REPRÄSENTIERTEN GEGENSTANDS zukommt. Rückblickend lässt sich aufgrund der von Freges Analysen gewährten Einsicht (die Russell noch verborgen war) erkennen, dass die zwei Probleme, die es zu entwirren gilt, die folgenden sind: (a) die Unterscheidung zwischen dem mit Aussagesätzen verbundenen Inhalt und dem singulärer Termini und (b) die Unterscheidung zwischen Sinn und Referenz.

Erklärungsordnung auf den Kopf. Kants Herangehensweise an Urteile rekurriert auf Integration, die darin besteht, dass die Urteile gemäß ihren *rationalen* Beziehungen zueinander zu einem Ganzen synthetisiert werden. Diese Herangehensweise rückt erst eine Idee des INHALTS, den ein Aussagesatz ausdrückt, in den Blick – das, *wofür* man Verantwortung übernommen hat. Ein Inhalt wird auf diese Weise von den in einem weiten Sinne inferentiellen Beziehungen des *Einschlusses* und *Ausschlusses* her verstanden, in denen er zu anderen Inhalten steht (sowohl zu den Inhalten, die in der aktuellen synthetischen Einheit der Apperzeption eingeschlossen sind, als auch zu aktuell nicht bejahten Inhalten). Damit dieser Gedanke aber als eine Idee BEGRIFFLICHEN INHALTS verständlich wird, muss der Inhalt zugleich eine repräsentationale Dimension aufweisen. Im Denken *auf etwas Bezug zu nehmen* ist etwa nicht eine besondere Art des Denkens. Es ist ein Aspekt *jedes* Denkens.

Die Frage ist somit folgende: Wie lässt sich die Referenz auf Gegenstände bzw. ihre Repräsentation (die repräsentationale »Von«-Intentionalität) verständlich machen bzw. als ein notwendiger Unterbau der inferentiellen »Dass«-Intentionalität ausweisen, wenn Letztere vom Urteilen als rationaler synthetisch-integrativer Tätigkeit her verstanden wird? Hierauf kann man meines Erachtens folgendermaßen antworten (und dies ist die eigentliche Pointe meiner Ausführungen in diesem Kapitel, gleichsam das »eine göttlich ferne Ziel, zu dem die ganze Schöpfung strebt«[*]): Die zwischen möglichen Urteilsinhalten bestehenden Beziehungen materialer Unvereinbarkeit und inferentieller Folgerung, die wir als notwendige Bedingung dafür erkannt haben, dass etwas zu einer rationalen Einheit der Apperzeption synthetisiert werden kann (was nichts anderes ist als zu urteilen), enthalten schon implizit Verpflichtungen bezüglich der Identität und Individuation von *Gegenständen*, die dementsprechend von diesen Inhalten repräsentiert werden bzw. *auf* die diese Inhalte *Bezug nehmen.* Warum eigentlich? Das Urteil, dass *A* ein Hund ist, ist *nicht unvereinbar* mit dem Urteil, dass *B* ein Fuchs ist. Das Urteil, dass *A* ein Hund ist, *ist* dagegen *unvereinbar* mit dem Urteil, dass *A* ein Fuchs ist. Ein Hund-Urteil und ein Fuchs-Urteil als material unvereinbar miteinander zu betrachten bedeutet *nicht anderes*, als beide so aufzufassen, dass sie

* Ein Vers aus Alfred Lord Tennysons Gedicht *In Memoriam.* (Anm. d. Übers.)

auf *ein und denselben* Gegenstand referentiell Bezug nehmen bzw. ihn repräsentieren. Das Gleiche gilt für Beziehungen material-inferentieller Folgerung: Wenn man urteilt, dass *A* ein Hund ist, dann *folgt* daraus *nicht*, dass *B* ein Säugetier ist, sehr wohl aber, dass *A* ein Säugetier ist. Die Inferenz zu ziehen heißt daher nichts anderes, als die beiden Urteile als solche zu betrachten, die auf *ein und denselben* Gegenstand referentiell Bezug nehmen.[15]

15 Es ist unerheblich, dass diese Beispiele sich nur auf Sätze beziehen, die durch Anwendung einstelliger Prädikate gebildet wurden. Auch solche Beziehungen der Inferenz und Unvereinbarkeit, die zwischen Sätzen bestehen, die durch Verwendung relationaler Prädikate gebildet werden, weisen entsprechende Phänomene auf. Beispielsweise ist die Identität der Ausdrücke wesentlich für die Richtigkeit der Inferenz von ›Kant verehrte Hamann‹ und ›Hamann war ein Lehrer Herders‹ auf ›Kant verehrte einen Lehrer Herders‹. Man könnte auch Bedenken hinsichtlich logisch zusammengesetzter Prämissen und Konklusionen hegen (besonders angesichts des Nachdrucks, der zur Motivation des hier angestellten Gedankengangs auf diese gelegt wurde). Ich werde hierüber mehr im Zusammenhang der Kategorien im folgenden Abschnitt sagen. Aber nochmals, die Richtigkeit materialer Inferenzen, die z. B. die paradigmatischen negativen, hypothetischen und disjunktiven Urteile beinhalten, hängen von der Identität der Gegenstände ab, auf die sich die Prämissen und die Konklusionen beziehen. Aus ›Wenn mein Hund Coda irgendwelche Möbel zu Hause kaputt macht, werde ich auf Coda böse sein‹ folgt ›Wenn mein Hund Coda meine Lieblingslampe kaputt macht, werde ich auf Coda böse sein‹, aber nicht ›Wenn mein Hund Coda meine Lieblingslampe kaputt macht, werde ich auf Johann böse sein‹ oder gar ›Wenn Johann meine Lieblingslampe kaputt macht, werde ich auf Johann böse sein‹.
Man könnte nun Folgendes denken: Wenn ich glaube, dass *A* die Mutter von *B* ist, dann ist ›*A* ist ein Hund‹ unvereinbar mit ›*B* ist ein Fuchs‹. Wir sollten jedoch eher sagen, dass ›*A* ist die Mutter von *B*‹, ›*A* ist ein Hund‹ und ›*B* ist ein Fuchs‹ eine unvereinbare Trias bilden. Hier liegt auch eine Triangulation vor, die auf *gemeinsame* Gegenstände verweist: ›*A* ist die Mutter von *B*‹ führt Gegenstände an, die es mit jedem der beiden anderen Bestandteile gemein hat.
Sind nicht »genügend« andere Behauptungen mit im Spiel, so ist es möglich, dass wir nicht angeben können, ob eine unvereinbare Trias eher die Struktur dieses Beispiels hat, das ein relationales Prädikat enthält, oder jene Struktur, die sich in ›A ist eine Brombeere‹, ›A ist rot‹ und ›A ist reif‹ zeigt und auch auf irreduzible Weise triadisch unvereinbar ist. Diese Form möglicher Unterbestimmtheit würde dann zum Problem, wenn wir den Anspruch hätten, eine Theorie der Referenz bereitzustellen, die allein auf der Grundlage der rationalen Beziehungen der einen Behauptung zu anderen angibt, auf welche Gegenstände irgendeine gegebene Behauptung referentiell Bezug nimmt. Der Anspruch ist hier aber ein schwächerer. Wir wollen angeben, was es heißt, eine Behauptung so zu betrachten bzw. zu behandeln, dass sie beansprucht, auf den einen oder anderen Gen-

Diese *Triangulation* aufgrund der Anerkennung von materialen Unvereinbarkeiten und Inferenzen stellt *in nuce* die Art und Weise dar, in der die *normative* Forderung nach einer *rationalen* Einheit der Apperzeption (Urteile) *repräsentationalen* Anspruch verständlich macht. Sie erklärt uns, was es heißt, ein Urteil als etwas zu betrachten bzw. zu behandeln, das *Gegenstände repräsentiert* bzw. *auf* Gegenstände *Bezug nimmt*. Wir können folglich, wie die Triangulation zeigt, die *repräsentationale* Dimension begrifflichen Inhalts so verstehen, dass sie schon implizit in seiner Gliederung durch Beziehungen der Unvereinbarkeit und Inferenz enthalten ist, das heißt, sie ist bereits in dem enthalten, was nach unserer Erläuterung die *expressive* Dimension des Inhalts ist. Die Triangulation vermittelt uns einen Sinn, in welchem der Akt, mit dem wir *für* einen inferentiell gegliederten Urteilsinhalt Verantwortung übernehmen und mithin die Verpflichtung haben, diesen Inhalt in eine rationale Einheit der Apperzeption zu integrieren, es beinhaltet, dass wir diese Urteile als etwas betrachten bzw. behandeln, das *auf* Gegenstände *Bezug nimmt* und daher den Urteilenden diesen Gegenständen *gegenüber* verantwortlich macht. Die Triangulation versetzt uns in die Lage, Kants sonst dunkle Behauptung zu verstehen, dass »die Einheit des Bewußtseins dasjenige [ist], was allein die Beziehung der Vorstellung auf einen Gegenstand, mithin ihre objektive Gültigkeit [...] ausmacht«.[16] Die repräsentierten Gegenstände erscheinen gewissermaßen als *Recheneinheiten* für die Beziehungen der Inferenz und Unvereinbarkeit, in denen mögliche Urteilsinhalte zueinander stehen. Wenn zwei Eigenschaften miteinander unvereinbar sind, dann ist es für *ein und denselben* Gegenstand unmöglich, beide zu besitzen, für *zwei verschiedene* Gegenstände hingegen nicht. Ferner, wenn aus dem Besitz der einen Eigenschaft der Besitz einer anderen folgt, dann wird jeder Gegenstand, der die erste Eigenschaft besitzt, auch die zweite besitzen. Es ist jedoch nicht notwendig, dass irgendein anderer Gegenstand dies tut.

Hier findet sich demnach auch die Antwort auf die Frage, mit der wir begonnen haben: Was heißt es, dass etwas als eine Repräsentation zumindest *erscheint* (als ein Repräsentierendes von etwas, das

genstand referentiell Bezug zu nehmen. Zu diesem Zweck ist es ausreichend, dass alle Schemata polyadischer Unvereinbarkeit irgendeine Form von Triangulation aufgrund gemeinsamer Referenz enthalten.

16 *KrV*, B 137.

von ihm repräsentiert wird)? Was müssen wir *tun*, um etwas *als* ein Repräsentierendes *von* etwas zu betrachten bzw. zu behandeln? Die Antwort ist folgende: Indem wir es als etwas behandeln, das in Beziehungen materialer Unvereinbarkeit und inferentieller Folgerung zu anderen Dingen seiner Art steht, tun wir letztlich *nichts anderes*, als es als eine Repräsentation zu betrachten bzw. zu behandeln – wir fassen es als etwas auf, das *auf* etwas *Bezug nimmt*. In ebendieser dezidiert nichtatomistischen Weise, die Idee des repräsentationalen Anspruchs zu erläutern, wird erkennbar Descartes' Idee aufgegriffen (die Spinoza und Leibniz übernehmen und weiterentwickeln), dass es horizontaler Beziehungen des Repräsentierenden untereinander bedarf, um die vertikalen Beziehungen zwischen diesem und dem Repräsentierten verständlich zu machen. Indem wir erklären, was man *tun* muss, um etwas zu einer Einheit der Apperzeption zu synthetisieren, gewinnen wir den Kontext, in dem es möglich wird, *beide* genannten Dimensionen des begrifflichen Inhalts zu begreifen – die inferentiell-expressive *und* die referentiell-repräsentationale.

1.5 Kategorien

Um einen möglichen Urteilsinhalt in eine Einheit der Apperzeption integrieren zu können, müssen wir praktisch unterscheiden können, was aus ihm folgt, was ein Beleg für ihn wäre und was mit ihm unvereinbar ist.[17] Dies haben wir bereits gesehen. Diese Fähigkeiten können nun herangezogen werden, um eine neue Form von Behauptung einzuführen – nämlich das Konditional *Wenn p, dann q*. Das geschieht zum Beispiel anhand folgender Regeln:

- Man ist genau dann auf das Konditional *Wenn p, dann q* verpflichtet, wenn man die materiale Inferenz von *p* auf *q* als gut erachtet.

17 Das heißt, man muss solche Unterscheidungen machen. Damit ist nicht gesagt, dass man für jeden möglichen Urteilsinhalt imstande sein muss, ihn in eine dieser Klassen einzuordnen. Und damit ist auch nicht gesagt, dass man dabei immer *richtig*liegen muss – obgleich, wenn jemand *oft genug* falschliegt, die Zuschreibung der Verpflichtung auf *diesen* Inhalt, im Extremfall vielleicht auf *jeden* Inhalt zweifelhaft wird.

– Der Schluss vom Konditional *Wenn p, dann q* und *r* auf *q* ist genau dann ein guter Schluss, wenn die materiale Inferenz von *r* auf *p* gut ist.
– Das Konditional *Wenn p, dann q* ist genau dann mit *r* unvereinbar, wenn die materiale Inferenz von *r* auf *p* gut ist und es ein *s* gibt, so dass Folgendes gilt: *s* ist mit *q* unvereinbar, und die materiale Inferenz von *r* auf *s* ist gut.

(Es bieten sich viele verschiedene Wege zur Einführung von Konditionalen an. Ich gebe diese Regeln nur der Eindeutigkeit halber an.[18]) Dies sind Regeln zur Bildung *konditionaler* (bei Kant »hypothetischer«) Urteile. Sie spezifizieren den *begrifflichen Inhalt* dieser Urteile, denn sie verbinden eine eindeutig festgelegte Menge materialer Beziehungen der Inferenz und Unvereinbarkeit mit jedem Urteil dieser Form. Ferner legen diese Beziehungen fest, wann eine Integration solcher hypothetischer Urteile in eine synthetische Einheit der Apperzeption als erfolgreich gilt. Das bedeutet aber, dass jeder, der *irgendein nicht*hypothetisches Urteil in eine synthetische Einheit der Apperzeption zu integrieren vermag, schon alles tun kann, was im Prinzip dafür notwendig ist, um auch hypothetische Urteile, die dieselben möglichen Urteilsinhalte enthalten, in eine solche synthetische Einheit integrieren zu können. Auf ähnliche Weise lässt sich das praktische Beherrschen des Begriffs MATERIALE UNVEREINBARKEIT, welchen jeder beherrscht, der die grundlegende synthetisch-integrative Tätigkeit vollziehen kann, auch verwenden, um die Begriffe der NEGATION und NOTWENDIGKEIT explizit einzuführen. Die Idee ist, dass man als jemand gilt, der auf $\Box \sim (p \,\&\, q)$ verpflichtet ist, sobald man *p* und *q* als miteinander material unvereinbar behandelt.[19]

18 Ein anderer Weg beginnt mit materialen Unvereinbarkeiten. Sagen wir, aus *p* folgt *q* ($p \vDash q$) genau dann, wenn alles, was mit *q* unvereinbar ist, auch mit *p* unvereinbar ist. (So folgt daraus, dass Koda ein Hund ist, dass Koda ein Säugetier ist, nämlich in dem Sinne, dass alles, was mit ihrem Säugetier-Sein unvereinbar ist, auch mit ihrem Hund-Sein unvereinbar ist.) Dann ist das, was unvereinbar mit $p \rightarrow q$ ist, genau das, was unvereinbar mit *q* und *nicht* unvereinbar mit *p* ist. Diese Unvereinbarkeiten legen wiederum die Folgerungen aus $p \rightarrow q$ fest. Die Möglichkeit, alles aus materialen Unvereinbarkeiten aufzubauen, ist für das Verständnis des metaphysischen und logischen Primats wichtig, das Hegel der BESTIMMTEN NEGATION zuweist, was gerade seine Version dieses Begriffs ist.

19 Ich zeige dies detailliert in meinen 2006 gehaltenen Locke Lectures. Vgl. Robert

Kant zufolge ist ein Begriff eine Regel zur Bildung eines Urteils. In diesem Sinne wird mit der »Bildung« eines Urteils (das heißt eines möglichen Urteilsinhalts) festgelegt, wann eine Integration desselben in eine synthetische Einheit der Apperzeption als erfolgreich gilt. Diejenigen Begriffe, anhand deren hypothetische, modale und negative Urteile gebildet werden, sind daher Begriffe *a priori*. Das ist jedoch zunächst nicht in einem *epistemologischen*, sondern in einem *semantischen* Sinne zu verstehen. Jedes Subjekt der Apperzeption, das heißt jedes Subjekt, das Urteilsakte vollziehen (und also irgendeiner Sache verstandesmäßig bzw. apperzeptiv gewahr werden) kann, besitzt zumindest implizit immer schon diese Begriffe (und kann sie zum Einsatz bringen). Sie sind insofern »reine« Begriffe, also solche, die Kant als »Kategorien« bezeichnet. Und jeder dieser Begriffe ist mit einer Urteilsform verbunden. In den genannten Fällen sind sie mit Formen *zusammengesetzter* Urteile verbunden – jener Klasse von Urteilen also, deren Untersuchung eine neue Theorie sowohl der Tätigkeit des Urteilens als auch der geurteilten Inhalte erforderlich machte. Für den Fall des hypothetischen Urteils meint Kant, dass es um die Kategorie der *Verursachung* geht, insofern ein Ding ein anderes *notwendig macht*. Dafür gibt es eine Erklärung, deren Behandlung hier jedoch zu weit führen würde. An dieser Stelle möchte ich aus diesem Gedankengang nur die Schlussfolgerung ziehen, dass wir hier ein Beispiel von zumindest einigen der zentralen Kategorien Kants vor uns haben, die wir vollständig auf der Grundlage des Prozesses verstehen können, in dem etwas zu einer rationalen Einheit der Apperzeption synthetisiert wird. Man bemerke ferner, dass wir in dieser Erläuterung die Möglichkeit eines sogenannten »synthetischen Wissens *a priori*« *nicht voraussetzen* müssen, um dann nach den Bedingungen dieser Möglichkeit zu fragen.

Was wir hingegen in unseren Ausführungen zur Tätigkeit des Synthetisierens von etwas zu einer transzendentalen Einheit der Apperzeption voraussetzen *mussten*, ist die Verfügbarkeit urteilbarer (praktisch bejahbarer) Elemente mit einem *bestimmten begrifflichen Inhalt* als Ausgangsmaterial. Es muss folglich an jeder Stelle des Prozesses der rationalen, kritischen oder erweiternden Integration bereits festgelegt sein, in welchen Beziehungen der ma-

B. Brandom, *Between Saying and Doing. Towards an Analytic Pragmatism*, New York 2008, Kap. 5, Appendix.

terialen Unvereinbarkeit und inferentiellen Folgerung die zu integrierenden begrifflichen Inhalte zueinander stehen. Um den Status dieser Voraussetzung bezüglich der begrifflichen *Inhalte* bewerten zu können, müssen wir die Art der normativen *Kraft* genauer in den Blick nehmen, die auftritt, sobald wir in unseren Urteilen und absichtlichen Handlungen für die *Verwendung* von Begriffen Verantwortung übernehmen. Dies ist Thema des nächsten Kapitels.

1.6 Das Repräsentieren von Gegenständen

Oben habe ich auf Folgendes aufmerksam gemacht: Wir verstehen die Idee *repräsentierter Gegenstände* – denen *gegenüber* sich jemand verantwortlich macht, indem er durch sein Urteilen *für* einen möglichen Urteilsinhalt verantwortlich wird (das heißt verantwortlich, diesen Inhalt in eine synthetische Einheit der Apperzeption zu integrieren) – von der Triangulation der Beziehungen materialer Unvereinbarkeit und inferentieller Folgerung her, durch die diese Urteilsinhalte als solche gegliedert sind. So verstanden erweisen sich nun diese Gegenstände gewissermaßen als Recheneinheiten für Eigenschaften, die in Beziehungen des Aus- und Einschlusses (bzw. Folgerung) – Hegels »ausschließen« und »schließen« – zueinander stehen. Verstehen wir die *repräsentierenden Subjekte* als ursprünglich-synthetische Einheiten der Apperzeption, so können auch sie gewissermaßen als Recheneinheiten begriffen werden – nämlich als Recheneinheiten für Verpflichtungen (für Urteilsakte und im erweiterten Bild auch für Bejahungen praktischer Maximen), die in Beziehungen von Ausschluss und Folgerung zueinander stehen. Subjekte und Gegenstände sind einander darin ähnlich, dass sie materiale Unvereinbarkeiten »abstoßen« und materiale Folgen in sich aufnehmen. Aber sie unterscheiden sich auch voneinander: Für ein und denselben Gegenstand ist es *unmöglich*, zugleich zwei miteinander unvereinbare Eigenschaften aufzuweisen (oder in unvereinbaren Beziehungen zu stehen), und *notwendig*, all jene Eigenschaften zu haben, die aus den von ihm bereits besessenen Eigenschaften folgen. Für ein und dasselbe Subjekt ist es dagegen lediglich *unangemessen*, zugleich miteinander unvereinbare Verpflichtungen einzugehen, und *verpflichtend*, all jene Verpflichtungen anzuerkennen, die aus den von ihm bereits anerkannten

Verpflichtungen folgen. Im Fall der *Gegenstände* sind die Beziehungen von Aus- und Einschluss *alethisch-modal* – in ihnen geht es also darum, was möglich bzw. unmöglich und was notwendig bzw. nicht notwendig ist. Im Fall der *Subjekte* sind die Beziehungen von Aus- und Einschluss *deontisch-normativ* – hier geht es darum, wozu jemand berechtigt, worauf er verpflichtet bzw. wofür er verantwortlich ist (oder nicht ist), mithin darum, für normative Bewertung und Kritik angreifbar zu sein.

Gegenstände haben die begriffliche Funktion von *Recheneinheiten für alethisch-modale Unvereinbarkeiten.* Ein einzelner Gegenstand ist gerade das, was (zur gleichen Zeit) keine miteinander unvereinbaren Eigenschaften haben kann. Es ist also ein wesentliches und individuierendes Merkmal des metaphysischen, kategorial-sortalen Metabegriffs GEGENSTAND, dass Gegenstände die Metaeigenschaft besitzen, Unvereinbarkeiten *modal* abzustoßen. Parallel hierzu sind auch Subjekte aufgrund der Art und Weise individuiert, in der sie miteinander unvereinbare Verpflichtungen normativ »abstoßen«. Es ist *nicht* unzulässig, dass zwei *verschiedene* Subjekte miteinander unvereinbare Verpflichtungen haben – sagen wir, ich fasse diese Münze als etwas Kupfernes auf und Sie sie als einen elektrischen Isolator. Unzulässig *ist* es dagegen, wenn *ein und dasselbe* Subjekt dies tut. Subjekte haben die begriffliche Funktion von *Recheneinheiten für deontisch-normative Unvereinbarkeiten.* Es ist demnach ein wesentliches und individuierendes Merkmal des metaphysischen, kategorial-sortalen Metabegriffs SUBJEKT, dass Subjekte die Metaeigenschaft besitzen, Unvereinbarkeiten *normativ* abzustoßen. Ein einzelnes Subjekt ist gerade das, was (zur gleichen Zeit) keine unvereinbaren Verpflichtungen haben *sollte.*[20]

Hegel blickt auf Kants Erklärung des Wesens des Subjekts zurück, der zufolge dieses als eine ursprüngliche Einheit der Apperzeption gedeutet und durch die subjektive Form aller Urteile (»Ich denke«) gekennzeichnet wird. Ebenso kennt er Kants Erklärung der Gegenstände, denen gegenüber sich Subjekte durch ihr Urtei-

20 Ich blende in diesen Formulierungen viele Schwierigkeiten aus. In einem Sinne ist es die gesamte objektive Welt, welche miteinander unvereinbare *Tatsachen* »abstößt« und sich so analog zu *jedem* Gegenstand verhält. In diesem Sinne sind es Gruppen füreinander ersetzbarer singulärer Termini, die einzelnen Gegenständen entsprechen. Der allgemeine Punkt, um den es mir geht, ist unabhängig von dieser Frage der Feinstruktur.

len verantwortlich machen und welche durch die objektive Form aller Urteile (»Der Gegenstand = X«) gekennzeichnet werden. Hegel fiel auf, dass wir beide Erklärungen von der synthetischen *Tätigkeit* des Integrierens von Urteilen her verstehen müssen, des Integrierens also durch kritischen Aus- und erweiternden Einschluss bzw. Ausbau. Erst diese Art von *Akten* macht sowohl den Begriff SUBJEKT als auch den Begriff GEGENSTAND verständlich: Ersterer bezeichnet das, was *für* Urteile verantwortlich ist, und der zweite das, *gegenüber* dem Urteile verantwortlich sind. Dies ist einer der Kerngedanken, auf dessen Grundlage Hegel seinen *Idealismus* ausarbeitet: Bewusstsein im Sinne von Apperzeption zu haben – im Sinne einer Beziehung von Subjekten und Gegenständen – setzt den *Prozess* des Synthetisierens eines Selbst voraus und kann nur von diesem Prozess her erklärt werden. Dieser Prozess ist das, was ein *Selbst*-Bewusstsein ist. Wir müssen diese symmetrischen Subjekt- und Objekt-Pole des Bewusstseins (des intentionalen Nexus) so begreifen, dass sie zwei Aspekten der Tätigkeit des Synthetisierens von etwas zu einer Einheit der Apperzeption korrespondieren. Diese Einheit können wir, wie hier dargelegt wurde, als notwendig *transzendentale*, das heißt eine Gegenstände repräsentierende Einheit auffassen. Alethische und deontische Modalitäten – welche durch das modale bzw. normative Vokabular ausgedrückt werden – erweisen sich somit als zwei Seiten einer Medaille, die durch die synthetisch-integrative und systematisierende Tätigkeit eng miteinander verbunden sind. Diese Tätigkeit ist mithin der ursprünglichste Quell des *Sinns* beider Arten von Ausdrücken. Zu diesem Gedanken und der begrifflichen Abgrenzung des Normativen werde ich im nächsten Kapitel, »Autonomie, Gemeinschaft, Freiheit« noch mehr sagen.

1.7 Noch ein Wort zur Methodologie

Ich habe den eigentlichen Ausführungen dieses Kapitels nichts weiter hinzuzufügen. Daher möchte ich abschließend kurz eine methodologische Frage ansprechen, die sich wohl nahezu jedem aufgedrängt hat, der mir bis hierher gefolgt ist: »Was um alles in der Welt glauben Sie, dass Sie hier tun?« Wie könne ich glauben, dass ich über etwas gesprochen habe, das *Kant* gedacht hat, da doch in meinen Ausführungen all jene Begriffe *überhaupt nicht* auftauchen, die für sein Projekt absolut zentral sind. Zu den Themen, die ich nicht als derart notwendig erachtet habe, um sie hier zu erwähnen, gehören die folgenden: Anschauung; Sinnlichkeit; Rezeptivität; die Behauptung, Begriffe ohne Anschauungen seien leer; Raum und Zeit; die Bedingungen der Möglichkeit von Erfahrung; synthetische Erkenntnis *a priori*; die Unterscheidung zwischen *Phaenomena* und *Noumena*; der transzendentale Idealismus; die kopernikanische Wende – und vieles mehr. Wir können durchaus annehmen, dass diese Themen für Kant einigermaßen wichtig waren, und sicherlich spielen sie in seinen eigenen Ausführungen eine große Rolle.

Natürlich sind sie wichtig. Allein schon in seiner theoretischen Philosophie gibt es viel mehr als das, worauf ich hingewiesen habe. Beispielsweise war Kant der erste Philosoph, der den Versuch unternommen hat, die Folgen bis zum Ende zu durchdenken, die sich ergeben, sobald man sich von den aristotelischen Prinzipien der Identität und Individuation empirischer Gegenstände in Form von Substanz und Akzidenz abkehrt und sich dafür den newtonschen Prinzipien zuwendet, die stattdessen auf die raumzeitliche Verortung zurückgreifen. (Dies ist zwar eine naturalistische Idee, jedoch keine, die die Britischen Empiristen – nicht einmal der »gefeierte Mr. Locke« – erwogen, geschweige denn bejaht haben.) Kant zufolge hat diese metabegriffliche Transformation tiefgreifende Folgen für die Frage, was es heißt, mit so verstandenen Gegenständen semantisch in Kontakt zu kommen, das heißt, sie repräsentieren zu können. Diese Überlegungen sind bei Kant mit einer Behandlung des Verhältnisses von Sinnlichkeit und Rezeptivität verwoben, und keines dieser Themen ist irgendwie ersichtlich mit den von mir hier gegebenen Ausführungen zur Idee des repräsentationalen Anspruchs notwendig verknüpft. Dass es nichtsdestoweniger eine tiefgehende Verknüpfung, genauer eine notwendige Harmonie zwischen ihnen gibt, ist das Erklärungsziel von Kants transzendentaler Deduktion.

Die Tatsache jedoch, dass eine von Kants Hauptbeschäftigungen im Versuch einer Synthese dieser zwei Gedanken bezüglich des Inhalts besteht – der eine bezüglich der *Form* des Metabegriffs BEGRIFFLICHER INHALT, wie Kant gedacht zu haben scheint, und der andere bezüglich des *Inhalts* desselben –, bedeutet keineswegs, dass man unmöglich eine jener Konstellationen theoretischer Verpflichtungen, um deren Integration in ein größeres Ganzes es ihm geht, aus dem Ergebnis seiner Synthese herauslösen kann. Meine Überlegungen zu Begriffen, Urteilsakten, Apperzeption und Verstand, die ich hier entfaltet habe, sind intern kohärent, und wir können sie in Abstraktion von den anderen Elementen betrachten, mit denen Kant sie zusammenbringt. Ja, wir *müssen* sie sogar von diesen unterscheiden, wenn wir die möglicherweise interessante philosophische Frage stellen, ob wir eine bessere Auskunft über Intentionalität, Semantik und Repräsentation erhalten, wenn wir die Überlegungen zur Sinnlichkeit, um deren Integration mit den von mir aufgezeigten Überlegungen es Kant geht, einbeziehen oder nicht. Zugleich müssen wir, wie mir scheint, den von mir hier herausgegriffenen Gedankengang von anderen abgrenzen, um die historisch interessante Frage anzugehen, welche Pfade von Kants zu Hegels interessanten Ideen führen. Freilich, es gibt viele solcher Pfade. Im nächsten Kapitel werde ich einen anderen aufzeigen, der sich mehr auf die praktische als auf die theoretische Philosophie konzentriert.

2
Autonomie, Gemeinschaft, Freiheit

2.1 Einleitung

Das Thema meines ersten Kapitels war die bahnbrechende *normative* Konzeption von Intentionalität, die zum Kern der kantischen Überlegungen zum menschlichen Geist gehört. Kant fasst Urteilen und Wollen als etwas auf, durch das wir spezifische Formen von *Verantwortung* übernehmen. Zugleich versteht er das, *was* man in ihnen bejaht – mögliche Urteilsinhalte und praktische Maximen –, auf der Grundlage dessen, *wozu* man sich dadurch verpflichtet, das heißt derjenigen Form *praktischer* Verantwortung, welche man auf diese Weise übernimmt. Die praktische Tätigkeit, zu deren Vollzug wir uns im Urteilen und Handeln verpflichten, besteht darin, die neuen Verpflichtungen in ein vereinigtes Ganzes zu *integrieren*, das all die anderen, von einem selbst anerkannten Verpflichtungen umfasst. Ein *vereinigtes* Ganzes ist es kraft der *rationalen* Beziehungen zwischen seinen Teilen. Wir haben die Pflicht, materiale Unvereinbarkeiten, die wir zwischen unseren je eigenen Verpflichtungen entdecken, aufzulösen, indem wir einige der widerstreitenden Elemente verwerfen oder abändern – dies ist unser aller Pflicht zur *Kritik*. Zugleich haben wir die Pflicht, die inferentiellen Folgerungen aus unseren eigenen Verpflichtungen als Verpflichtungen anzuerkennen – dies ist unser aller Pflicht zur *Erweiterung*.

Solche integrativen Tätigkeiten zu vollziehen bedeutet, etwas zu einem *Selbst* oder *Subjekt* zu synthetisieren, das sich als verantwortlich erweist *für* die einzelnen Verpflichtungen, durch die es gegliedert ist. Kants *Pragmatismus* verpflichtet ihn grundlegend auf folgende Methode: Dasjenige, *wofür* man in diesem Sinne verantwortlich bzw. *worauf* man verpflichtet ist – die *Inhalte* der eigenen Urteils- und Willensakte –, muss von dem her verstanden werden, *wozu* diese Akte samt ihren Inhalten einen verantwortlich machen; und dies besteht darin, die so eingegangenen Verpflichtungen kritisch zu prüfen und zu erweitern. Die Voraussetzung einer solchen Strategie ist somit, dass diese Inhalte die Beziehungen materialer Unvereinbarkeit und inferentieller Folgerung bestimmen, in denen sie zueinander stehen. (Denn dies ist nötig, damit man überhaupt Konflikte auflösen und Folgerungen ziehen kann.) Diejenigen Regeln, die diese rationalen Beziehungen festlegen, sind die *Begriffe*, die man im Urteilen und Wollen anwendet, wobei wir diese Tätigkeiten als Akte des Bejahens spezifisch *diskursiver* (das heißt *begrifflicher*) Inhalte auffassen können.

Wer zwei Verpflichtungen als material miteinander unvereinbar bzw. in einer Beziehung inferentieller Folgerung zueinander stehend betrachtet, betrachtet sie, wie gesehen, letztlich als etwas, das auf einen einzelnen *Gegenstand referentiell Bezug nimmt* bzw. ihn *repräsentiert*. In diesen Verpflichtungen werden dem Gegenstand Eigenschaften zugesprochen, die einander aus- oder einschließen, selbst also miteinander unvereinbar sind bzw. in einer Folgerungsbeziehung zueinander stehen. Daher liefert der synthetisch-integrative Prozess mit seinen Aspekten der kritischen und erweiternden Tätigkeit (von denen Hegel mit der für ihn charakteristischen Bildlichkeit als einem »Ausatmen und Einatmen« spricht, welches die rational-organische Ganzheit des diskursiven Subjekts erhält) die Grundlage für das Verständnis beider Pole des intentionalen Nexus – des Subjekts und des Gegenstands. Ein Subjekt ist das, was miteinander unvereinbare Verpflichtungen zurückweist, insofern es diese nicht bejahen *soll*; und ein Gegenstand ist das, was unvereinbare Eigenschaften abweist, insofern er diese nicht aufweisen *kann*. (Subjekte haben die *Pflicht*, die Folgerungen aus ihren Verpflichtungen zu bejahen, Gegenstände hingegen weisen *notwendig* jene Eigenschaften auf, die aus ihren Eigenschaften folgen.)

Nach dieser Erklärung sind die (vertikalen) *semantisch-intentionalen* Beziehungen zwischen repräsentierenden Subjekten und repräsentierten Gegenständen eng mit den (horizontalen) *deontisch-normativen* Beziehungen der subjektiven Verpflichtungen untereinander bzw. mit den *alethisch-modalen* Beziehungen der objektiven Eigenschaften untereinander verbunden. Und diese Verbindung ist selbst wiederum in dem grundlegenden Prozess bzw. der Tätigkeit der rationalen Synthesis bzw. Integration fundiert. Wie ich diese Gedanken hier dargelegt habe, verdankt sich vielleicht mehr dem, was Hegel aus Kants Denken gemacht hat, als dem Selbstverständnis Kants. Aber wie kein anderer Denker vor ihm verknüpfte Kant deontische und alethische Modalitäten in Form reiner Begriffe miteinander. Diese Begriffe bringen verwandte Arten von *Notwendigkeit* zum Ausdruck – praktische und natürliche Notwendigkeit.

2.2 Kategorische Begriffe

Kant hat Humes praktische und theoretische Philosophie so verstanden, dass sie sich jeweils mit Varianten derselben Frage beschäftigen. Auf der Seite des *praktischen* Denkens fragt Hume, mit welcher Berechtigung wir von Beschreibungen, wie die Dinge beschaffen *sind*, zu Vorschriften übergehen, wie sie beschaffen sein *sollen*. Wie können wir den Übergang von ›Sein‹ zu ›Sollen‹ rational rechtfertigen? Auf der Seite des *theoretischen* Denkens fragt Hume, mit welcher Berechtigung wir von Beschreibungen, was *wirklich* geschieht, zu Darstellungen dessen übergehen, was *notwendig* geschieht bzw. was nicht geschehen *kann*. Wie also können wir den Übergang von der Beschreibung tatsächlicher Regelmäßigkeiten zur Formulierung notwendiger Gesetze rational rechtfertigen? In Kants Terminologie handelt es sich hierbei um zwei Arten von »Notwendigkeit« – praktische und theoretische. Denn für Kant bedeutet ›notwendig‹ nichts anderes als »einer *Regel* gemäß«. Humes Problem ist, dass selbst das im Rahmen seiner Theorie bestmögliche Verständnis der *Tatsachen* uns nicht dabei hilft, diese Arten von *Regeln* zu verstehen, die diese Tatsachen regieren und aufeinander beziehen – Regeln also, die hinter unseren Aussagen darüber stehen, was von dem tatsächlich Geschehenden (das wir seiner Ansicht nach direkt erfahren können) auch geschehen *soll* (*normativ* notwendig ist) bzw. geschehen *muss* (*natürlich* notwendig ist). (Ich habe oben folgende fundamentale *idealistische* Idee erläutert: Wenn wir den Gedanken, warum es diese zwei Typen von Regeln – deontische und alethische – geben muss und wie sich diese als solche zueinander verhalten, von unserer normativen rational-synthetischen Tätigkeit her verstehen, dann erfassen wir damit nichts anderes als das grundlegende Wesen und die Struktur der *Intentionalität*, das heißt die expressiven und repräsentationalen Beziehungen zwischen Subjekten und Gegenständen.)

Kants Antwort auf das vorgelegte Problem besteht darin, dass wir in der Lage, die sich Hume denkt, gar nicht sein können. Es kann nicht sein, dass wir empirische Behauptungen und Urteile über Tatsachen voll und ganz verstehen, aber keine Ahnung haben, was normative oder modale Urteile bedeuten. Um etwa urteilen, behaupten oder glauben zu können, dass eine Katze auf der Matratze sitzt, muss man zumindest die minimale praktische Fähigkeit haben, die materialen Inferenzen, die diesen Inhalt (als Prämisse oder Konklusion) enthalten, in gute und schlechte einzuteilen sowie zu unterscheiden, was mit dem Inhalt unvereinbar ist und was nicht. Dazu gehört, solchen Inferenzen Bereiche kontrafaktischer Robustheit zuzuordnen. Das bedeutet, man muss zusätzliche Überzeugungen, die, wenn sie als Hilfsannahmen fungieren, die Inferenz blockieren, von solchen unterscheiden können, bei denen das nicht der Fall ist. Man benötigt Dispositionen wie zum Beispiel, das Sitzen der Katze auf der Matratze als damit vereinbar zu behandeln, dass ein nahe stehender Baum noch etwas näher steht oder die Temperatur ein paar Grad höher ist, während das Sitzen der Katze auf der Matratze damit unvereinbar ist, dass die Sonne so nah wie der Baum oder die Temperatur mehrere tausend Grad höher ist. Man muss beispielsweise wissen, dass die Katze eine Maus jagen oder vor einem Hund fliehen könnte, die Matratze dagegen nichts von beidem tun kann, und ebenfalls, dass die Matratze im Wesentlichen dieselbe bliebe, wenn man auf ihr herumspringt oder sie mit einem Stock schlägt, die Katze dagegen nicht. Keine der hier angeführten kontrafaktischen Inferenzen ist notwendig, um zu verstehen, was es heißt, dass die Katze auf der Matratze sitzt. Trifft jemand jedoch *keine* Unterscheidungen dieser Art – geht er etwa mit der Möglichkeit, dass die Katze von der Matratze springt oder gähnt, genauso um wie mit der Möglichkeit, dass ihr Flügel wachsen und sie zu fliegen beginnt oder plötzlich mikroskopisch klein wird, das heißt, unterscheidet er nicht, was mit der Katze bzw. der Matratze passieren kann und was nicht –, dann gilt er nicht als jemand, der die Behauptung gut genug versteht, um sie zu bejahen. Ausgenommen ist hierbei jener abgeleitete, parasitäre Sinn, in dem jemand zum Beispiel von einem türkischen Satz glauben kann, dass er wahr ist, ohne ihn auch nur irgendwie zu verstehen. Sellars drückt diese kantische Einsicht treffend im Titel eines seiner Aufsätze aus: »Concepts as Involving Laws, and Inconceivable without Them« – Begriffe enthalten Gesetze und sind ohne sie undenkbar.[1]

1 Vgl. Wilfrid S. Sellars, »Concepts as Involving Laws, and Inconceivable without Them«, in: *Philosophy of Science* 15 (1948), S. 287-313. (Wiederabgedruckt in Jeffrey

Wenn das richtig ist, dann kann derjenige, der Begriffe wie KATZE oder MATRATZE in empirisch-deskriptiven Behauptungen zu verwenden vermag, bereits alles, was nötig ist, um auch Begriffe wie MÖGLICH und NOTWENDIG zum Einsatz zu bringen – wenngleich fehlbar und unvollkommen. Ein Verständnis dessen, was von Urteilen, die unter Verwendung solcher alethisch-modaler Begriffe gebildet werden, explizit gemacht wird, ist *implizit* schon im Verständnis *jedes* empirisch-deskriptiven Begriffs enthalten und vorausgesetzt. Dies ist Teil dessen, was Kant meint, wenn er von diesen Begriffen als »reinen« Begriffen bzw. als »Kategorien« spricht und sagt, dass unser Zugang zu ihnen *a priori* sei. Er meint damit, dass die Fähigkeit, sie zum Einsatz zu bringen, eine Voraussetzung für die Fähigkeit ist, überhaupt *irgendwelche* Begriffe zum Einsatz zu bringen – einschließlich und insbesondere gewöhnliche empirisch-deskriptive Begriffe. Diese letztere Behauptung ist demnach im Grunde nicht *epistemologisch*, sondern *semantisch*.

Wie steht es mit der entsprechenden Frage am Rande der praktischen Philosophie, wie sich unser Verständnis des *normativen* Vokabulars zu unserem Verständnis des empirisch-deskriptiven Vokabulars verhält? Für sie greift ein analoges Argument. Jedes rationale Handlungssubjekt, also jeder, der absichtlich handeln kann, muss praktisch die Möglichkeit verstehen, aus *Gründen* zu handeln. Diese Möglichkeit besteht darin, diejenigen praktischen Begründungsmuster, die jemanden zu etwas berechtigen oder verpflichten, sobald er ihre Prämissen oder Konklusionen bejaht, praktisch von jenen Begründungsmustern zu unterscheiden, bei denen das nicht der Fall ist. Denn ein absichtsvolles Handlungssubjekt zu sein bedeutet, dass man auf die Güte praktischer Gründe für das Handeln, die von den eigenen diskursiven Einstellungen bereitgestellt werden, differenziert reagiert. Solch ein begründendes Denken verleiht seiner Konklusion *normative* Kraft. Gute praktische Begründungsakte geben dem Handlungssubjekt einen Grund, in der einen statt in der anderen Weise zu handeln, insofern sie zeigen, dass es rational *erlaubt* oder *verpflichtend* ist, so zu handeln. Wenn das richtig ist, dann liegt darin, dass jemand überhaupt praktische Begründungen zu vollziehen vermag – aus praktischen Gründen heraus handeln kann, was nichts anderes heißt, als ein absichtsvol-

F. Sicha [Hg.], *Pure Pragmatics and Possible Worlds. The Early Essays of Wilfrid Sellars*, Atascadero 1980, S. 87-123.)

les Handlungssubjekt zu sein –, bereits eine Ausübung aller Fähigkeiten, die für den Einsatz normativer Begriffe nötig sind. Denn nur Begriffe wie VERPFLICHTUNG oder PFLICHT, BERECHTIGUNG oder ERLAUBNIS, in denen verschiedene Arten des Sollens zum Ausdruck kommen, machen es möglich, jene Unterscheidungen und Einstellungen *explizit* (in urteilbarer Form) auszudrücken, die wir *implizit* schon anerkannt und angenommen haben, sobald wir praktische Inferenzen (ganz gleich wie fehlbar) in material gute und schlechte einteilen.

Kants normative Erklärung theoretischer Urteile zeigt (obgleich Hegel hieraus mehr macht als Kant), dass wir nicht einmal in den praktischen Bereich schauen müssen, um ein Argument dieser Form zu erhalten. Verantwortung für einen möglichen Urteilsinhalt zu übernehmen bzw. sich auf ihn zu verpflichten heißt, ihn in eine synthetische Einheit der Apperzeption zu integrieren. Indem wir dies tun, erkennen wir praktisch beide Arten von *Pflichten* an – die zur Kritik und die zur Erweiterung – und behandeln somit das Zusammenfassen miteinander unvereinbarer Inhalte wie auch die unterlassene Anerkennung inferentieller Folgerungen als nicht *erlaubt*. Indem wir folglich überhaupt irgendeiner Sache apperzeptiv gewahr sind, üben wir bereits alle erforderlichen Fähigkeiten aus, um zumindest einige grundlegende normative Begriffe kompetent zu verwenden. Auch diese sind »reine« Begriffe, die etwas explizit machen, was in der Verwendung *jeglicher* Begriffe implizit enthalten ist. In der Tat haben wir im ersten Kapitel gesehen, dass bei Kant alethisch-modale und deontisch-normative Begriffe in einem sehr engen Verhältnis zueinander stehen. Sie machen jeweils verschiedene, jedoch komplementäre Aspekte des Prozesses der apperzeptiven Synthesis explizit: Die deontisch-normativen Begriffe machen einen Aspekt explizit, welcher der subjektiven Form des Urteils korrespondiert, die uns einen Zugriff auf den Begriff REPRÄSENTIERENDES SUBJEKT gewährt; und die alethisch-modalen Begriffe machen einen Aspekt explizit, welcher der objektiven Form des Urteils korrespondiert, die uns einen Zugriff auf den Begriff REPRÄSENTIERTER GEGENSTAND gewährt.

Eine für Kant wichtige Beobachtung betrifft das, was wir den Rahmen empirischer Beschreibung nennen können. Dieser besteht aus den Verpflichtungen, Praktiken, Fähigkeiten und Verfahren, welche den notwendigen praktischen Hintergrund bilden, vor dem allein es möglich ist, im Vollzug der theoretischen Erkenntnistätigkeit die Dinge so zu beschreiben, wie sie empirisch beschaffen sind. Kant sah, dass dieser Rahmen wesentlich Elemente beinhaltet, die sich sprachlich *nicht* in Form einer Beschreibung ausdrücken lassen, die also *nicht* die Funktion haben, die Beschaffenheit der Dinge (im *engen* Sinne) zu beschreiben. Zu ihnen gehört auf objektiver Seite das, was sich in Form von *Gesetzes*aussagen explizit machen lässt, indem man unter Verwendung alethisch-modaler Begriffe diejenigen Begriffe aufeinander bezieht, die ihrerseits in Beschreibungen angewandt werden. Kant behandelt die Frage, wie wir den semantischen und erkenntnistheoretischen Status dieser Rahmen-Verpflichtungen verstehen sollten: Gehören sie zu dem, was wir als *wahr* oder *falsch* bewerten können? Wenn sie wahr sind, drücken sie dann eine *Erkenntnis* aus? Wenn sie eine Erkenntnis darstellen, wie erkennen und rechtfertigen wir die Behauptungen, die diese Verpflichtungen zum Ausdruck bringen? Sind sie eine Art *empirischer* Erkenntnis? Es ist, wie mir scheint, zum größten Teil immer noch unsere Aufgabe, eine befriedigende sprachliche Ausdrucksform zu entwickeln, um diese Punkte zu diskutieren und diese Fragen zu behandeln – und das gut zweihundert Jahre nachdem Kant sie zum ersten Mal aufgeworfen hat.

Nun ist sich schon Kant bewusst, dass die Situation viel komplizierter und schwieriger ist, als die Weise, in der das Problem hier angegeben wurde, vermuten lässt. Es ist nicht allein nötig, die Verpflichtungen, welche für den Rahmen konstitutiv sind, von denen zu unterscheiden, die erst innerhalb dieses Rahmens möglich werden. (Dies führt zu der von Carnap bejahten, von Quine dagegen verworfenen Zweiteilung zwischen Sprache und Theorie, Bedeutungsgehalt und Überzeugung.) Wir können einerseits anerkennen, dass die Existenz »gesetzesförmiger« (also kontrafaktisch robuste Inferenzen stützender) Beziehungen zwischen Begriffen bzw. Eigenschaften, die explizit durch die Verwendung alethisch-modalen Vokabulars ausgedrückt werden, ein notwendiger Bestandteil des Rahmens empirischer Beschreibung ist. Das heißt, wir können anerkennen, dass (wie Sellars es formuliert) eine *Beschreibung* nur innerhalb eines Zusammenhangs möglich ist, in dem auch eine *Erklärung* möglich ist, wobei die Funktion des modalen Vokabulars, das diese explanatorischen Beziehungen zum Ausdruck bringt, nicht in dem engeren Sinne deskriptiv ist, wie das paradigmatisch bei Behauptungen über empirische Tatsachen der Fall ist. Damit gestehen wir zu, *dass* es ein Bestandteil des Rahmens von Beschreibungen (samt Erklärungen) ist, dass es (sich in Inferenzregeln niederschlagende) Gesetze geben muss, unter welche die (sich in Begriffen niederschlagenden und) in empirischen Beschreibungen verwendeten Eigenschaften fallen. *Dies* ist selbst keine *empirische* Behauptung, insofern wir sie aufstellen können, ohne zu untersuchen, welche Beschreibungen tatsächlich auf welche Dinge zutreffen. Wenn diese Behauptung wahr und erkennbar ist, dann, so können wir sagen, ist sie es *a priori*. Wir können in Kants hylemorphistischer Terminologie sagen, dass es hierbei um die *Form*, nicht um den *Inhalt* empirischer Erkenntnis geht. Dann müssen wir jedoch andererseits den weiterführenden Punkt zugestehen, dass es eine *empirische* Frage ist, *in welchen* gesetzesförmigen Aussagen *tatsächliche* Gesetze zum Ausdruck kommen (welche also »objektiv gültig« sind) und in welchen nicht. Aus diesem Grund benötigen wir eine Redeform in Bezug auf *empirische* Behauptungen in einem weiten Sinne, die nicht im engen Sinne *deskriptiv* sind, insofern sie *explanatorische* Beziehungen zwischen einzelnen deskriptiven Anwendungen bestimmter empirischer Begriffe unterster Stufe einfangen. Auf welche Weise wir dieser Herausforderung (und ihrem Analogon auf Seiten der praktischen Tätigkeit) begegnen müssen, ist eines der zentralen Themen, das die Arbeiten von Kant und Hegel (wie auch später die von Peirce und Sellars) beseelt und leitet.

2.3 Freiheit und Autonomie

In der Erklärungsordnung, die ich hier verfolge, ist all diesen Überlegungen Kants *normative* Auffassung geistiger Tätigkeit vorgelagert, und zwar sowohl auf theoretischer als auch auf praktischer Seite. Sowohl das Urteilen als auch das Bejahen praktischer Maximen besteht nach Kants Ansicht darin, dass man sich darin *verpflichtet*, also eine *Verantwortung* spezifisch diskursiver Art übernimmt. Diese Auffassung auf der Seite des Subjekts korrespondiert jenen Rahmenelementen, die auf der Seite des Gegenstands anhand des alethisch-modalen Vokabulars explizit gemacht werden. Wie ich im ersten Kapitel bereits dargelegt habe, sollte Kants Idee der zentralen Stellung der Normativität als der Mittelpunkt verstanden werden, um den herum sein gesamtes Denken kreist. Angesichts dessen wird es, wie gesagt, zu einer entscheidenden philosophischen Aufgabe, das Wesen der *Verbindlichkeit* begrifflicher Normen zu verstehen. Dies ist das Thema dieses Kapitels.

Ein integrales Element der von Kant herbeigeführten normativen Wende ist seine von Grund auf neuartige Konzeption der *Freiheit*. Seine Theorie ist ungewöhnlich (wenn auch nicht gänzlich ohne Vorläufer), insofern Kant in ihr anstatt einer negativen eine *positive* Freiheitskonzeption aufstellt. Gemäß dieser Konzeption wird Freiheit als eine Freiheit, etwas *zu tun*, verstanden, anstatt als Freiheit *von* Beschränkungen irgendeiner Art. Freiheit ist für Kant eine spezifische Art von praktischer Fähigkeit. *Wirklich* neuartig ist hierbei meines Erachtens, wie er diese Fähigkeit auffasst. In der philosophischen Tradition, insbesondere ihrem empiristischen Zweig, wurden die Probleme, die sich um die Idee der MENSCHLICHEN FREIHEIT gruppieren, in alethisch-modalen Kategorien gefasst. Der Determinismus stellte die Behauptung auf, dass unsere intentionalen Vollzüge *notwendig* sind, wenn vorher gewisse, nichtintentional spezifizierte Bedingungen vorlagen. Die Freiheit einer intentionalen Handlung wurde dann von der *Möglichkeit* her verstanden, dass der Handelnde auch anders hätte handeln können. Hierbei stellte sich die Frage, wie wir es verstehen sollen, dass das menschliche Verhalten *Gesetzen* jener Art unterliegt, wie sie in der Natur walten. Für Kant finden diese Kategorien nur auf der *objektiven* Seite des intentionalen Nexus Anwendung, also im Bereich der repräsentierten Gegenstände. Unsere praktische Freiheit ist dagegen ein Aspekt der Spontanität der diskursiven Tätigkeit auf der *subjektiven* Seite, also im Bereich der repräsentierenden Subjekte. Die Modalität, die diese Dimension kennzeichnet und gliedert, ist nicht alethisch, sondern deontisch. Das Spezifische dieser Dimension ist, dass in ihr nicht Gesetze, sondern *Vorstellungen* von Gesetzen, also normative Einstellungen regieren. Auch Kants Freiheitskonzeption ist *normativ*.

Spontanität ist in Kants Terminologie das Vermögen, Begriffe zum Einsatz zu bringen. Der Einsatz von Begriffen besteht im Fällen von Urteilen und im Bejahen praktischer Maximen. Wie wir gesehen haben, geht es in beidem darum, sich selbst zu *verpflichten*, eine spezifische Form diskursiver *Verantwortung* einzugehen.

Mit positiver Freiheit, welche die Ausübungen unserer Spontanität charakterisiert, ist nichts anderes gemeint als diese normative Fähigkeit – die Fähigkeit, uns selbst zu verpflichten bzw. verantwortlich zu werden. Wir können sie als eine Art von *Autorität* auffassen, nämlich als die Autorität, sich durch begriffliche Normen zu binden. Gerade insofern sich diese Autorität darauf bezieht, sich selbst zu *binden*, beinhaltet sie eine entsprechende Form von *Verantwortung*. Und insofern es sich bei den betreffenden Normen um *begriffliche* Normen handelt, ist die Verantwortung, die in der Ausübung dieser Art von Autorität enthalten ist, eine *rationale* Verantwortung. Wir haben zugleich gesehen, dass sie eine Form von *praktischer* Verantwortung ist – eine Verantwortung, etwas *zu tun*. Sie ist die Verantwortung, die eingegangenen Verpflichtungen zusammen mit anderen Verpflichtungen, die als *Gründe* für oder gegen jene fungieren, in ein Ganzes zu integrieren. Positive Freiheit im Sinne Kants ist das *rationale* Vermögen, *normative Status* anzunehmen, das heißt die Fähigkeit, sich selbst zu *verpflichten*, die *Autorität*, sich *verantwortlich* zu machen.

Um eine intuitive Vorstellung davon zu gewinnen, wie wir ein solches Vermögen sinnvoll als eine Form positiver *Freiheit* auffassen können, ist es hilfreich, an ein Beispiel zu denken, das sich in Kants Leitmetapher in seinem bekannten Aufsatz »Was ist Aufklärung?« andeutet: Man denke daran, was passiert, sobald ein junger Mensch im Sinne des Gesetzes volljährig wird. Plötzlich hat er die Autorität, sich selbst rechtlich zu binden, etwa indem er Verträge abschließt. Das verleiht ihm eine Vielzahl neuer Fähigkeiten: Er kann Geld ausleihen, eine Hypothek aufnehmen, ein Unternehmen gründen usw. Die neue Autorität, sich selbst normativ zu binden, diese neuen normativen Status anzunehmen, beinhaltet einen gewaltigen Zuwachs an positiver Freiheit. Der Unterschied zwischen diskursiven und nichtdiskursiven Lebewesen lässt sich auf ähnliche Weise von dieser Form *normativer positiver Freiheit* her verstehen – einer Freiheit, die sich nur bei Wesen findet, die Begriffe verwenden.

Ferner ist diese normative positive Freiheit Kant zufolge eine Form *rationaler* Freiheit, denn die Ausübung dieser Spontanität ist eine *rationale* Tätigkeit. Mit Rationalität ist in diesem Sinne nicht gemeint, dass Erkenntnis- und Handlungssubjekte immer oder auch nur oft gute Gründe für das haben, was sie glauben oder tun. Rationalität besteht vielmehr allein darin, dass man sich im

Raum der Gründe bewegt. Erkenntnis- und Handlungssubjekte gelten nämlich nur insofern als solche, als sie ihre normative Autorität, sich selbst durch begriffliche Normen zu binden, ausüben, diskursive Verpflichtungen und Verantwortungen eingehen und sich damit für spezifische Formen normativer *Bewertung* angreifbar machen. Sie sind nämlich in Hinblick darauf für Bewertungen angreifbar, ob sie gute *Gründe* dafür haben, ihre Autorität in der Weise auszuüben, wie sie es tun, das heißt, gerade *diese* bestimmten Verpflichtungen und Verantwortungen zu übernehmen. Die Bewertung dieser Gründe ist eine Bewertung des Erfolgs, den diese Subjekte darin haben, diese neuen Verpflichtungen zusammen mit anderen Verpflichtungen, die sie auf ähnliche Weise angenommen und anerkannt haben, in ein Ganzes zu integrieren. Was auch immer die tatsächliche kausale Vorgeschichte ihrer Urteilsakte und absichtlichen Handlungen sein mag, kantische Erkenntnis- und Handlungssubjekte haben die *Pflicht* (sind verpflichtet), *Gründe* für ihre Urteile und Handlungen zu haben. (Die rationale Pflicht zur Rechtfertigung ist eine Art Resultante aus den Pflichten zur Kritik und Erweiterung, die wir schon aufgeführt haben.)

Dieser Auffassung zufolge ist Freiheit weit davon entfernt, mit Beschränkung unvereinbar zu sein, vielmehr *besteht* sie in einer bestimmten Form von Beschränkung – einer Beschränkung durch Normen. Das mag paradox klingen, ist es aber keineswegs. Die positive Freiheit, wie Kant sie beschreibt, ist das praktische Vermögen, durch diskursive Normen gebunden zu sein. Dieses Vermögen ist damit vereinbar, durch die Naturgesetze gebunden zu sein, geht aber noch darüber hinaus. Denn gerade durch die Ausübung dieses Vermögens erheben wir uns über das bloß Natürliche und werden zu Wesen, die in einem ihnen eigentümlichen normativen Raum von Verpflichtungen und Verantwortungen, also einem Raum von *Gründen* leben und sich bewegen (da die rationalen Beziehungen, in denen diese zueinander stehen, die Inhalte ihrer normativen Status gliedern).

Hat man den Anspruch, zu einer solchen Konzeption normativer positiver Freiheit berechtigt zu sein, so macht das ein philosophisches Verständnis normativer Status wie Verpflichtung, Verantwortung und Autorität umso dringlicher. Es gehört zu den bleibenden intellektuellen Errungenschaften und großen philosophischen Vermächtnissen der Aufklärung, säkulare Vorstellungen von rechtlicher, politischer und moralischer Normativität entwickelt zu haben – dies ist vielleicht der bedeutendste Beitrag, den moderne Philosophen zur Kultur im weiteren Sinne geleistet haben. Statt der traditionellen Berufung auf eine Autorität, die sich in letzter Instanz von göttlichen Befehlen ableitet (die so gedacht werden, dass sie ontologisch im Status des himmlischen Herrschers fundiert sind, insofern er Schöpfer derer ist, die er befehligt), entwarfen die Philosophen der Aufklärung Formen von Verantwortung und Autorität (Verpflichtung und Berechtigung), die sich von den praktischen Einstellungen menschlicher Wesen herleiten. In Vertragstheorien politischer Pflichten zum Beispiel werden auf diese Weise normative Status so begriffen, dass sie durch den Vorsatz der Individuen, sich selbst zu binden, instituiert werden, und zwar nach dem Modell des Gebens eines Versprechens bzw. des Eintretens in einen Vertrag. In diesem Verständnis wird politische Autorität in letzter Instanz von der (vielleicht nur impliziten) *Anerkennung* derer abgeleitet, gegenüber denen sie ausgeübt wird.

Diese gedankliche Bewegung ist von einer revolutionär neuen Konzeption der Beziehungen zwischen den normativen *Status* und den *Einstellungen* menschlicher Wesen getragen, die Träger dieser Status sind. Diese sind es, die sich selbst verpflichten, Verantwortungen eingehen, Autorität ausüben und diese Status akzeptieren und zuschreiben (also sich und andere praktisch so betrachten). Es handelt sich um die Idee, dass normative Status *von Einstellungen abhängig* sind, dass also Autorität, Verantwortung und Verpflichtung keine Eigenschaften der nicht- bzw. vormenschlichen Welt waren. Diese Dinge existierten nicht, bevor nicht menschliche Wesen damit anfingen, einander *als* autoritativ, verantwortlich, verpflichtet usw. zu betrachten bzw. zu behandeln, das heißt, bevor sie nicht anfingen, gegenüber einander normative *Einstellungen* auszubilden. Diese Einstellungen wie auch die sozialen Praktiken, die ihre Annahme möglich machen, *instituieren* die normativen Status, und es ist eine grundlegende Aufgabe der Philosophie, den spezifischen Sinn, in dem sie dies tun, zu untersuchen und zu erhellen. Diese Auffassung von der globalen Abhängigkeit der Normen von Einstellungen steht im Gegensatz zur traditionell objektivistischen Auffassung, der zufolge wir die Normen, welche festlegen, was im Bereich menschlichen Verhaltens »angemessen« ist, von den Eigenschaften der nichtmenschlichen Welt ablesen müssen. Dabei sind diese Eigenschaften von den Einstellungen derer unabhängig, die diesen Normen unterliegen. Nach diesem traditionellen Bild haben wir Menschen als normative Subjekte die Aufgabe, unsere Einstellungen (was wir als korrektes und angemessenes Verhalten *betrachten*) diesen von unseren Einstellungen unabhängigen Normen anzupassen. Wir sollen auf praktischer Seite die objektiven normativen Tatsachen ebenso entdecken und anerkennen, wie wir die Pflicht haben, objektive nichtnormative Tatsachen auf theoretischer Seite zu entdecken und anzuerkennen.

Kant identifiziert sich mit der modernen Tradition. Wie die Denker der Aufklärung vor ihm verpflichtet er sich auf die Behauptung, dass basale normative Status von Einstellungen abhängen. (Diese Verpflichtung hat beachtliche Bedeutung für den Idealismus, der auf Kant folgt, und zwar im Kontext eines normativen Zugangs zu unserer erkennenden und praktischen Tätigkeit und eines pragmatistischen Zugangs zu begrifflichen Inhalten, der darin besteht, diese von der Frage her zu verstehen, was jemand *tut*, indem er sie bejaht.) Dieser Gedanke kann auf viele Weisen entwickelt werden. (An späterer Stelle werde ich einige Wege untersuchen, die sich ergeben, sobald wir damit beginnen, zwei entscheidende Dimensionen dieses Gedankens zu unterscheiden.) Eine der großen Ideen Kants besteht darin, dass sich dieser Gedanke dafür eignet, ein Abgrenzungskriterium für den Bereich des Normativen zu gewinnen. Um eine positive Konzeption von menschlicher Freiheit als diskursiver Spontanität vertreten können, muss Kant in der Lage sein, die *normative* Form von Beschränkung, die für erkennende und handelnde *Subjekte* charakteristisch ist, von derjenigen mit Notwendigkeit verbundenen *kausalen* Form von Beschränkung zu unterscheiden, die für die *Gegenstände* charakteristisch ist, auf welche das Erkennen und Handeln der Subjekte Bezug nimmt. Kant muss, wie er sich ausdrückt, die Beschränkung aufgrund von *Vorstellungen* von Gesetzen von der Beschränkung aufgrund von Gesetzen unterscheiden können. Was unterscheidet das Annehmen eines *normativen Status* vom Eintreten in einen *natürlichen Zustand*? Worin besteht der Unterschied zwischen der Art und Weise, wie Normen und wie Ursachen das »binden«, was ihnen unterliegt?

Kant folgt seinem Helden Rousseau und radikalisiert die Abhängigkeit normativer Status von Einstellungen (die für ihn und seine Nachfolger eine Entdeckung der Aufklärung ist) zu einer

Erklärung des spezifischen Merkmals normativer Verbindlichkeit gemäß dem Modell der *Autonomie*. Dieses Modell ist, samt dem in ihm enthaltenen Kriterium zur Abgrenzung normativer Status von natürlichen Eigenschaften, als Nachfolgekonzeption zum traditionellen Modell des *Gehorsams* eines Untergebenen gegenüber den Befehlen eines Höherstehenden zu verstehen. Dieser traditionellen Konzeption zufolge sind die normativen Status, die jemand besitzt, durch dessen Platz in der großen feudalen Kette normativer Unterordnung festgelegt. Diese Kette wird selbst entweder als ein objektives Merkmal der natürlichen (bzw. übernatürlichen) Welt aufgefasst oder als eine normative Bestimmung, die in irgendeiner Idee davon gründet, was denjenigen zusteht, deren Rang sich aus ihrer asymmetrischen Autorität und Verantwortung gegenüber einander ergibt. Der sich hiervon abgrenzenden Autonomieidee zufolge sind wir als Subjekte nur durch solche Regeln wahrhaft *normativ* beschränkt, durch die wir *uns selbst* beschränken, das heißt die wir *als* für uns verbindlich annehmen und anerkennen. Bloß natürliche Lebewesen sind als Gegenstände allein durch Regeln gebunden, welche die Form von Gesetzen haben und deren Verbindlichkeit in keiner Weise durch irgendwelche Einstellungen bedingt ist, in denen jene Lebewesen diese Regeln *als* für sich verbindlich anerkennen. Der Unterschied zwischen nichtnormativem *Zwang* und normativer *Autorität* besteht darin, dass wir wahrhaft *normativ* ausschließlich dem gegenüber verantwortlich sind, was wir *als* autoritativ *anerkennen*. In diesem Sinne können nur wir uns binden, insofern wir nämlich nur durch die Ergebnisse der Ausübung unserer Freiheit *normativ* gebunden sind, also durch (selbstkonstituierte) Akte der *Selbst*-Bindung, das heißt nur durch Verpflichtungen, die wir eingegangen sind, indem wir sie anerkannt haben.[2] Die positive Freiheit, normative Status anzunehmen, mithin verantwortlich bzw. verpflichtet zu *sein*, ist somit identisch mit

2 Die Anerkennung von Autorität kann bloß implizit sein. So argumentiert Kant etwa, dass wir, indem wir andere als Wesen anerkennen, die Begriffe verwenden, implizit auch eine Verpflichtung anerkennen, ihre Begriffsverwendungen nicht als bloßes Mittel zu unseren eigenen Zwecken zu behandeln. Das heißt, es kann im Hintergrund Verpflichtungen geben, die Teil der impliziten Struktur von Rationalität und Normativität als solcher sind. Aber selbst in diesen Fällen wird die Quelle unserer normativen *Status* so aufgefasst, dass sie in unseren normativen *Einstellungen* liegt.

der positiven Freiheit, uns durch unsere Einstellungen verantwortlich zu *machen*. Kants normative Konzeption positiver Freiheit ist mithin eine Konzeption von *Freiheit* als einer Art von *Autorität*. Genauer gesagt besteht Freiheit in unserer *Autorität*, uns selbst *auf rationale Weise verantwortlich* zu *machen*, indem wir uns als verantwortlich *betrachten*. Das Vermögen, durch Normen gebunden *zu sein*, und das Vermögen, *uns selbst* durch Normen *zu binden*, sind ein und dasselbe. Aufgrund dieser Identität handelt es sich um *Normen*, durch die wir gebunden sind – weil wir uns selbst durch sie binden. Hier sind Verantwortung und Autorität symmetrisch und gegenseitig; sie sind konstitutive Merkmale des normativen Subjekts, das zugleich autoritativ und verantwortlich ist.

Diese gesamte Konstellation von Ideen von Normativität, Vernunft und Freiheit, die von Kant angestoßen und von seinen Nachfolgern weiterentwickelt wurde, ist meines Erachtens das, was Heidegger meint, wenn er von »der Würde und geistigen Größe des Deutschen Idealismus« spricht.

2.4 Von der Autonomie zur gegenseitigen Anerkennung

Kants Zurückweisung der traditionellen klassifikatorischen Theorie des Bewusstseins und der entsprechende Bedarf an einer neuen Theorie sowohl des Urteilens als auch des Geurteilten ergibt sich, wie ich im ersten Kapitel behauptet habe, aus einer Betrachtung, in der zwischen pragmatischer Kraft und semantischem Inhalt, zwischen Urteilsakt und möglichem Urteilsinhalt unterschieden wird. Dieser Unterschied zeigt sich klar im Zusammenhang von *zusammengesetzten* Formen des Urteils. Verbinden wir diese Unterscheidung nun mit der Autonomiethese (welche eine These über die pragmatische *Kraft* ist bzw. darüber, was man im Urteilen *tut*), so ergibt sich daraus das Erfordernis der relativen *Unabhängigkeit* von Kraft und Inhalt. Es stellt sich also heraus, dass die *Abhängigkeit* der normativen Kraft von Einstellungen eine entsprechende *Unabhängigkeit* des Inhalts erfordert. Autonomie als das Abgrenzungskriterium des Normativen im Sinne Kants und Rousseaus sagt uns etwas über die normative *Kraft*, also darüber, was das Wesen der Verbindlichkeit oder Gültigkeit derjenigen diskursiven Verpflichtungen ist, die wir im Urteilen oder absichtlichen Handeln eingehen. Diese

Kraft ist dem Kriterium zufolge *von Einstellungen abhängig*. Es ist wichtig, dass wir uns vor Augen führen, dass ein solcher Ansatz nur dann funktionieren kann, wenn er mit einer bestimmten Erklärung jener *Inhalte* einhergeht, für die normative Kraft eingesetzt wird – einer Erklärung, der zufolge diese Inhalte (und insofern auch die normativen Status, deren Inhalte sie sind) von Einstellungen *unabhängig* sind.

Das Autonomiekriterium besagt, dass es gewissermaßen in unserer Hand liegt (es von unseren Tätigkeiten und Einstellungen abhängt), *ob* wir durch eine bestimmte begriffliche Norm gebunden (ihr gegenüber verantwortlich) sind. (Obgleich die Anerkennung von begrifflichen Verpflichtungen *überhaupt* weitere implizite Verpflichtungen beinhalten kann, welche sich aus der Struktur von Rationalität und Intentionalität ergeben.) Läge jedoch nicht allein die normative *Kraft* in unserer Hand, sondern *ebenfalls* die *Inhalte* dieser Verpflichtungen – das, *wofür* wir verantwortlich sind –, so würde, um Wittgenstein zu paraphrasieren, »richtig [sein], was immer uns als richtig erscheint«.[3] In diesem Fall würde unser Reden darüber, dass etwas richtig bzw. falsch ist, in keinem verständlichen Sinne greifen – keiner Norm wäre Geltung verschafft, keine originäre Verpflichtung wäre eingegangen, kein normativer Status instituiert worden. Wollte man dies anders ausdrücken, so ließe sich sagen, dass Autonomie – die Selbstbindung durch ein Gesetz, eine Norm oder Regel – zwei Momente hat, welche jeweils ›autos‹ und ›nomos‹ entsprechen: Man muss *sich selbst* binden, aber zugleich auch sich selbst *binden*. Wenn nicht nur der Umstand, *dass* man durch eine gewisse Norm gebunden ist, in der Hand desjenigen liegt, der sie bejaht, sondern auch das, *was* die jeweilige Norm beinhaltet – was gemäß ihr richtig bzw. falsch ist –, dann geht der Gedanke verloren, dass man *gebunden* ist, dass also eine Unterscheidung getroffen wurde, was gemäß dieser Norm richtig und was falsch ist. Die Abhängigkeit der normativen *Kraft* von Einstellungen, die mit der Autonomiethese behauptet wird, ist prinzipiell *nur* in einem Kontext sinnvoll, in welchem die Begrenzungen des *Inhalts* – dessen, was ich als mich beschränkend anerkenne und durch diese Anerkennung zu einer normativen *Beschränkung* für mich *mache*, insofern ich mich für entsprechende normative *Be-*

3 Ludwig Wittgenstein, *Philosophische Untersuchungen*, Frankfurt/M. 2003, § 258.

wertungen öffne – *nicht* im gleichen Maße von Einstellungen abhängen. Dies ist eine Bedingung dafür, die Idee NORMATIVER BESCHRÄNKUNG verständlich machen zu können. Wir können sie das Erfordernis der relativen *Unabhängigkeit* von normativer *Kraft* und *Inhalt* nennen.

Kant stellt diese notwendige Arbeitsteilung dadurch sicher, dass er auf *Begriffe* als Regeln rekurriert, die bestimmen, was ein Grund wofür ist und *somit* was unter die so gegliederten Begriffe fällt. (Wenn beispielsweise Biegsamkeit eine zwingende Folge davon ist, dass etwas Gold ist, dann können allein biegsame Einzeldinge unter den Begriff GOLD fallen.) Kant fasst die empirischen Tätigkeit so auf, dass sie in der Anwendung von Begriffen besteht – das Urteilen und Handeln als Bejahung von Propositionen und Maximen –, so dass bei ihm die bejahten *Inhalte* von den sie bejahenden *Akten* streng geschieden werden. Letztere fallen in unseren Verantwortungsbereich, Erstere nicht.[4] Nach Kants Verständnis steht dem urteilenden bzw. handelnden empirischen Bewusstsein immer schon ein Vorrat an vollständig bestimmten Begriffen zur Verfügung. Das Bewusstsein hat die Aufgabe, zwischen ihnen auszuwählen und zu entscheiden, für welche es durch Anwendung auf Gegenstände seine Autorität einsetzt, mithin welche begrifflich gegliederte Verantwortung, welche diskursiven Verpflichtungen es eingeht. Der Akt beispielsweise, in dem ich urteile, dass das, was ich vor mir sehe, ein *Hund* ist – das Anwenden dieses Begriffs in einem Wahrnehmungsurteil –, mag anfänglich in meine transzendentale Einheit der Apperzeption erfolgreich integrierbar sein, insofern er mit keiner meiner anderen Verpflichtungen unvereinbar ist. Die spätere empirische Erfahrung kann es aber normativ erforderlich machen, dass ich diese Beschreibung aufgebe und stattdessen zum Beispiel dazu übergehe den Begriff FUCHS anzuwenden. Das alles ist meine Tätigkeit und meine Verantwortung. Welche anderen Urteile aber damit unvereinbar sind, dass etwas ein Hund oder ein Fuchs ist (was mir mithin die Pflicht auferlegt, die Anwendung dieser Be-

4 Es ist nicht erforderlich, dass die Bildung begrifflicher Inhalte gänzlich von unserer Tätigkeit unabhängig ist. Kant behauptet vielmehr, dass »reflektierende Urteile« darin eine entscheidende Rolle spielen. Es ist allein erforderlich, dass jedes empirische (»bestimmende«) Urteil in einem Zusammenhang gefällt wird, in dem bereits bestimmt gehaltvolle Begriffe als Kandidaten einer möglichen Anwendung verfügbar sind.

griffe aufzugeben), liegt an dieser Stelle *nicht* in meiner Hand. Es ist vielmehr durch die Inhalte dieser Begriffe festgelegt, das heißt durch die besonderen Regeln, bei denen ich entscheiden kann, ob ich sie anwende und mich damit selbst durch sie binde.

Mit dieser Argumentationslinie übernimmt Kant eine Erklärungsordnung, wie sie für den Rationalismus charakteristisch ist. Diese Ordnung setzt bei dem Gedanken an, dass jede empirische Erfahrung die Verfügbarkeit bestimmter Begriffe voraussetzt. Denn Apperzeption – Gewahrsein in dem für die Verstandesfähigkeit erforderlichen Sinne, ein Gewahrsein, das für das Erkennen bedeutsam sein kann – besteht im Urteilen, in der Anwendung von Begriffen. Selbst die Klassifikation von etwas Einzelnem als Instanz einer allgemeinen Art zählt nur dann als ein *Gewahrsein*, wenn die angewandte allgemeine Art ein *Begriff* ist, das heißt ihre Anwendung sowohl als *Grund* dienen als auch *Gründe* benötigen kann, welche in der Anwendung *anderer* Begriffe bestehen. Wenn ein Eisenrohr im Regen rostet, klassifiziert es in einem gewissen Sinne seine Umwelt als etwas, das von einer allgemeinen Art ist. Dessen ist es aber in keinem interessanten Sinne *gewahr*. Daher müssen wir bereits über Begriffe verfügen, um überhaupt irgendeiner Sache gewahr zu sein.

Dies ist freilich ebenjene Stelle, an der sich die vor-kantischen Rationalisten bekanntlich mit dem Problem konfrontiert sahen, woher denn die bestimmten Begriffe kommen. Wenn diese im erfahrungsbezogenen Gewahrsein vorausgesetzt sind, dann können wir sie scheinbar nicht als etwas von ihm Abgeleitetes auffassen, beispielsweise auf dem Wege der Abstraktion. Sobald das normativ-apperzeptive Unternehmen einmal in Gang ist, mögen zwar weitere Begriffe hervorgebracht oder anhand verschiedener (beispielsweise reflektierender) Urteile präzisiert werden. Aber Begriffe als solche müssen immer schon zur Verfügung stehen, damit es ein Urteilen und mithin Apperzeption überhaupt geben kann. Jede empirische Tätigkeit – paradigmatisch die Apperzeption in Form des Urteilens – setzt die transzendentale Tätigkeit voraus, welche in der rationalen Kritik und Berichtigung der eigenen Verpflichtungen besteht, durch die diese Verpflichtungen in ein normativ kohärentes einheitliches System gebracht werden. Um diese normative Einheit zu definieren, müssen uns Begriffe mit bereits bestimmten Inhalten (Rollen im begründenden Denken) zur Verfügung stehen. Leibniz'

Berufung auf angeborene Ideen ist keine attraktive Antwort auf die sich hieraus ergebende explanatorische Frage. Gleichfalls wäre es keine echte Verbesserung, wenn wir das zentrale Problem der Instituierung begrifflicher Normen von dem Bereich empirischer in den Bereich noumenaler Tätigkeit verschieben. Meines Erachtens ist es gut, die Frage zu stellen, wie Kants Ansatz mit diesem Problem umgeht.

So wie ich ihn verstehe, kritisiert Hegel Kant genau in diesem Punkt. In seinen Augen ist Kant bezüglich der Frage nach Ursprung und Wesen der *Bestimmtheit* empirischer Begriffsinhalte für seine Verhältnisse untypisch und schuldhaft unkritisch. Die prinzipielle Neuerung Hegels besteht nun in dem Gedanken, dass wir, um Kants fundamentale Einsicht in den wesentlich *normativen* Charakter von Geist, Bedeutungsgehalt und Rationalität konsequent zu Ende zu denken, normative Status wie Autorität und Verantwortung als in ihrem Kern *soziale* Status begreifen müssen. Hegel weitet Kants Erklärung, wie aufgrund der Tätigkeit der *rationalen Integration* etwas zu einem individuellen normativen Selbst bzw. Subjekt (einer Einheit der Apperzeption) synthetisiert wird, zu einer Erklärung aus, wie durch Praktiken *gegenseitiger Anerkennung* individuelle apperzipierende Selbste (Träger von normativen Status) und ihre Gemeinschaften simultan synthetisiert werden. Wie fügt sich diese Antwort in den Horizont von Möglichkeiten ein, der durch die Überlegungen abgesteckt ist, die ich als Motivationen Kants vorgestellt habe?

Das Problem entsteht aufgrund einer Spannung. Diese Spannung besteht zwischen einerseits dem Autonomiemodell normativer Verbindlichkeit, mit dem die aufklärerische Verpflichtung auf die Abhängigkeit normativer Status von Einstellungen eingeholt und ausbuchstabiert wird, und andererseits dem Erfordernis, dass die Inhalte, durch die autonome Subjekte sich selbst binden, zumindest *relativ unabhängig* von diesen Einstellungen sein müssen. Mit Letzterem ist gemeint, dass, während laut der Autonomiethese das Subjekt Autorität über seine Urteils*akte* hat, also darüber, *welche* Begriffe es anwendet bzw. *welchen* möglichen Urteilsinhalt es bejaht (für welchen es Verantwortung übernimmt), eben dasjenige, *wofür* es verantwortlich wird, unabhängig davon sein muss, dass es dafür Verantwortung übernimmt. Der Inhalt muss daher selbst eine *Autorität* haben, die unabhängig von der *Verantwortung* ist, welche das Urteilssubjekt für ihn übernimmt. Das Problem liegt darin, wie sich dieses Erfordernis mit dem Autonomiemodell der Verbindlichkeit solcher normativer Status wie zum Beispiel Autorität versöhnen lässt. Von wessen Einstellungen hängt die Autorität begrifflicher Inhalte ab? Das Autonomiemodell behauptet, dass sie von den Einstellungen derer abhängig sein muss, die dieser Autorität gegenüber verantwortlich sind, also von den Einstellungen der Subjekte, die in ihrem Urteilen und Handeln Verpflichtungen mit diesem Inhalt eingehen und sich damit selbst dieser Autorität unterstellen. Das genannte Erfordernis der relativen Unabhängigkeit von normativer Kraft und Inhalt schließt jedoch genau diese Form einer Abhängigkeit von Einstellungen aus.

Wenn wir diese Spannung auflösen wollen, müssen wir die Grundidee der *Abhängigkeit normativer Status von Einstellungen* in zwei Richtungen disambiguieren. Zuerst können wir fragen, *wessen* Einstellungen hier genau gemeint sind. Das Autonomiemodell bezieht in dieser Frage einen klaren Standpunkt: Es sind die Einstellungen derer, die verantwortlich sind, denen gegenüber also Autorität ausgeübt wird. Das ist allerdings nicht die einzige mögliche Antwort. Beispielsweise lässt sich das traditionelle Modell der Unterordnung, in dem normative Verbindlichkeit als eine Form von *Gehorsam* aufgefasst wird und in Abgrenzung zu dem sich die Autonomieauffassung definiert, nicht nur objektivistisch verstehen. Es lässt sich also nicht nur so verstehen, dass in ihm die Idee der Abhängigkeit normativer Status von Einstellungen zurückgewiesen wird, sondern auch in einem Sinne, der mit dieser Einsicht vereinbar ist. So verstanden erkennt dieses Modell die Abhängigkeit normativer Status von Einstellungen an, beharrt jedoch darauf, dass die Quelle der Verbindlichkeit dieser Status in den Einstellungen derer liegt, die Autorität *ausüben* (der Höherstehenden), nicht derer, *denen gegenüber* die Autorität ausgeübt wird (der Untergebenen). (Es ist gerade diese Form, in der Aufklärungsdenker wie Pufendorf, die ganz und gar auf die Idee der Abhängigkeit normativer Status von Einstellungen verpflichtet waren, das Modell des Gehorsams weiterhin vertreten konnten.)

Hegel möchte beide Gedanken ernst nehmen. Ihm zufolge besteht das Problem darin, dass in beiden die wechselseitig aufeinander bezogenen Begriffe Autorität und Verantwortung einseitig gedeutet werden, nämlich auf eine Weise, in der sie eine *asymmetrische* Struktur haben. Diese Deutung besitzt keine echte Motivation und ist letztlich auch nicht haltbar, so Hegel. Wenn *X* gegenüber *Y* Autorität hat, dann ist *Y* gegenüber *X* verantwortlich. Der Auffassung zufolge, die sich am Modell des Gehorsams orientiert, sind nur die Einstellungen von *X* für die Verbindlichkeit der normativen Beziehung zwischen beiden relevant, während in der Auffassung, die sich am Modell der Autonomie orientiert, allein die Einstellungen von *Y* zählen. Hegel behauptet, dass *beide* zählen. Das Problem ist zu verstehen, wie die *Autorität*, eine bestimmte Verantwortung einzugehen – was für Kant erforderlich ist, damit jemand seine Freiheit ausüben kann –, tatsächlich mit einer ihr korrelierenden, bestimmten *Verantwortung* gekoppelt ist, so dass verständlich wird, dass wir uns wahrhaft auf etwas *verpflichten*, uns also selbst beschränken. Diese Struktur einer koordinierten Autorität und Verantwortung (Unabhängigkeit bzw. »Selbständigkeit« und Abhängigkeit bzw. »Unselbständigkeit«* in dem normativen Sinn, den Hegel diesen Ausdrücken gibt) soll uns Hegels *soziales* Modell *gegenseitiger Anerkennung* verständlich machen. Ihm zufolge (und das ist ein aufklärerischer Gedanke, der jenem Gedanken angemessen ist, der Autonomie als Abgrenzungskriterium des Normativen motiviert) ist jede Form von Autorität und Verantwortung in letzter Instanz ein *soziales* Phänomen. Diese Status sind das Produkt der *Einstellungen* einerseits derjenigen, die Verantwortung *eingehen* und Autorität *ausüben*, und andererseits derjenigen, die andere zur Verantwortung *ziehen* und ihre Autorität *akzeptieren*. Sieht man von der formalen Übereinstimmung ab, dass beide Modelle jeweils asymmetrisch sind, so stellt das moderne Autonomiemodell für Hegel eine klare Verbesserung gegenüber dem traditionellen Modell des Gehorsams dar, insofern es durchaus darauf ausgerichtet ist, die Symmetrie von Autorität und Verantwortung zu bejahen. Denn es beharrt darauf, dass diese Beziehungen der Autorität und Verantwortung nur dort bestehen, wo *X* und *Y identisch* sind, also nur in dem Fall, in dem der Autoritative und der Verantwortliche zusammenfallen. Das unmittelbare Zusammenfallen dieser Rollen schafft zwar Symmetrie, jedoch nur um den Preis,

* Die hier stets verwendeten Ausdrücke ›dependence‹ und ›independence‹ sind im Englischen Übersetzungen der hegelschen Termini ›Unselbständigkeit‹ und ›Selbständigkeit‹ aus der *Phänomenologie des Geistes*, die sich jedoch in ihrer Verwendung bei Brandom nicht direkt zurückübersetzen lassen. (Anm. d. Übers.)

dass die genannte Forderung nach relativer Unabhängigkeit von normativer Kraft und Inhalt unmöglich erfüllt werden kann.[5]

Die nächste Frage, die wir zur Disambiguierung und Klärung der Grundidee der Abhängigkeit normativer Status von Einstellungen stellen müssen, ist: Um welche *Form* von Abhängigkeit handelt es sich hier? Insbesondere, sind die betreffenden Einstellungen *hinreichend*, um die normativen Status zu instituieren? Oder sind sie nur *notwendig*? Die stärkere Behauptung, dass sie hinreichend sind, scheint erfordert zu sein, um die Spannung zwischen dem Autonomiemodell und dem Erfordernis der relativen Unabhängigkeit von Kraft und Inhalt aufrechtzuerhalten. Als ich die Idee eingeführt habe, dass etwas von Einstellungen abhängig ist, habe ich diese in zwei verschiedenen Weisen charakterisiert. Ich habe zum einen gesagt, sie bestehe in dem Gedanken,

5 Der Grund dafür, warum der strukturelle Mangel der kantischen Idee von Autonomie, auf den Hegel meines Erachtens reagiert, in zeitgenössischen Behandlungen dieses Begriffs (die umfangreich und anspruchsvoll sind) nicht groß diskutiert wurde, liegt darin, dass die Diskussionen dort typischerweise in einem Horizont von Interessen geführt werden, der wesentlich beschränkter ist als jener, in dem das Problem hier situiert wird. Wer Autonomie ausschließlich als ein Prinzip der *praktischen* Philosophie betrachtet, wird dazu geneigt und mag berechtigt sein, die begrifflichen Inhalte als gegeben anzunehmen, die in autonom bejahten Handlungsgründen (im Gegensatz zu heteronomen Neigungen zum Handeln) zum Einsatz gebracht werden. Diesen Luxus kann man sich hingegen nicht leisten, sobald man erkennt, welche entscheidende Rolle diese Inhalte für den Aufweis eines Abgrenzungskriteriums der Normativität im Kontext von Kants normativer Konzeption von Apperzeption, Subjektivität und Intentionalität spielen, in der theoretischen *wie auch* in der praktischen Sphäre. Das Gleiche gilt für die pragmatistische Ordnung semantischer Erklärung, die versucht, begrifflichen *Inhalt* von der normativen *Kraft* her zu verstehen (von dem her also, was jemand im Urteilen bzw. Bejahen einer praktischen Maxime *tut*, welche Verantwortungen er dabei eingeht, welche Autorität er dabei ausübt). Denn in diesem größeren Kontext tritt das Erfordernis der relativen Unabhängigkeit von Kraft und Inhalt auf und muss mit beidem in Einklang gebracht (rational integriert) werden: der Abhängigkeit normativer Status von Einstellungen als Kern der Autonomie einerseits und der pragmatistischen Verpflichtung, Inhalt von Kraft her zu verstehen, andererseits. Vgl. hierzu folgende Bemerkung Kants:

> »In Ansehung der Seelenvermögen überhaupt, sofern sie als obere, d.i. als solche, die eine Autonomie enthalten, betrachtet werden, ist für das *Erkenntnisvermögen* (das theoretische der Natur) der Verstand dasjenige, welches die *konstitutiven* Prinzipien a priori enthält« (Immanuel Kant, *Kritik der Urteilskraft*, Hamburg 1990, S. LVI).

(1) dass Autorität, Verantwortung und Verpflichtung keine Merkmale der nicht- oder vormenschlichen Welt sind. Sie existierten nicht, bevor menschliche Wesen damit begonnen haben, einander *als* autoritativ, verantwortlich, verpflichtet usw. zu betrachten und zu behandeln – das heißt, bevor sie damit begonnen haben, gegenüber einander normative Einstellungen auszubilden.

Hiermit wird nur behauptet, dass normative Einstellungen für normative Status *notwendig* sind. Zum anderen aber habe ich die Idee so bestimmt,

(2) dass diese Einstellungen sowie die sozialen Praktiken, die es erst möglich machen, diese Einstellungen zu haben, die normativen Status *instituieren.*

Hiermit wird nun nahegelegt, dass die Einstellungen *hinreichend* dafür sind, normative Status – genuine Rechte und Pflichten – hervorzubringen. Eine gemäßigte Variante der These von der normativen Abhängigkeit von Einstellungen verwirft den Objektivismus, indem sie darauf beharrt, dass die Begriffe VERANTWORTUNG und AUTORITÄT wesentlich den Begriff des *Anerkennens* von Verantwortung und Autorität einschließen (insofern jene nicht unabhängig von diesem verstanden werden können). Wir können behaupten, dass politische Legitimität ohne die Zustimmung der Regierten nicht möglich ist, ohne damit schon auf die Möglichkeit verpflichtet zu sein, die Legitimität restlos auf solche Zustimmung zu reduzieren. Und einer gemäßigten Autonomiethese zufolge können Subjekte nur dem gegenüber als verantwortlich behandelt werden, was sie als autoritativ anerkennen, ohne damit aber Autorität gänzlich in diese Anerkennung aufzulösen. Das einseitige Modell des Gehorsams betrachtet die Einstellungen der Höhergestellten allein für sich genommen als hinreichend, um die normativen Status der Autorität und einer entsprechenden Verantwortung auf Seiten der Untergebenen zu instituieren. Und das einseitige Autonomiemodell betrachtet den Umstand, dass der Gebundene die Verantwortung anerkennt, ebenso allein für sich genommen als hinreichend, um die ihn bindende Autorität zu instituieren. Hegel zufolge ist demnach die am Gehorsam orientierte Auffassung nicht insofern falsch, als in ihr die normativen Status jedes Subjekts von den Einstellungen anderer Subjekte abhängen. Falsch ist sie vielmehr, insofern diese Einstellungen in ihr asymmetrisch aufgefasst werden, nämlich als allein für sich genommen hinreichend, um diese Status zu instituieren – unabhängig von den Einstellungen desjenigen, dem sie zukommen.

Einstellungen von der Art, dass in ihnen jemand als verantwortlich oder autoritativ betrachtet, jemandem ein deontisch-normativer Status zugeschrieben wird, nennt Hegel (einen Ausdruck Fichtes aufgreifend) »Anerkennung«. Zu Hegels Ansicht gelangen wir, sobald wir die Einstellungen *sowohl* des Anerkennenden *als auch* des Anerkannten – der Autoritativen und der Verantwortlichen – als wesentliche, *notwendige*, Bedingungen der Instituierung genuiner normativer Status betrachten und zudem fordern, dass diese Einstellungen symmetrisch und gegenseitig sein sollen. In gewissem Sinne (was im folgenden Kapitel genauer untersucht werden soll) geht Hegel auch davon aus, dass diese *individuell notwendigen* normativen Einstellungen *gemeinsam hinreichend* sind, um normative Status zu instituieren. *Gegenseitige* Anerkennung ist das, was normative Status instituiert. Wir werden nur dann verantwortlich, wenn andere uns zur Verantwortung *ziehen*, und wir werden nur dann Autorität ausüben, wenn andere diese Autorität *akzeptieren*. Wir haben die Autorität, andere um Anerkennung zu *bitten*, um dadurch verantwortlich oder autoritativ zu werden. Dafür müssen wir aber die anderen als solche anerkennen, die uns zur Verantwortung *ziehen* bzw. unsere eigene Autorität *akzeptieren* können. Auf diese Weise erteilen wir ihnen eine gewisse Autorität. Und um solche Status zu erlangen, müssen wir wiederum von ihnen anerkannt werden. Wir machen uns also ihnen gegenüber gewissermaßen auch verantwortlich. Sie haben diese Autorität jedoch nur, insofern wir sie ihnen zugestehen, nämlich indem wir sie als autoritativ anerkennen. Somit erweist sich der Prozess, in dem ein apperzipierendes normatives Subjekt synthetisiert wird, das sich selbst in Urteilen und Handlungen *verpflichten*, also erkennend und praktisch verantwortlich werden kann, als ein *sozialer* Prozess gegenseitiger Anerkennung. In diesem Prozess werden zugleich die Subjekte zu einer normativen Anerkennungsgemeinschaft synthetisiert, die aus denen besteht, die von dem jeweiligen normativen Subjekt anerkannt werden und es selbst anerkennen. Diese Gemeinschaft wird durch gegenseitige Beziehungen der Autorität und Verantwortung zusammengehalten.

Ein alltägliches Beispiel: Den Status eines guten Schachspielers zu erlangen gelingt mir nicht einfach dadurch, dass ich subjektiv eine gewisse Einstellung mir selbst gegenüber ausbilde. In gewissem Sinne liegt es in meiner Hand, wen ich als einen guten Schachspieler betrachte – ob jeden Möchtegern, der eine ordnungsgemäße Partie spielen kann, oder nur herausragende Klubspieler, Meister oder Großmeister. Es liegt also in meiner Hand, wen ich in dem Sinne als einen guten Schachspieler anerkenne, in dem auch ich danach trachte, selbst einer zu sein. Es liegt jedoch nicht gleichermaßen in meiner Hand, ob ich mich als einer von ihnen qualifiziere. Um wiederum ihre Anerkennung zu verdienen, muss ich nach ihrem Maßstab spielen können. Um beispielsweise ein herausragender Klubspieler zu *sein*, muss ich als ein solcher von jenen anerkannt werden, die ich als solche anerkenne. (Das Gleiche gilt dafür, was es heißt, ein guter Philosoph zu sein.) Meine anerkennenden Einstellungen können eine virtuelle Gemeinschaft definieren, aber nur die gegenseitige Anerkennung der von mir so Anerkannten kann mich zu einem wirklichen Mitglied derselben machen. Nur sie kann mir den Status gewähren, den ich im Anerkennen derselben implizit erbeten habe. Meine Einstellungen üben eine anerkennende Autorität aus, indem sie bestimmen, wessen anerkennenden Einstellungen gegenüber ich für meinen tatsächlichen normativen Status verantwortlich bin.

Ähnlich wie im kantischen Autonomiemodell der normativen Verbindlichkeit binden wir uns dem Anerkennungsmodell zufolge im Kollektiven und im Individuellen selbst. Niemand hat mir gegenüber eine Autorität, außer insofern ich sie ihm aufgrund meiner anerkennenden Einstellungen zugestehe. Entsprechend sind meine Einstellungen eine notwendige Bedingung dafür, dass mir der Status, den ich faktisch habe, zukommt. Aber ähnlich wie im traditionellen Modell des Gehorsams üben andere durchaus genuine Autorität über meine normativen Status aus, das heißt darüber, wozu ich verpflichtet, wofür ich verantwortlich und in Hinblick worauf ich autoritativ bin. Ihre Einstellungen sind ebenso eine notwendige Bedingung dafür, dass mir der Status, den ich faktisch habe, zukommt. Hier sind beide Aspekte normativer Abhängigkeit – Autorität und Verantwortung – vollständig gegenseitig und symmetrisch. Zugleich sind die Einstellungen von mir und meinen Gefährten in der Anerkennungsgemeinschaft, das heißt der von mir Anerkannten und die mich Anerkennenden, gemeinsam hinreichend, um normative Status zu instituieren, wobei diese Status *nicht* in gleicher Weise subjektiv sind wie die normativen Einstellungen, durch die sie instituiert werden.

Hegel diagnostiziert den Grund dafür, dass die im kantischen Autonomiemodell enthaltene Verpflichtung auf die Abhängigkeit normativer Status von Einstellungen mit der relativen Unabhängigkeit des normativen Inhalts von der normativen Kraft unvereinbar ist. Dieser Grund besteht darin, dass das Autonomiemodell asymmetrisch darauf beharrt, dass schon die Einstellungen des Verpflichteten *hinreichend* seien, um die betreffenden Status zu instituieren, ohne dabei irgendeine normative Abhängigkeit von den Einstellungen anderer im Sinne einer *notwendigen* Bedingung zu akzeptieren. (Das ist einer Auffassung geschuldet, in der nur unzureichend die Hinsichten unterschieden werden, in denen das Autonomiemodell von normativer Kraft und Verbindlichkeit gegenüber dem Modell des Gehorsams einen Fortschritt darstellt.) Das Modell der gegenseitigen Anerkennung, das Hegel entwickelt, um diese Unvereinbarkeit aufzulösen, bringt die folgenden beiden Momente ins Gleichgewicht: die normative *Unabhängigkeit* bzw. Autorität der Einstellungen gegenüber den Status (sowohl auf Seiten der Anerkennenden als auch der Anerkannten) einerseits und die normative *Abhängigkeit* von bzw. Verantwortung gegenüber den Einstellungen anderer andererseits. Dies gelingt gerade aus dem Grund, dass beide Seiten so aufgefasst werden, dass jede von ihnen bloß notwendig und erst beide gemeinsam hinreichend sind, um normative Status zu instituieren, das heißt, um ihnen bindende Kraft zu verleihen.

Hegel zufolge wird durch gegenseitige Anerkennung eine soziale Substanz (Gemeinschaft) synthetisiert. Diese gliedert sich in einzelne je anerkennende und anerkannte *Selbste*, die *Subjekte* bzw. Träger von normativen Status der Verpflichtung, Autorität und Verantwortung sind – Status, die durch jene Anerkennungseinstellungen kollektiv instituiert wurden. Diese sozialen Praktiken der Anerkennung liefern uns den Zusammenhang und Hintergrund, den wir benötigen, um den kantischen Prozess verstehen zu können, in dem zum Zwecke des Synthetisierens einer rationalen Einheit der

Apperzeption begriffliche Verpflichtungen in ein Ganzes integriert werden. Hegels Ausdruck für das gesamte normativ gegliederte Reich diskursiver Tätigkeit (Kants »Reich der Freiheit«) ist »Geist«. In seinem Zentrum liegt die *Sprache* – Sprache ist »das Dasein des Geistes«, schreibt Hegel.[6] Diese ist der Ort, an dem Begriffen (was für Hegel wie für Kant dasselbe ist wie Normen) tatsächliche, öffentliche Existenz zukommt. (Im Vorausblick: Wir können hier wohl an Sellars' Grundsatz denken, dass »man einen Begriff erfasst, indem man die Verwendung eines Wortes beherrscht«.)

Im paradigmatischen Fall der Sprache funktioniert die begrifflich-soziale Arbeitsteilung im Anerkennungsmodell wechselseitiger Autorität und Verantwortung meines Erachtens in einer Art und Weise, welche die von uns betrachtete Spannung auflöst. Es *liegt* in meiner Hand, welche Karte ich ausspiele, welchen Schachzug ich mache, welches Wort ich verwende. Aber es liegt *nicht* gleichermaßen in meiner Hand, welche *Bedeutung* diese Karte hat: welche anderen Züge ausgeschlossen oder notwendig sind, sobald ich sie ausspiele, was ich gesagt bzw. behauptet habe, indem ich dieses Wort verwende. Es liegt also nicht an mir, welche Beschränkungen mir auferlegt sind, um die von mir eingegangene Verpflichtung zusammen mit den übrigen von mir anerkannten Verpflichtungen erfolgreich in ein rationales Ganzes zu integrieren. Es *liegt* in meiner Hand, welchen Begriff ich in einem Urteil anwende, ob ich zum Beispiel behaupte, dass eine Münze aus Kupfer oder Silber besteht. Sobald ich aber behaupte, dass sie aus Kupfer besteht, liegt es *nicht* in meiner Hand, welchen *Zug* ich damit gemacht habe, worauf *sonst* ich mich mit der Verwendung dieses Ausdrucks verpflichtet habe. So habe ich mich beispielsweise darauf verpflichtet, dass die Münze bei 1084 Grad Celsius schmilzt, nicht aber bei 1083 Grad Celsius, und zwar im folgenden Sinne: Sind diese Behauptungen nicht wahr, dann ist es auch die von mir getätigte nicht. Ebenso habe ich eine Behauptung aufgestellt, die unvereinbar damit ist, von der Münze als einem elektrischen Isolator zu sprechen. Ich kann mich durch diese begrifflichen Normen binden, weil sie in den sich immer schon in Gang befindlichen gemeinschaftlichen Sprachpraktiken, in die ich als junger Mensch eintrete, immer schon da sind. Diese Praktiken werden zu einem wesentlichen Teil

6 Georg Wilhelm Friedrich Hegel, *Phänomenologie des Geistes*, Frankfurt/M. 1986, S. 478.

durch die Einstellungen *anderer* aufrechterhalten. In unserem Beispiel sind das die Einstellungen der metallurgischen Experten, die mich gegebenenfalls auf Grundlage meiner Behauptung für diese Verpflichtungen zur Verantwortung ziehen würden. Meine Autorität, mich durch die Verwendung öffentlicher Worte auf etwas zu verpflichten, besteht in meiner Autorität, mich selbst für bestimmte begriffliche Inhalte – über die ich *keine* Autorität habe – verantwortlich zu machen und zugleich andere zu autorisieren, mich für sie zur Verantwortung zu ziehen. Sie ist eine Bitte, von anderen in bestimmter Weise anerkannt zu werden (spezifische Verpflichtungen zugeschrieben zu bekommen), und zwar von anderen, die ich implizit als solche anerkenne, die die Autorität haben, mich anzuerkennen. Ihnen wird somit von mir die Autorität zugestanden, die Richtigkeit bzw. den Erfolg meiner rational-integrativen Leistungen zu bewerten.

Ich möchte mit der Aussage schließen, dass Hegels soziale linguistische Weiterentwicklung von Kants fundamentaler Einsicht in den wesentlich normativen Charakter unserer Geistigkeit ein Modell positiver *Freiheit* bereitstellt, das Kants Einsicht substantiell weiterentwickelt, indem es auf dessen Begriff AUTONOMIE aufbaut. Eine der zentralen Fragen der klassischen politischen Philosophie bestand stets darin, wie individuelle Freiheit mit der Beschränkung versöhnt werden kann, die von sozialen, gemeinschaftlichen oder politischen Normen über uns ausgeübt wird. Kants Idee von uns als rationalen Lebewesen schaffte Platz für das Verständnis einer Art von Freiheit, die in unserer Fähigkeit besteht, uns selbst durch Normen zu beschränken – freilich durch Normen, die rational sind, insofern sie begriffliche Normen sind, das heißt Normen, die gliedern, was ein Grund wofür ist. Die normative Konzeption positiver Freiheit ermöglicht daher eine spezifische Antwort auf die Frage, wie sich gegenüber dem Einzelnen der Verlust individueller negativer Freiheit (Freiheit von Beschränkungen) *rational rechtfertigen* lässt. Dieser Verlust geht nämlich unvermeidlich damit einher, dass man institutionellen Normen untersteht. (Selbst wenn er sich aus der Perspektive des Kollektivs rechtfertigen lässt – das ohne derartige Beschränkungen des individuellen Verhaltens nicht zu existieren vermag –, ist es wichtig, dass er sich auch aus der Perspektive des Einzelnen als etwas auffassen lässt, das rational gerechtfertigt werden kann.) Im Rahmen des kantischen Denkens könnte eine solche Rechtfertigung im Prinzip durch Verweis auf den entsprechenden Zuwachs an positiver Freiheit gegeben werden.

Diese expressive positive Freiheit (Freiheit *zu* etwas), die wir nur erlangen können, indem wir uns durch die implizit in *diskursiven* Sprachpraktiken enthaltenen begrifflichen Normen beschränken, das heißt eine öffentliche Sprache sprechen, ist ein prominenter Fall, in dem uns eine solche Rechtfertigung offenkundig zur Verfügung steht. Um eine bestimmte Sprache zu sprechen, muss man eine einschüchternde Vielzahl von Normen, Regeln und Maßstäben befolgen. Wer daran scheitert, sie in hinreichend großer Anzahl zu befolgen, dessen Reden wird letztlich unverständlich. Diese Tatsache kann so weit in den Hintergrund treten, dass sie im Fall unserer eigenen Sprache kaum sichtbar ist. Sie stellt allerdings einen hinderlichen, unangenehmen und unvermeidlichen Aspekt unseres Umgangs mit solchen Sprachen dar, in denen wir *nicht* beheimatet sind. Das gleiche Phänomen tritt auch in Texten wie zum Beispiel der Prosa Gertrude Steins zutage, in denen zentrale grammatische und semantische Regeln verletzt werden, auch wenn es sich dabei nur um eine kleine Anzahl von Regelverstößen handelt. Diese Art positiver Freiheit aber, die wir im Gegenzug dafür erhalten, dass wir uns in diesen mannigfachen Weisen selbst beschränken, ist bezeichnend und bemerkenswert.

Chomsky machte eine frappierende empirische Beobachtung, mit der er die zeitgenössische Linguistik begründet hat: Nahezu jeder Satz, der von einem erwachsenen Muttersprachler geäußert wird, ist radikal *neuartig*. Das bedeutet nicht nur, dass der Sprecher diese Sequenz von Wörtern niemals zuvor gehört oder geäußert hat, sondern auch, dass niemand sonst das getan hat – niemals. ›Have a nice day!‹ wird man in den Vereinigten Staaten wohl oft zu hören bekommen, ebenso ›Noch eins!‹ in Deutschland. Aber jeder einigermaßen komplexe Satz kommt fast nicht umhin, neu zu sein.

Sieht man einmal von Zitaten ab, so ist es beispielsweise außerordentlich unwahrscheinlich, dass, wenn wir zufällig einen Satz aus meinen Ausführungen hier auswählen, irgendjemand anderes diesen Satz schon einmal verwendet hat. Das ist keine Eigenart professoraler Rede. Untersuchungen großer Sammlungen von tatsächlichen Äußerungen (zusammengetragen und verglichen von unermüdlichen Doktoranden) haben dies wiederholt empirisch bestätigt. Zudem lässt es sich auch auf noch grundsätzlicherer Ebene zeigen: Man betrachte die Anzahl der Sätze, die aus, sagen wir, 30 oder weniger Wörtern bestehen und die mit einer einfachen Grammatik unter Verwendung eines sehr begrenzten Grundwortschatzes von 5000 englischen Wörtern gebildet werden können. Die Menschheitsgeschichte wäre nicht ausreichend dafür, eine beträchtliche Anzahl dieser Sätze (selbst nur der wahren) verwenden zu können – selbst wenn alle Menschen, die es jemals gab, Englisch gesprochen und nichts anderes getan hätten, als ununterbrochen miteinander zu plaudern. Ich habe jedoch keine Schwierigkeiten, einen Satz hervorzubringen, genauso wenig wie Sie Schwierigkeiten haben, diesen Satz zu verstehen, bei dem es (trotz seiner Alltäglichkeit) ziemlich unwahrscheinlich ist, dass ihn irgendwer bereits verwendet hat. Etwa der folgende Satz:

> Wir sollten nicht zum Picknick aufbrechen, bevor wir sicher sind, dass wir meine alte Wolldecke, die Thermosflasche und alle von uns heute Morgen belegten Brote eingepackt haben.

Dieses Vermögen zur Bildung von Sätzen *radikaler semantischer Neuartigkeit* unterscheidet verstandesfähige Lebewesen fundamental von solchen, die an keinen sprachlichen Praktiken teilnehmen. Dank dieses Vermögens können wir Behauptungen aufstellen, Bedürfnisse formulieren und Ziele verfolgen (und machen es auch ständig), an die niemand in der Geschichte der Welt auch jemals nur gedacht hat. Diese gewaltige positive expressive Freiheit transformiert das Leben von empfindungsfähigen Lebewesen, die verstandesfähig werden, indem sie sich selbst durch sprachliche – also im Kern begriffliche – Normen beschränken.

In der begrifflichen Normativität, wie sie implizit in Sprachpraktiken enthalten ist, finden wir daher ein Modell einer Art von Beschränkung – des Verlusts negativer Freiheit –, die um ein Vielfaches durch die Goldgrube positiver Freiheit wieder ausgeglichen wird. Jeder, der in die Situation käme, diesen Tauschhandel rational abzuwägen, würde ihn als das Geschäft seines Lebens erachten. Sicher, man muss kein Lebewesen wie wir sein. Man hat auch einfach die Wahl, *nicht zu sprechen* – jedoch nur, wie Sellars sagt, um den Preis, nichts zu sagen zu haben. Zugleich sind nichtverstandesfähige, aber fühlende Lebewesen schwerlich in der Lage, die damit verbundenen Vor- und Nachteile abzuwägen. Es bleibt jedoch dabei, dass es ein Argument *gibt*, das zumindest *diese* Form normativer Beschränkung aus der Perspektive des Individuums als rational ausweist: Die Beschränkung zahlt sich aus, insofern sie eine Sphäre positiver Freiheit eröffnet, ein unschätzbares Kleinod, das auf keinem anderen Weg zu erlangen ist. Hegel zufolge stellt dieser Fall ein Modell bereit, an dem jede andere politische oder soziale Institution, die beansprucht, unsere negative Freiheit zu beschränken, verglichen und gemessen werden sollte. Die Frage ist immer die folgende: Welche neue Form positiver expressiver Freiheit, welche neuen Möglichkeiten des Lebens, welche neuen Formen von Verpflichtung, Verantwortung und Autorität werden durch die Institution möglich?

2.5 Zusammenfassung

Kants normativer Begriff der Intentionalität rückt die Frage in das Zentrum philosophischer Bemühungen, wie wir die Kraft bzw. Verbindlichkeit solcher normativer Status wie zum Beispiel Verpflichtung, Autorität und Verantwortung verstehen sollten. Er antwortet auf sie, indem er die aufklärerische Verpflichtung auf die Abhängigkeit normativer Status von Einstellungen weiterentwickelt und ausweitet. Hieraus ergibt sich sein *Autonomie*modell, das zugleich als Abgrenzungskriterium des Bereichs des Normativen gegenüber dem des Natürlichen dient.[7] Hegel sieht nun, dass gerade die Unterscheidung von Kraft und Inhalt, aus der Kants neue normative Konzeption des Urteilens und Beabsichtigens hervorgegangen ist, eine relative Unabhängigkeit dieser beiden Momente voneinander verlangt. Diese Bedingung kann jedoch im Rahmen des Autonomiemodells nicht eingeholt werden, solange wir dieses so verstehen, dass es nur auf individuelle normative Subjekte in Isolation voneinander Anwendung findet, das heißt, solange von ihren normativen Einstellungen zueinander abgesehen wird. Hegel bemerkte als Erstes, dass sich die erforderlichen Behauptungen der Abhän-

7 Man beachte, dass sich in der Lesart, die ich hier vorstelle, die Bedeutung der Autonomie für Kant weit über den Bereich des Moralischen oder selbst des Praktischen hinaus erstreckt. Sie umfasst den gesamten Bereich des Begrifflichen, die theoretischen und zur Erkenntnis gehörenden Anwendungen von Begriffen ebenso wie die praktischen.

gigkeit und Unabhängigkeit in Einklang bringen lassen, wenn sie nicht als für sich jeweils hinreichende, sondern als für sich jeweils notwendige Bedingungen gedeutet werden. Indem er zugleich die betreffenden Formen *normativer* Abhängigkeit und Unabhängigkeit als Weisen auffasst, in denen wir über *Verantwortungs-* und *Autoritätsbeziehungen* reden, bietet er uns ein *soziales* Modell von normativen Status an. Dem Modell zufolge werden normative Status aufgrund gegenseitiger Anerkennung instituiert. Jede Anerkennungsbeziehung (Anerkennen und Anerkanntwerden) verbindet in sich demnach Momente von Autorität und Verantwortung gegenüber denen, die anerkannt werden bzw. selbst andere anerkennen.

Wir haben gesehen, wie das Modell (und Abgrenzungskriterium) gegenseitiger Anerkennung für die Erklärung normativer Verbindlichkeit alle der folgenden Punkte stützt:

- Eine starke Variante der aufklärerischen Idee, dass normative Status *von Einstellungen abhängig* sind. Wir können die Anerkennungseinstellungen der einzelnen Mitglieder einer Anerkennungsgemeinschaft, während sie einzeln nur notwendig sind, gemeinsam als hinreichend auffassen, um inhaltlich bestimmte normative Status der Verpflichtung, Verantwortung und Autorität zu instituieren.
- Eine *soziale* Variante der Struktur der *Autonomie*, in welcher die Abhängigkeit von bzw. Verantwortung gegenüber den Einstellungen anderer, die für das Modell des Gehorsams charakteristisch ist, in einer schwächeren Form als notwendige Bedingungen aufgenommen wird. Jeder Einzelne ist nur für das verantwortlich, in Bezug auf das er andere autorisiert hat, ihn zur Verantwortung zu ziehen.
- Eine Berücksichtigung der Bedingung, dass der Inhalt jeder Verpflichtung von der Autorität desjenigen, der die Verpflichtung eingeht, relativ unabhängig ist – also einer Weise, in der normative Status normative Einstellungen übersteigen.

Zum Schluss haben wir gesehen, dass Hegels spezifisch *sprachliche* Variante des sozialen Anerkennungsmodells von Normativität einen vielversprechenden und originellen Blick auf die Begriffe positiver expressiver Freiheit als auch normativen Selbst-Seins eröffnet.

Beides ist ein Ergebnis unseres Vermögens, uns durch spezifisch *diskursive* Normen zu beschränken, wodurch Vernunft instituiert wird.

3
Geschichte, Vernunft, Wirklichkeit

3.1 Einleitung

Im zweiten Kapitel habe ich Hegels Theorie dessen diskutiert, was wir *tun* müssen, um als jemand zu gelten, der normative Status annimmt – der sich selbst verpflichtet, Verantwortung übernimmt und Autorität ausübt. Um ein Selbst in diesem normativen Sinne zu sein, muss man andere dazu autorisieren, einen selbst zur Verantwortung zu *ziehen*, muss sie also bitten, die eigene Autorität, sich auf spezifische Behauptungen und Handlungen zu verpflichten, zu *akzeptieren*, und die anderen müssen darauf reagieren, indem sie es tatsächlich tun. Die Träger normativer Status, diese Status und ihre Gemeinschaften werden dabei so aufgefasst, dass alle gleichzeitig durch einen Prozess gegenseitiger Anerkennung synthetisiert werden, also durch die Ausbildung wechselseitiger praktisch-normativer Einstellungen. Ich habe dieses soziale Modell des Wesens und Ursprungs normativer Kraft bzw. Verbindlichkeit so motiviert, dass es eine Antwort ist auf das Erfordernis der relativen Unabhängigkeit des *Inhalts* begrifflicher Normen von deren normativer *Kraft*. Wir haben gesehen, dass dieses Erfordernis sich als ein Adäquatheitskriterium für Kants Autonomiemodell erweist, das selbst eine Weise darstellt, die aufklärerische Idee auszuarbeiten, dass normative Status von Einstellungen abhängig sind.

Diesem Modell zufolge habe ich eine gewisse Form von Autorität darüber, wofür ich genuin verantwortlich bzw. worauf ich verpflichtet bin. Im grundlegendsten Fall besteht dafür, dass ich verantwortlich oder verpflichtet *bin* bzw. dass etwas mir gegenüber normativ verbindliche Autorität *hat*, zumindest eine notwendige Bedingung darin, dass ich diese Verantwortung, Verpflichtung oder Autorität *anerkenne*. Da meine normativen Status in diesem Sinne durch meine normativen Einstellungen bedingt sind, habe ich in Hinblick auf sie eine gewisse Form von (Meta-)Autorität – sie liegen insofern in meiner Hand. Dies ist meine Autonomie. Ich bin nur dann *normativ* gebunden, wenn ich *selbst* mich gebunden habe. Damit dies aber ein sinnvolles Modell normativer Kraft bzw.

Verbindlichkeit ist, müssen wir das, was ich getan habe, so auffassen können, dass ich mich durch das Eingehen einer Verantwortung bzw. Verpflichtung *binde*, das heißt einen normativen Status annehme, dessen Inhalt nicht einfach durch meine Einstellungen bestimmt ist. Denn wäre er in dieser Weise bestimmt – wenn, was auch immer mir als richtig *erschiene*, richtig *wäre* –, dann träfe der Gedanke, dass ich genuin *gebunden* bin (dass ich mich *gebunden* habe), hier nicht zu. Damit wir meine Verpflichtung als bestimmt gehaltvoll verstehen können, muss somit meine autonome (Meta-) Autorität, mit der ich mich binde bzw. verpflichte, mich verantwortlich mache (wobei es um die normative Kraft meiner Einstellungen geht, Status zu instituieren), durch eine Autorität ausgeglichen werden, die mit dem Inhalt verbunden ist, *für den* ich verantwortlich geworden bin.

Hegels Modell gegenseitiger Anerkennung entspringt der folgenden Idee: Akzeptieren wir die übergreifende Verpflichtung der Aufklärung darauf, dass normative Status von Einstellungen abhängig sind, dann muss die unabhängige und ausgleichende (Meta-)Autorität, die mit dem Inhalt verbunden ist, auf den ich mich verpflichte, für den ich mich verantwortlich mache, als etwas aufgefasst werden, das von anderen verwaltet wird. Diesen anderen gegenüber mache ich mich verantwortlich, *indem* ich sie autorisiere, mich für den Inhalt, für den ich mich durch Ausübung meiner Autorität verantwortlich gemacht habe, zur Verantwortung zu *ziehen*. Ich habe angedeutet, dass diese Idee durchaus sinnvoll ist, sobald wir als Paradigma diskursiver (begrifflich gehaltvoller) Normen an *sprachliche* Normen denken. Wenn ich zum Beispiel das Wort ›Kupfer‹ verwende, lässt sich dies als eine Selbstbindung durch diejenigen Normen verstehen, welche mit dem Begriff KUPFER verbunden sind. Indem ich dies nämlich tue, unterwerfe ich mich der normativen Bewertung der Richtigkeit meiner Verpflichtung (etwa auf die Schmelztemperatur einer konkreten Münze), wobei sich diese Bewertung an den Maßstäben der Richtigkeit orientiert, die von metallurgischen Experten verwaltet werden.

Das Modell gegenseitiger Anerkennung für die Erklärung normativer Verbindlichkeit bewahrt die Hauptmerkmale des Autonomiemodells, das es weiterentwickeln und beerben soll. Das, wofür ein Subjekt wirklich verantwortlich ist, hängt wesentlich von den Einstellungen dieses Subjekts ab, obgleich die Einstellungen der anderen jetzt eine gleich wesentliche Rolle spielen. Autorität und Verantwortung sind vollständig gleichgeordnet, und die Einstellungen aller anerkannten Anerkennungssubjekte sind gemeinsam hinreichend, um normative Status zu instituieren. Zugleich liefert diese soziale Erklärung aus technischer Perspektive eine gute Lösung für die Forderung, dass das, wofür man verantwortlich ist, von den Einstellungen, die einen dafür verantwortlich machen, relativ unabhängig sein soll. Gleichwohl bleibt eine Reihe interessanter Fragen bezüglich des Wesens begrifflicher Inhalte, die in diesem sozialen Modell, in dem Normativität durch praktische Einstellungen gegenseitiger Anerkennung instituiert wird, offengelassen werden. Im Zusammenhang meiner Ausführungen hier ist die allgemeinste Frage folgende: Wie verhält sich Hegels sozial-anerkennungstheoretische Variante des Autonomiemodells, die erklären soll, was man *tun* muss, um als jemand zu gelten, der sich selbst normativ bindet (einen normativen Status annimmt), zu den vorherigen kantischen Ausführungen zur Synthesis einer ursprünglichen Einheit der Apperzeption (eines normativen Selbst bzw. eines Trägers normativer Status) durch rationale Integration?[1]

Die kantischen Überlegungen, welche ich im ersten Kapitel wiedergegeben habe, folgen einer spezifisch pragmatistischen Erklärungsordnung: Sie beginnen mit einer Erklärung dessen, was man *tun* muss, um Verantwortung für eine Behauptung bzw. ein Vorhaben zu übernehmen – es sich zu eigen zu machen. In dieser Erklärung wird das als ein rationales Integrieren einer solchen Verpflichtung in die anderen eigenen theoretischen wie praktischen Verpflichtungen aufgefasst. Daraufhin können wir von der Idee aus, was es heißt, Inhalte mit einer solchen normativen Kraft auszustatten, das Wesen der begrifflichen Inhalte erklären, für die man verantwortlich wird. Denn sowohl die erweiternde als auch die kritische Dimension des rationalen Integrierens, in dem apperzipierende normative Subjekte synthetisiert werden, macht es erforderlich, dass die hier integrierten begrifflichen Inhalte zueinander in materialen Beziehungen inferentieller Folgerung und Unverein-

1 Eine mögliche Deutung der Beziehungen zwischen Synthesis, verstanden als rationale Integration, und Synthesis, verstanden als gegenseitige Anerkennung, ergibt sich aus der folgenden Frage: Wie können wir in der *Phänomenologie des Geistes* die Bedeutung des Übergangs in der Darstellung vom Kapitel »Kraft und Verstand« zum Abschnitt »Selbstbewußtsein« verstehen?

barkeit stehen. Diese umfassende pragmatistische Erklärungsstrategie beschränkt wiederum, wie wir die verschiedenen Dimensionen des begrifflichen und intentionalen Inhalts als aufeinander bezogen denken können. Wir haben bereits gesehen, inwiefern die vertikale repräsentationale Dimension des Inhalts (zumindest ihrer Form nach) von der horizontalen expressiven Dimension her verständlich gemacht werden kann. Wir haben also gesehen, wie wir uns den Gedanken, dass wir in unserm Denken bzw. Reden *über* Gegenstände *auf* diese *Bezug nehmen*, von den Beziehungen des materialinferentiellen Einschlusses und Ausschlusses (aufgrund materialer Unvereinbarkeit) her verständlich machen können – Beziehungen, die zwischen möglichen Inhalten von Behauptungen der Form ›Es ist der Fall, *dass* p‹ bestehen. In der von Frege später eingeführten Terminologie können wir dies auch als eine semantische Strategie auffassen, der zufolge der Begriff BEDEUTUNG (Referenz) auf der Grundlage des vorgängigen Begriffs SINN erklärt wird, der selbst einem bestimmten Verständnis normativer KRAFT entstammt.

Was wird hieraus, sobald das Autonomiemodell normativer Verbindlichkeit, wie von mir im zweiten Kapitel nahegelegt, zu einem Modell gegenseitiger Anerkennung weiter umgearbeitet wird? An diesem Punkt unserer Überlegungen stehen sich *zwei* pragmatistische Auskünfte gegenüber, die uns sagen, wie wir von der Kraft zum Inhalt gelangen. Denn sowohl in Kants rational-integrativem als auch in Hegels sozial-anerkennungstheoretischem Modell erhalten wir eine spezifische Antwort darauf, was man der Form nach *tun* muss, um als jemand zu gelten, der sich durch begriffliche Normen bindet. Wie aber verhalten sich diese Antworten zueinander? In welcher Form erlauben sie uns, das bestimmte Gehaltvollsein begrifflicher Normen zu verstehen, das wir gemäß der pragmatistischen Erklärungsordnung von diesen Praktiken, Prozessen oder Tätigkeiten her begreifen sollen?

3.2 Geschichte, Synthesis, Anerkennung

Indem Hegel beide in eine größere *geschichtliche* Entwicklungslinie einordnet, verbindet er das Modell der Synthesis einer ursprünglichen Einheit der Apperzeption durch rationale Integration mit dem Modell der Synthesis apperzipierender Selbste (Träger normativer

Status) und ihrer Gemeinschaften durch gegenseitige Anerkennung und versucht so die instituierten Verpflichtungen als solche verständlich zu machen, deren Gehalt bestimmt ist. Hegel nennt den Prozess der Veränderung und Entwicklung der Verpflichtungen, die von den Mitgliedern einer diskursiven Anerkennungsgemeinschaft eingegangen wurden – samt den Begriffen, welche gliedern und beschränken, was als erfolgreiches Integrieren dieser Verpflichtungen gilt –, »Erfahrung«. Das, was in unserer Sinnlichkeit unmittelbar gegeben ist – also von den Praxisteilnehmern nicht inferentiell, sondern durch Beobachtung erworbene Verpflichtungen[2] –, wird in diesem Prozess rational in ein sich stetig weiterentwickelndes Ganzes integriert, das durch den Ausschluss material-unvereinbarer Inhalte und den Einschluss material-inferentieller Folgerungen eine Einheit bildet. Wenn wir begreifen, inwiefern solch eine Entwicklung *expressiv fortschreitend* sein kann, das heißt, inwiefern sie mehr und mehr von der wirklichen Beschaffenheit der Dinge in eine behauptbare und denkbare Form bringt, dann gewinnen wir damit eine spezifische und originäre Erklärung von Aspekten des Begriffs semantischen Inhalts, die in meiner Diskussion der früheren Modelle noch nicht angesprochen wurden. Dies möchte ich in diesem Kapitel ausführen.

Im ersten Kapitel habe ich auf einige Merkmale von begrifflichen Inhalten hingewiesen, die eine Voraussetzung für den Prozess der Synthesis als rationaler Integration sind: Diese Inhalte stehen in Beziehungen des Ein- und Ausschlusses, also in materialen Beziehungen der inferentiellen Folgerung und Unvereinbarkeiten zueinander. Wir müssen nämlich die Inhalte der Begriffe, die wir im Urteilen und Beabsichtigen zur Anwendung bringen, so auffassen, dass sie eine Form von *Autorität* über diesen Prozess ausüben, der dementsprechend ihnen gegenüber insofern verantwortlich ist, als die Beziehungen zwischen den Inhalten Maßstäbe der Richtigkeit bestimmen, gemäß denen die Integration von Verpflichtungen als mehr oder weniger richtig bzw. mehr oder weniger erfolgreich bewertet wird. Im zweiten Kapitel habe ich behauptet, dass das soziale Modell normativer Verbindlichkeit (der Kraft normativer Status), in dem Verbindlichkeit durch Einstellungen gegenseitiger Anerkennung instituiert wird, prinzipiell eine Erklärung der Autorität

2 Gleiches gilt auf praktischer Seite für Neigungen, die die Praxisteilnehmer unmittelbar bei sich vorfinden.

begrifflicher Inhalte möglich macht, der zufolge diese Inhalte aufgrund ihrer Autorität den Prozess bzw. die Praxis rationaler Integration beschränken. Diese Erklärung berücksichtigt beides – sowohl die *Abhängigkeit* normativer Status von Einstellungen als auch die genannte Forderung, dass die Autorität der begrifflichen Inhalte, denen gegenüber sich ein Erkenntnis- und Handlungssubjekt durch sein Anwenden von Begriffen im Urteilen und Beabsichtigen verantwortlich macht, hinreichend *unabhängig* ist von den Einstellungen ebendieses Erkenntnis- bzw. Handlungssubjekts. Auf diese Weise können wir den Gedanken verstehen, dass sich jemand in der Anwendung dieser Begriffe selbst *gebunden*, sich ihnen gegenüber *verantwortlich* gemacht und einen normativen Status angenommen hat. Wir haben allerdings noch *nicht* erkannt, in welcher Weise uns das Modell gegenseitiger Anerkennung ein Verständnis davon gibt, dass für normative Subjekte, die ihre Verpflichtungen rational integrieren, bestimmte begriffliche Inhalte zur Verfügung stehen. Ein hervorstechendes und konstitutives Merkmal dieses Modells ist die durchgängige *Symmetrie* von Autorität und Verantwortung, die in ihm als ein integraler Bestandteil der Instituierung normativer Status ausgemacht wird. Angewandt auf den vorliegenden Fall, ist es daher für das Modell gegenseitiger Anerkennung erforderlich, dass die Autorität der begrifflichen Inhalte gegenüber den Tätigkeiten der Praxisteilnehmer (deren Verantwortung gegenüber diesen Inhalten) durch eine umgekehrte Autorität der Praxisteilnehmer über diese Inhalte ausgeglichen wird. Es bedarf also einer Verantwortung dieser Inhalte gegenüber den Tätigkeiten derjenigen Subjekte, die sie im Urteilen und Handeln anwenden. Hegel ist folglich darauf verpflichtet, die Praxis, in der wir unsere Verpflichtungen akzeptieren, indem wir sie rational integrieren, so aufzufassen, dass sie nicht allein den Prozess des *Anwendens* begrifflicher Inhalte umfasst, sondern zugleich auch den Prozess, in dem diese Inhalte *bestimmt* werden.

Es kann uns meines Erachtens helfen, wenn wir diesen Schachzug in Verbindung mit einem anderen betrachten, der sich zeitlich später in der Sprachphilosophie findet und (keineswegs zufällig) dieselbe Struktur hat. Carnap gab eine Erklärung von Bedeutungsgehalten und Überzeugungen, Sprache und Theorie, die zwei Phasen unterscheidet. Ihm zufolge ist nämlich die Tätigkeit, in der sprachliche Bedeutungsgehalte fixiert werden, prinzipiell vorgängig gegenüber derjenigen, in der wir Behauptungen aufstellen bzw. Überzeugungen ausbilden, die anhand dieser Bedeutungsgehalte ausgedrückt werden können. Zuerst regelt man demnach die Sprache, bestimmt die mit verschiedenen Ausdrücken verbundenen Bedeutungsgehalte bzw. begrifflichen Inhalte und legt damit fest, wie die Welt beschaffen sein müsste, damit die Behauptungen, die wir durch die Verwendung dieser Ausdrücke formulieren können, wahr wären. In dieser ersten Phase hat derjenige, der die Sprache verwendet, vollständige Autorität. Danach schaut man in die Welt, um zu sehen, welche Anwendungen dieser Begriffe, also welche der Behauptungen, die sich mit dem so eingeführten Vokabular ausdrücken lassen, wahr sind. In dieser zweiten Phase liegt die gesamte Autorität auf Seiten der Welt, die bestimmt, welche der Theorien, die anhand dieser Ausdrücke formuliert werden können, wahr sind. Gegen diese Auffassung wendet Quine ein, dass, während eine solche zweistufige Vorgehensweise für die Einführung *künstlicher* Sprachen durchaus sinnvoll sein mag, ihre Anwendung auf *natürliche* Sprachen voll und ganz unrealistisch ist. In letzterem Fall können wir nämlich die zwei Aspekte der Verwendung einer Sprache, die in Carnaps Bild den zwei Phasen entsprechen, nicht säuberlich trennen. Wir können uns hier nicht auf eine expressiv stärkere Metasprache berufen, um in ihr die Bedeutungsgehalte unserer Ausdrücke vor ihrer Verwendung stipulativ festzulegen oder anders zu fixieren. Was diese Bedeutungsgehalte fixiert, ist *nichts anderes* als unsere *Verwendung* derselben. Und wofür wir sie verwenden, die Art von Akt also, in der ihre Verwendung besteht, ist das Aufstellen von Behauptungen[3] und Ziehen von Inferenzen, das heißt letztlich das Eingehen von Verpflichtungen und das rationale Integrieren derselben. Wir müssen diese Tätigkeit der rationalen Integration für natürliche Sprachen sowie das Denken, das sich in ihnen bewegt, so auffassen, dass diese Tätigkeit nicht allein im Prozess der *Anwendung* von Begriffen besteht, indem man Ausdrücke verwendet, um Urteile aufzustellen. Sie muss ebenso als Prozess der *Bestimmung* davon verstanden werden, welche Begriffe in jenen Aussagen ausgedrückt werden. Diese Tätigkeit ist folglich dasjenige, was den bestimmten Inhalt und die Grenzen dieser Begriffe fixiert.

3 Und auch das Eingehen praktischer Verpflichtungen; der Einfachheit halber werde ich mich hier aber auf die theoretische Seite konzentrieren.

Carnap war hier Kant gefolgt, indem er die vorgängige Bestimmung begrifflicher Inhalte als Bedingung der Möglichkeit ihrer Anwendung im Urteilen erkannte. Der Akt des Urteilens ist wiederum, wie wir gesehen haben, nur als Bestandteil der Tätigkeit des Synthetisierens einer Einheit der Apperzeption verständlich, in der derartige Verpflichtungen in ein rationales Ganzes integriert werden. Hegel schlägt nun vor, die kantische Auffassung in einer Weise zu transformieren, die strukturell dem entspricht, wie das zweistufige Bild Carnaps durch Quine abgelöst wird. Quine ersetzt dieses Bild durch ein anderes, in dem es nur zwei Funktionen bzw. Perspektiven einer einheitlichen fortlaufenden diskursiven Praxis gibt. In dieser Hinsicht verhält sich Hegel zu Kant wie Quine zu Carnap. (Wer die Geschichte nicht versteht, ist dazu verdammt, sie zu wiederholen.)

Wie können wir den Prozess, in dem Begriffe in Urteilen *angewandt* und diese durch das Entfalten von Folgerungen und das Ausstoßen von Unvereinbarkeiten miteinander in ein Ganzes integriert werden, zugleich als einen Prozess auffassen, in welchem die Inhalte dieser Begriffe, einschließlich ihrer materialen Beziehungen der inferentiellen Folgerung und Unvereinbarkeit, *bestimmt* werden? Um das sehen zu können, ist es meines Erachtens erneut hilfreich, an eine Analogie zu denken, die Hegel selbst jedoch nicht verwendet: Man betrachte die Entwicklung der Begriffe im englischen und amerikanischen Rechtssystem des *Common Law*. Hier gibt es, anders als bei den Schöpfungen des gesetzlichen Rechts, keine expliziten Ausgangsdefinitionen oder Grundprinzipien, in denen die Umstände und Folgen der Anwendung dieser rechtlichen Begriffe festgeschrieben sind. Ein Inhalt wird ihnen allein durch ihre tatsächliche Anwendung im Laufe der Jahre verliehen. Sie sind mithin durch und durch Fallrecht.

Für jeden neuen Fall muss der Richter entscheiden, *sowohl* was zu bejahen ist – ob man also annehmen muss, dass der Begriff auf die so beschriebene Situation Anwendung findet oder nicht – *als auch* welche materialen Ausschlüsse aufgrund von Unvereinbarkeiten und welche Einschlüsse aufgrund von Folgerungen den Inhalt des jeweiligen Begriffs gliedern. Und das einzige Ausgangsmaterial, das ihm für diese *beiden* Aufgaben zur Verfügung steht, stellen die Entscheidungen früherer Fälle dar. Es wird helfen, wenn wir uns hier eine vereinfachte, stilisierte Variante dieses Prozesses vorstellen: Fälle bestehen aus einer Reihe von Tatsachen, die wir in einem schon verfügbaren, nichtrechtlichen Vokabular beschreiben können. Für jeden Fall stellt sich nun die Aufgabe, über die Anwendbarkeit eines davon unterschiedenen rechtlichen Vokabulars zu entscheiden (zum Beispiel von Ausdrücken wie ›vollständig haftbar‹ oder ›vertraglich verpflichtet‹). Der Richter trifft für jeden neuen Fall die Entscheidung, ob er den betreffenden rechtlichen Begriff in Anbetracht der Tatsachen des Falls anwendet oder nicht. Bei jeder Entscheidung dieser Art können wir den Richter auch so auffassen, dass er uns zugleich eine rechtfertigende Begründung liefert, die aus zwei Teilen besteht: Zum einen verweist sie auf und privilegiert einige Ähnlichkeiten und Unähnlichkeiten, die zwischen dem jeweiligen Fall und anderen, früher entschiedenen Fällen bestehen, in denen die Anwendung desselben rechtlichen Begriffs vorliegt. Es kann der Anwendung des Begriffs im gegenwärtigen Fall eine Begründung zur Seite stellen, wenn wir einerseits auf andere Fälle verweisen, in denen der Begriff angewandt wurde und die einige Tatsachenbeschreibungen mit diesem Fall teilen, und wenn wir andererseits auf Unterschiede zu einigen vorhergegangenen Fällen verweisen, in denen die Anwendung des Begriffs verworfen wurde. Diese ausgewählten Fälle werden vom jeweiligen Richter in Hinblick auf den gegenwärtigen Fall als *präzedentiell* normativ privilegiert. Zudem beschreiben die von ihm angeführten Ähnlichkeiten oder Unähnlichkeiten implizite Regeln der Inferenz, welche den Übergang von der Anwendbarkeit nichtrechtlicher Begriffe für die Tatsachenbeschreibung des Falls zur Anwendbarkeit der rechtlichen Begriffe betreffen. Zum anderen kann sich die Begründung auch auf die expliziten Begründungen berufen, die mit diesen präzedentiellen Entscheidungen verbunden sind. In diesem Prozess trägt jede neue Entscheidung samt der sie begleitenden Begründung, die ausgewählte Präzedenzfälle, relevante Überlegungen sowie Regeln der Inferenz und Unvereinbarkeit enthält, dazu bei, den begrifflichen Inhalt des rechtlichen Terminus weiter zu bestimmen, über dessen Anwendung richterlich entschieden werden soll.

Indem er an dieser Art von Praxis teilnimmt, an dieser Art von Prozess partizipiert, vollzieht der Richter offensichtlich eine Form von Synthesis aufgrund rationaler Integration. Denn indem er Präzedenzfälle auswählt, Hinsichten der Ähnlichkeit und Verschiedenheit privilegiert und eine explizite Begründung für eine

Verpflichtung aufbaut, tut er letztlich *nichts anderes*, als diese Verpflichtung in das Ganze jener Verpflichtungen zu integrieren, die von den Richtern früherer Fälle eingegangen wurden. Auf der Seite der Erweiterung entfaltet der Richter material-inferentielle Folgerungen dieser früheren Verpflichtungen, zumindest gemäß der sie je begleitenden Begründung. Ebenso verwirft er auf der Seite der Kritik solche früheren Verpflichtungen, welche mit der jeweiligen Entscheidung material unvereinbar wären, indem er die Entscheidungen bzw. Überlegungen, auf denen diese beruhen, *nicht* als gültige bzw. verbindliche Präzedenzfälle behandelt. Wir können aber deutlich sehen, inwiefern die Tätigkeit des Richters *zugleich* auch als ein *Entwickeln* und *Bestimmen* der begrifflichen Inhalte (von den materialen Beziehungen der Folgerung und Unvereinbarkeit her gedacht) aufgefasst werden kann, durch die wiederum der Prozess in seinem weiteren Verlauf beschränkt wird.

Was für eine Struktur von Autorität und Verantwortung weist ein solcher Prozess auf? Es fällt zunächst auf, dass rechtliche Begriffe, die sich auf diese Weise entwickeln, »Richterrecht« sind, wie es oft heißt. An ihnen ist nichts, was nicht das kumulative Ergebnis richterlicher Entscheidungen wäre, in denen diese Begriffe auf einzelne Fällen angewandt oder nicht angewandt werden. Der entscheidende Richter übt über die Inhalte der angewandten rechtlichen Begriffe Autorität aus und damit ebenso über zukünftige Richter. Indem der Richter nämlich, um seine Entscheidung zu fällen und für sie eine Begründung zu liefern, auswählt, welche der vorherigen Fälle er als präzedentiell und welche Merkmale der Tatsachen er als hervorstechend betrachtet, bestimmt er den Inhalt des Begriffs weiter und stellt zugleich potentielle Präzedenzfälle und Begründungen bereit, denen gegenüber zukünftige Richter verantwortlich sind.

Aber diese Beschreibung zeigt auch, dass in einem Sinne jeder Richter, der eine Entscheidung fällt, *gegenüber* dem Inhalt des Begriffs, dessen Anwendbarkeit er bewertet, *verantwortlich* ist. Denn er ist derjenigen Autorität gegenüber verantwortlich, die von den Verpflichtungen der früheren Richter ausgeübt wird, insofern deren Entscheidungen ihm als Präzedenzfälle und Begründungen vorliegen. Die Rechtfertigung der Entscheidung eines Richters kann sich nur auf die Autorität früherer Entscheidungen berufen sowie auf den begrifflichen Inhalt, den diese Entscheidungen dem betreffenden rechtlichen Terminus übertragen bzw. in ihm entdeckt haben. In diesem Punkt ist der jeweilige Richter gegenüber dem *begrifflichen Inhalt*, welcher durch den rechtlichen Terminus zum Ausdruck gebracht wird, verantwortlich (semantische Verantwortung), und zwar *indem* er gegenüber den *Verpflichtungen* früherer Richter verantwortlich ist (Verantwortung gegenüber bzw. Anerkennung der Autorität der *Einstellungen anderer*). Diese Verantwortung hat er, insofern er die *praktische* Verantwortung (die Verantwortung, etwas *zu tun*) akzeptiert, etwas zu einer rationalen (Folgerungen ein- und Unvereinbares ausschließenden) *gegenwärtigen* Einheit zu synthetisieren, *indem* er die Verpflichtungen *vergangener* Richter integriert. *Stare decisis* – die Autorität des Präzedenzfalls besteht in der Art und Weise, in der tatsächlich bejahte Beziehungen materialer Folgerung und Unvereinbarkeit (normative Einstellungen) bestimmen, wofür jemand tatsächlich verantwortlich ist (normative Status).

Indem er eine Begründung bzw. Rechtfertigung seiner Entscheidung liefert, präsentiert der Richter faktisch eine rationale Rekonstruktion der Tradition. In dieser wird die Tradition insofern als autoritativ ausgewiesen, als sie, so präsentiert, den begrifflichen Inhalt, über dessen Anwendung richterlich entschieden wird, *bestimmt* und zugleich *enthüllt*, was dieser Inhalt ist und wie also die jeweilige Frage nach seiner Anwendbarkeit entschieden werden sollte. Es handelt sich dabei um eine *Rekonstruktion*, da einige frühere Entscheidungen praktisch als irrelevant, das heißt als nichtpräzedentiell bzw. falsch behandelt werden. Diese Rekonstruktion ist ferner *rational*, insofern es in ihr eine durchgängige Pflicht gibt, dass diejenigen Verpflichtungen, Überlegungen und impliziten materialen Ein- und Ausschlussbeziehungen, von denen in der Begründung angenommen wird, dass sie präzedentiell, hervorstechend und implizit enthalten sind, mit der neuen Verpflichtung der zu treffenden Entscheidung zusammenpassen müssen. Denn nur so können sie zusammen die Form rationaler Einheit bilden, welche Kant als das Ideal bzw. den Maßstab erachtete, der normativ die Synthesis zu einer ursprünglichen Einheit der Apperzeption leitet. Die Begründung ist eine Erklärung, in welcher die Grenzen der Autorität desjenigen begrifflichen Inhalts umrissen werden, der mit einem rechtlichen Terminus verbunden ist. Dieser Inhalt ist durch die Einstellungen bestimmt, die in den präzedentiellen Entscheidungen und Begründungen der früheren Richter zum Ausdruck kommen, denen gegenüber der derzeitige Richter verantwortlich ist, insofern der Inhalt die Maßstäbe setzt, anhand deren wir die Richtigkeit der Entscheidung dieses Richters bewerten müssen.

Meine erste Hauptthese ist die folgende: Durch diese Form von Prozess bzw. Praxis, die in einer Abfolge von rationalen Integrationen neuer Verpflichtungen in einer Konstellation schon bestehender Verpflichtungen besteht, werden dem Modell gegenseitiger Anerkennung zufolge normative Status der Autorität und Verantwortung instituiert. Auf diese Weise erhalten wir somit eine Kombination des Modells der Synthesis einer Einheit der Apperzeption aufgrund rationaler Integration, welches ich im ersten Kapitel diskutiert habe, mit dem Modell der Synthesis normativer Subjekte bzw. Selbste und ihrer jeweiligen Gemeinschaft aufgrund gegenseitiger Anerkennung, das ich im zweiten Kapitel diskutiert habe. Betrachten wir unser Beispiel, so erkennt jeder Richter, der eine Entscheidung trifft, die Autorität vergangener Entscheidungen samt den in ihnen instituierten und akzeptierten Inhalten darüber an, ob die gerade zu treffende Entscheidung als richtig zu bewerten ist. Derselbe Richter übt zugleich Autorität gegenüber zukünftigen Richtern aus, denn sie werden insofern durch seine Entscheidungen beschränkt, als diese präzedentiell sind. Aber der entscheidende Richter ist gegenüber den zukünftigen Richtern auch verantwortlich (wird von ihnen zur Verantwortung gezogen), denn diese können (durch ihre praktischen Einstellungen) die jeweilige Entscheidung (und Begründung) entweder als richtig und präzedentiell betrachten oder nicht. Damit nämlich der jeweilige Richter tatsächlich die Autorität ausübt, um deren Anerkennung er mit seiner Entscheidung implizit bittet, muss sie durch die zukünftigen Richter anerkannt werden. Sobald diese präzedentielle Autorität von den späteren Richtern anerkannt *ist*, gilt sie dem Modell gegenseitiger Anerkennung zufolge als wirklich (das heißt, es wurde aufgrund dieser Einstellungen ein normativer Status instituiert). Indem er präzedentielle Autorität sowohl akzeptiert als auch beansprucht, erkennt der Richter implizit auch die Autorität der zukünftigen Richter an, die jene Autorität verwalten. Denn diese Richter bewerten, ob die neue Verpflichtung mit den schon bestehenden Verpflichtungen angemessen in ein Ganzes integriert wurde, und entscheiden auf dieser Grundlage, ob sie als autoritativ zu akzeptieren ist, ob sie also zukünftige Verpflichtungen normativ beschränkt, insofern nämlich diese mit ihr wieder in ein Ganzes integriert werden müssen. Auf diese Weise wird jeder Richter von beiden Seiten als autoritativ anerkannt: (implizit) von früheren Richtern (deren Entscheidungen als präzedentiell bewertet werden oder nicht) und (explizit) von zukünftigen Richtern (die die jeweilige Entscheidung als autoritativ, also präzedentiell bewerten oder nicht). Ebenso erkennt jeder Richter die Autorität beider Seiten an: der früheren Richter (deren präzedentiellen Entscheidungen gegenüber der Richter verantwortlich ist) und der zukünftigen Richter (die bewerten, in welchem Umfang der gegenwärtige Richter seiner Verantwortung gegenüber den Entscheidungen früherer Richter nachgekommen ist, wovon die Autorität desselben voll und ganz abhängt). Da sich die Zukunft zur Gegenwart so verhält wie die Gegenwart zur Vergangenheit und es keine endgültige Zukunft gibt, mithin auch keine endgültige Autorität, erkennt ein jeder Richter andere Richter ebenso an, wie er von ihnen anerkannt wird.

Indem ein Richter eine Entscheidung fällt, geht er eine Verpflichtung ein. Mit dem Modell gegenseitiger Anerkennung soll erklärt werden, wie diese Einstellung des Richters zusammen mit den Einstellungen anderer normative Status der Autorität und Verantwortung instituiert, die als Verpflichtungen verstanden werden können. Die Abfolge fortlaufender rationaler Integrationen von neuen in frühere Verpflichtungen weist diese geschichtliche Struktur von gegenseitiger Anerkennung auf. Nun müssen wir untersuchen, wie uns diese Tatsache erlaubt, *zugleich* eine Dimension der symmetrischen Autorität und Verantwortung gegenüber den *bestimmten begrifflichen Inhalten* zu verstehen, und das *sowohl* für die spezifischen Anerkennungseinstellungen, mit denen wir Verpflichtungen zuschreiben und akzeptieren, *als auch* für die von diesen Einstellungen instituierten normativen Status. Nach meiner Lesart ist es ein entscheidender Gedanke Hegels, dass wir einen neuen Begriff Bestimmtheit benötigen, um zu verstehen, wie dieser geschichtliche Prozess des *Anwendens* bestimmt gehaltvoller Begriffe, in welchem wir diskursive Verpflichtungen eingehen (Verantwortung für diese Verpflichtungen übernehmen, indem wir sie zusammen mit anderen, bereits eingegangenen Verpflichtungen rational in ein Ganzes integrieren), zugleich der Prozess des *Bestimmens* der Inhalte dieser Begriffe sein kann.

Wenn wir ›Bestimmtheit‹ *im Sinne Freges* auffassen, so geht es dabei um scharfe und vollständige Grenzen. Frege zufolge muss jeder Begriff insofern bestimmt sein, als für jeden Gegenstand vor der epistemischen Anwendung des Begriffs eindeutig semantisch feststehen muss, ob er unter den Begriff fällt oder nicht. Für keinen Gegenstand kann gelten, dass er sowohl unter den Begriff fällt als auch nicht unter ihn fällt noch dass er weder unter ihn fällt noch nicht unter ihn fällt. Diese repräsentationale Dimension begrifflicher Inhalte werde ich im nächsten Abschnitt diskutieren. Die Dimension des begrifflichen Inhalts, welche in einem ersten Schritt, wie gesehen, durch die synthetische Tätigkeit der rationalen Integration verständlich wird, ist durch materiale Beziehungen der inferentiellen Folgerung und Unvereinbarkeit gegliedert. Der Bestimmtheit begrifflicher Inhalte im Sinne Freges, die wir anhand dieser Beziehungen spezifizieren können, korrespondiert somit die Forderung, dass für jede mögliche materiale Inferenz, in der irgendein Urteil, das aus der Anwendung des Begriffs resultiert, als Prämisse oder Konklusion fungiert, vor jeder tatsächlichen Anwendung schon semantisch abschließend festgelegt sein muss, ob sie eine gute Inferenz ist oder nicht. Analoges gilt für Beziehungen materialer Unvereinbarkeit, die zwischen diesen Urteilen und jedem anderen Urteil bestehen. Die scharfen, vollständigen Grenzen, die semantisch abschließend festgelegt sein müssen, sind hier jene, die um die Mengen material guter Inferenzen und die Mengen material unvereinbarer Sätze herum verlaufen.

Für Hegel besteht eine Verbindung zwischen der Forderung, dass begriffliche Inhalte in dem genannten Sinne eindeutig sein sollen, und der frühneuzeitlichen Tradition, die in Kant ihren Höhepunkt findet. Diese Forderung bildet das Hauptelement des metabegrifflichen Rahmens, den Hegel »Verstand« nennt. Sein Vorschlag besteht darin, diese statische Auffassung von der Bestimmtheit der Beziehungen, durch die begriffliche Inhalte gegliedert sind, durch eine dynamische Erklärung des *Prozesses* des *Bestimmens* dieser Inhalte zu ersetzen. Diese Erklärung nennt er »Vernunft«. Grob gesagt gelangen wir Hegel zufolge zur Position des Verstandes, sobald wir annehmen, dass die angewandten Begriffe immer schon über solche Inhalte verfügen, die eigentlich erst daraus resultieren würden, dass wir jenen Prozess *abschließen*, in dem sie durch die Abfolge rationaler Integrationen bestimmt werden, wobei dieser Prozess die geschichtliche Struktur gegenseitig anerkennender Autorität und Verantwortung aufweist. Hegel ist sich jedoch der *Offenheit* der Verwendung von Ausdrücken durchaus bewusst, das heißt, er weiß von der Praxis des Anwendens von Begriffen in Urteilen und der gleichzeitigen Bestimmung ihrer Inhalte, die in diesen Redeformen zum Ausdruck kommen. Fassen wir die Sache so auf, dann werden durch die vorangegangene Verwendung zukünftige Möglichkeiten der Entwicklung *nicht* in der Weise verbaut, dass im Voraus eine einzige richtige Antwort auf die Frage, ob ein gewisser Begriff unter einer Reihe neuer Umstände Anwendung findet, festgelegt würde. Die neuen Umstände werden jedem vorangegangenen, festgelegten Fall stets in einer unendlichen Anzahl von Hinsichten ähnlich sein und sich in einer unendlichen Anzahl von Hinsichten von ihm unterscheiden. Es gibt somit einen echten Spielraum für die Entscheidung auf Seiten des jeweiligen Richters bzw. des Urteilssubjekts – ein Spielraum, der davon abhängt, welche früheren Verpflichtungen als präzedentiell betrachtet und welche Hinsichten von Ähnlichkeit und Verschiedenheit hervorgehoben werden.[4] In Ermangelung einer vorherigen leitenden Setzung oder Definition gehört zum Inhalt des betreffenden Begriffs im Grunde allein das, was aufgrund seiner tatsächlich bejahten und verworfenen Anwendungen in ihn hineingelegt wurde. Die früheren Verwendungen bestimmen nicht für alle möglichen Anwendungen eines Begriffs in der Zukunft, ob sie richtig sind oder nicht. Sie sind keine »bis ins Unendliche gelegten Geleise«, wie es Wittgenstein später formuliert.

Denkt Hegel also, dass wir solche begrifflichen Inhalte, die sich in Kants und Freges Sinn als *unbestimmt* erweisen – denn keine Anzahl früherer Verwendungen legt ein für alle Mal und prinzipiell fest, welche von allen zukünftig möglichen Verwendungen richtig sind –, einfach hernehmen können und sie, jetzt im Sinne He-

4 Diese Darstellung hebt jene Züge der Situation hervor, die es nahelegen, dass der Richter durch die Tradition in keiner Hinsicht beschränkt ist. Aber den Umstand, dass der Richter die Pflicht hat, einige Hinsichten der Ähnlichkeit und Verschiedenheit zu *privilegieren*, bedeutet noch nicht, dass dies nicht – gegeben die Tradition früherer autoritativer Privilegierungen durch frühere Richter – besser oder schlechter geschehen kann. Freilich sind Urteile des Besser und Schlechter in dieser wie auch in jeder anderen Hinsicht eine Frage der Einstellungen von tatsächlichen Teilnehmern der Praxis – in diesem Fall der späteren Richter.

gels, »bestimmt« *nennen*? Im Endeffekt möchte er genau das tun, allerdings nicht in einer unmittelbaren, stipulativen und letztlich unverantwortlichen Weise, die nach Russells Diktum »alle Vorteile des Diebstahls gegenüber ehrlicher Arbeit« haben würde. Vielmehr nimmt er die harte Arbeit auf sich, welche nötig ist, um zu diesem Schachzug berechtigt zu sein: Erstens möchte Hegel von uns, dass wir einen Schritt zurücktreten und die folgende, grundsätzlichere Frage stellen: Um welche *Art von Tatsache* handelt es sich, wenn die vorhergegangenen Verwendungen zwar beschränken, aber in Kants und Freges Sinne nicht festlegen, welches weitere Vorgehen richtig wäre? Seine Antwort hierauf ist, dass es bei der Frage nach dem Richtigen um einen normativen Status geht. Es geht darum, wozu jemand verpflichtet bzw. berechtigt ist und wozu nicht, wofür er verantwortlich ist und wofür nicht – und was derartige Verpflichtungen autorisieren würde. Hegels Erklärung zufolge ist diese Art von Tatsache eine sozial-anerkennungstheoretische Tatsache und ferner eine solche, die in einem Prozess instituiert wird, der eine spezifisch *geschichtliche* Variante der Struktur gegenseitiger Anerkennung aufweist. Zweitens verwendet Hegel diese Struktur dafür, die Details eines strukturell neuen Begriffs von BESTIMMTHEIT auszubuchstabieren, in welchem die kantische Konzeption des Verstandes lediglich den Platz eines anerkennungstheoretischen Moments in einem größeren Ganzen einnimmt.

Damit ihm dies gelingt, muss die kantische Erklärung, die sich darauf bezieht, wie neue Verpflichtungen mit schon bestehenden Verpflichtungen rational in eine synthetische Einheit integriert werden, als *ein* Aspekt einer allgemeineren rationalen integrativ-synthetischen Tätigkeit rekontextualisiert werden. Die ursprüngliche Erklärung beruft sich nämlich auf fixierte, eindeutige materiale Beziehungen inferentieller Folgerung und Unvereinbarkeit, die als gegeben, im Voraus festgelegt und im Rahmen des Verstandes als bestimmt aufgefasst werden. Dieser Erklärung stellt Hegel die *rückblickende* Idee einer *rationalen Rekonstruktion* desjenigen Prozesses zur Seite, der zu den jeweils gerade integrierten Verpflichtungen geführt hat (nicht allein zu den neuen, sondern auch zu allen vorhergegangenen Verpflichtungen, die für jene als präzedentiell betrachtet werden). Es handelt sich hierbei um eine Form genealogischer Rechtfertigung bzw. Vindikation dieser Verpflichtungen, indem gezeigt wird, warum frühere Urteile im Lichte stets noch älterer richtig waren – und in einem anderen Sinne auch im Lichte nachfolgender. Diesen Prozess nennt Hegel »Erinnerung«.

Gute Beispiele für diesen Prozess sind die triumphal fortschrittsgläubigen Erzählungen, die wir in altmodischen Lehrbüchern der Naturwissenschaften und Mathematik als rationale Rekonstruktion der Geschichte der eigenen Disziplin finden. Hier wird eine Erklärung dessen, was wir jetzt wissen, durch eine weitere Erklärung ergänzt, in der es darum geht, wie wir es herausgefunden haben. Was uns rückblickend vom Standpunkt unserer gegenwärtigen theoretischen Verpflichtungen als ein falscher Abzweig, als Sackgasse, als überholte Theorie oder degeneriertes Forschungsprogramm erscheint, wird hierbei ignoriert – ganz gleich, wie vielversprechend es einst schien, wie gut die Gründe dafür waren und wie viel Mühe darauf verwendet wurde. Stattdessen wird in der Erklärung ein Verlauf ungebrochenen und anwachsenden Fortschritts herausgearbeitet und präsentiert, eine Kette von Entdeckungen, die noch immer gültig sind. Ergebnis ist eine Erzählung der Geschichte, wie wir die wirklichen Grenzen unserer gegenwärtigen Begriffe gefunden haben und wie diese Begriffe nun also korrekterweise angewandt werden sollten, insofern wir herausgefunden haben, was wirklich woraus folgt und was wirklich womit unvereinbar ist. Das Verfassen derartiger Erzählungen ist, wie Hegel meint, der Marsch der Vernunft durch die Geschichte. Auf diese Art *machen* wir unsere Anwendungen von Begriffen (rückwirkend) *rational*. Wir machen sie zu Anwendungen, die für diskursive Normen zugänglich sind, indem wir einen Weg finden, sie in ebendiesem Sinne als rational zu *betrachten*. Indem wir Traditionen dieser Art rational rekonstruieren, erkennen wir, als Wesen, die Begriffe verwenden, rückblickend begriffliche Normen, die in Kants Sinn von Verstand bestimmt gehaltvoll sind. Wir erkennen, dass diese Begriffe und die verschiedenen Aspekte ihrer Grenzen (materialer Beziehungen der Folgerung und Unvereinbarkeit), die wir anhand richtiger (präzedentieller) Anwendungen an vielen wichtigen Stellen in der Entwicklung ihrer Tradition entdecken, immer schon im Spiel waren.

Wir können das Verhältnis der theoretischen, metabegrifflichen Rolle von Hegels Begriff ERINNERUNG zum kantischen Begriff RATIONALE INTEGRATION auf zwei Weisen auffassen: Wir können Hegel hier so verstehen, dass er der rationalen Integration einen komplementären, anerkennungstheoretisch dualen Begriff zur Seite stellt.

Integrieren heißt *Verantwortung* übernehmen, eine Verpflichtung hervorbringen – und zwar, indem wir diejenigen, die Begriffe zukünftig verwenden werden, um ihre Anerkennung bitten; *Wiedererinnern* dagegen heißt *Autorität* behaupten, eine Berechtigung vindizieren – und zwar, indem wir diejenigen anerkennen, die Begriffe früher verwendet haben. Nehmen wir diese beiden Hinsichten zusammen, so ergeben sie ein anerkennungstheoretisches Ganzes. Wir können Hegel aber auch so verstehen: Mit seinem Schachzug erweitert und dehnt er die grundlegende kantische Idee aus, dass wir, um als jemand zu gelten, der eine diskursive Verpflichtung eingeht, für eine Behauptung bzw. ein Urteil also Verantwortung übernimmt, diese Verpflichtung mit anderen Verpflichtungen rational in ein Ganzes integrieren müssen. Die rationale Einheit, die wir synthetisieren müssen (die »ursprünglich-synthetische Einheit der Apperzeption«), umfasst dann Hegel zufolge den gesamten Entwicklungsprozess, durch den wir zu unseren gegenwärtigen Verpflichtungen gelangt sind – nicht bloß eine gegenwärtige Momentaufnahme dieses stets fortlaufenden Projekts. Diese neue Form rationaler Einheit macht es nicht nur erforderlich, dass man die inferentiellen Folgerungen der eigenen Verpflichtungen entfaltet und Unvereinbarkeiten unter ihnen beseitigt hat. Man muss vielmehr auch gezeigt haben, inwiefern der Prozess, durch welchen die Verpflichtungen aus ihren Vorläufern hervorgegangen sind, rational war. Diese rückblickende Verantwortung zur Rechtfertigung bezieht sich nicht nur darauf darzulegen, dass die doxastischen Verpflichtungen, die man jetzt akzeptiert, rational zueinander passen, sondern auch darauf zu zeigen, dass die in den entsprechenden Urteilen angewandten Begriffe – die Verpflichtungen auf materiale Inferenzen und Unvereinbarkeiten, welche ihre begrifflichen Inhalte gliedern – das Ergebnis eines rationalen Prozesses sind.

Die neue, von Hegel vorgeschlagene Konzeption von BESTIMMTHEIT im Sinne der Vernunft enthält wesentlich *zeitliche Perspektiven*. Rückblickend betrachtet erscheint der Prozess des *Bestimmens* begrifflicher Inhalte (selbstverständlich zugleich ihrer richtigen Anwendungen) durch Anwendung derselben als eine theoretische, epistemische Aufgabe. Wir »bestimmen« begriffliche Inhalte, insofern wir *herausfinden*, welche Inhalte die richtigen sind bzw. welche Normen den Prozess wirklich leiten (und aus diesem Grund verwendet werden sollten, wenn es darum geht, die Richtigkeit der

Anwendungen der betreffenden Begriffe zu bewerten). Wir finden auf diese Weise also heraus, was wirklich woraus folgt und was wirklich womit unvereinbar ist. Eine *wiedererinnernde Rekonstruktion* der Tradition, die in der gegenwärtigen Menge begrifflicher Verpflichtungen samt ihren Inhalten gipfelt, zeigt uns aus der Perspektive dieser als richtig betrachteten Menge von Verpflichtungen und Begriffen, wie wir graduell – Schritt für Schritt – (in unseren Einstellungen) zur Anerkennung jener Normen (normativer Status wie etwa Verpflichtungen) gelangt sind, die implizit immer schon unsere Praktiken geleitet haben. Sie zeigt beispielsweise, worauf wir in Bezug auf den Schmelzpunkt eines Metallstücks wirklich verpflichtet waren, sobald wir darauf den Begriff KUPFER angewandt hatten – ganz gleich, ob wir dies wussten oder nicht. Aus dieser Perspektive sind die Inhalte unserer Begriffe in Kants und Freges Sinne, also im Sinne des Verstandes, immer schon vollkommen bestimmt gewesen, obgleich wir nicht immer wussten, was diese Inhalte sind.

Vorausblickend betrachtet, erscheint der Prozess des *Bestimmens* begrifflicher Inhalte durch Anwendung derselben als eine praktische, konstruktiv-semantische Aufgabe. Indem wir Begriffe auf neuartiges Einzelnes anwenden, »bestimmen« wir ihre begrifflichen Inhalte, insofern wir es zur Tatsache *machen*, dass einige Anwendungen richtig sind, weil wir sie als richtig *betrachten*. Wir ziehen dort neue und eindeutigere Grenzen, wo es zuvor noch viele Möglichkeiten gab. Indem jemand seine Autorität dafür einsetzt, dass eine Anwendung richtig ist, autorisiert er hierzu auch jene, die den Begriff auf zukünftige Fälle anwenden werden. Sobald die anderen ihn wiederum in dieser spezifischen Hinsicht anerkennen, indem sie diese Autorität akzeptieren, ist eine genauer bestimmte Norm sozial instituiert worden. Aus dieser Perspektive sind begriffliche Normen in Kants und Freges Sinne, also im Sinne des Verstandes, niemals vollständig bestimmt, da immer noch Raum für ihre weitere Bestimmung bleibt. Die begrifflichen Normen sind jedoch auch nicht völlig unbestimmt, da eine Vielzahl tatsächlicher Anwendungen von Begriffen in Urteilen als richtig bejaht worden ist, wodurch potentielle Präzedenzfälle geschaffen wurden. Die Bestimmtheit dieser Inhalte ist einzig das Ergebnis dieser Tätigkeit.

Sind nun aber die Inhalte empirischer Begriffe *bestimmt* – in Kants und Freges Sinne, also im Sinne des Verstandes –, wie es die rückblickend-epistemische Perspektive nahelegt, oder sind sie *unbestimmt*, wie es die vorausblickend-semantische Perspektive nahelegt? Stünde uns für die Beschreibung der dialektischen Situation allein die statische und nichtperspektivische Verstandeskonzeption von Bestimmtheit als metabegriffliches Ausdrucksmittel zur Verfügung, müsste Hegel zufolge die Antwort auf diese Frage lauten: »Beides« oder – was genauso richtig wäre – »Weder-noch«. Dass diese beiden Antworten im metabegrifflichen Rahmen des *Verstandes* völlig sinnlos sind, zeigt nur die expressive Verarmung und Unzulänglichkeit dieser Konzeption. Wir sollten eher sagen, dass Begriffe Inhalte haben, die sowohl bestimmt als auch weiter bestimmbar sind, und sie sind beides in dem Sinne, welchen der dynamische und zeitlich perspektivische Rahmen der *Vernunft* bereitstellt. *Machen* wir unsere Begriffe oder *finden* wir sie *vor*? Sind wir ihnen gegenüber autoritativ oder verantwortlich? Hegels Modell berechtigt ihn zu sagen: »Beides«. Denn beide Aspekte sind gleichermaßen wesentlich dafür, wie Begriffe in der sich immer weiter entwickelnden Konstellation von Begriffen und Verpflichtungen, die Hegel »*den* Begriff« nennt, fungieren. Dem Anerkennungsmodell der Normativität zufolge – Hegels Nachfolger für Kants Autonomiemodell – sind Autorität und Verantwortung einander gleichgeordnet und wechselseitig aufeinander bezogen. Sobald ferner eine solche Struktur von gegenseitigen Anerkennungseinstellungen die spezielle Form eines sich entwickelnden geschichtlichen Prozesses annimmt, können wir die Inhalte ebendieser Einstellungen und die durch sie instituierten Status aus den zwei zeitlichen Perspektiven der Anerkennung betrachten – der vorausblickenden und der rückblickenden. Diese Perspektiven sind zwei Seiten derselben Medaille. Hegels Metakonzeption der Bestimmtheit im Sinne der Vernunft ist durch die einander ergänzenden Beiträge gegliedert, die diese beiden Aspekte eines einheitlichen Prozesses leisten. Dass es sich dabei auf jeder Stufe und über verschiedene Stufen hinweg um eine *rationale* Einheit handelt, wird dadurch sichergestellt, dass neue Verpflichtungen in einem Prozess rationaler Integration eingegangen werden. Rationale Integration können wir jetzt aber in dem neuen, weiteren Sinn auffassen, welcher einschließt, dass wir diese Verpflichtungen durch eine rational-wiedererinnernde Rekonstruktion jener Tradition rechtfertigen, die diese Verpflichtungen hervorgebracht hat (und zwar in Ergänzung zur kritischen

Auflösung von Unvereinbarkeiten und der erweiternden Entfaltung inferentieller Folgerungen, die bereits Kant anerkannt hatte).

Dass es nicht hilfreich ist, begriffliche Inhalte nach dem Modell des Verstandes aufzufassen, erkennen wir deutlich, sobald wir für einen Augenblick zu dem rechtswissenschaftlichen Beispiel der Richter des *Common Law* zurückkehren, mit dem ich die geschichtliche Form gegenseitiger Anerkennung eingeführt habe. Es gibt eine klassische rechtswissenschaftliche Debatte, in der zwei Auffassungen gegeneinander stehen: Der einen Auffassung zufolge ist *das* Recht, was von einem Richter als solches betrachtet wird. Wenn wir eine Aussage darüber machen, was rechtens (ein normativer Status) ist, so ist dies demnach eine *Vorhersage* über gewisse Tatsachen, nämlich darüber, was ein Richter entscheiden würde (was die normativen Einstellungen des Richters wären). Extreme Formen des Rechtsrealismus, die sich im Bereich dieses Rechtspositivismus bewegen, beharren zusätzlich darauf, dass alle Äußerungen eines Richters typischerweise durch nichtrechtliche Gründe und Ursachen determiniert sind. Rechtliche Entscheidungen kommen demnach ursächlich zustande, also aufgrund von Faktoren wie etwa der Tatsache, »mit welchem Bein der Richter am Morgen aufgestanden ist«, wie ja ein Sprichwort sagt (realistischer gedacht: durch seine Ausbildung, den Kulturkreis, in dem er lebt, was er gelesen hat usw.). Auf der anderen Seite finden wir die Auffassung, dass es nicht die Aufgabe des Richters ist, das Recht zu *machen*, sondern *herauszufinden*, worin es bereits besteht (gleichviel ob man das als die Frage ansieht, welche Norm wirklich durch Setzungen und Präzedenzfälle instituiert wird oder was dem Naturrecht bzw. irgendeiner anderen Konzeption zufolge gilt). Aus hegelscher Perspektive handelt es sich bei beiden Auffassungen im wahrsten Sinne des Wortes um »ein-seitige« (Fehl-)Konzeptionen. Die erste schaut ausschließlich auf die Autorität des Richters, nicht aber auf seine Verantwortung, und die zweite schaut ausschließlich auf seine Verantwortung, nicht aber auf seine Autorität. Wir benötigen aber eine Theorie, die sowohl den wesentlichen Beziehungen dieser beiden Aspekte zueinander gerecht wird als auch der Art und Weise, in der in jenem Prozess, der beide als Momente in sich enthält, begriffliche Inhalte bestimmt werden. Hegel entwickelt seinen neuen Begriff der Bestimmtheit als eine Antwort auf ebendiese Adäquatheitskriterien.

3.3 Repräsentation und zeitliche Perspektive

Indem wir der pragmatistischen Erklärungsordnung folgen, die, wie gesehen, hier durchweg im Spiel ist, versuchen wir den Begriff diskursiven *Inhalts* von der rationalen *Tätigkeit* normativer Subjekte her zu verstehen. Wir versuchen die *Inhalte* ihrer Verpflichtungen, für die sich die Subjekte in diesem speziellen und abgeleiteten Sinne verantwortlich machen, von der grundlegenderen Idee her zu erklären, was sie verantwortlich sind *zu tun*. An dieser Stelle unserer Ausführungen wird diese Tätigkeit in dem weiter gefassten Sinne verstanden, welcher die rationale *Integration neuer* Verpflichtungen ebenso beinhaltet wie die rationale *Wiedererinnerung älterer* Verpflichtungen. Unser Ziel ist es, die Beziehungen, welche den begrifflichen Inhalt gliedern, auf der Grundlage dieses vielschichtigen Prozesses zu verstehen. Über Hegels janusköpfige, geschichtlich-perspektivische Konzeption der BESTIMMTHEIT begrifflichen Inhalts habe ich bereits etwas hinsichtlich der materialen Beziehungen der inferentiellen Folgerung und Unvereinbarkeit gesagt. Diese Bemerkungen behandeln aber nur eine Dimension begrifflicher Inhalte – jene, die ich im ersten Kapitel als »expressive« Dimension bzw. als »Dass«-Intentionalität bezeichnet habe. Ein anderer methodischer Anspruch, den Hegel in meiner Lesart mit Kant teilt, bezieht sich darauf, diese Auffassung von den Inhalten möglicher Behauptungen (die wir im Sinne der methodischen Verpflichtung des Pragmatismus auf der Grundlage dessen entwickeln müssen, was normative Subjekte *tun*, um für solche Inhalte Verantwortung zu übernehmen) nun zu verwenden, um die *repräsentationale* Dimension begrifflicher Inhalte zu erklären – die »Von«-Intentionalität. Wir haben bereits gesehen, wie Kant hierbei vorgeht, wie also zumindest ein formaler Begriff repräsentationalen Anspruchs – des Umgangs mit den eigenen Behauptungen als etwas, das *auf* Gegenstände *Bezug nimmt* – von der Tätigkeit der rationalen Integration her verständlich gemacht werden kann, die durch materiale Beziehungen der Inferenz und Unvereinbarkeit beschränkt ist. Abschließend will ich noch etwas dazu sagen, wie meines Erachtens bei Hegel die entsprechende Variante einer Erklärung von Referenz und Repräsentation aussieht.

Übereinstimmend mit dem, was ich als eine zentrale Einsicht Kants vorgestellt habe, versteht Hegel den Begriff der Repräsentation ebenfalls letztlich *normativ*. Das Repräsentierte übt eine spezifische Form von *Autorität* über das es Repräsentierende aus. Umgekehrt müssen wir das Repräsentierende so auffassen, dass es an sich *verantwortlich* gegenüber dem ist, was von ihm repräsentiert wird. Das Repräsentierte muss einen Maßstab bereitstellen, anhand dessen die *Richtigkeit* des Repräsentierenden als Repräsentierenden normativ bewertet werden kann. Die explanatorische Aufgabe besteht nun darin, diese spezielle Art repräsentationaler Normativität verständlich zu machen. Wir müssen also die Weise verstehen, in der etwas Gesagtes bzw. Gedachtes für seine Richtigkeit gegenüber dem verantwortlich ist, *worauf* das Subjekt so redend bzw. denkend *Bezug nimmt*, nämlich in dem normativen Sinne, dass dasjenige, worauf Bezug genommen wird, semantisch bzw. intentional autoritativ ist. Es stellt den Maßstab für eine spezifische Form von Bewertung der Richtigkeit bereit.

In Übereinstimmung mit der aufklärerischen Verpflichtung, dass normative Status wie Autorität und Verantwortung allgemein als *von Einstellungen abhängig* verstanden werden müssen, stellt sich nun die Frage, durch welche Konstellation normativer Einstellungen diese spezifisch repräsentationale Form von Autorität und Verantwortung *instituiert* werden kann. Was müssen Subjekte in ihrem Erkennen und Handeln *tun*, um als jemand zu gelten, der die Autorität über die Richtigkeit seiner Verpflichtungen dem *erteilt* bzw. *zugestanden* hat, *worauf* seine Verpflichtungen in dem spezifischen normativen Sinne *Bezug nehmen*? Genauer gesagt wollen wir jetzt verstehen, wie zum einen Hegels *soziale* Auffassung des Gedankens, dass das Normative von Einstellungen abhängig ist, welche er in Gestalt des Modells gegenseitiger Anerkennung ausarbeitet, und zum anderen seine Erklärung *geschichtlicher* Prozesse, die ebendiese Anerkennungsstruktur aufweisen, insofern sie die doppelte perspektivische Struktur aus vorausblickend-rationaler Integration und rückblickend-rationaler Wiedererinnerung haben, gemeinsam so verstanden werden können, dass durch sie eine spezifisch *repräsentationale* Form von Normativität instituiert wird. Wir wollen mithin verstehen, wie diese beiden Aspekte einen Maßstab für die Bewertung einer spezifischen Form von Richtigkeit bereitstellen.

Der Grund, warum wir zu dieser Dimension begrifflicher Inhalte fortschreiten, besteht *nicht* darin, dass wir den Gedanken verstehen wollen, dass unsere Urteile *Beschränkungen* haben, ihre

Entwicklung also gewissermaßen einer *Reibung* unterliegt. Denn im Gegensatz zum rechtlichen Fall sind Praxisteilnehmer im empirischen Fall darin geübt, sich einige normative Einstellungen *unmittelbar*, also *nicht*inferentiell anzueignen. Unter den richtigen Umständen haben sachgemäß geübte Beobachter eine verlässliche Disposition dazu, auf wahrnehmbare Sachverhalte so zu reagieren, dass sie die Verpflichtungen, welche den Wahrnehmungsurteilen entsprechen, akzeptieren. Im metabegrifflichen Rahmen des Verstandes können wir nicht verstehen, wie es eine genuine *Beschränkung* durch Normen geben kann (eine *Reibung*, die den Fortgang der rationalen Integration beschränkt), es sei denn, die bereits instituierten Normen sind insofern *bestimmt*, als sie die eine rationale Einheit mehr als die andere *notwendig machen* (was *ein* Sinn von ›bestimmen‹ ist). Man vergleiche hiermit jene Rechtstheoretiker, die meinen, wenn das Recht als ein vorgängig bestimmtes und instituiertes nicht ein eindeutiges Resultat in der Entscheidungsfindung *vorschreibe*, dann sei die einzige Alternative, zu glauben, dass die Richter es sich ohne jede Beschränkung ausdenken. Das ist aber falsch. Wie alle anderen Urteile laufen auch unmittelbare Wahrnehmungsurteile auf eine Bitte um Anerkennung hinaus. Die Autorität, die von ihnen behauptet wird, mag oder mag nicht anerkannt werden, insofern sie in spätere rationale Integrationen aufgenommen wird. Diese Urteile üben jedoch eine Beschränkung bzw. Reibung schon allein dadurch aus, dass in ihnen diese Bitte um Anerkennung gestellt wird. Sie helfen zu bestimmen, worauf jemand verpflichtet sein soll, und vergrößern insofern die empirische Bestimmtheit.

In den von uns hier angestellten Überlegungen ist bereits eine Konzeption des SINNS, der durch Aussagesätze *ausgedrückt* wird, enthalten. Sinn ist nämlich das, was jemand denkt oder sagt, indem er einen solchen Satz bejaht. Dieser Konzeption zufolge sind begriffliche Inhalte durch materiale Beziehungen der inferentiellen Folgerung und Unvereinbarkeit gegliedert, die zwischen diesen Inhalten bestehen. Jenseits dieser gewissermaßen *horizontalen* Dimension von begrifflichen Inhalten versuchen wir jetzt die *vertikale* Dimension zu verdeutlichen, die von den Beziehungen zwischen diesen Inhalten bzw. Sinnen und ihren Referenzgegenständen in der Welt abhängt. Unter Referenzgegenstand verstehen wir dasjenige, *worauf* man kraft des Bejahens dieser behauptbaren Sinne bzw.

Inhalte sprechend bzw. denkend *Bezug nimmt.* Die repräsentationale Beziehung zwischen Sinnen und den Referenzgegenständen, gegenüber denen sie sich normativ für ihre Richtigkeit verantworten, können wir Hegel zufolge von der vorgängigen Idee des Inhalts her verstehen – desjenigen Inhalts genauer, den Urteile haben müssen, um zur Integration in eine rationale Einheit der Apperzeption geeignet zu sein. Damit uns dies gelingt, müssen wir überlegen, auf welche Weise diese Inhalte durch einen integrativen Prozess geformt werden, wobei dieser Prozess symmetrische und letztlich auf *Anerkennung* basierende Beziehungen sowohl der *vorausblickend*-rationalen Synthesis als auch der *rückblickend*-rationalen Wiedererinnerung und Rekonstruktion jener Tradition umfasst, die diese Inhalte bestimmt. Hierzu bedarf aber es eines weiteren Schritts.

Frege versteht die Sinne, die wir im Denken fassen, und ihre in der Wirklichkeit angesiedelten Referenzgegenstände als zwei verschiedene *Arten* von Dingen – als Bewohner verschiedener ontologischer Reiche. Es ist dagegen ein zentraler Bestandteil von Hegels idealistischer Strategie, beide als Dinge ein und derselben Gattung zu betrachten. Die begrifflichen Inhalte unserer Gedanken sind durch materiale Beziehungen der Folgerung und Unvereinbarkeit gegliedert, in denen sie zueinander stehen. (Hegel nennt sie Beziehungen der »Vermittlung« und der »bestimmten Negation«.) Allerdings stehen auch Tatsachen und objektive Sachverhalte in Beziehungen der Folgerung und Unvereinbarkeit zueinander (und wir müssen Gegenstände, wie gesehen, von der Rolle her verstehen, die sie im Rahmen dieser Beziehungen spielen).[5] Die Tatsache, dass eine Münze aus Metall besteht, folgt zum Beispiel aus der Tatsache, dass sie aus Kupfer besteht. Und dieselbe Tatsache schließt objektiv die Möglichkeit aus, dass sie ein elektrischer Isolator ist. Die von mir am Ende des ersten Kapitels diskutierte prinzipielle Parallele zwischen den *deontisch*-modalen Beziehungen des Ein- und Aus-

5 Aus Gründen, die er im Kapitel »Kraft und Verstand« in der *Phänomenologie* diskutiert, ist Hegel in Wirklichkeit holistischer, als es hier scheint. In seiner Terminologie spricht er nicht über Tatsachen bzw. Sachverhalte auf objektiver oder über die von individuellen Urteilen ausgedrückten bestimmten Gedanken auf subjektiver Seite, sondern nur über begrifflich gegliederte Ganzheiten, deren Momente sie sind. Dieser Holismus stellt einen wichtigen Bestandteil von Hegels Bild dar. Zum Zweck der Einfachheit der Darstellung habe ich mich jedoch entschieden, ihn auszublenden, um mich auf andere Aspekte seines Denkens zu konzentrieren.

schlusses, die auf subjektiver Seite unser Denken gliedern, und den *alethisch*-modalen Beziehungen des Ein- und Ausschlusses, die auf objektiver Seite die Welt gliedern, definiert eine strukturelle Konzeption des BEGRIFFLICHEN, der zufolge wir sowohl das Denken als auch die Welt, auf die das Denken Bezug nimmt, als *begrifflich* strukturiert auffassen können. Dieser *Begriffsrealismus* bezüglich der objektiven Wirklichkeit stellt im Zusammenhang der anderen metatheoretischen Verpflichtungen, die wir betrachtet haben, nur eine Folge des *modalen Realismus* dar, also der Auffassung, dass objektive Sachverhalte wirklich einander notwendig machen und ausschließen. An dieser Stelle ist es hoffentlich klargeworden, dass dieses Verständnis, dem zufolge der objektive und der subjektive Bereich gleichermaßen begrifflich strukturiert sind – gegeben die Konzeption des Begrifflichen, die hier im Spiel ist –, keine Behauptungen der Art enthält, dass etwa die objektive Wirklichkeit von unserem Geist kausal abhängig sei. Wir behaupten hiermit also nicht die Abhängigkeit der repräsentierten Dinge von der Tätigkeit, durch die sie repräsentiert werden. An anderer Stelle habe ich den entscheidenden Unterschied diskutiert zwischen einerseits der Ansicht, dass der *Begriff* OBJEKTIVE WIRKLICHKEIT seinem *Sinn* nach von unserem Verständnis der rationalen Tätigkeiten erkennender Subjekte abhängt, und andererseits der Ansicht, dass die *Referenzgegenstände* dieses Begriffs von solchen Tätigkeiten abhängen. Der Idealismus, um den es uns hier geht, ist klarerweise von der ersten Art.[6]

Nach Hegels semantischer Einklassenontologie ist sowohl das Sein der Dinge *für das Bewusstsein* als auch ihr Sein *an sich* als begrifflich gegliedert zu betrachten. Hegel meint, dass eine Zweiklassenontologie, in welcher diese entscheidende Gattungsähnlichkeit nicht anerkannt wird, auf einen Dualismus festgelegt ist. (Nach dem Slogan: »Ein Dualismus trifft eine Unterscheidung von der Art, dass mit ihr die entscheidenden Beziehungen zwischen den unterschiedenen Elementen unverständlich werden.«) Eine solche Ontologie stützt eine Form des semantischen Skeptizismus, in der es uns nicht mehr möglich ist zu verstehen, warum wir irgendetwas von der wirklichen Beschaffenheit der Dinge wissen sollten. Der ontologische Ansatz, der nur eine Klasse annimmt, erlaubt hin-

6 Vgl. Robert B. Brandom, *Tales of the Mighty Dead. Historical Essays in the Metaphysics of Intentionality*, Cambridge, Mass./London 2002, Kap. 4.

gegen, dass der Inhalt meines Gedankens, dass dies meine Hände sind, die Tatsache selbst ist – beide unterscheiden sich allein darin, dass der eine gewissermaßen deontische, der andere alethische Kraft besitzt. (»Eine Tatsache ist ein Gedanke, der wahr ist.«[7]) Andererseits wäre auch für Hegel die Annahme, wir wüssten bereits bevor wir Begriffe epistemisch in der Erfahrung anwenden, welche Beziehungen des Ein- und Ausschlusses (der Folgerung und Unvereinbarkeit) die Inhalte dieser Begriffe gliedern, der Rückfall in einen semantischen Dogmatismus. Seine Lösung besteht nun darin, dass er den Prozess der Erfahrung genauer in den Blick nimmt, in dem sich alle unsere Verpflichtungen – einschließlich deren, welche die Beziehungen der Begriffe untereinander betreffen – rational und empirisch gestützt entwickeln. Von diesem geschichtlichen Prozess her sollten wir folgende zwei Punkte als zwei Seiten einer Medaille begreifen, so dass jeder von ihnen nur durch den jeweils anderen verstanden werden kann:

(1) Die begriffliche Form von Tatsachen und Gegenständen – sie ist es, die beide *verständlich* und so *Erkenntnis* von ihnen möglich macht; sie ist der Grund dafür, dass von ihnen *ausgesagt* werden kann, was sie sind.
(2) Der objektive Inhalt von Behauptungen und Begriffen – er ist es, durch den sie sich gegenüber dem verantworten, was

7 Dies ist natürlich der Slogan Freges in seinem Aufsatz »Der Gedanke«. Er hängt davon ab, dass ›Gedanke‹ so verwendet wird, dass er *Denkbares* meint, nicht den *Denkakt*. Es ist gewissermaßen irreführend, dass ich Freges Auffassung hier als ein Gegenmodell zu Hegel verwende, das eine Zweiklassenontologie enthält. Für Frege stehen Gedanken (welche im Bereich des Sinns angesiedelt sind) im Kontrast zu Gegenständen und ihren Begriffen (welche im Bereich der Bedeutung bzw. Referenz angesiedelt sind und eher Tatsachen im Sinne des *Tractatus* gleichen). Es ist Frege zufolge *nicht* so, dass die Welt, auf die unser Reden und Denken Bezug nimmt, aus *Tatsachen* besteht. Denn sie besteht für ihn nicht, wie für Hegel, aus *Denkbarem* (nicht einmal aus wahrem Denkbaren). Tatsachen sind bei Frege Tatsachen *von* oder *über* Gegenstände, in ebendemselben Sinne, in dem Gedanken auf Gegenstände Bezug nehmen. Die Auffassung, welche ich mit Hegel verbinde, betrachtet den Sinn, in dem Tatsachen von Gegenständen handeln, als sekundäre, abgeleitete Form und abhängig von dem Sinn, in dem dies Gedanken tun. Eine zeitgenössische Formulierung wäre, dass Tatsachen *nur insofern* von oder über Gegenstände handeln, als die Sätze, in denen sie ausgedrückt werden, singuläre Termini enthalten, die auf Gegenstände referentiell Bezug nehmen.

> es gibt und wie es beschaffen ist; darin liegt der Maßstab ihrer Richtigkeit, der es ihnen erst ermöglicht, wenn alles gut geht, eine genuine Erkenntnis *von* etwas zum Ausdruck zu bringen.

In der traditionellen Konzeption (»Verstand«) ist die Unterscheidung zwischen Erscheinungen und Wirklichkeit, *Phaenomena* und *Noumena*, ontologisch, global und absolut. In der von Hegel entwickelten Konzeption (»Vernunft«) erweist sich diese Unterscheidung dagegen als perspektivisch, lokal und relativiert. Sie ist (doppelt) lokal und relativ in Bezug auf eine Stufe in der Entwicklung der gesamten Konstellation diskursiver Verpflichtungen, insofern diese Stufe rückblickend von einer anderen angeschaut wird.

Im Rahmen dieser einheitlichen Ontologie von Sinn und Referenz thematisiert Hegel die folgende Frage: Was müssen wir *tun*, um die begrifflichen Inhalte (Sinne) – die wir aufgrund ihrer Beziehungen der materialen Folgerung und Unvereinbarkeit zueinander verstehen – als subjektive *Erscheinungen* einer ihnen zugrunde liegenden objektiven *Wirklichkeit* zu betrachten bzw. zu behandeln; einer Wirklichkeit, der gegenüber sie für ihre Richtigkeit *als* Erscheinungen *derselben* verantwortlich sind? Seine Antwort ist, dass wir den Begriff der *Noumena*, der Dinge an sich, bzw. den Begriff der in Form von *Phaenomena* erscheinenden Wirklichkeit, praktisch verstehen müssen, und zwar auf der Grundlage einer spezifischen Rolle, die sich innerhalb einer wiedererinnernden, rational rekonstruierten geschichtlichen Abfolge von Phänomenen findet. Eine der Hinsichten, in denen Hegel uns eine *Phänomenologie* vorlegt, ist die, dass er bei einer Erklärung der *Phaenomena* (des Seins der Dinge für das Bewusstsein) beginnt und aus dem so gewonnenen Material eine Erklärung der *Noumena* (des Seins der Dinge an sich) zu rekonstruieren versucht. Wir können das Ergebnis der jeweils jüngsten rationalen Integration einer neuen Verpflichtung in die Konstellation der vorhandenen, eigenen Verpflichtungen (nichtinferentiell aufgrund von Beobachtung oder inferentiell durch die Entfaltung neuer Folgerungen aus schon bestehenden Verpflichtungen) selbst als Verpflichtung auf die wirkliche, objektive Beschaffenheit der Dinge an sich verstehen. Das setzt jedoch voraus, dass dieses Ergebnis von der richtigen Form rationaler Wiedererinnerung begleitet ist, die sich auf den Erfahrungsprozess bezieht, in dem das Ergebnis hervorgebracht wurde. Denn insofern dies der Fall ist, wird dieses Ergebnis von uns nicht als eine bloße Erscheinung betrachtet, sondern als eine *wahrheitsgetreue* Erscheinung der Wirklichkeit, in der also die Dinge so erscheinen, wie sie wirklich sind. Die richtige Form von Wiedererinnerung greift dabei einen Verlauf innerhalb der früheren Ergebnisse der eigenen tatsächlichen Integrationen heraus, der *expressiv fortschreitend* ist. Dieser Verlauf muss eine Geschichte darstellen, die in der eigenen gegenwärtigen Sicht gipfelt und Stück für Stück das *explizit* macht, was wir rückblickend als etwas erkennen, das *implizit* immer schon enthalten war. Für jede frühere Episode (für jede, die wir gewissermaßen insofern als präzedentiell auswählen, als sie etwas enthüllt, das wir jetzt als immer schon da gewesen erachten) müssen wir folglich zeigen, wie wir die jeweilige Menge von Verpflichtungen so auffassen können, dass sie lokal und nur teilweise richtig enthüllt, wie die Dinge unserer Erkenntnis (oder zumindest Meinung) nach beschaffen sind. Man muss also zeigen, wie jede vorhergegangene und in der Wiedererinnerung privilegierte Integration auf dem Weg zu der eigenen gegenwärtigen Konstellation von Verpflichtungen einen *Fortschritt* darstellt, und zwar sowohl in Hinblick auf die bejahten Urteile als auch in Hinblick auf die Beziehungen der Folgerung und Unvereinbarkeit, von denen wir annehmen, dass sie die in diesen Urteilen angewandten Begriffe gliedern. Indem wir unsere je eigenen gegenwärtigen Verpflichtungen als den Maßstab betrachten, um zu beurteilen, was als ein expressiver Fortschritt gilt, betrachten wir sie als nichts anderes als *die Wirklichkeit*, von der frühere Konstellationen bejahter Urteile immer vollständigere und angemessenere Erscheinungen waren. Genau dies lehrt uns das normative Verständnis der Repräsentationsbeziehung: Das Repräsentierte ist das, was als ein Maßstab dient, anhand dessen wir bewerten, was in einem normativen Sinne als ein Repräsentierendes (eine Erscheinung) desselben gilt.

Wir können das auch folgendermaßen ausdrücken: Die Idee, dass *Erscheinungen* auf eine ihnen zugrunde liegende und von ihnen repräsentierte *Wirklichkeit* referentiell Bezug nehmen – dass es sich um Erscheinungen *von* einer Wirklichkeit handelt, die immer schon objektiv existiert hat (unabhängig von den Einstellungen, in denen sie erscheint) –, entsteht und verfestigt sich *für* das Bewusstsein selbst anhand der Erfahrung des *Irrtums*, also indem wir die Unwahrheit der Erscheinungen realisieren, wie Hegel es formuliert. In jeder rationalen Integration wird ein früherer Irrtum *intern* dadurch anerkannt, dass wir miteinander unvereinbare Verpflichtungen ausbessern (ebenso wie frühere Unwissenheit anerkannt wird, indem wir eine neue Folgerung aufnehmen). Und indem wir unsere je eigenen Verpflichtungen in der Gegenwart als *externen* Maßstab verwenden, um zu bewerten, welche von diesen früheren Entwicklungen und Anpassungen *erfolgreich* waren, behandeln wir diese Verpflichtungen als Repräsentationen der Wirklichkeit. Sie repräsentieren die Beschaffenheit der Dinge an sich, von der alle früheren Verpflichtungen mehr oder weniger angemessene Erscheinungen waren. In einer erfolgreichen wiedererinnernden Rekonstruktion der Tradition wird somit gezeigt, wie Konstellationen von Verpflichtungen, die wir früher einmal bejaht haben, wegen interner Instabilitäten *als* Erscheinungen demaskiert wurden, welche die wirkliche Beschaffenheit der Dinge bloß unvollständig und teilweise falsch repräsentieren. In einer solchen Rekonstruktion wird aber auch gezeigt, dass jede solche Entdeckung gerade deshalb zur Ergänzung und Korrektur des in diesen Konstellationen vorgestellten Bilds der Wirklichkeit beigetragen hat, weil diese Wirklichkeit von ihnen bereits die ganze Zeit über repräsentiert wurde. Diese Ergänzung bzw. Korrektur besteht darin, dass wir uns den tatsächlichen Beziehungen der Folgerung und Unvereinbarkeit zwischen den Begriffen immer mehr annähern und so zu immer richtigeren Anwendungen derselben gelangen. Die früheren Konstellationen waren folglich keine *bloßen* Erscheinungen, insofern in ihnen durchaus etwas von der wirklichen Beschaffenheit der Dinge enthüllt wird. Indem wir eine Abfolge präzedentieller Anwendungen von Begriffen samt ihrer Integration als *expressiv fortschreitend* darstellen – als ein sukzessiv sich erweiterndes Explizit-Machen der Wirklichkeit, die durch unsere gegenwärtigen Verpflichtungen enthüllt und in der Wiedererinnerung von uns als etwas erkannt wird, das implizit immer schon darin gegeben war –, weisen wir die früher bejahten, mangelhaften Verpflichtungen und die eingesetzten begrifflichen Inhalte nichtsdestoweniger als genuine Erscheinungen aus. Wie unangemessen auch immer, sie repräsentierten die wirkliche Beschaffenheit der Dinge.

Wir haben harte und handfeste Arbeit zu leisten – sowohl in dem rückblickend-semantischen Projekt, die *Vergangenheit* wiedererinnernd in eine *Geschichte* dieser Art umzuwandeln, als auch in dem vorausblickend-epistemischen Projekt, neue Verpflichtungen durch das Entfalten von Folgerungen und das Ausbessern von Unvereinbarkeiten zu integrieren.[8] Denn unser Versuch, eine rationale Genealogie als Vindikation unserer gegenwärtigen Verpflichtungen bereitzustellen, erfährt dadurch eine Beschränkung, dass in einer solchen Genealogie die früher bejahten Urteile und begrifflichen Beziehungen mit jenen, die wir in der Gegenwart bejahen, angemessen verbunden sein müssen. Im Rahmen der Möglichkeiten der metabegrifflichen expressiven Instrumente, die Hegel geschaffen und uns zugänglich gemacht hat, versucht er konsequent zu durchdenken, welche Folgerungen sich ergeben, wenn man Bedeutungsgehalt und begrifflichen Inhalt als etwas auffasst, das durch nichtmonotone und viele Prämissen umfassende Beziehungen der materialen Inferenz und Unvereinbarkeit gegliedert ist. Hegel unternimmt dies wohl wissend (eine Einsicht, welche wir, die wir später an diesen Punkt gelangt sind, mit Quine in Verbindung bringen und die er mit Duhem verband), dass diese Beziehungen vom gesamten Kontext aller diskursiven Verpflichtungen, die parallel bestehen, abhängen. Insofern die materialen Beziehungen der Folgerung und Unvereinbarkeit eine Vielzahl an Prämissen enthalten und nichtmonoton sind, können wir eine jede Beziehung, die früher einmal bejaht wurde, stets so betrachten, dass sie in ihrem Kontext parallel bestehender Verpflichtungen richtig war, aber durch das spätere Hinzutreten neuer Informationen blockiert wurde. Mit jeder Verfeinerung des begrifflichen Inhalts geht derjenige, der den Prozess rekapituliert, der bei der eigenen gegenwärtigen Konstellation von Verpflichtungen (einschließlich der sie gliedernden begrifflichen Inhalte) ankommt, eine wesentliche Verpflichtung ein. Diese Verpflichtungen können in der Wiedererinnerung zukünftiger Bewertungen selbst wieder als mangelhaft befunden werden. Die wiedererinnernde Rekonstruktion einer Integration ist somit eine Bitte um spezifische Anerkennung, die – wie jede andere

8 Wie diese Formulierung (im Kontext meiner vorangegangenen Behauptungen) anzeigt, haben *sowohl* die rückblickende *als auch* die vorausblickende Perspektive hier erkennbar *sowohl* semantische *als auch* epistemische Aspekte. Diese Struktur ist Hegels Nachfolgekonzeption zu dem Bild Kants und Carnaps von einer vorausgehenden Tätigkeit, in der semantische Inhalte (vollständig) bestimmt werden, und einer von ihr unabhängigen, späteren epistemischen Tätigkeit, in welcher diese Inhalte mit der Welt konfrontiert und in ihr angewandt werden.

auch – in den Augen derer, an die sie gerichtet ist, erfolgreich sein kann oder nicht.

Die rückblickend-wiedererinnernde Form der Vernunft (die Eule der Minerva, die erst mit der Dämmerung ihren Flug beginnt, der Marsch der Vernunft durch die Geschichte) konstruiert eine heitere, optimistische und fortschrittsgläubige Perspektive. Inmitten des wüsten und zufälligen Leichenfelds unserer früheren diskursiven Verwirrungen zeigt sich eine Bilanz des ungebrochenen Fortschritts, der auf Wahrheit und Verstehen und folglich auf eine richtige Repräsentation der wirklichen Welt zielt, auf die – wie sich nun herausstellt – unser Denken und Handeln schon die ganze Zeit über Bezug genommen hat. Dies bedeutet Hegels Rede davon, »dem Zufall die Form der Notwendigkeit zu geben«. Es ist jedoch wichtig, dass wir uns daran erinnern, dass im empirischen Fall (gleichviel ob wir an große Theorien denken, so wenn beispielsweise die Dynamik Newtons die Descartes' ablöste und wiederum von der Einsteins abgelöst wurde, oder an einfache Entdeckungen wie die Erkenntnis, dass ein gerader Stab im Wasser bloß geknickt erscheint) ähnlich wie im rechtlichen Fall eine spätere wiedererinnernde Erzählung von einer früheren beträchtlich abweichen kann. In ihr können ganz andere Episoden der Geschichte als fortschreitend und präzedentiell, ganz andere materiale Inferenzen als gut und ganz andere Konstellationen von Behauptungen als miteinander unvereinbar behandelt werden. Das Moment des *Herausfindens* bzw. Entdeckens, wie die Dinge bereits beschaffen waren, das in der Perspektive jeder wiedererinnernden Rekonstruktion einer Tradition auftaucht, wird durch das Moment des *Machens* ausgeglichen, das dann auftaucht, wenn eine neue Konstellation von Verpflichtungen integriert und für sie eine neue, in der Wiedererinnerung instituierte Tradition entdeckt werden muss, um diese Verpflichtungen zu vindizieren. Der Prozess des Bestimmens begrifflicher Inhalte wird von frisch akzeptierten Verpflichtungen und Folgerungen wie vom Entstehen neuer Unvereinbarkeiten angetrieben und ist – aus der vorausblickenden Perspektive neuer Integrationen betrachtet – von Diskontinuitäten, Zäsuren, radikalen Neubewertungen alter Verpflichtungen und dem Zusammenbruch früheren Fortschritts geprägt. Die Unabschließbarkeit und Bestimmbarkeit begrifflicher Inhalte lebt in diesen Zwischenräumen aufeinanderfolgender wiedererinnernder Erzählungen. Hier erkennen wir die

Verwerfungen und Hakenschläge, die von der wiedererinnernden Vernunft später begradigt werden müssen – die kreativen *Akte*, welche sie wie etwas *Vorgefundenes* aussehen lassen muss.

Indem der Autor rückblickend einen expressiv fortschreitenden Verlauf innerhalb vergangener Integrationen entfaltet, um die gegenwärtige Synthesis von Verpflichtungen als nicht nur synchron, sondern diachron rational zu vindizieren, übt er auf jeder Stufe eine spezifische Form von *Autorität* aus. Diese Autorität besteht gegenüber der Tätigkeit derer, die in der Vergangenheit integrierende Wiedererinnerungen angestellt haben, und sie besteht darin, dass er einige von ihnen als richtig und fortschreitend auszeichnet, andere dagegen zurückweist. Aber im gleichen Zug macht er sich gegenüber der präzedentiellen Autorität dieser früheren Tätigkeit *verantwortlich*, welche die einzige Begründung bereitstellt, die ihm zur Verfügung steht. Diese Autorität der Vergangenheit gegenüber der Gegenwart wird im Namen Ersterer von den rationalen Genealogen der Zukunft verwaltet, die ein Urteil darüber fällen, in welchem Umfang die gegenwärtige Integration und Wiedererinnerung ihre Verantwortung gegenüber der vergangenen Tradition nachgekommen ist und es daher in Hinblick auf sie verdient, als expressiv fortschreitend zu gelten. Diese Struktur wechselseitiger Autorität und Verantwortung ist die geschichtliche Form der *Anerkennung*. Sie instituiert zugleich eine spezifische Form von *Gemeinschaft* (eine *Tradition*) und Individuen, die inhaltlich bestimmte und begrifflich gehaltvolle normative Status besitzen – Verpflichtungen, welche die objektive Beschaffenheit der Dinge repräsentieren. Die Anerkennung zeigt sich nun in ihrer eigentlichen Form, nämlich als ein *Prozess*, welcher den Kontext bereitstellt, in dem wir die semantischen *Beziehungen* verstehen können, durch welche die bestimmten begrifflichen Inhalte diskursiver Verpflichtungen gegliedert sind. Diese Konzeption ist, wie sich deutlich erkennen lässt, eine Weiterentwicklung von Kants (im ersten Kapitel wiedergegebenen) Ausführungen dazu, welche Funktion den Beziehungen materialer Folgerung und Unvereinbarkeit im Zusammenhang mit der *Tätigkeit* der rational-integrativen Synthesis einer transzendentalen Einheit der Apperzeption zukommt und wie diese Beziehungen hierin verständlich werden.

Hegel ist der Meinung, dass sich letztlich jede Erscheinung, jede tatsächliche Konstellation von Verpflichtungen und begrifflichen

Inhalten, als inadäquat erweisen wird. Die Tatsache, dass die konkrete sinnliche Unmittelbarkeit unerschöpflich ist, stellt sicher, dass wir niemals zu einer solche Menge begrifflicher Inhalte gelangen – samt ihrer Gliederung durch materiale Beziehungen der inferentiellen Folgerung und Unvereinbarkeit –, die nicht an irgendeinem Punkt, wenn sie gemäß ihren eigenen Maßstäben richtig angewandt wird, zu Verpflichtungen führt, die gemäß denselben Maßstäben miteinander unvereinbar sind.[9] Auf begrifflich unterster Stufe ist keine Integration oder Wiedererinnerung abschließend. (Hegel denkt dagegen, dass wir zu einer Menge – im abschließenden Sinne – adäquater philosophischer und logischer Metabegriffe gelangen können. Die *Phänomenologie des Geistes* und die *Wissenschaft der Logik* präsentieren jeweils eine Art rückblickender und rational rekonstruierender Wiedererinnerung dessen, was Hegel zufolge in ihnen als *die* Menge von Metabegriffen vindiziert wird. Diese Metabegriffe sind daher sowohl notwendig als auch hinreichend dafür, jenen Prozess explizit zu machen, in dem gewöhnliche bestimmte Begriffe in Empirie und Praxis sich entwickeln und von uns bestimmt werden.) Wir sollten aus der fallibilistischen Metainduktion, zu der diese Beobachtung verleiten kann, dennoch keine skeptischen Schlussfolgerungen ziehen und auf diese Weise den Gang empirischer Erkenntnis für einen »Pfad der Verzweiflung« halten. Damit würden wir nur einseitig den Fokus auf eine der Perspektiven gegenseitiger Anerkennung legen. Wir würden gerade jene rückblickend-wiedererinnernde Perspektive ignorieren, die zur *Vernunft* gehört, insofern diese der *Kontingenz* die Form der *Notwendigkeit* aufzwingt, den Prozess rational und expressiv fortschreitend *macht,* und zwar indem wir ihn in dieser Perspektive praktisch tätig als einen solchen *betrachten*. Zugleich umfasst eine solche Darstellung der Abfolge subjektiver Erscheinungen als einer strukturierten Geschichte Elemente, die in der Tradition nicht als *bloße* Erscheinungen fungieren, sondern als Erscheinungen, die durchaus, wenn auch nur dunkel, die objektive Wirklichkeit enthüllen. Es ist somit diese *geschichtliche* Dimension des Bewusstseins, die seine *referentielle* Dimension verständlich macht.[10]

9 Diesen Punkt führe ich unten in Kap. 7 weiter aus.

10 Hegels diachroner Ansatz stellt auch das Ausgangsmaterial einer genealogisch-semantischen Erklärung eines Begriffs bereit, der auf andere Weise recht schwer zu verstehen ist, nämlich der kantischen Idee einer *reinen*, das heißt begrifflich

3.4 Zusammenfassung

Ich habe im ersten Kapitel Kants grundlegende Einsicht in den normativen Charakter der Intentionalität eingeführt, also die Idee, dass sich Urteile und absichtliche Handlungen gerade darin vom Verhalten bloß natürlicher Lebewesen unterscheiden, dass sie etwas sind, für das wir in einem spezifischen Sinne *verantwortlich* sind. Kant erklärt die Art und Weise, in der wir *praktisch* diskursive Verantwortung übernehmen (eine Verpflichtung akzeptieren), wie ich es beschrieben habe, so, dass wir die betreffende Verpflichtung rational mit anderen solchen Verpflichtungen integrieren müssen, und zwar sowohl in einer erweiternden als auch in einer kritischen Dimension. Mit Blick auf die methodische Ordnung habe ich ihm zwei zusätzliche und große Behauptungen zugeschrieben, auf die er verpflichtet ist: Die erste bezieht sich auf eine pragmatistische Erklärungsordnung, der zufolge wir von einer Erklärung *pragmatischer Kraft* zu einer Erklärung *semantischen Gehalts* übergehen müssen. Wir müssen die begrifflichen Inhalte, auf die wir uns verpflichten bzw. für die wir verantwortlich werden, von dem her verstehen, *wofür* wir durch unser Urteilen verantwortlich werden. Dasjenige, wofür wir verantwortlich werden, ist die rationale Inte-

unbestimmten, sinnlichen Anschauung eines Einzeldings. Denn dieser Begriff lässt sich als das verstehen, was als das Gemeinsame aller begrifflichen Repräsentationen des Einzeldings angenommen werden muss – nicht nur als in *einer* rückblickenden rationalen Rekonstruktion einer expressiv fortschreitenden Tradition gegenwärtig, sondern *durch alle* aufeinanderfolgenden rationalen Überarbeitungen *hindurch*, sowohl die bisher hervorgebrachten als auch die noch kommenden. Innerhalb jeder rationalen Genealogie einer gegenwärtig integrierten Konstellation von Verpflichtungen ist das Gemeinsame in der Abfolge von begrifflichen, als immer angemessener vorgestellten Repräsentationen zugleich auch dasjenige, von dem angenommen wird, dass diese es repräsentieren. Es ist dasjenige, was in ihnen allen implizit enthalten ist und in dem expressiv fortschreitenden Verlauf von Gedanken, der umrissen wurde, immer weiter expliziert wird. Dies ist gerade die begriffliche Bestimmung, in welcher der Prozess (bis zu diesem Punkt) gipfelt. Als solche ist sie keine reine Anschauung, sondern etwas vollständig begrifflich Bestimmtes, welches das Einzelding als ein »so-bestimmtes Dieses« vorstellt. Was uns einen Zugriff auf eine reine, begrifflich unbestimmte, sinnliche Anschauung (etwas *bloß* Unmittelbares) gibt, ist der Gedanke an etwas Gemeinsames durch *all die verschiedenen* rückblickenden, expressiv fortschreitenden rationalen Genealogien in Gegenwart und Zukunft hindurch. (Für diesen Gedanken danke ich Paul Redding.)

gration, so habe ich gesagt. Die Bedingung dafür ist, dass Begriffe durch materiale Beziehungen der inferentiellen Folgerung und Unvereinbarkeit gegliedert sind, in denen sie zu anderen solchen Inhalten stehen, wobei diese Beziehungen der erweiternden und kritischen Dimension der Tätigkeit rationaler Integration korrespondieren. Die zweite methodische Verpflichtung betrifft eine semantische Erklärungsordnung, der zufolge wir von der eben erwähnten Erklärung möglicher Urteilsinhalte (von mir expressive oder »Dass«-Intentionalität genannt) zu einer Erklärung der repräsentationalen Dimension begrifflichen Inhalts übergehen müssen (von mir »Von«-Intentionalität genannt). Indem ich diese Themen Kants herausgegriffen und von seinen anderen, parallel bestehenden Verpflichtungen abgesehen habe, war mein Ziel, zu zeigen, wie jene Ersteren untereinander zusammenpassen.

Ich habe abschließend etwas dazu gesagt, in welcher Form Hegel alle von diesen kantischen Verpflichtungen bejaht, und gezeigt, wie seine Ausführungen, die in vielerlei Hinsicht recht verschieden von denen Kants sind, aus diesen hervorgehen und auf ihnen aufbauen. Im zweiten Kapitel war es mein Anliegen, das Anerkennungsmodell der sozialen Instituierung normativer Verbindlichkeit und normativer Status wie Verantwortung, Autorität und Verpflichtung zu beschreiben. Dies ist das Modell, das Hegel als Nachfolger von Kants Autonomiemodell vorschlägt, dem zufolge normative Status von Einstellungen abhängig sind. Hegels neue Theorie wird nötig, sobald wir ergänzend ernst nehmen, dass begriffliche Inhalte von jenen Einstellungen relativ *unabhängig* sein müssen, durch die sie bejaht werden und man sich dadurch auf sie verpflichtet. Wir haben ferner gesehen, wie das soziale Modell gegenseitiger Anerkennung Hegel zu einer spezifisch linguistisch-expressiven Variante der kantischen Idee von Freiheit führt – einer Idee, der zufolge Freiheit in einer Beschränkung durch diskursive, das heißt letztlich rationale Normen besteht.

In diesem Kapitel habe ich nun skizziert, wie Hegel die pragmatistische Erklärungsordnung dahingehend weiter ausarbeitet, dass Kants vorausblickende Idee rationaler Integration durch eine rückblickende Idee der rationalen Wiedererinnerung ergänzt wird, und ferner wie uns dies zur Beschreibung eines spezifisch *geschichtlichen* Prozesses führt, welcher die normeninstituierende Struktur gegenseitiger Anerkennung aufweist. Indem die Tätigkeit der Wiedererinnerung in eine Form rational rekonstruierter Genealogie mündet, vindiziert sie auf spezifische Weise eine gegebene Menge von bestimmten Verpflichtungen auf begrifflich unterster Stufe. Sie erhellt und rechtfertigt ihre Inhalte, indem sie das Zustandekommen jener Verpflichtungen als Ergebnis eines rationalen Prozesses erklärt.

Ich habe zwei weitere wichtige strukturelle Entscheidungen angeführt, die den Kontext für Hegels Erklärung der *repräsentationalen* Dimension begrifflichen Inhalts bilden: Er verwirft die zweistufige Theorie Kants, der zufolge Begriffe ihren bestimmten Inhalt in einem Prozess erhalten müssen, der gegenüber dem Prozess ihrer Anwendung in gewöhnlichen empirischen Urteilen getrennt und vorgängig ist. Hegel weist zudem die Zweiklassenontologie Kants zurück, in der zwischen der Beschaffenheit der Dinge für das Bewusstsein (Repräsentierendem, *Phaenomena*) und ihrer Beschaffenheit an sich (Repräsentiertem, *Noumena*) als verschiedenen *Arten* von Dingen unterschieden wird, wobei die Erscheinungen als begrifflich gegliedert aufgefasst werden, das von ihnen repräsentierte Wirkliche dagegen nicht. (Eine Anleitung zum epistemologischen und semantischen Skeptizismus, wie Hegel meint.) Ich habe abschließend noch angedeutet, wie wir im Zusammenhang dieser weiteren metatheoretischen Schachzüge durch die doppelt perspektivische *geschichtliche* Erklärung diskursiver Praxis – was man *tun* muss, um für die Anwendung von Begriffen in Urteilen eine rationale Verantwortung zu übernehmen – die repräsentationale Dimension begrifflicher Inhalte verstehen können.[11] Die neue

11 Hegels Ausführungen halten an der rational-integrativen Tätigkeit fest, von der her ich (am Ende von Kap. 1) die Form des objektiven repräsentationalen Anspruchs erklärt habe, also was jemand *tun* muss, um darin den Anspruch zu erheben, Gegenstände zu repräsentieren. Zu diesen Ausführungen zur Triangulation über Gegenstände anhand der Zurückweisung von Unvereinbarem und der Entfaltung von Folgerungen treten nun die Ausführungen zur rationalen Wiedererinnerung, welche erklären, was jemand *tun* muss, um Verpflichtungen als Erscheinungen zu betrachten, die sich in Hinblick auf ihre Richtigkeit gegenüber einer durch sie repräsentierten und ihnen zugrunde liegenden Wirklichkeit verantworten. Er muss, so der Gedanke, rückblickend einen Verlauf herausarbeiten, der einige rationale Integrationen als expressiv fortschreitende auszeichnet. Die erste Erklärung zielt darauf, so können wir sagen, was es bedeutet, jemandes Verpflichtungen als auf *Gegenstände* Bezug nehmend zu betrachten bzw. zu behandeln; die zweite zielt darauf, was es bedeutet, sie als *auf* Gegenstände *Bezug*

Idee von Vernunft, die nun erweitert sowohl Integration als auch Wiedererinnerung enthält, bildet das Herzstück einer Theorie, die erklären soll, was ein Teilnehmer einer diskursiven Praxis *tun* muss, damit wir ihn als jemanden auffassen können, der einer objektiven Wirklichkeit Autorität darüber zugesteht, ob und inwiefern das von ihm Gesagte und Gedachte richtig ist. (›Richtig‹ hat hier jenen Sinn, der einer spezifisch normativen Bewertungsdimension korrespondiert – einer Dimension, welche die Teilnehmer durch ebendiese praktischen Einstellungen instituieren.) Diese objektive Wirklichkeit wird dadurch von dem Teilnehmer in einem normativen Sinne als dasjenige aufgefasst, *worauf* seine Repräsentationen, sein Reden und Denken, *Bezug nehmen*.

Meine Ausführungen in diesen ersten drei Kapiteln haben den Anspruch, selbst eine Ausübung der Vernunft in genau diesem Sinne zu sein. Ich habe zu zeigen versucht, wie wir einiges von dem, worauf Hegel verpflichtet ist, als Ergebnis der rationalen Integration einiger Verpflichtungen Kants verstehen können, indem wir Folgerungen aus diesen entfalten und neue Verpflichtungen aufnehmen, um Unvereinbarkeiten zwischen ihnen aufzulösen. Meine hochgradig selektive Auseinandersetzung mit ihrem Denken erhält so die Form einer rationalen Wiedererinnerung: Sie greift einen expressiv fortschreitenden Verlauf heraus, der uns von Kant zu Hegel führt. Wir sind nun ferner in der Lage einzusehen, dass das gesamte Projekt hier auf eine umfassendere, rationale Rekonstruktion und Wiederaneignung des Denkens dieser beiden Philosophen hinausläuft – eine Rekonstruktion also, die in einer rückblickenden Wiedererinnerung besteht. Es geht um die Zurückgewinnung und Darstellung (das Explizit-Machen) einer komplexen Menge miteinander verschränkter Ideen, die in ihren Texten zuweilen nur implizit enthalten sind. Dabei wird zugleich die Bedeutsamkeit dieses Aspekts ihres Denkens für zeitgenössische philosophische Probleme und Debatten deutlich. Die Tradition, welche ich rückblickend herausgegriffen (und begründet) habe, insofern ich einige erweiternde und kritische Schachzüge als präzedentielle, expressiv fortschreitende Entwicklungen selektiv privilegiert habe, beschäftigt sich in ihrem Kern mit der Frage, wie begrifflicher Inhalt in

nehmend zu betrachten bzw. zu behandeln, in dem Sinne nämlich, dass sie sich wegen ihrer Richtigkeit gegenüber der Wirklichkeit verantworten.

seinen verschiedenen Bedeutungen von seiner Rolle in diskursiven *Tätigkeiten* her überhaupt verstanden werden kann.[12] Meiner Ansicht nach können wir eine Vielzahl konkreter Lektionen lernen, die für unsere eigenen Überlegungen zu diesem Thema heute wertvoll sind, sobald wir diesen Gedankenstrang aus der Unmenge jener Verpflichtungen herausarbeiten, die eher zufällig parallel bestehen und mit denen er in den ursprünglichen Darstellungen verschränkt ist. Zugleich denke, hoffe und vertraue ich darauf, dass es noch tiefgreifendere und allgemeinere philosophische Lektionen gibt, die wir aus der Weise lernen können, wie diese Tradition diese relativ begrenzten und technisch-semantischen Fragen in einen weiteren Zusammenhang von Überlegungen einschließt. Dieser Zusammenhang wird durch größere philosophische Themen aufgespannt – Themen, wie sie in den Überschriften zu diesen ersten drei Kapitel angeführt wurden: Normen, Selbste, Begriffe, Autonomie, Gemeinschaft, Freiheit, Geschichte, Vernunft und Wirklichkeit.

12 Ich bin durch das Ausmaß ermutigt, in dem sich wichtige Aspekte der von mir hier rekonstruierten Tradition in den Arbeiten verschiedener einflussreicher Neukantianer finden lassen, besonders bei Cohen und dem späten Windelband – das aber ist ein anderes Thema.

Zweiter Teil: Erkennen und Repräsentieren Eine Lektüre (zwischen den Zeilen) von Hegels Einleitung in die *Phänomenologie*

4
Begriffsrealismus und die semantische Möglichkeit von Erkenntnis

4.1 Die klassische repräsentationale Epistemologie

Am Beginn des ersten Absatzes seiner »Einleitung« führt Hegel ein Modell von Erkenntnisvermögen ein, das seinen Lesern, wie er annimmt, in dessen kantischer Form am besten bekannt ist. Das Erkennen werde, so heißt es, »als das Werkzeug, wodurch man des Absoluten sich bemächtige, oder als Mittel, durch welches hindurch man es erblicke, betrachtet«.[1] Hegel ist der Meinung, dass keine Erklärung dieser allgemeinen Form grundlegende epistemologische Adäquatheitskriterien erfüllen könne. Indem er dies beweist, hofft er, seine Leser zu der Einsicht zu führen, dass ein alternatives Modell nötig ist, welches er im Anschluss bereitstellen wird.

Der allgemeine Charakter seiner Kritik an einem Verständnis, welches Erkenntnisvermögen nach dem Werkzeug-oder-Mittel-Modell begreift, lässt sich leicht erkennen. Er fasst seine Kritik in zwei Schritten zusammen: Dieses Modell führt zu der festen Überzeugung,

> (A) dass ein begrifflicher Widerspruch darin liegt, einen Erkenntnisprozess auch nur zu beginnen, der darauf angelegt ist, dem Bewusstsein das an sich Seiende zu eröffnen; und ferner,
> (B) dass es eine Grenze gibt, welche das Erkennen und das Absolute schlechthin voneinander scheidet.[2]

Dem ersten Einwand zufolge müssen Theorien dieser von Hegel angesprochenen Art zu einer Form von Skeptizismus führen: Sie scheitern daran, die Idee verständlich zu machen, dass wir die Dinge so erkennen, wie sie an sich sind. Der zweite Einwand deutet in die Richtung einer Diagnose des Grundes für dieses Scheitern. Das

1 Georg Wilhelm Friedrich Hegel, *Phänomenologie des Geistes*, Frankfurt/M. 1986 (hiernach *PhG*), S. 68.

2 Vgl. ebd., S. 68 f.

Modell lässt eine Kluft aufreißen zwischen dem Bewusstsein und dem, wovon es Bewusstsein ist.

Beide Punkte erläutert er genauer. Zunächst buchstabiert er den Vorwurf aus, dass Werkzeug-oder-Mittel-Theorien zum Skeptizismus führen. Dazu schreibt er:

> Denn ist das Erkennen das Werkzeug, sich des absoluten Wesens zu bemächtigen, so fällt sogleich auf, daß die Anwendung eines Werkzeugs auf eine Sache sie vielmehr nicht läßt, wie sie für sich ist, sondern eine Formierung und Veränderung mit ihr vornimmt. Oder ist das Erkennen nicht Werkzeug unserer Tätigkeit, sondern gewissermaßen ein passives Medium, durch welches hindurch das Licht der Wahrheit an uns gelangt, so erhalten wir auch so sie nicht, wie sie an sich, sondern wie sie durch und in diesem Medium ist. Wir gebrauchen in beiden Fällen ein Mittel, welches unmittelbar das Gegenteil seines Zwecks hervorbringt; oder das Widersinnige ist vielmehr, daß wir uns überhaupt eines Mittels bedienen.[3]

In beiden Fällen gibt es einen Unterschied zwischen dem Sein der Dinge für das Bewusstsein (dem Ergebnis der Ausübung von Erkenntnisvermögen) und ihrem Sein an sich (dem Ausgangsmaterial, an welchem die Erkenntnisvermögen ausgeübt werden). Etwas an der Form dieser Unterscheidung, so scheint Hegel zu argumentieren, ist unvereinbar damit, dass in einem solchen Bild das Sein der Dinge für das Bewusstsein als genuine Erkenntnis ihres wirklichen Seins (»an sich«) gilt.

Das oben unter (B) diagnostizierte Problem wird folgendermaßen erläutert: Das Werkzeug-oder-Mittel-Bild

> setzt nämlich *Vorstellungen* von dem *Erkennen* als einem *Werkzeuge* und *Medium*, auch einen *Unterschied unserer selbst von diesem Erkennen* voraus; vorzüglich aber dies, daß das Absolute *auf einer Seite* stehe und *das Erkennen auf der andern Seite* für sich und getrennt von dem Absoluten doch etwas Reelles, oder hiermit, daß das Erkennen, welches, indem es außer dem Absoluten, wohl auch außer der Wahrheit ist, doch wahrhaft sei, – eine Annahme, wodurch das, was sich Furcht vor dem Irrtume nennt, sich eher als Furcht vor der Wahrheit zu erkennen gibt.[4]

Es scheint wesentlich für das Werkzeug-oder-Mittel-Modell zu sein, dass in ihm ein solcher »Unterschied«, eine solche »Trennung«

3 Ebd.

4 Ebd., S. 70. (Hervorhebungen i. Orig.)

und jene zwei »Seiten« einer Teilung als gegeben angenommen werden und dass folglich die Aufgabe von Erkenntnisvermögen darin gesehen wird, diese Teilung zu überbrücken.

Dies ist, so Hegel, gerade jene missliche Lage, die dazu anhält, das Wesen der Umwandlung zu untersuchen, welche durch die Ausübung von Erkenntnisvermögen bewirkt wird. Er behauptet jedoch, dass es ein Fehler ist zu glauben, eine solche Untersuchung könne die Schwierigkeit beheben.

Es scheint zwar, daß diesem Übelstande durch die Kenntnis der Wirkungsweise des *Werkzeugs* abzuhelfen steht, denn sie macht es möglich, den Teil, welcher in der Vorstellung, die wir durch es vom Absoluten erhalten, dem Werkzeuge angehört, im Resultate abzuziehen und so das Wahre rein zu erhalten. Allein diese Verbesserung würde uns in der Tat nur dahin zurückbringen, wo wir vorher waren. [1] Wenn wir von einem formierten Dinge das wieder wegnehmen, was das Werkzeug daran getan hat, so ist uns das Ding – hier das Absolute – gerade wieder soviel als vor dieser somit überflüssigen Bemühung. [2] Sollte das Absolute durch das Werkzeug uns nur überhaupt näher gebracht werden, ohne etwas an ihm zu verändern, wie etwa durch die Leimrute der Vogel, so würde es wohl, wenn es nicht an und für sich schon bei uns wäre und sein wollte, dieser List spotten; denn eine List wäre in diesem Falle das Erkennen, da es durch sein vielfaches Bemühen ganz etwas anderes zu treiben sich die Miene gibt, als nur die unmittelbare und somit mühelose Beziehung hervorzubringen. [3] Oder wenn die Prüfung des Erkennens, das wir als ein *Medium* uns vorstellen, uns das Gesetz seiner Strahlenbrechung kennen lehrt, so nützt es ebenso nichts, sie im Resultate abzuziehen; denn nicht das Brechen des Strahls, sondern der Strahl selbst, wodurch die Wahrheit uns berührt, ist das Erkennen, und dieses abgezogen, wäre uns nur die reine Richtung oder der leere Ort bezeichnet worden.[5]

Sein Argument scheint hier das folgende: Sobald eine Kluft zwischen der Beschaffenheit der Dinge an sich und ihrer Beschaffenheit für das Bewusstsein besteht, so dass es einer Tätigkeit der Erkenntnisvermögen bedarf, die diese überbrückt und so die zwei Seiten wieder vereint, dann wird die Untersuchung solcher Vermögen die Kluft bzw. Trennung immer nur wieder erneuern.

Wir können in diesen Passagen, wie mir scheint, die allgemeine Form eines Arguments erkennen. Dieses zeigt sich jedoch nur schemenhaft, und es ist schwer auszumachen, gegen welche Theorien

5 Ebd., S. 69. (Hervorhebungen i. Org., Einfügungen von mir, R. B.)

genau es sich richtet und wie genau die Kritik an ihnen funktionieren soll. (Die Schemenhaftigkeit des Arguments ist teils der dichten Darstellung geschuldet und teils der metaphorischen Ausdrucksweise, in welcher es ausgeführt ist.) Um es im Einzelnen auszubuchstabieren, ist genau anzugeben, auf welchen Adäquatheitskriterien für epistemologische Theorien Hegel beharrt, welche Klasse von Theorien ihm zufolge diese Kriterien nicht erfüllen können, welche Eigenschaften dieser Theorien für dieses Scheitern verantwortlich sind und wie das Argument für diese Schlussfolgerung ganz genau funktioniert. Im diesem Kapitel stelle ich eine Möglichkeit vor, das von Hegel vorgebrachte Argument in diesen vier Dimensionen auszuarbeiten, und gebe eine erste Charakterisierung jenes alternativen Modells, durch das er das Werkzeug-oder-Medium-Modell zu ersetzen gedenkt.

Um die Bandbreite jener epistemologischen Theorien besser abstecken zu können, die (metaphorisch als »Werkzeug-oder-Medium«-Modell betitelt) von Hegels Argument ins Visier genommen werden, ist es hilfreich, weiter vorn anzufangen. Bei den von ihm thematisierten Theorien handelt es sich um *repräsentationale* Theorien des Verhältnisses von Erscheinung und Wirklichkeit. Repräsentation ist ein spezifisch moderner Begriff. Vormoderne (das heißt ursprünglich griechische) Theorien verstanden dagegen das Verhältnis von Erscheinung und Wirklichkeit als eine Form von *Ähnlichkeit.* Bei Ähnlichkeit, deren Paradigma die Beziehungen zwischen einem Bild und dem darin Abgebildeten sind, geht es um geteilte Eigenschaften. So ähnelt ein Porträt dem Porträtierten, insofern es mit seinem Gegenstand Eigenschaften wie Farbe und Gestalt teilt, beispielsweise der Nase, des Ohrs oder Kinns (vielleicht von einer gewissen Perspektive aus betrachtet). Dem Ähnlichkeitsmodell liegt somit der Gedanke zugrunde, dass die Erscheinung insofern wahrheitsgetreu ist, als sie jener Wirklichkeit ähnelt, deren Erscheinung sie ist. Insofern sie dieser Wirklichkeit nicht ähnelt, handelt es sich um eine trügerische Erscheinung, einen Irrtum.

Der Aufstieg der modernen Naturwissenschaft machte diese Auffassung unhaltbar. Kopernikus entdeckte, dass sich hinter der Erscheinung einer feststehenden Erde und einer sie umkreisenden Sonne die Wirklichkeit verbarg, dass die Sonne feststeht und die Erde um sie rotiert. Hier gibt es keine Ähnlichkeit, keine geteilten Eigenschaften. Das Verhältnis von Wirklichkeit und Erscheinung muss weitaus komplexer gedacht werden. Galileo entwickelte eine ungeheuer produktive und leistungsstarke Konzeption der physischen Wirklichkeit, in der Zeitspannen als Längen von Strecken und Beschleunigungen als Flächeninhalte von Dreiecken erscheinen. Für das Verständnis dieser zentralen Form von Erscheinung ist das Modell der Ähnlichkeit keine Hilfe. Der Begriff GETEILTE EIGENSCHAFT, welcher in diesem Fall Anwendung fände, müsste von jenen Beziehungen her verstanden werden, die zwischen dieser Form einer mathematisierten (genauer: geometrisierten) theoretischen Erscheinung und der Wirklichkeit bestehen, deren Erscheinung sie ist. Es gibt aber keinen im Voraus verfügbaren Begriff EIGENSCHAFT, anhand dessen dieses Verhältnis verständlich gemacht werden könnte.[6]

Descartes führte den abstrakteren Metabegriff REPRÄSENTATION ein, der für das Verständnis dieser naturwissenschaftlichen Errungenschaften – und seiner eigenen – erforderlich ist. Der besondere Fall, von dem er verallgemeinernd ausging, um ein neues Modell für die Beziehungen zwischen Erscheinung und Wirklichkeit (Geist und Welt) zu gewinnen, war das von ihm entdeckte Verhältnis von Algebra und Geometrie. Descartes hatte nämlich entdeckt, wie sich Algebra als ungeheuer produktive und leistungsstarke Erscheinung einer Wirklichkeit einsetzen lässt, die er nach wie vor (Galileo folgend) als wesentlich geometrische auffasste. Behandelt man etwas in linearer, diskursiver Form, etwa ›$ax + by = c$‹ als Erscheinung einer euklidischen Linie und ›$x^2 + y^2 = d$‹ als Erscheinung eines Kreises, so wird es möglich zu berechnen, wie viele Schnittpunkte sie miteinander haben *können* und welche Schnittpunkte sie *tatsächlich* haben – und noch vieles andere mehr. Diese Abfolgen von Symbolen *ähneln* in keiner Weise Linien und Kreisen. Dennoch zeigten Descartes' mathematische Ergebnisse (einschließlich der Lösung einer beträchtlichen Anzahl seit der Antike ungelöster geometrischer Probleme durch deren Übersetzung in algebraische Fragen), dass algebraische Symbole geometrische Tatsachen in einer Form vorstellen, die nicht allein (potentiell und verlässlich) *wahrheitsgetreu* ist, sondern begrifflich *handhabbar*.

6 Die Idee, dies als einen Übergang von einem Modell der *Ähnlichkeit* zu einem solchen der *Repräsentation* zu formulieren, stammt von meinem langjährigen Kollegen John Haugeland. Vgl. dazu dessen Buch *Artificial Intelligence. The Very Idea*, Cambridge, Mass./London 1989, Kap. 1.

Um ein Verständnis davon zu gewinnen, wie solche Ketten algebraischer Symbole hilfreiche, wahrheitsgetreue und handhabbare Erscheinungen geometrischer Wirklichkeiten sein können (ebenso wie die kopernikanischen und galileischen Vorläufer seiner Entdeckungen), war es für Descartes nötig, das Verhältnis von Erscheinung und Wirklichkeit neu zu konzipieren. Seine philosophische Antwort auf die naturwissenschaftlichen und mathematischen Fortschritte des Denkens in seiner intellektuell turbulenten und aufregenden Zeit bestand in der Entwicklung eines Begriffs der REPRÄSENTATION, der deutlich abstrakter, leistungsstärker und flexibler war als das von ihm verdrängte Modell der Ähnlichkeit. Descartes erkannte, dass ein globaler *Isomorphismus* zwischen dem gesamten System algebraischer Symbole und dem gesamten System geometrischer Figuren ein algebraisches Verständnis geometrischer Figuren ermöglicht. Dieser Isomorphismus definierte die Idee einer FORM, welche gesetzmäßige Manipulationen von Ketten algebraischer Symbole einerseits und mögliche Konstruktionen mit geometrischen Figuren andererseits miteinander teilen. Im Zusammenhang eines solchen Isomorphismus werden die einzelnen materialen Eigenschaften desjenigen, was jetzt als Repräsentierendes und als Repräsentiertes verständlich wird, irrelevant gegenüber der semantischen Beziehung zwischen ihnen. Entscheidend sind *ausschließlich* die Korrelationen zwischen den Regeln, denen die Manipulation des Repräsentierenden unterliegt, und den tatsächlichen Möglichkeiten, die das Repräsentierte kennzeichnen. Inspiriert durch die neuen Formen des naturwissenschaftlichen Denkens in der Moderne, kommt Descartes zu dem Schluss, dass diese *repräsentationale* Beziehung (von der Ähnlichkeit nur eine primitive Unterart zu sein scheint) allgemein der Schlüssel zum Verständnis des Verhältnisses von Geist und Welt, Erscheinung und Wirklichkeit ist.

Dies war eine großartige Idee, welche die Tradition grundlegend verändert hat. Alles, was abendländische Philosophen seither gedacht haben (auf praktischer nicht weniger als auf theoretischer Seite), steht – egal ob wir oder sie es bemerken oder nicht – begrifflich, nicht bloß zeitlich, in ihrer Nachfolge. Descartes selbst kombinierte diese Idee aber mit einer anderen, problematischeren. Diese zweite Idee ist folgende: Damit Dinge *überhaupt* repräsentational erkannt oder auch nur (richtig oder nicht) verstanden werden können, muss es *einige* Dinge geben, die *nicht*repräsentational erkannt oder verstanden werden, das heißt *unmittelbar*, *nicht* aufgrund der Vermittlung durch etwas Repräsentierendes. Könnte Repräsentierendes selbst nur repräsentational erkannt werden, also indem es selbst wiederum repräsentiert wird, so wäre ein schlechter infiniter Regress die Folge. Denn wir könnten dann von einem repräsentierten Ding nur wissen, insofern wir etwas von dem es Repräsentierenden wissen. Und Letzteres könnte nur dann als Wissen gelten, wenn wir Wissen von etwas hätten, das *dieses* Repräsentierende wiederum repräsentiert, usw. Um eine Formulierung zu verwenden, die erst Jahrhunderte später von Josiah Royce geprägt wurde: Selbst die Möglichkeit von *Irrtum* (*Fehl*repräsentation), geschweige denn Erkenntnis, setzt voraus, dass es etwas gibt, bei dem die Möglichkeit des Irrtums *ausgeschlossen* ist – etwas, von dem wir *nicht* durch Repräsentation wissen, so dass ein Irrtum im Sinne der Fehlrepräsentation nicht möglich ist. Um irgendetwas repräsentational – also aufgrund der Vermittlung durch ein es Repräsentierendes – erkennen (oder sich darüber täuschen) zu können, muss es Repräsentierendes geben, welches wir *unmittelbar* erfassen, verstehen oder erkennen, einfach indem wir es *haben*.

Das Ergebnis dieser Überlegung ist eine *zweistufige* Theorie der Repräsentation, die scharf zwischen zwei Arten von Dingen unterscheidet, und zwar nach Maßgabe ihrer jeweiligen Verständlichkeit. Einige Dinge – paradigmatisch physische, materielle, ausgedehnte Dinge – lassen sich aufgrund ihrer Beschaffenheit nur durch Repräsentation erkennen. Andere Dinge – die Inhalte unseres eigenen Geistes – sind wesentlich etwas *Repräsentierendes* und werden auf vollkommen andere Weise erkannt. Sie werden *unmittelbar* erkannt, also nicht indem sie repräsentiert werden, sondern allein indem man sie *hat*. Sie sind intrinsisch verständlich, insofern ihr bloßes Vorkommen als ein Erkennen oder Verstehen von etwas gilt. Dinge, die sich wesentlich nur als Repräsentiertes erkennen lassen, sind nicht in diesem Sinne intrinsisch verständlich. Ihr bloßes Vorkommen impliziert nicht, dass irgendjemand irgendetwas erkennt oder versteht.

Meines Erachtens wurde Descartes, wie schon gesagt, durch zwei Anforderungen zu dieser Auffassung verleitet. Die erste betraf die neuen theoretischen, mathematisierten Formen der Naturwissenschaft, in denen die Wirklichkeit erscheinen konnte – die zu seiner Zeit besten und effektivsten Formen des Verstehens. Um ein philosophisches Verständnis derselben zu gewinnen, bedurfte es eines neuen, abstrakteren Begriffs der Repräsentation und der Idee, dass wir die Dinge am besten erkennen und verstehen, indem wir sie angemessen repräsentieren. Wir müssen folglich zwischen Repräsentierendem und Repräsentiertem unterscheiden und die Beziehungen zwischen beiden untersuchen, aufgrund deren eine Manipulation der einen Art von Ding als ein Erkennen und Verstehen der anderen Art von Ding gilt. Zugleich läuft jedoch ein solches zweistufiges Modell Gefahr, aufgrund des drohenden infiniten Regresses in der Erklärung unverständlich zu werden, wenn wir nicht die Weise, in welcher wir Repräsentiertes erkennen (mittels unserer Beziehungen zu etwas es Repräsentierendem), von der Weise unterscheiden, in welcher wir zumindest eine Teilmenge des Repräsentierenden erkennen (unmittelbar oder zumindest nicht durch eine Beziehung auf etwas, das dieses wiederum repräsentiert). Das Ergebnis war ein zweistufiges Modell, dem zufolge wir in einer unmittelbaren Beziehung zu Repräsentierendem und kraft der Beziehung des Repräsentierenden zum Repräsentierten in einer vermittelten Beziehung der Erkenntnis zu ebendiesen repräsentierten Dingen stehen. Repräsentierendes muss daher als intrinsisch und unmittelbar verständlich begriffen werden, das Repräsentierte hingegen als etwas, das nur in einem abgeleiteten, kompositionalen Sinne verständlich ist – nämlich als Ergebnis des Produkts aus unseren unmittelbaren Beziehungen zu etwas Repräsentierendem und dessen Beziehungen zum Repräsentierten.

Auf eben dieses epistemologische Modell zielen, wie ich sagen möchte, Hegels Bemerkungen zu Beginn der »Einleitung« der *Phänomenologie des Geistes*. Sein Einwand richtet sich gegen solche zweistufige Theorien der Repräsentation, die darauf verpflichtet sind, dass es hinsichtlich ihrer jeweiligen Art der Verständlichkeit einen fundamentalen Unterschied gibt zwischen den Erscheinungen (Repräsentierendem, der Beschaffenheit der Dinge für das Bewusstsein) und der Wirklichkeit (Repräsentiertem, der Beschaffenheit der Dinge an sich): Erstere sind unmittelbar und intrinsisch verständlich, Letztere dagegen nicht. Es ist diese Kluft zwischen den Arten der Verständlichkeit, über welche sich Hegel als jenen »Unterschied«, jene »Trennung«, jene zwei »Seiten« einer Teilung in Erscheinung und Wirklichkeit, Erkennen und Erkanntes beklagt.

Seiner Kritik zufolge ist jede Theorie dieser Art dazu verdammt, zu skeptischen Resultaten zu führen.

Freilich ist Descartes' Auffassung nicht die einzige, die Hegel kritisieren will. Auch Kant hat eine zweistufige Theorie der Repräsentation. Die Erkenntnistätigkeit muss als das Produkt aus zwei Elementen verstanden werden: aus der geistigen Tätigkeit der Manipulation von Repräsentationen (im Sinne von etwas Repräsentierendem) und aus den Beziehungen, in denen dieses Repräsentierende zu dem von ihm Repräsentierten steht. Sowohl der Umgang des Geistes mit seinen Repräsentationen als auch der Bezug derselben auf dasjenige, was sie repräsentieren, müssen so gedacht werden, dass in ihnen eine Verantwortung gegenüber den repräsentierten Dingen zugeschrieben wird. Diese besteht zum einen in einer Verantwortung für die Eigenschaften des Repräsentierenden, welche in einem Vokabular beschrieben werden, das sich weder auf die geistige Manipulation von Repräsentationen noch auf das Verhältnis von Repräsentierendem und Repräsentiertem (den Dingen »an sich«) beruft, und zum anderen in einer Verantwortung für die repräsentationalen Beziehungen und für das, was die Erkenntnisvermögen mit dem Repräsentierenden machen. Letzteres läuft für Kant auf das Sein der repräsentierten Dinge »für das Bewusstsein« hinaus, wie man es in Hegels Terminologie ausdrücken würde – also auf ein gehaltvolles Repräsentierendes.

Kants Theorie unterscheidet sich von derjenigen Descartes', teilt mit ihr aber die zweistufige Struktur der Repräsentation, die zwischen der Beziehung des Geistes zu seinen Repräsentationen einerseits und seiner durch das Repräsentierende vermittelten Beziehung zum Repräsentierten andererseits unterscheidet. Kant scheint zwar manchmal durchaus zu denken, dass wir einen besonderen Zugang zu den Produkten unserer eigenen Erkenntnistätigkeit haben. Er begreift unser Gewahrsein von unseren Repräsentationsakten jedoch nicht als *unmittelbar* in einem Sinne des Wortes, der als cartesisch bezeichnet werden könnte. Unser Gewahrsein ist Apperzeption, und die kleinste Einheit der Apperzeption ist das Urteil. Zu urteilen bedeutet, einen begrifflich gegliederten Inhalt in eine Konstellation von Verpflichtungen zu integrieren, welche die spezifische synthetische Einheit der Apperzeption aufweist. Aus dieser Konstellation sind dabei solche Verpflichtungen auszustoßen, die mit dem gefällten Urteil unvereinbar sind, und ferner inferentielle Folgerungen aus diesem Urteil zu entfalten, die dann zu der gesamten Konstellation von Verpflichtungen hinzugefügt werden. Dieser Prozess ist vermittelt durch Beziehungen materialer Unvereinbarkeit und Folgerung, welche die in einem Urteil angewandten Begriffe zu anderen Begriffen in Beziehung setzen, die in anderen möglichen Urteilen angewandt werden können.

Kant teilt mit Descartes die zweistufige Struktur der Repräsentation, übernimmt jedoch nicht die Idee, dass unsere Beziehung zu unseren eigenen Repräsentationen eine des unmittelbaren Gewahrseins sei.[7] Dennoch liegt Kants Auffassung immer noch im Einzugsbereich der hegelschen Kritik, da er an der These festhält, dass sich Repräsentierendes und Repräsentiertes hinsichtlich der Art ihrer jeweiligen Verständlichkeit unterscheiden. Das Repräsentierende ist demnach als solches verständlich, das Repräsentierte als solches dagegen nicht. Diese Behauptung, dass die eine Art von Ding richtig beschaffen ist, um verständlich zu sein, und die andere nicht, werde ich die Verpflichtung auf eine *streng unterschiedene Verständlichkeit* von Erscheinung und Wirklichkeit nennen. Kant hat ein neues Modell von Verständlichkeit: Verständlich zu sein bedeutet ihm zufolge, einen Inhalt zu haben, der durch *Begriffe* gegliedert ist. Die in einem Akt des Gewahrseins (der Apperzeption) angewandten Begriffe bestimmen, was als ein erfolgreiches Integrieren dieses Urteils in ein Ganzes gelten würde, das die spezifische synthetische Einheit der Apperzeption aufweist. Die begriffliche Gliederung von Urteilen ist aber eine Form, welche der Verstand als Erkenntnisvermögen beisteuert. Wir können weder wissen noch annehmen,

7 Der Umstand, dass Descartes sich darauf verpflichtet, dass der Geist seiner Akte der Repräsentation im nichtrepräsentationalen Sinne unmittelbar gewahr ist (gerechtfertigt durch das Argument des Regresses von Repräsentationen), hindert ihn nicht daran, die Inhalte jener Akte als etwas zu behandeln, das wesentlich auch Beziehungen zu anderen solchen Inhalten umfasst. Ja, seine Auffassung von Repräsentation, der zufolge es in dieser um den Isomorphismus zwischen dem gesamten System des Repräsentierenden und dem gesamten System des Repräsentierten geht, enthält gerade einen solchen semantischen Holismus. Die verbleibende Spannung zwischen der Unmittelbarkeit seiner Pragmatik (seiner Erklärung der Tätigkeit des Denkens) und dem Holismus seiner Semantik hat er meines Erachtens niemals aufgelöst. Kants Pragmatik des Urteilens als Integration in ein Ganzes, das eine synthetische Einheit der Apperzeption aufweist, steht nicht in gleicher Weise in Spannung zu seiner Version des holistisch semantischen Gedankens.

dass sie das durch begrifflich Repräsentierendes Repräsentierte kennzeichnet, sofern dieses außerhalb seiner Beziehung zu einem solchen Repräsentierenden gedacht wird – also so, wie es an sich beschaffen ist. In Hegels Lesart ist Kant darauf verpflichtet, eine Kluft zwischen Arten der Verständlichkeit anzunehmen, welche das Repräsentierende von dem trennt, worauf es repräsentierend Bezug nimmt. Denn Kant ist der Auffassung, dass das Repräsentierende begriffliche Gestalt hat, das Repräsentierte dagegen nicht.

Um uns daran zu erinnern, was bei Hegels Kritik an zweistufigen Repräsentationstheorien des Verhältnisses von Erscheinung und Wirklichkeit samt ihrer Verpflichtung auf eine unterschiedliche Verständlichkeit beider auf dem Spiel steht, lohnt es sich, in diesem Zusammenhang an Frege zu denken. Frege zufolge haben diskursive Symbole einen *Sinn*, den sie *ausdrücken*, und einen *Referenzgegenstand* (Bedeutung), den sie *bezeichnen*. Sinn ist, was man erfasst, indem man den Ausdruck versteht, und Referenzgegenstand ist, was dadurch repräsentiert wird, *worauf* also das Sprechen oder Denken *Bezug nimmt*, indem dieser Sinn ausgedrückt wird. Ein Sinn ist etwas Repräsentierendes, insofern er die »Art des Gegebenseins« eines Referenzgegenstands ist. Genauso wenig wie Kant deutet Frege das Erfassen eines Sinns cartesisch als unmittelbar, insofern das bloße Vorkommen von etwas, das diesen Sinn hat, als ein geistiges Erkennen oder Verstehen von etwas gilt. Einen möglichen Urteilsinhalt zu erfassen erfordert vielmehr das Beherrschen jener inferentiellen und substitutionalen Beziehungen, in denen dieser zu anderen solchen Inhalten steht. Genauso wie Descartes und Kant meint Frege aber, dass es zum Erfassen eines Sinns, also um eine Repräsentation als Repräsentation zu verstehen, nicht erforderlich ist, diese selbst zu repräsentieren, und dass das Repräsentierende bzw. ein Sinn auf eine Weise erfassbar ist, in welcher das von ihm Repräsentierte es nicht ist (abgesehen von dem Spezialfall indirekter Rede, in dem ja gerade Sinne repräsentiert werden). Wenn sich also Hegels Argument, wie von mir behauptet, gegen zweistufige Modelle der Repräsentation richtet, die darauf verpflichtet sind, dass Repräsentierendes in einer Weise verständlich ist, in welcher das Repräsentierte es allgemein nicht ist, dann gehören scheinbar fregesche Theorien von Sinn und Referenz ebenso zu den Angriffszielen dieses Arguments wie kantische und cartesische Spielarten.

4.2 Genuine Erkenntnis und rationale Beschränkung

Um herauszufinden, ob es ein Argument dieser Art gibt, das Hegel gegen derartige Theorien – zweistufige Theorien der Repräsentation, die auf eine streng unterschiedene Verständlichkeit von Repräsentierendem und Repräsentiertem verpflichtet sind – ins Feld führen möchte, müssen wir als Nächstes überlegen, was nach Hegel die Adäquatheitskriterien solcher Theorien sind. Wir wissen im Allgemeinen, dass Hegel zufolge der Fehler dieser Theorien in ihrer Tendenz zum Skeptizismus besteht. Er sagt uns auch, was er damit meint – nämlich dass solche Theorien die Möglichkeit ausschließen, die Beschaffenheit der Dinge »an sich« zu erkennen. Meines Erachtens geschieht hier Folgendes: Hegel hat von Kant gelernt, dass die Schwachstelle *epistemologischer* Theorien in der *Semantik* liegt, die sie implizit enthalten und voraussetzen. Und er ist der Meinung, dass zweistufige Theorien der Repräsentation, die auf eine streng unterschiedene Verständlichkeit von Repräsentierendem und Repräsentiertem verpflichtet sind, eine genuine Erkenntnis des Repräsentierten *semantisch* ausschließen. Ich werde dieses von Hegel angeführte Adäquatheitskriterium epistemologischer Theorien als die *Bedingung genuiner Erkenntnis* bezeichnen. Offenkundig hängt hier viel davon ab, was als eine *genuine* Erkenntnis gilt. Es ist aber jedenfalls klar, dass diese Bedingung von einer epistemologischen Theorie verlangt, dass sie nicht auf eine Semantik – insbesondere auf eine Theorie der Repräsentation – verpflichtet ist, die bei näherer Betrachtung ebenjene Möglichkeit, die wirkliche Beschaffenheit der Dinge zu erkennen (»genuine« Erkenntnis), als unverständlich ausschließt. So verstehe ich Hegel, wenn er sagt, dass sich derartige epistemologische Theorien als Positionen erweisen, die verstohlen eine »Furcht vor der Wahrheit« zum Ausdruck bringen. Ich denke nicht, dass bereits die Annahme eines Unterschieds zwischen den Weisen, wie wir Repräsentiertes und wie wir Repräsentierendes als solche erkennen, einen derartigen Fehler darstellt. Hegels Behauptung ist vielmehr, dass ein Skeptizismus bezüglich der Idee genuiner Erkenntnis erst dann entsteht, wenn man diesen Unterschied der Verständlichkeit in einem strengen Sinne deutet – Repräsentierendes ist intrinsisch verständlich, Repräsentiertes dagegen nicht. Hegel übernimmt von Kant die Idee, dass Verständlichkeit eine Sache *begrifflicher* Gliederung ist. Verständlich zu sein bedeutet also, eine begriffliche Gestalt zu haben. Ist diese Lesart richtig, dann muss Hegels Argument zeigen, dass eine epistemologische Theorie nicht nur Erscheinungen (die subjektive Beschaffenheit der Dinge für das Bewusstsein), sondern auch die Wirklichkeit (die objektive Beschaffenheit der Dinge an sich) als etwas begrifflich Gegliedertes behandeln muss, um die Bedingung genuiner Erkenntnis zu erfüllen. Was als ein gutes Argument für diese Behauptung gelten kann, hängt offenkundig davon ab, was für die Erfüllung dieser Bedingung nötig ist.

Sowohl das Ähnlichkeits- als auch das Repräsentationsmodell des Verhältnisses von Erscheinung und Wirklichkeit sagen etwas dazu, worin *Irrtum* besteht. Im ersten Fall besteht Irrtum darin, dass bereits verständliche Eigenschaften nicht geteilt werden, so dass keine Ähnlichkeit vorliegt; im zweiten Fall liegt ein Irrtum vor, wenn es lokale Störungen in dem global definierten Isomorphismus zwischen den Systemen des Repräsentierenden und des Repräsentierten gibt. Die Diskussion des Irrtums spielt eine große Rolle in den Passagen in der Mitte der »Einleitung«, in welchen Hegel seine Alternative zu solchen zweistufigen Theorien der Repräsentation vorstellt, die auf eine streng unterschiedene Verständlichkeit des Repräsentierenden und Repräsentierten verpflichtet sind. (Das ist Thema des fünften Kapitels.) Wir können meines Erachtens Folgendes als ein implizites Adäquatheitskriterium betrachten, das Hegel an epistemologische Theorien anlegt: Eine solche Theorie muss nicht nur das Phänomen genuiner Erkenntnis, sondern auch das Phänomen des Irrtums verständlich machen. Ich werde dies die *Bedingung der Verständlichkeit des Irrtums* nennen. Die Bedingung genuiner Erkenntnis und die Bedingung der Verständlichkeit des Irrtums sind *epistemologische* Bedingungen. Die Semantik, die in einer epistemologischen Theorie vorausgesetzt bzw. implizit enthalten ist, darf weder die Verständlichkeit genuiner Erkenntnis ausschließen noch die des Irrtums, das heißt des Falschliegens in Bezug auf die wirkliche Beschaffenheit der Dinge. Wir müssen beides verstehen können – was es für etwas Seiendes bedeutet, so zu erscheinen, wie es ist, und was es bedeutet, so zu erscheinen, wie es nicht ist. Eine epistemologische Theorie, die nicht beides verständlich macht, erweist sich als phänomenal inadäquat in Hinblick auf unsere Bemühungen, die wirkliche Beschaffenheit der Dinge zu erkennen und zu verstehen.

Wenn man sich der Epistemologie so aus semantischer Richtung annähert, ist es naheliegend zu denken, dass diesen epistemologischen Bedingungen semantische zugrunde liegen. Ich denke, das ist hier in der Tat der Fall. Aus den äußerst knappen Bemerkungen, die Hegel in den ersten Absätzen der »Einleitung« macht, können wir solche semantischen Bedingungen nicht herauslesen. Vielmehr müssen wir sie aus der Lösung ableiten, die er abschließend für die von ihm dort aufgeworfenen Probleme vorschlägt. Die erste Bedingung können wir (mit Blick zurück auf Frege) als die *Bedingung der Art des Gegebenseins* bezeichnen. Ihr zufolge müssen Erscheinungen (Sinne, Repräsentierendes) wesentlich, nicht bloß zufällig, Erscheinungen *von* einer behaupteten Wirklichkeit sein. Damit etwas als das Erfassen von Erscheinendem gilt, muss dieses *als* eine Erscheinung von etwas erfasst werden. Läuft alles gut, so gilt das Erfassen der Erscheinung als eine Art von Wissen davon, wovon sie eine Erscheinung ist. Erscheinungen müssen eine Wirklichkeit semantisch sichtbar (oder anderweitig zugänglich) machen. Es geht also nicht darum, dass man Erscheinungen nicht verdinglichen sollte – sie nicht als Dinge, sondern eher als adverbiale Bestimmungen betrachten sollte: als so-und-so-erscheinend. Das ist kein dummer Gedanke, aber nicht der Punkt, um den es hier geht. Dieser ist vielmehr der folgende: Wenn die epistemologische Bedingung genuiner Erkenntnis von einem zweistufigen Modell der Repräsentation erfüllt werden soll, dann muss es sich bei dem Repräsentierenden in einem robusten Sinne um das semantische Gegebensein eines Repräsentierten handeln. Denn das so Erfasste ist keine Repräsentation, solange es nicht als Repräsentation eines Repräsentierten erfasst wird. Im Weiteren werden wir sehen, wie Hegel dieses Erfordernis im Anschluss an Kant versteht: Etwas praktisch als Repräsentierendes zu betrachten bzw. zu behandeln heißt, es in Hinblick auf seine *Richtigkeit* als Gegenstand einer *normativen* Bewertung zu betrachten bzw. zu behandeln, wobei das dabei Repräsentierte als ein *Maßstab* fungiert.

Eine zweite semantische Bedingung, die epistemologische Theorien erfüllen müssen, ist meines Erachtens bereits implizit in Hegels Verständnis der epistemologischen Bedingung genuiner Erkenntnis enthalten: Um Raum für die Möglichkeit genuiner Erkenntnis zu schaffen, muss die repräsentationale Beziehung semantisch so gefasst werden, dass sie das Repräsentierte als etwas abbildet, das dem es Repräsentierenden *rationale* Beschränkungen auferlegt.

Wenn die Repräsentationsbeziehung nicht gestört ist, muss Folgendes gelten: Wie es sich mit dem jeweils Repräsentierten verhält, muss ein *Grund* dafür sein, dass das Repräsentierende so ist, wie es ist. Das, worauf wir im Sprechen (Denken) Bezug nehmen, muss Gründe für das von uns Gesagte (Gedachte) liefern können. Nennen wir dies die *Bedingung der rationalen Beschränkung*. Obgleich Hegel in der »Einleitung« nicht für diese Bedingung argumentiert, ist sie meines Erachtens die entscheidende Prämisse des von ihm dort gelieferten Arguments. Man könnte den Gedanken folgendermaßen zusammenfassen: Um das bloße differenzierte Reagieren auf die An- oder Abwesenheit einer Tatsache oder Eigenschaft von dem *verstehenden Erfassen* ebendieser Tatsache oder Eigenschaft – dem Haben von Gedanken, die *auf sie Bezug nehmen* und insofern, wenn alles gut geht, als Erkenntnis gelten – unterscheiden zu können, muss diese Tatsache oder Eigenschaft dem erkennenden Subjekt als Grund dafür dienen können, eine Überzeugung zu bilden bzw. eine Verpflichtung einzugehen. Das Paradigma semantischer Bezugnahme hängt somit von der *rationalen* Fähigkeit ab, die Beschaffenheit der Dinge *als* etwas zu erfassen, das uns Gründe für unsere Einstellungen liefert.

Von Kant hat Hegel gelernt, Repräsentation als etwas *Normatives* zu begreifen. Das Repräsentierte übt eine besondere Form von *Autorität* über das Repräsentierende aus; das Repräsentierende ist gegenüber dem von ihm Repräsentierten *verantwortlich*. Repräsentiertes dient als eine Art *normativer Maßstab* für Bewertungen der *Richtigkeit* in Hinblick darauf, was als ein es (richtig oder falsch) Repräsentierendes gilt; und das Repräsentierende ist allein dadurch ein solches, dass es Bewertungen hinsichtlich seiner Richtigkeit unterliegt, in denen das Repräsentierte den Maßstab bereitstellt. Die Bedingung der rationalen Beschränkung fügt hier noch hinzu, dass der Maßstab (das Repräsentierte) *Gründe* für die Bewertung bereitstellen muss. Im Zusammenhang von Kants und Hegels Auffassungen ist das aber in Wirklichkeit keine zusätzliche These. Keiner von ihnen unterscheidet zwischen Normen (bzw. Regeln) überhaupt und Normen (bzw. Regeln), die aufgrund ihrer *begrifflichen* Gliederung *rational* sind. Sie betrachten vielmehr *alle* Normen als begriffliche Normen. Normen (bzw. Regeln) und Begriffe sind nur zwei Weisen, ein und dieselbe Sache zu denken. Begriffliche Normen sind solche, die bestimmen, was wofür ein Grund ist. Dass eine

Norm gehaltvoll ist, bedeutet, dass sie einen *begrifflichen* Inhalt hat. Und um diesen anzugeben, muss man sagen, wofür oder wogegen sie ein Grund sein kann und was ein möglicher Grund wäre, der für oder gegen sie spricht. Dies ist die einzige Form von Inhalt, die Hegel und Kant anerkennen. Die Deutschen Idealisten sind in Bezug auf Normen Rationalisten. Sie denken, dass Normen (bzw. Regeln) nur insofern gehaltvoll sind, als sie begrifflich gehaltvoll sind.

Die Bedingung der rationalen Beschränkung erläutert also den Sinn von ›Repräsentation‹ bzw. ›Bezugnahme‹, von dem die Bedingung der Art des Gegebenseins abhängt. Und diese zwei semantischen Bedingungen liefern die entscheidenden Adäquatheitskriterien, um die beiden epistemologischen Bedingungen zu erfüllen: die Bedingung genuiner Erkenntnis und die Bedingung der Verständlichkeit des Irrtums. Denn die Verständlichkeit des Begriffs genuiner Erkenntnis oder des Irrtums darüber, wie die Dinge wirklich beschaffen sind, beruht auf der rationalen, normativen Beschränkung, die dieses Wirkliche darauf ausübt, was als eine Erscheinung von ihm bzw. als ein es Repräsentierendes gilt. Und diese Beschränkung übt das Wirkliche nur insofern aus, als Erscheinung bzw. Repräsentierendes Gegenstand normativer Bewertungen hinsichtlich ihrer Richtigkeit und Falschheit (Erkenntnis oder Irrtum) sind, wobei dieses Wirkliche als Maßstab dient, insofern es die Gründe für diese Bewertungen bereitstellt.

Angenommen, diese vier Bedingungen machten die relevanten Adäquatheitskriterien epistemologischer Theorien (und ihrer impliziten Semantiken) aus, worin besteht dann das Argument gegen jene zweistufigen Theorien der Repräsentation, die sich auf einen strengen Unterschied der Verständlichkeit von Repräsentierendem und Repräsentiertem (Erscheinung und Wirklichkeit) verpflichten? Warum können derartige Theorien die Adäquatheitskriterien nicht erfüllen? Es ist für zweistufige Theorien – nicht allein für die Descartes', sondern auch für die Kants und Freges – charakteristisch, dass sie eine Unterscheidung zwischen zwei Formen des Erkennens und Verstehens der Dinge enthalten. Einige Dinge werden (nur) repräsentational erkannt, das heißt, indem sie repräsentiert werden; andere Dinge – dem Regress-Argument zufolge zumindest manches Repräsentierende – werden nichtrepräsentational erkannt, also auf irgendeine andere Weise als durch Repräsentation. Wenn wir in einem theoretischen Rahmen wie diesem an der Untersuchung von

Erkenntnisvermögen interessiert sind, dann interessieren wir uns für diese Repräsentationsbeziehung. Denn Erkenntnisvermögen sind das Werkzeug bzw. Medium, das Repräsentationen des Wirklichen hervorbringt. Wir müssen dann aber Folgendes fragen: Was ist mit der Repräsentationsbeziehung selbst, das heißt der Beziehung zwischen dem Repräsentierenden und dem Repräsentierten? Wird sie repräsentational oder nichtrepräsentational erkannt? Wenn sie selbst nur erkennbar und verständlich ist, indem sie repräsentiert wird, dann geraten wir scheinbar in einen infiniten Regress à la Bradley. Das epistemologische Projekt bleibt unverständlich, wenn wir diejenige Beziehung nicht verständlich machen, die zwischen Repräsentationen von repräsentationalen Beziehungen und diesen repräsentationalen Beziehungen selbst besteht, und dann im nächsten Schritt die Repräsentationen *dieser* Beziehung betrachten usw. Solange wir nicht das Ganze dieser unendlichen Kette aus etwas Repräsentierendes Repräsentierendem erfassen, sind wir nicht in der Lage, die repräsentationale Beziehung zu verstehen – das »Werkzeug oder Medium« der Repräsentation. Dies hat unvermeidlich einen semantischen Skeptizismus zur Folge – einen Skeptizismus in Hinblick auf den bloßen *Anspruch*, etwas zu repräsentieren. Das ist im Kern das cartesische Regressargument für die Annahme einer nichtrepräsentationalen Erkenntnis des Repräsentierenden. Allerdings wird es hier nicht nur auf das Repräsentierende angewandt, sondern auch auf die Beziehung, in welcher dieses zu dem von ihm Repräsentierten steht.

Soll Epistemologie und mithin Erkenntnis verständlich sein, so bleibt allem Anschein nach in diesem begrifflichen Rahmen nur noch die Möglichkeit, das andere Horn des Dilemmas zu wählen und anzunehmen, dass die Repräsentationsbeziehung etwas ist, das selbst nichtrepräsentational erkannt und verstanden werden kann und in dieser Hinsicht somit zu derselben Klasse gehört wie Repräsentationen und Erscheinungen selbst. Mit dieser Reaktion auf das Dilemma für unser Verständnis der Repräsentationsbeziehung erkennen wir faktisch die Bedingung der Art des Gegebenseins an. Denn wir sagen damit, dass es zu unserem nichtrepräsentationalen Verständnis von Erscheinungen (Repräsentierendem) gehören muss, dass sie *als* Erscheinungen (Repräsentierendes) *von* etwas verstanden werden. Ihre repräsentationalen Eigenschaften, ihr Von-etwas-Sein, ihre Beziehung zu dem, was sie zumindest dem

Anspruch nach repräsentieren – all dies muss in der gleichen Weise verständlich sein wie das Repräsentierende selbst.

Die Bedingung der rationalen Beschränkung besagt: um als Erscheinung (Repräsentierendes, Art des Gegebenseins) *von* etwas verständlich zu sein, müssen Erscheinungen so verstanden werden können, dass sie durch das von ihnen Repräsentierte einer *rationalen* Beschränkung unterliegen. Das Repräsentierte muss also als eine Quelle von *Gründen* für Bewertungen der Richtigkeit oder Falschheit von Erscheinungen bzw. des Repräsentierenden verstanden werden können. Gründe sind etwas, das im Denken bzw. Sprechen vorkommen kann, beispielsweise indem sie *als* Gründe für eine Bewertung angeführt werden, dass ein Repräsentierendes richtig oder falsch, Erkenntnis oder Irrtum ist. Damit wird aber gesagt, dass die Quelle der Gründe für solche Bewertungen – nicht weniger als die Bewertungen – selbst von *begrifflicher* Form sein muss. Gründe für das Eingehen einer Verpflichtung (zum Beispiel auf eine Bewertung von Richtigkeit und Falschheit) anzugeben heißt, exemplarisch eine Begründung zu bejahen, also eine Inferenz, in welcher die Prämissen gute Gründe für die Verpflichtung bereitstellen. Es bedeutet, die Prämissen anzuführen, deren Bejahung einen zu der Konklusion berechtigt. Mithin müssen die Gründe ebenso wie das, wofür sie Gründe sind, begrifflich gegliedert sein.

Anders gesagt, Erscheinungen müssen in dem Sinne verständlich bzw. erfassbar sein, dass sie begrifflich gegliedert sind. Um das Urteil zu verstehen, dies-und-jenes sei der Fall, muss man wissen, welche Begriffe in ihm angewandt wurden, und diese Begriffe selbst müssen verstanden werden. Dies gelingt nur dem, der ihre Rolle im Begründen praktisch beherrscht, der also versteht, wofür und wogegen ihre Anwendbarkeit Gründe liefert und die Anwendbarkeit welcher anderen Begriffe Gründe für oder gegen ihre Anwendbarkeit liefern würde. Wenn die Beziehung zwischen Erscheinungen und dem Wirklichen, dessen Erscheinungen sie sind, – was sie repräsentieren und als wie beschaffen (»so-und-so«) sie die Dinge repräsentieren –, im gleichen Sinne verständlich sein soll wie die Erscheinungen selbst (um einen Regress in der Repräsentation zu vermeiden), dann muss dies daran liegen, dass diese Beziehung selbst eine *begriffliche* Beziehung ist. Sie ist eine Beziehung zwischen Begriffen bzw. Begriffsanwendungen, eine Beziehung also zwischen Dingen, die begrifflich gegliedert sind.

Hieraus lässt sich folgende Schlussfolgerung ziehen: Wenn die Bedingung der rationalen Beschränkung erfüllt sein muss, damit auch die Bedingungen genuiner Erkenntnis und der Verständlichkeit des Irrtums erfüllt sind (falls also die Bedingung der rationalen Beschränkung wirklich eine semantisch notwendige Bedingung für das Erfüllen dieser epistemologischen Adäquatheitskriterien ist) – möglicherweise deshalb, weil sie eine notwendige Bedingung für das Erfüllen der Bedingung der Art des Gegebenseins ist, welche selbst eine notwendige semantische Bedingung für das Erfüllen der Bedingungen genuiner Erkenntnis und der Verständlichkeit des Irrtums ist –, dann können diese Bedingungen nicht von einer zweistufigen Theorie der Repräsentation erfüllt werden, welche sich auf eine streng unterschiedene Verständlichkeit von Repräsentierendem und Repräsentiertem verpflichtet. Wenn nicht nur Repräsentierendes, sondern auch die Repräsentationsbeziehung in einem Sinne verständlich sein muss, welcher ihre begriffliche Gliederung erfordert, dann müssen beide Seiten der Repräsentationsbeziehung begrifflich gehaltvoll sein. Nur so wird verständlich, wie das Repräsentierte dem Repräsentierenden eine rationale Beschränkung auferlegt, insofern es *Gründe* für die Bewertung seiner Richtigkeit oder Falschheit bereitstellt.

4.3 Eine nichtpsychologische Konzeption des Begrifflichen

Ich habe mich bemüht, die Tiefenstruktur freizulegen, die sich hinter der äußerst knapp gehaltenen Textoberfläche jener Absätze verbirgt, mit denen Hegel die »Einleitung« beginnt. Mein Anspruch war es bisher nur, ein Argument zu skizzieren, das sich vielleicht weiter ausarbeiten lässt. Es bedarf aber einer weiteren Untersuchung der Gründe, die dafür sprechen, die Bedingung der rationalen Beschränkung zu akzeptieren – jene Bedingung also, die ich hier als oberste, tragende Prämisse ausgewiesen habe. Ein entscheidendes Element dieses Unterfangens bestünde darin, die Begriffe BEGRIFFLICHE GLIEDERUNG und BEGRIFFLICHER INHALT zu klären. Denn die Bedingung der rationalen Beschränkung muss sowohl für das Repräsentierende als auch für das Repräsentierte gelten; und genau dies wird von demjenigen verneint, der sich auf eine Repräsentationstheorie mit einem strengen Unterschied von Arten der Verständlichkeit verpflichtet. Für die genannte Aufgabe ist es hilfreich zu untersuchen, welche Formen von Theorien hypothetisch zur Verfügung stehen, nachdem man den strengen Unterschied der Verständlichkeit von Erscheinung und Wirklichkeit zurückgewiesen hat, das heißt, sobald man sich darauf verpflichtet hat, zwischen Repräsentierendem und Repräsentiertem keine Kluft hinsichtlich ihrer Verständlichkeit aufbrechen zu lassen.

Als Ausgangspunkt kann uns die folgende Definition dienen, die Frege in »Der Gedanke« vorschlägt: »Eine Tatsache ist ein Gedanke, der wahr ist.«[8] Ein Gedanke ist Frege zufolge der Sinn eines Aussagesatzes. Gedanken sind Behauptungen – nicht im Sinne des Aktes des Behauptens, sondern des behauptbaren Inhalts. Eine Tatsache, so sagt er, ist nicht etwas, das einem solchen Sinn *korrespondiert* oder von ihm *repräsentiert* wird. Sie ist *nichts anderes* als ein solcher Sinn – eben einer, der wahr ist. Tatsachen sind eine Teilmenge der Sinne, der behauptbaren Inhalte, des Repräsentierenden, des gedanklich Erscheinenden. Freilich behält Frege das zweistufige Modell der Repräsentation für die Beziehung zwischen Sinnen und ihren jeweiligen Referenzgegenständen (in diesem Fall Gedanken und Wahrheitswerten) bei. Und dies ist wesentlich dafür, was ihm zufolge ein Sinn *ist*, nämlich die Art des Gegebenseins eines Referenzgegenstands. Soweit es aber um das Verhältnis von Gedanken und *Tatsachen* geht, beruft sich Frege nicht auf dieses Modell. Auch Wittgenstein sagt: »Wenn wir sagen, *meinen*, daß es sich so und so verhält, so halten wir mit dem, was wir meinen, nicht irgendwo vor der Tatsache: sondern meinen, daß *das und das – so und so – ist.*«[9] Der Inhalt dessen, was wir sagen oder meinen, *ist* in diesen Fällen die Tatsache. Ein solcher Ansatz wird zuweilen unter dem Titel einer »Identitätstheorie der Wahrheit« behandelt[10] und unter diesem Label manchmal John McDowell zugeschrieben.[11]

8 Gottlob Frege, »Der Gedanke«, in: ders., *Logische Untersuchungen*, Göttingen 1993, S. 50.

9 Ludwig Wittgenstein, *Philosophische Untersuchungen*, Frankfurt/M. 2003, § 95.

10 Vgl. etwa Jennifer Hornsby, »Truth. The Identity Theory«, in: *Proceedings of the Aristotelian Society* XCVII (1997), S. 1-24 (wiederabgedruckt in Michael P. Lynch [Hg.], *The Nature of Truth. Classic and Contemporary Perspectives*, Cambridge, Mass./London 2001, S. 663-681); vgl. auch Julian Dodd, *An Identity Theory of Truth*, Basingstoke/New York 2008.

11 Vgl. etwa Julian Dodd, »McDowell and Identity Theories of Truth«, in: *Analysis*

In einem Ansatz wie diesem findet sich keine prinzipielle Kluft zwischen Erscheinung und Wirklichkeit (Geist und Welt), da – wenn alles gut geht – die Erscheinungen ihren Inhalt von dem Wirklichen erhalten, dessen Erscheinung sie sind. Gedanken (im Sinne von Denkakten) können ihren Inhalt mit den wahren Gedanken (im Sinne von Denkbarem) teilen, welche die Tatsachen sind, die diese repräsentieren. (Wie schon oben bemerkt, würde Frege dies nicht so darstellen. Für ihn sind Tatsachen etwas Repräsentierendes und nicht in erster Linie etwas Repräsentiertes.) Auch hier unterscheidet sich das Repräsentierende vom Repräsentierten, so dass das zweistufige Modell der Repräsentation weiterhin Anwendung findet. Sie werden aber als zwei Formen verstanden, in denen sich ein und derselbe Inhalt manifestieren kann.

Besonders bemerkenswert ist an Theorien dieser Art, dass sie auf die Behauptung verpflichtet sind, dass »das Begriffliche keine äußere Grenze hat«, wie es McDowell in *Geist und Welt* formuliert. Was denkbar ist, wird mit dem identifiziert, was begrifflich gehaltvoll ist. Aber die objektiven Tatsachen werden nicht minder als selbst begrifflich geformt verstanden denn die subjektiven Denkakte und das, was von ihnen behauptet wird. So dachte der frühe Wittgenstein, genauso der späte. »Die Welt ist alles, was der Fall ist. Die Welt ist die Gesamtheit der Tatsachen [...].«[12] Und was der Fall ist, kann von ihr *ausgesagt* werden. Tatsachen sind wesentlich, nicht bloß zufällig, etwas *Aussagbares*. Theorien mit dieser Implikation bieten ein äußerst günstiges Umfeld sowohl für die Erfüllung der Bedingung der rationalen Beschränkung und daher (im Kontext eines geeigneten kantisch-normativen Verständnisses von Bezugnahme) auch für die Erfüllung der Bedingung der Art des Gegebenseins – also jener Bedingungen für das Verständnis der Beziehung zwischen gedanklichen Erscheinungen und dem Wirklichen, das in ihnen erscheint.

Die Plausibilität eines solchen Ansatzes hängt prinzipiell davon ab, wie der (Meta-)Begriff BEGRIFFLICH (BEGRIFFLICHES GEHALTVOLLSEIN, BEGRIFFLICHE GLIEDERUNG), anhand dessen er er-

55.3 (1995), S. 160-165. Ich bezweifle, dass McDowell über diese Darstellung seiner Ansichten aus *Geist und Welt* in Bezug auf die Notwendigkeit, uns selbst als begrifflich offen gegenüber dem Aufbau der Wirklichkeit zu verstehen, glücklich wäre.

12 Ludwig Wittgenstein, *Tractatus logico-philosophicus*, Frankfurt/M. 1963, Sätze 1 ff.

klärt wird, im Detail verstanden wird.[13] Für eine ganze Reihe von Auffassungen dieses Metabegriffs wird der Ansatz nämlich völlig unplausibel und unhaltbar. Verstünde man beispielsweise Begriffe in letzter Instanz *psychologisch*, so würde die Idee, dass Gedanken (Akte des Denkens und Überzeugtseins) und Tatsachen den gleichen begrifflichen Inhalt haben können, unerwünschte Folgen haben. Man könnte meinen, dass in erster Linie Überzeugungen und Gedanken begrifflich gehaltvoll sind und dass andere Dinge wie zum Beispiel visuelle oder akustische Signaltypen (Zeichen und Laute) nur indirekt als begrifflich gehaltvoll gelten können, nämlich insofern sie Überzeugungen und Gedanken ausdrücken. Behauptet man dann aber, dass (wenn alles gut geht) die in diesen Überzeugungen und Gedanken (und abgeleitet in Zeichen und Lauten) ausgedrückten Tatsachen selbst begrifflich gehaltvoll sind, droht dadurch die Existenz dieser Tatsachen (einschließlich solcher, die niemals ausgedrückt bzw. repräsentiert werden) auf eine problematische Weise von der Existenz von Akten des Denkens und Überzeugtseins abhängig zu werden.[14] Die gleiche unglückliche Implikation ergibt sich, wenn man die Bedingung der Art des Gegebenseins in Gestalt der Bedingung der rationalen Beschränkung mit Davidsons Behauptung verbindet, dass »nur eine Überzeugung eine andere Überzeugung rechtfertigen kann«. Berkeley hat behauptet, das Einzige, von dem wir sinnvoll sagen können, dass wir es mit unseren Gedanken repräsentieren, seien andere Gedanken (die Gedanken Gottes). Einige der Britischen Idealisten dachten, dass die Wirklichkeit, die uns in unseren Gedanken und Überzeugungen erscheint, in dem Gedanken über das Absolute besteht – und meinten, dies hätten sie von Hegel gelernt. In jüngerer Zeit legt Derrida (unter Verwendung der begrifflich vorkantischen und vorfregeschen Terminologie de Saussures) eine Auffassung der Welt vor, die allein aus Signifikanten besteht, wobei die einzigen verfügbaren Dinge, die durch sie bezeichnet werden, weitere Signifikan-

13 Eine der Stellen, an denen McDowell zum Teil zu Recht kritisiert wurde, ist sein Unwillen, solche Details der in *Geist und Welt* verwendeten Konzeption des Begrifflichen zu liefern.

14 Hier jedoch ist es möglich und geboten, die Unterscheidung zwischen einer (problematischen) Abhängigkeit der Referenz und einer (unproblematischen) Abhängigkeit des Sinns ins Feld zu führen, worüber ich später noch mehr sagen werde.

ten sind. Hier ist offenkundig etwas völlig schiefgegangen. Könnte man Hegels Argument vom Anfang der *Phänomenologie* nur so explizieren, dass *diese* Art von Idealismus aus ihm folgt, dann sollten wir es als Ausgangspunkt für einen *modus tollens*, nicht für einen *modus ponens* verwenden.

In Wirklichkeit denkt Hegel jedoch, dass die Adäquatheitskriterien für Erklärungen des Verhältnisses von Erscheinung und Wirklichkeit, die seinem Argument zugrunde liegen, im Zusammenhang mit einer ganz anderen, vollkommen *nicht*psychologischen Konzeption des BEGRIFFLICHEN GEHALTVOLLSEINS erfüllt werden können, die diese unerwünschten Folgen vermeidet. Die Art von Idealismus, die ebenso einen »Weltdenker« auf objektiver Seite erfordert wie einen endlichen Denker auf subjektiver Seite, ist in der Tat eine *reductio ad absurdum*. Diese sollte uns jedoch nicht dazu verleiten, die Behauptung aufzugeben, dass es zweistufige Theorien der Repräsentation vermeiden müssen, eine strenge Unterscheidung zwischen den Formen der Verständlichkeit des Repräsentierenden und des Repräsentierten zu treffen (da sie sonst nicht die Bedingungen der rationalen Beschränkung und der Art des Gegebenseins erfüllen können, mithin auch nicht die Bedingungen genuiner Erkenntnis und der Verständlichkeit des Irrtums). Vielmehr sollten wir die Konzeption BEGRIFFLICHER GLIEDERUNG (und mithin der Verständlichkeit) aufgeben, mit der diese zweistufigen Theorien gewöhnlich verknüpft werden.

Hegel gewinnt seinen Begriff BEGRIFFLICHER INHALT, indem er über Kants Theorie des Urteils nachdenkt und dessen Verständnis von Begriffen als Urteilsfunktionen positiv aufgreift. Kant versteht das Urteilen *normativ* und *pragmatisch*: Auf normativer Seite versteht er Urteilen als ein Sich-selbst-*Verpflichten*, ein Übernehmen von *Verantwortung* für etwas, ein *Bejahen* des geurteilten Inhalts. Auf pragmatischer Seite versteht er diese normativen Akte *praktisch* – in ihnen geht es darum, was zu tun man verpflichtet bzw. wofür man verantwortlich ist. Man ist dafür verantwortlich, den bejahten Inhalt in eine Konstellation anderer Verpflichtungen zu integrieren, welche die spezifische Einheit der Apperzeption aufweist. Dies zu tun (die Einheit zu »synthetisieren«) bedeutet, von der dynamisch sich entwickelnden Einheit Verpflichtungen auszuschließen, die material *unvereinbar* mit der neuen Verpflichtung sind, und jene Verpflichtungen zu entfalten und zu bejahen, also hinzuzufügen, die materiale *Folgerungen* aus ihr sind. Im Akt des Urteilens, dass *p*, verpflichtet man sich, *p zu integrieren*, womit man bereits dazu verpflichtet ist, eine neue Konstellation zu synthetisieren, die jene *rationale* Einheit aufweist, die für die Apperzeption charakteristisch ist. Hegel sieht den Ausschluss und Ausstoß unvereinbarer Verpflichtungen und die Entfaltung und Erweiterung aufgrund gezogener Folgerungen als das Ein- und Ausatmen, den Atemrhythmus, durch den rationale Subjekte leben und sich entwickeln.

Das Synthetisieren zu einem normativen Subjekt, welches die für Apperzeption spezifische synthetische Einheit aufweisen muss, ist ein *rationaler* Prozess. Wenn nämlich ein Urteil mit einem anderen material unvereinbar ist, dient es als *Grund* gegen das Bejahen dieses anderen Urteils, und wenn ein Urteil ein anderes als material-inferentielle Folgerung hat, dient es als Grund dafür, dieses andere zu bejahen. Um die Tätigkeit des Urteilens von der Synthesis her zu verstehen, die in der Integration von Verpflichtungen in eine rationale Einheit der Apperzeption besteht, ist es erforderlich, dass mögliche Urteils*inhalte* in Beziehungen materialer Unvereinbarkeit und Folgerung zueinander stehen. Solche Beziehungen sind das, was den apperzeptiven Prozess der Synthesis beschränkt, und zwar indem sie bestimmen, worin eine korrekte und erfolgreiche Erfüllung der integrativen praktischen Verantwortung bzw. Verpflichtung des urteilenden Subjekts besteht. Begriffe bestimmen als Urteilsfunktionen sowohl was als ein Grund für bzw. gegen ihre Anwendbarkeit gilt als auch wofür bzw. wogegen ihre Anwendbarkeit ein Grund ist. Weil dies nicht nur für formale oder logische, sondern für *alle* Begriffe wahr ist, müssen die von den Begriffen bestimmten Beziehungen der Unvereinbarkeit und inferentiellen Folgerung allgemein als *materiale* (mit dem nichtlogischen *Inhalt* der Begriffe verbundene) Beziehungen aufgefasst werden, nicht als rein *logische* (mit ihrer logischen *Form* verbundene).[15]

Ich bin bisher in mehreren Schritten vorgegangen: Zunächst habe ich die Idee begrifflichen Inhalts als etwas bestimmt, das durch Beziehungen materialer Unvereinbarkeit und Folgerung gegliedert ist. Diese Gliederung habe ich hier im kantischen Sinne

15 Ich habe Kants normative und pragmatische Theorie des Urteilens, wie sie zu einer Idee begrifflichen Inhalts führt und was Hegel hieraus macht, in einem meiner Bücher behandelt. Vgl. Robert B. Brandom, *Reason in Philosophy. Animating Ideas*, Cambridge, Mass./London 2009, Kap. 1-3.

erläutert, nämlich durch die Normen, die durch solche Inhalte dem Prozess des Urteilens als rationaler Integration auferlegt werden: Die begrifflichen Inhalte stellen die Maßstäbe für die normative Bewertung einer solchen Integration als richtig oder erfolgreich bereit; denn sie legen fest, wozu sich jemand verpflichtet bzw. wofür er Verantwortung übernommen hat, indem er einen möglichen Urteilsinhalt bejaht. Ich habe aber auch gesagt, dass Hegels Idee begrifflichen Inhalts *keine psychologische* ist. Damit könnte gemeint sein, dass es *normative* Beziehungen sind, welche den begrifflichen Inhalt gliedern; es geht darum, was jemand tun *soll*, und nicht um das, was sich unmittelbar an seinem *tatsächlichen* Verhalten oder seinen Verhaltensdispositionen ablesen lässt. Diese Unterscheidung ist sowohl für Kant als auch für Hegel durchaus von entscheidender Bedeutung. In Hegels Händen aber erweist sich diese normative Herangehensweise an den Begriff BEGRIFFLICHER INHALT in einem noch robusteren Sinne als nichtpsychologisch. Denn Hegel erkennt, dass dieser Begriff nicht bloß die subjektive Seite des intentionalen Nexus charakterisiert, sondern auch dessen objektive Seite – nicht bloß den Prozess des Denkens, sondern auch das, worauf das Denken Bezug nimmt.

Denn *auch* objektive Eigenschaften und somit die Tatsachen, in denen Gegenstände diese oder jene Eigenschaften aufweisen, stehen zueinander in Beziehungen materialer Unvereinbarkeit und Folgerung. Die Naturwissenschaft, paradigmatisch Newtons Physik, zeigt, dass Eigenschaften und Tatsachen in *gesetzmäßigen* Beziehungen von Ausschluss und Folgerung zueinander stehen. Dass zum Beispiel zwei Körper, die keinen anderen Kräften unterliegen, miteinander kollidieren, ist material (nicht logisch, da gemäß Naturgesetzen) damit unvereinbar, dass sich ihre jeweilige Beschleunigung nicht verändert. Und aus der Tatsache, dass sich die Beschleunigung eines massereichen Körpers verändert, folgt material (sie macht also gesetzmäßig notwendig), dass auf ihn eine Kraft wirkt. Im ersten Fall *heben* sich die beiden möglichen Weltzustände nicht bloß voneinander *ab* (sie sind nicht bloß unterschieden). Es ist vielmehr *unmöglich* – gemäß der newtonschen Physik, nicht der Logik, also *physikalisch* unmöglich –, dass beides eine Tatsache sein sollte. Im zweiten Fall ist es eine physikalische Notwendigkeit – bestimmt durch physikalische Gesetze –, dass, *bestünde* eine Tatsache der ersten Art, dann auch eine Tatsache der zweiten Art bestünde.

Hieraus folgt nun: Wenn wir mit Hegel ›begrifflich‹ als ›in Beziehungen materialer Unvereinbarkeit und Folgerung stehend‹ verstehen, dann haben die objektiven Tatsachen und Eigenschaften, welche die Naturwissenschaften als physikalische Wirklichkeit entdecken, selbst begriffliche Gestalt. Der *modale* Realismus, dem zufolge einige Sachverhalte andere notwendig bzw. unmöglich machen, das heißt das Anerkennen von Naturgesetzen, impliziert also einen *Begriffs*realismus, dem zufolge die objektive Beschaffenheit der Welt selbst begrifflich gegliedert ist. Diese Konzeption des Begrifflichen ist in einem robusten Sinne nichtpsychologisch. Denn dafür, dass etwas begrifflichen Inhalt hat, mithin in Beziehungen der materialen Unvereinbarkeit und Folgerung steht, ist es hiernach nicht erforderlich, dass irgendjemand irgendetwas *denkt* oder irgendeine *Überzeugung* hat. Wenn Newtons Gesetze wahr sind, dann galten sie schon, bevor es denkende Wesen gab, und sie würden selbst dann gelten, wenn es denkende Wesen niemals gegeben hätte. Die durch diese Gesetze regierten Tatsachen, beispielsweise frühe Kollisionen von Partikeln, standen zu anderen, möglichen Tatsachen in gesetzmäßigen Beziehungen relativer Unmöglichkeit und Notwendigkeit und hatten dieser Konzeption des Begrifflichen zufolge somit einen begrifflichen Inhalt, ganz gleich ob irgendein subjektiver Denkprozess (in dieser oder einer anderen möglichen Welt) zuvor stattgefunden hatte, stattgefunden hat oder jemals stattfinden wird.

So wie ich den Ausdruck verwende, versteht eine ›psychologische‹ Theorie des Begrifflichen Begriffe gewissermaßen als mentale Einzeldinge bzw. als Aspekte mentaler Einzeldinge, also wesentlich als Eigenschaften psychologischer bzw. intentionaler Zustände – paradigmatisch: Akten des Denkens und des Überzeugtseins. Hegels nichtpsychologisches Verständnis des Begrifflichen – davon, in Beziehungen nichtlogischer Unvereinbarkeit und Folgerung zu stehen – erlaubt es, psychologische bzw. intentionale Zustände und Episoden als begrifflich gehaltvoll anzusehen. Es schränkt jedoch die Anwendbarkeit begrifflicher Prädikate nicht auf solche Zustände und Episoden ein. Es ist wichtig, diesen Punkt fest im Blick zu behalten, wenn man über Hegels Begriffsrealismus nachdenkt. Verknüpft man nämlich den Begriffsrealismus bezüglich der objektiven Welt mit einem psychologischen Verständnis des Begrifflichen, dann ergibt sich ein Idealismus berkeleyscher Prägung, dem zufolge objektive Tatsachen einen Weltdenker erfordern, dessen Gedanken sie sind. Dies ist ausdrücklich *nicht* Hegels Gedanke (ebenso wenig wie der Freges, Wittgensteins oder McDowells) – obgleich seine Verwendung des Terminus ›Weltgeist‹ (der an drei Stellen in der *Phänomenologie* auftaucht) einige Leute (einschließlich einiger seiner Bewunderer wie etwa Royce oder selbst Bradley) in dieser Sache irregeführt hat. Weiter unten werde ich etwas darüber sagen, wie wir seine Bemerkungen aus der »Vorrede« darüber, »daß die Substanz wesentlich Subjekt« sei, stattdessen verstehen sollten.

Hegel meint, dass der Einsicht in den begrifflichen Charakter der objektiven Wirklichkeit eine noch tiefere Einsicht zugrunde liegt. Er behauptet nämlich, die Idee der BESTIMMTHEIT selbst müsse so verstanden werden, dass etwas zu anderen Dingen, die im gleichen Sinne bestimmt sind, in Beziehungen der Unvereinbarkeit und Folgerung steht. Hegel bejaht das Prinzip Spinozas: »Omnis determinatio est negatio.« Bestimmt zu sein bedeutet, dass etwas so-und-so beschaffen ist, *anstatt anders*. Dieser Gedanke ist im 20. Jahrhundert (dank Shannon)[16] in den Begriff der INFORMATION eingegangen, wo er von der Einteilung her verstanden wird, die jedes Bit dazwischen trifft, wie die Dinge (gemäß der Information) beschaffen und wie sie nicht beschaffen sind. Jeder würde zustimmen, so nehme ich an, dass eine Eigenschaft *unbestimmt* ist, wenn sie sich nicht von irgendeiner anderen *abhebt* bzw. nicht einmal von irgendeiner *verschieden* ist. Wüsste man, dass ein Gegenstand eine *solche* Eigenschaft hat, so wüsste man *nichts* über ihn. Bereits im Wahrnehmungskapitel der *Phänomenologie* beginnt Hegel dafür zu argumentieren, dass Bestimmtheit mehr erfordert als die bloße Verschiedenheit von anderen Dingen. Sie erfordert, wie er es nennt, eine »ausschließende«, nicht eine bloße bzw. »gleichgültige« Verschiedenheit. ›Viereckig‹ und ›kreisförmig‹ etwa sind Eigenschaften einer ebenen Figur, die als verschiedene einander ausschließen. Wenn nämlich eine solche Figur die eine Eigenschaft besitzt, dann ist der Besitz der anderen dadurch ausgeschlossen bzw. damit material unvereinbar. ›Viereckig‹ und ›grün‹ hingegen sind bloß bzw. »gleichgültig« voneinander verschieden. Denn obgleich sie verschiedene Eigenschaften sind, ist es möglich, dass etwas sowohl die eine als auch die andere besitzt. Ein wesentlicher

16 Vgl. Claude E. Shannon, Warren Weaver, *The Mathematical Theory of Communication,* Urbana/Illinois 1971.

Bestandteil des bestimmten Inhalts einer Eigenschaft – was sie zu der Eigenschaft macht, die sie ist, und nicht zu einer anderen – sind die Beziehungen materialer (also nichtlogischer), *modal robuster* Unvereinbarkeit, in denen sie zu anderen bestimmten Eigenschaften steht (beispielsweise Gestalten zu anderen Gestalten, Farben zu anderen Farben). Um die Idee bloß verschiedener Eigenschaften wie etwa ›viereckig‹ und ›grün‹ verständlich zu machen, müssen wir auf einen Kontext verweisen, in dem diese Eigenschaften zu Familien (von Gestalten oder Farben) gehören, deren Mitglieder einander ausschließen.

Ein wichtiges Argument dafür, Bestimmtheit so zu verstehen wie Hegel, also von der Idee ausschließender Verschiedenheit bzw. materialer Unvereinbarkeit her (wie im Kapitel zur Wahrnehmung erläutert), ergibt sich aus dem Umstand, dass ebendieses Verständnis einem wesentlichen Aspekt des strukturellen Unterschieds zwischen den fundamentalen ontologischen Kategorien GEGENSTAND und EIGENSCHAFT (Besonderem und Allgemeinem) zugrunde liegt. Bereits Aristoteles hat auf eine strukturelle Asymmetrie dieser Kategorien hingewiesen. Es ist ein sinnvoller Gedanke, dass jede Eigenschaft ein *Gegenteil* hat, dass ihr eine Eigenschaft zugeordnet ist, die alle und nur die Gegenstände aufweisen, welche *nicht* die erste Eigenschaft aufweisen. ›Hat ein Gewicht über fünf Gramm‹ ist eine Eigenschaft, die in diesem Sinne ein Gegenteil hat. Der Gedanke aber, dass *Gegenstände* in einem analogen Sinne ein Gegenteil haben, ihnen also ein Gegenstand zugeordnet ist, der alle und nur die Eigenschaften aufweist, welche der erste Gegenstand *nicht* aufweist, ist *nicht* sinnvoll. Der Grund hierfür liegt in dem ersten Gedanken: Da einige dieser Eigenschaften miteinander unvereinbar sind, können sie *unmöglich* von einem einzelnen Gegenstand aufgewiesen werden. Die Zahl 9 hat die Eigenschaften, eine Zahl, keine Primzahl, ungerade und nicht durch 5 teilbar zu sein. Hätte sie ein Gegenteil, dann müsste dieser Gegenstand die Eigenschaften haben, keine Zahl, eine Primzahl, gerade und durch 5 teilbar zu sein. Kein Gegenstand kann jedoch *alle diese* Eigenschaften haben.

Daraus folgt, dass eine Welt, die *kategorial bestimmt* ist, insofern sie bestimmte Eigenschaften (und Beziehungen) und Gegenstände (die durch ihre Eigenschaften und Beziehungen unterschieden werden können), mithin Tatsachen (in denen Gegenstände diese oder jene Eigenschaften aufweisen und in diesen oder jenen Beziehungen zueinander stehen) enthält, eine Welt sein muss, die – in Hegels Sinne des Wortes – bestimmt ist: Die Eigenschaften müssen zueinander in Beziehungen materialer Unvereinbarkeit stehen. Ist dies der Fall, dann stehen sie auch in Beziehungen materialer Folgerung zueinander, da eine Eigenschaft *P* die Eigenschaft *Q* zur Folge hat, wenn alles, was mit *Q* unvereinbar ist, auch mit *P* unvereinbar ist. So folgt zum Beispiel die Eigenschaft, ein Wirbeltier zu sein, aus der Eigenschaft, ein Bär zu sein. Denn alles, was damit unvereinbar ist, ein Wirbeltier zu sein – beispielsweise, eine Primzahl zu sein –, ist auch damit unvereinbar, ein Bär zu sein.

Hegel zufolge bedeutet begrifflich gehaltvoll zu sein, zu anderen Elementen in Beziehungen materialer Unvereinbarkeit und Folgerung zu stehen. Betrachtet man daher die objektive Welt als auch nur minimal bestimmt – und somit als aus Tatsachen bestehend, in denen Gegenstände Eigenschaften aufweisen (und in Beziehungen zueinander stehen) –, so bedeutet dies *nichts anderes*, als die Welt zugleich als *begrifflich* strukturiert zu betrachten. Für Hegel sind allein Begriffsrealisten dazu berechtigt, die objektive Wirklichkeit als in diesem Sinn bestimmt anzusehen. (Den modalen Realismus bekommen wir umsonst. Wir brauchten nicht Newtons Physik, um einen solchen Begriffsrealismus zu entwickeln; dafür sind die Grundsätze der aristotelischen Metaphysik schon ausreichend.) Diese Konzeption des BEGRIFFLICHEN ist in einem starken Sinn nichtpsychologisch.

4.4 Materiale Unvereinbarkeit: alethisch-modal und deontisch-normativ

In der beschriebenen Weise besteht kein Problem, beide Seiten der Unterscheidung Erscheinung/Wirklichkeit als begrifflich strukturiert anzusehen.[17] Dieser Erklärung zufolge sind wir somit nicht genötigt, zwischen ihnen eine Kluft hinsichtlich ihrer Verständlichkeit aufbrechen zu lassen. Aus dem gleichen Grund ist das

17 »Schon ein Gedachtes, ist der *Inhalt* Eigentum der Substanz; es ist nicht mehr das Dasein in die Form des *Ansichseins* [d.i. des Impliziten], sondern nur [das *Implizite*, d.i.] das weder mehr bloß ursprüngliche noch in das Dasein versenkte, vielmehr bereits *erinnerte* Ansich in die Form des Fürsichseins [des *Expliziten*] umzukehren.« (*PhG*, S. 34; meine Einfügungen und Hervorhebungen, R. B.)

größte Hindernis für die Erfüllung der Bedingung der rationalen Beschränkung und somit der Bedingung der Art des Gegebenseins aufgehoben. (Obgleich ich noch nichts positiv darüber gesagt habe, wie sie erfüllt werden könnten.) Das bedeutet wiederum, dass sich auch jene *semantischen* Voraussetzungen vermeiden lassen, die Hegel meiner Lesart zufolge als Ursache für die Unmöglichkeit betrachtet, die *epistemologischen* Adäquatheitskriterien – die Bedingungen genuiner Erkenntnis und der Verständlichkeit des Irrtums – zu erfüllen. All diese wünschenswerten Folgerungen werden auf der Grundlage der nichtpsychologischen, strukturellen Theorie zugänglich, der zufolge wir das Begriffliche von den materialen Beziehungen der Unvereinbarkeit und Folgerung her verstehen müssen.

Hegels Ausdruck für das, was ich »materiale Unvereinbarkeit« nenne, ist »bestimmte Negation«.[18] Sein Ausdruck für das, was ich »materiale Folgerung« nenne, ist »Vermittlung« – nach der Rolle des Mittelbegriffs in klassischen syllogistischen Schlüssen.[19] Für Hegel ist der Erstere der grundlegendere Begriff, vermutlich deshalb, weil, wie ich im vorigen Abschnitt argumentiert habe, überall dort, wo sich Beziehungen der Unvereinbarkeit finden, auch Folgerungsbeziehungen bestehen. Hegel grenzt vielerorts die *bestimmte* Negation (*materiale* Unvereinbarkeit) von der »formalen« oder »abstrakten« Negation (logischer Widersprüchlichkeit) ab: ›Viereckig‹ beispielsweise ist eine (nicht *die*) bestimmte Negation von ›kreisförmig‹, während ›nichtkreisförmig‹ *die* (nicht eine) formale Negation von ›kreisförmig‹ ist. (Es geht bei der bestimmten Negation also eher um das, was Aristoteles allgemein als einen Gegensatz bezeichnet, nicht um kontradiktorische Gegensätze.) Die Entscheidung für den Ausdruck ›bestimmt‹ als Kennzeichen dieses Unterschieds ist, wie wir jetzt sehen können, durch Hegels Ansicht motiviert, dass es ebenjene Beziehungen der bestimmten Negation sind, kraft deren überhaupt etwas bestimmt ist. Dies gilt gleichermaßen für Gedanken wie für Dinge – für diskursive Verpflichtungen auf Seiten der subjektiven Erkenntnistätigkeit nicht minder als für Tatsachen auf Seiten der objektiven Wirklichkeit, die das Subjekt erkennt und auf die es handelnd einwirkt. Aus diesem Grund findet Hegels Metabegriff BEGRIFFLICH, obgleich die Konzeption im Grunde nichtpsychologisch ist, auf psychologische

18 Vgl. etwa ebd., S. 73 f.

19 Vgl. etwa ebd., S. 82 f.

Zustände und Prozesse Anwendung. Auch Akte des Denkens und Überzeugtseins gelten als bestimmt und *somit* begrifflich gehaltvoll, und zwar kraft dessen, dass sie zu anderen, möglichen Akten des Denkens und Überzeugtseins in Beziehungen materialer Unvereinbarkeit und Folgerung stehen.

Sind aber subjektive Verpflichtungen *im gleichen Sinne* begrifflich gehaltvoll wie objektive Tatsachen? Selbst wenn man Hegels Definition akzeptiert? Wenn wir von den Eigenschaften ›ist reines Kupfer‹ und ›ist ein elektrischer Isolator‹ sagen, sie seien material unvereinbar miteinander, dann meinen wir, es sei (physikalisch, nicht logisch) *unmöglich*, dass ein und derselbe Gegenstand zu ein und derselben Zeit beide Eigenschaften hat. Sagen wir hingegen, die *Verpflichtungen* darauf, dass *A* reines Kupfer und dass *A* ein elektrischer Isolator ist, seien material miteinander unvereinbar, dann meinen wir *nicht*, es sei für ein und dasselbe Subjekt zu ein und derselben Zeit *unmöglich*, beide Verpflichtungen einzugehen. Wir meinen vielmehr, dass man das nicht tun *sollte*. Dieses ›sollte‹ hat eine praktische Bedeutung: Wer es verletzt, unterliegt einer ablehnenden normativen Bewertung. Denn jedes Subjekt mit zwei in diesem Sinne material miteinander unvereinbaren Verpflichtungen hat die Pflicht, etwas *zu tun*, nämlich zumindest eine von ihnen aufzugeben (oder zu modifizieren), um damit diese unangemessene Situation aufzulösen. Es ist jedoch für ein Subjekt durchaus *möglich*, sich selbst in einer solchen normativ unangemessenen Situation zu befinden. Ein ähnliches Missverhältnis findet sich auch auf Seiten der Folgerungen. Dass ›ist elektrisch leitfähig‹ eine objektive Folge der Eigenschaft ›ist reines Kupfer‹ ist, macht es notwendig, dass jeder Gegenstand, der (zu einer Zeit) die eine Eigenschaft hat, (zu ebendieser Zeit) auch die andere hat. Wenn hingegen jemand die Verpflichtung darauf akzeptiert, dass ein gewisser Gegenstand reines Kupfer ist, so ist es dennoch *möglich*, dass er nicht die Verpflichtung darauf akzeptiert, dass dieser Gegenstand elektrisch leitfähig ist. Es ist nur so, dass er es tun *sollte*.

Es handelt sich bei den Beziehungen materialer Unvereinbarkeit und Folgerung, kraft deren objektive Tatsachen und Eigenschaften bestimmt sind, demnach um *alethisch-modale* Beziehungen, also Beziehungen, in denen es um bedingt (Un-)Mögliches bzw. Notwendiges geht. Bei den Beziehungen materialer Unvereinbarkeit und Folgerung, kraft deren die von diskursiven Subjekten eingegangenen Verpflichtungen und angewandten Prädikate bestimmt sind, handelt es sich dagegen um *deontisch-normative* Beziehungen, also Beziehungen, in denen es darum geht, wozu jemand bedingt verpflichtet bzw. berechtigt ist. Wenn wir wollen, könnten wir sie uns als alethische und deontische *Modalitäten* vorstellen, aber sie bleiben dennoch sehr *unterschiedliche* Modalitäten. Hegel selbst schreibt vor dem Hintergrund von Kants Verwendung des Ausdrucks ›Notwendigkeit‹ als Gattungsbezeichnung, die beide Fälle abdeckt. ›Notwendig‹ bedeutet für Kant so viel wie ›gemäß einer Regel‹. Entsprechend kann er ›natürliche Notwendigkeit‹ und ›praktische Notwendigkeit‹ als zwei Arten dieser Gattung ansehen. (Sie entsprechen im Deutschen zwei verschiedenen Verwendungen von ›müssen‹.) Dennoch handelt es sich bei ihnen um sehr unterschiedliche Modalitäten, also erheblich unterschiedliche Sinne von ›notwendig‹ (oder ›müssen‹). So entsteht das Bedenken, dass hier zwei äußerst verschiedene Phänomene miteinander vermengt werden und dass der Versuch, sie einander anzugleichen, nur auf eine undifferenzierte Verwendung desselben sprachlichen Titels ›begrifflich‹ hinausläuft.

Eine der Metaverpflichtungen, bei denen ich mich auf Kants Autorität berufen habe, besteht in der Behauptung, dass *verständlich* zu sein (in einem Sinn, der über den Descartes' hinausgeht) bedeutet, begrifflich strukturiert zu sein bzw. – was in dieser, in einem weiten Sinne strukturalistisch-funktionalistischen Erklärung auf dasselbe hinausläuft – begrifflich gehaltvoll zu sein. Ebenfalls im Anschluss an Kant begreift Hegel Verstehen (und somit Verständlichkeit) letztlich *pragmatisch*: Es geht dabei darum, was *zu tun* man praktisch imstande sein muss, damit dies als Ausübung eines solchen Verstehens gilt. Um als jemand zu gelten, der den begrifflichen Inhalt einer Verpflichtung erfasst und versteht, die man selbst eingegangen ist (oder einzugehen erwägt), muss man praktisch für die normativen Pflichten empfänglich sein, die diese Verpflichtung mit sich bringt. Das bedeutet, solche Verpflichtungen anzuerkennen, die Folgerungen aus dieser Verpflichtung sind, und solche zu verwerfen, die mit ihr unvereinbar sind. In einem Sinne ist das eine *unmittelbare* Verständlichkeit von Verpflichtungen, insofern es *Verpflichtungen* sind, die man anerkennt und hinsichtlich deren man somit bereits Einstellungen hat. In einem anderen Sinne ist diese Form von Verständlichkeit natürlich überhaupt nicht unmittelbar, insofern sie durch die Beziehungen zu allen anderen möglichen Verpflichtungen vermittelt ist, das heißt durch jene Beziehungen materialer Unvereinbarkeit und Folgerung, die den anerkannten Inhalt gliedern.

Wie steht es nun aber mit der Verständlichkeit objektiver Sachverhalte? Sie sind begrifflich gehaltvoll, und zwar kraft der alethisch-modalen Verknüpfungen der Unvereinbarkeit und Folgerung, die zwischen ihnen und anderen solchen Sachverhalten bestehen, nicht kraft der deontisch-normativen Beziehungen, die den begrifflichen Inhalt diskursiver Verpflichtungen gliedern (welche in dem praktischen Sinne, über den ich eben gesprochen habe, »unmittelbar« verständlich sind). Um das zu verstehen, müssen wir betrachten, was man *tun* muss, um als jemand zu gelten, der praktisch zwei objektive Sachverhalte (oder Eigenschaften) als alethisch miteinander unvereinbar betrachtet bzw. behandelt. Hierzu muss man nämlich anerkennen, dass man eine deontische Pflicht hat, einen von ihnen zu verwerfen oder anzupassen, sobald man sich mit den beiden entsprechenden Verpflichtungen konfrontiert sieht. Und um als jemand zu gelten, der praktisch einen objektiven Sachverhalt als notwendige (gesetzmäßige) Folge eines anderen betrachtet bzw. behandelt, muss man die entsprechende Verpflichtung auf den einen Sachverhalt als Folgerung aus der entsprechenden Verpflichtung auf den anderen anerkennen. Dabei sind »entsprechende« Verpflichtungen diejenigen, deren deontisch-normative begriffliche Beziehungen die alethisch-modalen begrifflichen Beziehungen der objektiven Sachverhalte nachvollziehen. Der Isomorphismus zwischen den unter den Verpflichtungen bestehenden deontisch-normativen begrifflichen Beziehungen der Unvereinbarkeit und Folgerung einerseits und den unter den Sachverhalten bestehenden alethisch-modalen begrifflichen Beziehungen der Unvereinbarkeit und Folgerung andererseits bestimmt unsere Auffassung von der objektiven Beschaffenheit der Dinge. Indem wir Verpflichtungen anhand einer bestimmten Menge deontischer Normen der Unvereinbarkeit und Folgerung praktisch eingehen und diese ändern, tun wir letztlich nichts anderes, als die alethisch-modalen Beziehungen, welche den begrifflichen Inhalt der Sachverhalte gliedern, als isomorph zu diesen Normen zu betrachten.[20]

20 In Wirklichkeit sollte ich »homomorph« sagen, da Subjekte im Allgemeinen nicht annehmen müssen, dass sie aller alethisch-modalen Beziehungen der Un-

Aufgrund dieser Beziehungen tut jemand, der eine Verpflichtung mit gewissem Inhalt normativ anerkennt, *nichts anderes* als anzunehmen, dass sich die Dinge objektiv so-und-so verhalten. Er nimmt also an, dass ein gewisser Sachverhalt besteht. Im unmittelbaren Erfassen des deontisch-normativen begrifflichen Inhalts einer Verpflichtung erfasst man folglich diesen Inhalt *als* Erscheinung einer Tatsache, deren Inhalt durch die entsprechenden (isomorphen) alethisch-modalen Beziehungen der Unvereinbarkeit und Folgerung gegliedert ist. So wird die Bedingung der Art des Gegebenseins in diesem zweistufigen Modell der Repräsentation erfüllt, während zugleich eine strenge Unterscheidung der Verständlichkeit vermieden wird. Auch die Bedingung der rationalen Beschränkung ist damit erfüllt. Wird nämlich das Subjekt gefragt, *warum*, aus welchem *Grund* also man die Pflicht hat, die Verpflichtung auf $Q(a)$ aufzugeben, sobald man die Verpflichtung auf $P(a)$ anerkennt (was durch Verwendung des deontisch-normativen Vokabulars expliziert werden kann), so lautet die vorschriftsgemäße Antwort, dass es für etwas *unmöglich* ist, sowohl die Eigenschaft P als auch die Eigenschaft Q aufzuweisen (was durch Verwendung des alethisch-modalen Vokabulars expliziert werden kann). Analoges gilt für Folgerungsbeziehungen zwischen Verpflichtungen.[21]

vereinbarkeit und Folgerung gewahr sind, die objektiv bestehen (dass sie diese apperzepieren, begrifflich repräsentieren). Aber »homomorph« meine ich in dem technisch-mathematischen Sinne einer strukturerhaltenden Abbildung einer relationalen Struktur auf eine andere. Die Elemente der einen sind durch Aussagesätze bezeichnete subjektive Verpflichtungen, ihre Beziehungen deontisch-normative Beziehungen der Unvereinbarkeit und Folgerung; die Elemente der anderen sind objektive – kraft des Homomorphismus durch dieselben Aussagesätze bezeichenbare – Sachverhalte, ihre Beziehungen alethisch-modale Beziehungen der Unvereinbarkeit und Folgerung. Die sich ergebende Struktur besteht aus diesen Beziehungen. Dass Homomorphismus h in diesem Sinne »strukturerhaltend« ist, bedeutet, dass Folgendes gilt: Wenn aRb in der Verpflichtungsstruktur – wobei R die normative Unvereinbarkeit (oder Folgerung) dieser Struktur bezeichnet –, dann $h(a)R'h(b)$ – wobei R' die alethische Unvereinbarkeit (oder Folgerung) der objektiven begrifflichen Struktur bezeichnet.

21 Ich blende zeitliche Bezüge hier aus. Man bemerke aber, dass »gleichzeitig« keine zureichende Einschränkung ist. Vielmehr müssen die Prädikate bzw. Eigenschaften so gedacht werden, dass sie selbst zeitliche Angaben enthalten. Denn die Eigenschaft P zum Zeitpunkt t zu haben kann damit unvereinbar sein, die Eigenschaft Q zu t' zu haben: das es jetzt regnet, ist damit unvereinbar, dass die Straßen in zwei Minuten trocken sind.

Die Bedingung genuiner Erkenntnis ist in diesem Modell erfüllt, insofern es *semantisch* nicht ausschließt, dass die epistemische Verpflichtung auf einen Isomorphismus zwischen subjektiven Normen der Unvereinbarkeit und Folgerung einerseits und den objektiv modalen Tatsachen andererseits, der (gemäß der modelleigenen Deutung von Repräsentation) implizit in den semantischen Beziehung enthalten ist, objektive Geltung haben kann – zumindest lokal und vorübergehend.[22] Des Weiteren erklärt dieses Modell auch die Möglichkeit des *Irrtums* (und erfüllt so die Bedingung der Verständlichkeit des Irrtums). Denn im Anschluss an Kant wird in ihm die Repräsentationsbeziehung *normativ* gedeutet. Bei der Manipulation (dem Aneignen und Verwerfen) von Verpflichtungen *verpflichtet* man sich gemäß einer festen Menge begrifflicher Normen (deontischer Beziehungen der Unvereinbarkeit und Folgerung) darauf, dass es sich mit den objektiven modalen Tatsachen (alethischen Beziehungen der Unvereinbarkeit und Folgerung) auf eine gewisse Weise verhält. Des Weiteren verpflichtet man sich darauf, dass auf der untersten Stufe die empirisch bestimmten Tatsachen, die durch diese modalen Tatsachen gegliedert sind, der eigenen Auffassung entsprechen. Das Modell gibt so zugleich an, was der Fall sein muss, damit es richtig ist zu behaupten, dass diese Beziehung der Isomorphie (bzw. Homomorphie) faktisch nicht mehr besteht. In diesem Fall hat man sich bezüglich der Tatsachen geirrt – gegebenenfalls einschließlich jener Tatsachen, die sich darauf beziehen, welche Begriffe die objektive Welt gliedern.

In diesem Kapitel habe ich sechs Ziele verfolgt:

- die Klasse derjenigen epistemologischen Theorien explizit zu bestimmen – paradigmatisch ausgearbeitet bei Descartes und Kant –, die in den Einzugsbereich der hegelschen Kritik fallen;
- Hegels Einwand gegen diese Theorien so darzustellen, dass er zumindest nicht offensichtlich sein Ziel verfehlt;
- Hegels implizit ins Spiel gebrachte Adäquatheitskriterien

22 Dass sie prinzipiell *nicht* global und andauernd gelten kann, ist ein tiefgreifender Zug des hegelschen Verständnisses sinnlicher und tatsächlicher *Unmittelbarkeit*. Dieser Punkt wird in Kap. 5 und 7 diskutiert. Die Vernunft-Konzeption genuiner Erkenntnis ist nicht die des Verstandes.

für eine Theorie zu formulieren, die diesem Einwand entgehen würde;
- die nichtpsychologische Konzeption des Begrifflichen zu skizzieren, die das Rückgrat von Hegels Antwort bilden wird (auch wenn sie nicht explizit in der »Einleitung« eingeführt, sondern bis zu den Eröffnungskapiteln des Abschnitts »Bewußtsein« aufgeschoben wird);
- die allgemeinen Grundzüge eines epistemologischen und semantischen Ansatzes zu skizzieren, der auf dieser Konzeption des Begrifflichen basiert; und
- anzuzeigen, wie ein solcher Ansatz die Adäquatheitskriterien für eine Theorie erfüllen kann, die Hegels Einwand entgeht.

Im nächsten Kapitel werde ich die Theorie der *Repräsentation* näher betrachten, die Hegel meines Erachtens aus den Elementen konstruiert, die in dieser Diskussion ins Spiel gebracht wurden.

5
Repräsentation und die Erfahrung des Irrtums
Ein funktionalistischer Ansatz zur Unterscheidung von Erscheinung und Wirklichkeit

5.1 Einführung

Ich habe das vorige Kapitel mit der Formulierung eines zentralen Adäquatheitskriteriums für Theorien des begrifflichen Inhalts begonnen, das seine Stellung Hegel zufolge der entscheidenden Rolle verdankt, welche diese Theorien in der Erkenntnistheorie spielen. Die »Einleitung« in die *Phänomenologie* eröffnet Hegel, indem er nachdrücklich betont, dass uns nicht bereits unsere *Semantik* zu einem *epistemologischen* Skeptizismus verdammen darf. Die Weise, in der wir diskursives Gehaltvollsein auffassen, muss zumindest die Möglichkeit offenlassen, dass wir durch das Eingehen begrifflich gehaltvoller Verpflichtungen (in einigen Fällen, wenn alles gut geht) die wirkliche Beschaffenheit der Dinge erkennen können.[1] Er argumentiert ferner dafür, dass keine Theorie diese Bedingung einzuhalten vermag, die eine Kluft zwischen Arten der Verständlichkeit aufbrechen lässt, welche die Art und Weise, wie uns die Dinge subjektiv (»für das Bewusstsein«) erscheinen, von der Art und Weise trennt, wie sie objektiv (»an sich«) beschaffen sind. Seit Descartes haben epistemologische Theorien in der Neuzeit Erkenntnis als ein Produkt aus zwei Faktoren aufgefasst – dem Erfassen subjektiver Gedanken durch das Erkenntnissubjekt und den repräsentationalen Beziehungen dieser Gedanken zu den objektiven Dingen. Die Erkenntnisbeziehungen, in denen das Erkenntnissubjekt zu den repräsentierten Dingen steht, sind entsprechend durch das vermittelt, was diese Dinge repräsentiert. Wenn uns hier nun kein infiniter Regress drohen soll, dann können wir die Beziehungen, die zwischen dem Erkenntnissubjekt und diesem Repräsentierenden bestehen, selbst nicht als allgemein vermittelte und repräsentationale begreifen. Zumindest einiges des Repräsentierenden müssen wir unmittelbar, das heißt nichtrepräsentational erfassen.

1 Ich verwende den Ausdruck ›Verpflichtung‹ für das, was Hegel unter der Bezeichnung »setzen« behandelt.

Ich glaube nicht, dass Hegel prinzipiell alle epistemologischen Theorien, die diese zweistufige Struktur der Repräsentation aufweisen, als untauglich verwirft (obgleich seine Rhetorik an einigen Stellen einen anderen Eindruck erweckt). Der Umstand, dass er solche Theorien zurückweist, ist *kein* wesentliches Element – und sicherlich nicht *das* wesentliche Element – der von ihm empfohlenen metabegrifflichen Revolution, die von einem Denken in Kategorien, die vom Verstand strukturiert sind, zu einem Denken übergeht, dessen Kategorien durch die Vernunft strukturiert sind. Zwar beginnt Hegel den Haupttext der *Phänomenologie* mit der Behauptung, dass eine epistemologische Erklärungsstrategie, in der zwei Stufen der Repräsentation unterschieden werden, unvermeidlich zu skeptischen Schlüssen führt. Das sei jedoch nur der Fall, *wenn* diese Strategie mit einer gewissen Hilfsannahme kombiniert wird, die sich auf den Unterschied von Repräsentierendem und Repräsentiertem bezieht – einer Hilfsannahme, die verlockend und in verschiedener Hinsicht naheliegend ist.[2] Es handelt sich hierbei um die Idee, dass allein Repräsentierendes (Erscheinungen, *Phaenomena*) begriffliche Gestalt hat, während das von ihm Repräsentierte (Wirkliches, *Noumena*) keine solche Gestalt hat. Dieser Auffassung zufolge haben Erkenntnisprozesse die Funktion, die nichtbegriffliche Wirklichkeit in begriffliche Vorstellungen umzuwandeln bzw. diese Wirklichkeit auf solche Vorstellungen abzubilden, da die repräsentationalen Beziehungen, die auf diesen Prozessen beruhen, ein nichtbegriffliches Repräsentiertes auf ein begriffliches Repräsentierendes beziehen. Es ist meines Erachtens die Pointe der hegelschen Metaphern vom »Werkzeug« oder »Medium«, mit denen er in den ersten Absätzen der »Einleitung« über Erkenntnis spricht, diesen Zusammenhang in den Blick zu bringen. Die eigentliche Ursache des Problems – der semantischen Annahme, die uns zum epistemologischen Skeptizismus zu zwingen droht, indem sie zwischen dem Denken und der Welt, auf die das Denken Bezug nimmt, eine Kluft hinsichtlich ihrer Verständlichkeit aufbrechen lässt – ist die Idee, dass nur unsere Gedanken begrifflich gegliedert sind, nicht aber die Welt, auf die wir denkend Bezug nehmen.

2 Die »Vorrede« wurde geschrieben – wie die meisten Vorreden –, nachdem der Haupttext des Buchs (»die eigentliche *Phänomenologie*«) vollendet war. Anders als die meisten Leser Hegels glaube ich, dass wir sie am besten nach dem Rest des Buchs lesen sollten.

Hegels konstruktiver Vorschlag, der uns eine Alternative zu dieser Annahme liefert, besteht in einer radikal neuen, nichtpsychologischen Konzeption des Begrifflichen. Dieser Konzeption zufolge ist etwas begrifflich gehaltvoll, insofern es zu anderen begrifflichen Elementen in Beziehungen materialer Unvereinbarkeit (»bestimmte Negation«) und materialer Folgerung (»Vermittlung«) steht. Ich spreche deshalb hier von einer *nichtpsychologischen* Konzeption des Begrifflichen, weil wir sie von der Betrachtung jener Prozesse bzw. Praktiken abtrennen können, in denen Begriffe im Urteilen und absichtlichen Handeln angewandt werden. Auch objektive Sachverhalte und Eigenschaften stehen untereinander in Beziehungen materialer Unvereinbarkeit und Folgerung und können entsprechend bereits als etwas aufgefasst werden, das begriffliche Gestalt hat – ganz unabhängig von jeglichen Beziehungen, in denen sie zu erkennenden und praktischen Tätigkeiten von Erkenntnis- und Handlungssubjekten stehen können. Stünden objektive Sachverhalte und Eigenschaften nicht untereinander in solchen Beziehungen, so könnten wir sie in der Tat nicht verstehen, ja, sie wären nicht einmal etwas *Bestimmtes*. Der Gedanke, dass es feststeht, wie die Welt wirklich beschaffen ist, wäre mithin für uns sinnlos. Denn dieser Gedanke beinhaltet wesentlich den Kontrast zu anderen Möglichkeiten, wie die Welt beschaffen sein könnte (anderen Eigenschaften, die Gegenstände haben könnten). Und diese Kontraste, aufgrund deren Sachverhalte und Eigenschaften etwas Bestimmtes sind, müssen sowohl modal ausschließende Unterschiede (›Für ein Stück Kupfer bei einer Temperatur über 1085 Grad Celsius ist es unmöglich, fest zu bleiben‹) enthalten als auch bloße Unterschiede (›Rot und viereckig sind zwar verschiedene, jedoch miteinander vereinbare Eigenschaften‹).

Diese nichtpsychologische Konzeption des Begrifflichen wird in der »Einleitung« selbst nicht ausgearbeitet, sondern bildet das eigentliche Thema der darauffolgenden Kapitel des Abschnitts »Bewußtsein«. Nichtsdestoweniger habe ich sie im vorangegangenen Kapitel diskutiert, da es wichtig ist zu verstehen, in welcher Weise wir durch Hegels Vorschlag die Gefahr vermeiden, eine Kluft zwischen Arten der Verständlichkeit aufbrechen zu lassen, die ein subjektives, begriffliches Repräsentierendes von einem objektiven, nichtbegrifflichen Repräsentierten trennt. Die Gefahr, in der semantischen Repräsentationstheorie eine derartige Kluft aufbrechen zu lassen, ist nach Hegel für das epistemologische Projekt potentiell fatal. Wenn nämlich der Erkenntnisprozess solch eine Kluft erst einmal überbrücken muss, dann ist damit, wie er meint, die Möglichkeit genuiner Erkenntnis – der Erkenntnis der Beschaffenheit der Dinge an sich, nicht nur ihrer Beschaffenheit »für das Bewußtsein« – als etwas prinzipiell Unverständliches ausgeschlossen. Hegels alternative Lösung ist ein Begriffsrealismus bezüglich der objektiven Welt, wobei er diesen Begriffsrealismus im Lichte seiner neuen, nichtpsychologischen Konzeption des Begrifflichen versteht.

Laut meiner Lesart besteht die Funktion der letzten zwei Drittel der »Einleitung« darin anzudeuten, wie wir den Begriff der Repräsentation verstehen können, wenn das zweistufige Modell der Repräsentation von der parallel bestehenden und problematischen Verpflichtung befreit wurde, der zufolge Repräsentation so aufgefasst werden müsse, dass ein begriffliches Repräsentierendes zu einem nichtbegrifflichen Repräsentierten in Beziehung tritt. Auf diese Weise zeigt Hegel, wie sich zwei entscheidende Adäquatheitskriterien erfüllen lassen, die wir im vorangegangenen Kapitel identifiziert haben: Die Bedingung der Art des Gegebenseins erfordert, dass wir erklären, was es heißt, ein Repräsentierendes von einem so Repräsentierten, also eine Erscheinung *von etwas* zu sein oder dies auch nur zu beanspruchen. Diese Bedingung zu erfüllen bedeutet nichts anderes, als zu erklären, was Repräsentation ist. Wenn wir Hegels Erklärung der Idee repräsentationalen Anspruchs und Erfolgs in Hinblick auf ihre Struktur und Begründung interpretieren, wird dadurch zugleich das zweite *Desiderat* erhellt: Die Bedingung der rationalen Beschränkung erfordert, dass wir erklären, wie dasjenige, *worauf* erkennende Subjekte (das »Bewusstsein«) in ihrem Reden und Denken *Bezug nehmen* (das Repräsentierte), *Gründe* dafür bereitstellen kann, was sie darüber sagen und denken.[3] Die Aufgabe dieses Kapitels besteht darin zu erklären, was Hegels Theorie der Repräsentation ausmacht, die er in der »Einleitung« skizziert, und wie es uns durch sie möglich wird, diese beiden Bedingungen zu erfüllen.

3 Hegels undifferenzierte Rede vom »Bewußtsein« in der »Einleitung« unterscheidet mit Bedacht nicht zwischen *einem* Bewusstsein und Bewusstsein im Allgemeinen. Später, im Kapitel »Selbstbewußtsein«, werden wir sehen, dass die *soziale* Gliederung des Bewusstseins im Allgemeinen in sich gegenseitig anerkennende *Selbst*bewusstseine wesentlich dafür ist, beide zu verstehen.

5.2 Zwei Dimensionen der Intentionalität und zwei Erklärungsordnungen

Wenn wir in einer gewöhnlichen, also vorsystematischen und nichttheoretischen Art und Weise darüber nachdenken bzw. reden, was sich über unser Reden und Denken sagen lässt, dann unterscheiden wir zwischen dem, *was* wir denken und sagen, und dem, *worüber* wir nachdenken und reden. Ausgehend von dieser Unterscheidung können wir behaupten, dass Intentionalität, das Gehaltvollsein unseres Redens und Denkens, zwei Dimensionen besitzt – das, was wir ausdrücken, wenn wir etwas sagen oder denken, und das, was wir dabei repräsentieren.[4] Wir können beides sagen: ›Kant begann zu glauben, *dass* Lampe ihn verriet‹ und ›Kant glaubte *von* seinem treuen Diener, dass er ihn verriet‹. Im ersteren Fall drückt der mit ›dass‹ eingeleitete Nebensatz den Inhalt der Überzeugung aus. Im zweiten Fall gibt die im Skopus des ›von‹ stehende Nominalphrase an, worauf die Überzeugung Bezug nimmt. Hegels nichtpsychologische Konzeption des Begrifflichen, der zufolge etwas dadurch begrifflich gehaltvoll ist, dass es in Beziehungen materialer Unvereinbarkeit und Folgerung steht, liefert uns ein Modell für das, *was* jemand sagt bzw. denkt – der ersten Dimension der Intentionalität bzw. des Gehaltvollseins (»Dass«-Intentionalität). Aus diesem Grund werde ich hier von der *begrifflichen Dimension* intentionalen Gehaltvollseins sprechen.[5] Wir haben jetzt noch die Frage zu beant-

4 Sobald wir viel mehr als dies behaupten, ruft das unmittelbar weitere systematische und theoretische Fragen auf den Plan: Lässt sich diese Unterscheidung so paraphrasieren, dass sie das, was wir repräsentieren, und die Weise, wie wir es repräsentieren, betrifft? Vermengt diese grobe und naheliegende Unterscheidung der natürlichen Sprache nicht zwei Unterscheidungen, die es auseinanderzuhalten gilt – nämlich einerseits die zwischen Sinn und Bedeutung (Referenz) und andererseits die zwischen den Inhalten, die ein Aussagesatz oder ein singulärer Terminus ausdrückt? Worauf verpflichte ich mich noch, sobald ich annehme, dass ich einen Sachverhalt dadurch repräsentiere, dass ich denke bzw. sage, dass die Dinge so-und-so beschaffen sind? Meiner primären Absicht – die Überlegungen, Verpflichtungen und Ideen rational zu rekonstruieren, welche den Ansichten, die Hegel in der »Einleitung« erläutert, ihre Gestalt verleihen – ist am besten gedient, wenn wir nicht vorschnell in diese theoretisch anspruchsvollen Probleme eintauchen.

5 Diese Terminologie kann in die Irre führen, insofern nämlich Hegel, wie wir sehen werden, annimmt, dass begriffliches Gehaltvollsein wesentlich, nicht bloß zufällig, eine repräsentationale Dimension aufweist.

worten, wie Hegel die andere, *repräsentationale Dimension* intentionalen Gehaltvollseins (»Von«-Intentionalität) versteht.

Die Empiristen verfolgten eine Erklärungsordnung, die mit repräsentationalem Gehaltvollsein beginnt und letztlich versucht, von hier aus begriffliches Gehaltvollsein im Allgemeinen zu verstehen und zu erklären. Ein möglicher Vorteil eines solchen Ansatzes besteht darin, dass Repräsentation als eine Gattung aufgefasst wird, von der *begriffliche* Repräsentation nur eine Unterart ist. Ich verstehe Hegel so, dass er eine hierzu entgegengesetzte Erklärungsordnung verfolgt. Das Projekt, das er in der »Einleitung« angedeutet hat, besteht darin, den Begriff REPRÄSENTATION auf der Grundlage seines nichtpsychologischen Begriffs BEGRIFFLICHEN GEHALTVOLLSEINS zu erklären. Im Folgenden möchte ich erläutern, wie ich diese Strategie einer *konzeptualistischen* Erklärungsordnung verstehe. Denn eine grundlegende Lektion, die wir meines Erachtens von Hegel lernen sollten, betrifft diese Ausarbeitung einer Alternative zur *repräsenationalistischen* Erklärungsordnung, dieser zwei Dimensionen der Intentionalität. Letztere beherrschte sowohl die philosophische Semantik der philosophischen Tradition des vergangenen Jahrhunderts, in der wir stehen, als auch die (etwas kürzere) philosophische Tradition, in der Hegel stand.[6]

5.3 Zwei kantische Ideen

Hegels große neue Idee bezieht sich darauf, wie wir die Idee repräsentationalen Inhalts von der Idee begrifflichen Inhalts her erklären können, die wir selbst wiederum Hegel zufolge nichtpsychologisch, also auf der Grundlage der Gliederung durch Beziehungen materialer Unvereinbarkeit und Folgerung verstehen. Wir können die Art und Weise, in der Hegel diese konzeptualistische Idee ausbuchstabiert, am besten als eine Kombination sowie gemeinsame Entwicklung von zwei kantischen Ideen auffassen, die ich oben im

6 Natürlich sind diese entgegengesetzten reduktiven Ansätze nicht die einzigen strategischen Möglichkeiten. Wir könnten auch versuchen, voneinander unabhängige Theorien der begrifflichen und repräsentationalen Intentionalität bereitzustellen, und dann anschließend erklären, wie sich diese zueinander verhalten. Oder wir könnten auch – was vielleicht am plausibelsten ist – darauf beharren, dass sich beide nur zusammen und in Bezug aufeinander erklären lassen.

ersten Kapitel besprochen habe. Die erste Idee betrifft Kants *normative* Erklärung des Urteils: Urteile unterscheiden sich von den Reaktionen bloß natürlicher Lebewesen darin, dass wir für unsere Urteile in einer spezifischen Weise *verantwortlich* sind. Sie drücken *Verpflichtungen* unsererseits aus. Urteilen ist eine Form des *Bejahens*, eine Ausübung der *Autorität* des Subjekts. VERANTWORTUNG, VERPFLICHTUNG, BEJAHUNG und AUTORITÄT – das sind allesamt *normative* Begriffe. Kant fasst Begriffe als »Funktionen von Urteilen« auf, insofern die Begriffe, die in einem Urteil angewandt werden, bestimmen, *wofür* sich das Subjekt selbst verantwortlich gemacht, *worauf* es sich verpflichtet, *was* es bejaht bzw. *für was* es seine Autorität eingesetzt hat. Indem Subjekte urteilen, binden sie sich normativ durch Regeln (Begriffe), die Art und Umfang ihrer Verpflichtungen bestimmen.

Indem Kant eine Erklärung dieser Art verfolgt, muss er sich der Frage widmen, wie wir die normative Verbindlichkeit der Begriffe, die wir im Urteilen anwenden, verstehen müssen. Während sich die frühneuzeitliche Tradition, beginnend mit Descartes, mit unserem (»unmittelbaren«, also nichtrepräsentationalen) Zugriff auf Begriffe beschäftigte, sah Kant das Problem darin, wie wir ihren normativen Zugriff auf uns zu verstehen haben. Was genau heißt es, auf die Behauptung, dass *p*, verpflichtet bzw. für sie verantwortlich zu sein? Kants zweite Idee, auf der Hegels konzeptualistisches Herangehen an die repräsentationale Dimension der Intentionalität aufbaut, besteht darin, dass wir die betreffende Verantwortung als eine Form *praktischer* Verantwortung auffassen sollten – eine Verantwortung, etwas *zu tun*. Dasjenige, wofür jemand in diesem Sinne verantwortlich ist, was er also tun soll, indem er sich auf *p* verpflichtet, ist, diese neue Verpflichtung in die Konstellation von seinen schon bestehenden Verpflichtungen zu *integrieren*, um so zu gewährleisten, dass diese Konstellation die für Apperzeption spezifische Form der Einheit aufweist. (Apperzeption ist erkennendes bzw. verstandesfähiges Gewahrsein – ein Gewahrsein, welches in Erkenntnis münden kann. Apperzipieren heißt nichts anderes als zu urteilen. Das Urteil ist die Form der Apperzeption, weil Urteile die kleinste Einheit sind, für die wir kognitive Verantwortung übernehmen können.) Diese Integration ist eine Unterart jener Gattung, die von Kant »Synthesis« genannt wird (weshalb die betreffende strukturelle Einheit eine *synthetische* Einheit der Apperzeption ist).

Diese integrative praktische Verantwortung umfasst drei Dimensionen: eine kritische, eine erweiternde und eine rechtfertigende. Bei diesen Dimensionen handelt es sich um Arten von *rationalen* Pflichten, da sie dadurch gegliedert sind, welche Verpflichtung als ein *Grund* für oder gegen welche anderen Verpflichtungen fungieren kann:

- Die integrativ-synthetische praktische Verantwortung zur *Kritik* besteht darin, Verpflichtungen zu verwerfen, die mit anderen Verpflichtungen, die wir je selbst anerkannt haben, material *unvereinbar* sind.
- Die integrativ-synthetische praktische Verantwortung zur *Erweiterung* besteht darin, Verpflichtungen anzuerkennen, die aus anderen Verpflichtungen, die wir je selbst anerkannt haben, material folgen.
- Die integrativ-synthetische praktische Verantwortung zur *Rechtfertigung* besteht darin, Gründe für jene Verpflichtungen bereitstellen zu können, die wir je selbst anerkannt haben; dazu führen wir andere Verpflichtungen an, die wir anerkennen und aus denen jene Verpflichtungen material folgen.

Diese Gebote der Form ›Tue dies!‹ korrespondieren Geboten der Form ›Es sei so!‹, in denen gefordert wird, dass unsere je eigenen auf Erkenntnis zielenden Verpflichtungen, Urteile oder Überzeugungen konsistent, vollständig und gerechtfertigt sein sollen. Es handelt sich dabei um Normen der Rationalität, die – sobald sie von uns explizit anerkannt werden – Normen der *Systematizität* sind. Aufgrund der Tatsache, dass zu urteilen wesentlich bedeutet, sich implizit dazu zu verpflichten, der integrativ-synthetischen praktischen Verantwortung zur Kritik, Erweiterung und Rechtfertigung nachzukommen, geht jeder, insofern er überhaupt urteilt, diese rationalen und systematischen Verpflichtungen implizit ein. Zusammen definieren sie die rationale, normative und synthetische Einheit der Apperzeption.

Hegel erkennt nun, dass, wenn wir die *Tätigkeit* des Urteilens in dieser Weise erklären, dies unmittelbare Folgen für unser Verständnis der Urteils*inhalte* hat – also für das, wofür wir Verantwortung übernommen, worauf wir uns je selbst verpflichtet haben, indem wir urteilen, dass *p*. Die *rationale* Gliederung der integrativ-synthetischen praktischen Verantwortung, die Kant als die Form der Bejahung identifiziert, die für das Urteilen charakteristisch ist, bringt es mit sich, dass wir mögliche Urteilsinhalte auf der Grundlage dessen verstehen können, was wir im Urteilen *tun*. Denn diese Inhalte müssen die rationalen Beziehungen bestimmen, in denen solche möglichen Urteilsinhalte zueinander stehen; sie müssen folglich bestimmen, was ein Grund wofür oder wogegen ist. Die integrativ-synthetische praktische Verantwortung zur Kritik setzt voraus, dass die möglichen Urteilsinhalte untereinander in Beziehungen der materialen *Unvereinbarkeit* stehen. Ebenso setzt die integrativ-synthetische praktische Verantwortung zur Erweiterung und Rechtfertigung voraus, dass die möglichen Urteilsinhalte untereinander in Beziehungen der materialen *Folgerung* stehen. Und das bedeutet letztlich nichts anderes, als dass mögliche Urteilsinhalte *begriffliche* Inhalte in ebendem Sinne sein müssen, in welchem Hegel selbst dies behauptet. Dieser Begriff des BEGRIFFLICHEN ist also in Kants Theorie des Urteilens bereits implizit enthalten.

Hegel entfaltet seine Konzeption des begrifflichen Gehaltvollseins auf der Grundlage dessen, was erforderlich ist, um etwas zu einer Konstellation von Verpflichtungen zu synthetisieren, die eine rationale und normative Einheit aufweist, die für die Apperzeption spezifisch ist. Das ist in einem weiten Sinne eine *funktionalistische* Idee. Dieser Idee zufolge verstehen wir mögliche Urteilsinhalte von der Rolle her, die Urteilsakte in diesem integrativen Prozess des kantischen Apperzipierens spielen. Diese funktionalistische Erklärungsstrategie ist äußerst wichtig, nicht bloß um Hegels Konzeption der expressiven Dimension der Intentionalität (»Dass«-Intentionalität) zu verstehen, sondern auch wenn wir begreifen wollen, wie er hierauf aufbaut, um ihre repräsentationale Dimension (»Von«-Intentionalität) zu erklären. Was wir so funktional in Bezug auf die Rolle in der Synthesis der Apperzeption rekonstruiert haben, ist freilich allenfalls ein Teil von Kants Auffassung des Begrifflichen.

Denn dieses abstrakte Vorgehen, Begriffe *top-down* zu erklären, hängt nicht wesentlich davon ab, in welcher Weise Begriffe von Anschauungen abgegrenzt werden und mit diesen zusammenwirken. Aus diesem Grund würde Kant darauf beharren, dass ein solches Verständnis von Begriffen rein formal wäre, in dem diese, unabhängig von jeder Beziehung auf Anschauungen, ausschließlich von Beziehungen materialer Unvereinbarkeit und Folgerung her betrachtet werden. So verstanden wären die Begriffe leer, insofern sie jedes repräsentationalen Inhalts entbehren. Aus Sicht von Hegels konzeptualistischer Erklärungsstrategie liefert diese Konzeption der expressiven bzw. begrifflichen Dimension der Intentionalität hingegen die theoretischen Ressourcen, auf deren Grundlage wir die repräsentationale Dimension verstehen müssen.

Kant hat, wie Hegel erkennt, einen normativen Zugang nicht bloß zur expressiv-begrifflichen Dimension der Intentionalität (»Dass«-Intentionalität) im Blick, sondern ebenso auch zu ihrer repräsentationalen (»Von«-Intentionalität). Der begriffliche Inhalt eines Urteils ist dasjenige, *wofür* sich jemand im Urteilen verantwortlich macht, sein repräsentationaler Inhalt (was von ihm repräsentiert wird) ist dagegen dasjenige, *dem gegenüber* sich jemand so verantwortlich macht. Wie wir gesehen haben, besteht aus Hegels Sicht für Kant diese Verantwortung für ein Urteil, dass *p*, in der praktischen Verantwortung, das Urteil in die Konstellation der je eigenen schon bestehenden Verpflichtungen zu integrieren, so dass die rationale normative Einheit aufrechterhalten wird, die für die Apperzeption charakteristisch ist. Das, *worauf* das Urteil *Bezug nimmt* – das von ihm Repräsentierte –, übt eine spezifische Form von *Autorität* über die Bewertungen der Richtigkeit des Urteils aus –, und zwar, wie wir sagen können, seiner Richtigkeit *als* ein Repräsentierendes von diesem Repräsentierten. Wir können etwas (einen Urteilsakt im paradigmatischen Fall) gerade insofern als etwas Repräsentierendes auffassen, als es für seine Richtigkeit gegenüber etwas verantwortlich ist, das dadurch als von ihm repräsentiert gilt.

Die objektive Form des Urteils ist in Kants Terminologie ›Der Gegenstand = X‹, gegenüber der jedes Urteil als solches (für seine Richtigkeit) verantwortlich ist. (Die subjektive Form des Urteils, das ›Ich denke‹, das alle Urteilsakte begleiten kann, markiert das Erkenntnissubjekt, welches für das Urteil verantwortlich ist, das heißt verantwortlich, dieses Urteil mit den anderen Urteilen zu integrieren, für welche das Erkenntnissubjekt dieselbe Art von Verantwortung übernimmt.) In Hegels »Einleitung« taucht dieser Gedanke in folgender Form wieder auf: Die repräsentierten Gegenstände fungieren als normativer *Maßstab* für die Bewertung von Verpflichtungen, die ihrerseits allein aufgrund dieser Konstellation von Autorität und Verantwortung als etwas gelten, das diese Gegenstände repräsentiert. Hegel möchte die funktionalistische Strategie, der zufolge wir auf die normative Rolle in der integrativ-synthetischen Tätigkeit des Urteilens schauen müssen, um die begriffliche Dimension möglicher Urteilsinhalte zu erklären, auch zur Erklärung der repräsentationalen Dimension des Inhalts anwenden. Um repräsentationale Beziehungen zu verstehen, will er sich also auf das konzentrieren, was ein Erkenntnissubjekt *tun* muss, um als jemand zu gelten, der die Autorität von etwas als Bewertungsmaßstab für die Richtigkeit eines Urteils anerkennt. Sollte es ihm gelingen, diese Art von Tätigkeit als ein Moment der integrativ-synthetischen Tätigkeit darzustellen, auf deren Grundlage wir die begriffliche Dimension des Inhalts erklärt haben, so wird er das Ziel der konzeptualistischen Erklärungsstrategie erreicht haben. Ihm wird es gelungen sein, die repräsentationale Dimension der Intentionalität auf der Grundlage ihrer expressiv-begrifflichen Dimension (die »Von«-Intentionalität auf Grundlage der »Dass«-Intentionalität) zu verstehen.

Meiner Auffassung nach besteht die Hauptaufgabe der letzten zwei Drittel der »Einleitung« der *Phänomenologie* darin, diese Ausführung der konzeptualistischen Erklärungsstrategie zu skizzieren, in der es darum geht, das Verhältnis der beiden Dimensionen der Intentionalität zu begreifen. Die Logik des Gedankengangs ist meines Erachtens folgende:

(1) Der Ausgangspunkt ist Kants normative Konzeption des Urteils, der zufolge im Urteilen ein möglicher Urteilsinhalt bejaht wird und wir uns auf diese Weise auf ihn verpflichten bzw. für ihn Verantwortung übernehmen.
(2) Dieser Gedanke wird anhand von Kants Erklärung des Urteilens weitergehend spezifiziert: Urteilen besteht demnach im Integrieren einer neuen Verpflichtung in eine Konstellation schon bestehender Verpflichtungen, so dass die für die

Apperzeption spezifische Form rationaler normativer Einheit erhalten bleibt.

(3) Dieser Gedanke wird anhand einer Auffassung der integrativ-synthetischen Tätigkeit ausbuchstabiert, der zufolge diese eine dreiteilige Binnenstruktur hat – nämlich in Hinblick auf die Erfüllung der praktischen Verantwortung zur Kritik, Erweiterung und Rechtfertigung.

(4) Mit diesem Gedanken ist die *funktionalistische* Strategie verknüpft, mögliche Urteilsinhalte so aufzufassen, dass diese durch Beziehungen gegliedert sind, in denen sie stehen müssen, um ihre Rolle in dieser Tätigkeit ausfüllen zu können – das heißt, um das zu sein, was wir bejahen und worauf wir uns verpflichten bzw. wofür wir Verantwortung übernehmen.

(5) Vor dem Hintergrund der dreiteiligen Binnenstruktur des Synthetisierens einer Konstellation von Verpflichtungen, welche die für Apperzeption (Intentionalität) spezifische rationale Einheit aufweist, mündet dieser Gedankengang in einer Konzeption möglicher Urteilsinhalte. Dieser Konzeption zufolge sind die Inhalte durch rationale Beziehungen materialer Unvereinbarkeit (auf welche sich die Verantwortung zur Kritik stützt) und materialer Folgerung gegliedert (auf welche sich die Verantwortungen zur Erweiterung und Rechtfertigung stützen). So ergibt sich Hegels Konzeption des begrifflichen Gehaltvollseins auf der Grundlage der bestimmten Negation und Vermittlung, welche er im Abschnitt »Bewußtsein« der *Phänomenologie* entwickelt und genauer motiviert.

Die konzeptualistische Erklärungsordnung wird dann folgendermaßen durchgeführt: Die eben genannte Erklärung der expressiv-begrifflichen Dimension der Intentionalität wird als etwas behandelt, das uns sowohl die theoretischen Ressourcen als auch das Modell liefert, anhand deren wir die repräsentationale Dimension der Intentionalität und des begrifflichen Inhalts erklären können.

(6) Von Kants normativer Konzeption des Urteils wird eine normative Konzeption der Repräsentation unterschieden: Ein Urteil gilt als etwas, das einen Gegenstand repräsentiert, insofern es diesem Gegenstand gegenüber für seine Richtigkeit verantwortlich ist, das heißt, insofern dieser Gegenstand Au-

torität über die Bewertungen seiner Richtigkeit ausübt bzw. als ein Maßstab derselben dient.

(7) Die Strategie ist dann folgende: Wir wenden die funktionalistische Idee hier erneut an und verstehen repräsentationalen Inhalt von dem her, was erforderlich ist, um als Maßstab für Bewertungen der Richtigkeit von Urteilen zu dienen. Wir fassen ihn also als Moment des synthetischen Prozesses auf, in dem jene Verpflichtungen in Konstellationen schon bestehender Verpflichtungen integriert werden, welche die für Apperzeption spezifische rationale Einheit aufweisen.

5.5 Die Bedingung der Art des Gegebenseins

Um gemäß der konzeptualistischen Strategie zu einem Verständnis der repräsentationalen Dimension der Intentionalität zu gelangen, müssen wir erklären, was es für einen möglichen Urteilsinhalt – der durch Beziehungen materialer Unvereinbarkeit und Folgerung zu anderen solchen Inhalten gegliedert ist – bedeutet, als etwas zu fungieren, das einen Sachverhalt in der Welt repräsentiert. Indem wir also angeben, welche Rolle ein möglicher Urteilsinhalt in dem integrativ-synthetischen Prozess des Urteilens spielen muss, um als etwas zu gelten, das etwas anderes zu repräsentieren beansprucht, erfüllen wir diejenige Bedingung, die ich im vorigen Kapitel als Bedingung der »Art des Gegebenseins« bezeichnet habe. Denn auf diese Weise geben wir an, was es heißt, eine Art des Gegebenseins von etwas, ein Repräsentierendes dieses Repräsentierten zu sein bzw. zu beanspruchen, es zu sein. Was ich »Repräsentierendes« genannt habe, bezeichnet Hegel vorzugsweise mit dem Ausdruck »das Sein der Dinge *für* das Bewußtsein«. Das Sein der Dinge für das Bewusstsein beansprucht also, eine Erscheinung der Wirklichkeit zu sein, eine Erscheinung also des Seins der Dinge *an sich*. Um die Bedingung der Art des Gegebenseins zu erfüllen, müssen wir somit angeben, was es bedeutet, sich als eine Erscheinung *von* etwas zu erweisen. Über diese Unterscheidungen – Repräsentierendes und Repräsentiertes, Erscheinung und Wirklichkeit, das Sein der Dinge *für* das Bewusstsein und ihr Sein *an sich* – können wir auch sprechen, indem wir die kantische Unterscheidung zwischen *Phaenomena* und *Noumena* verwenden.

Hegel stellt nun die Frage: Was heißt es, dass etwas *für* das Bewusstsein ist? Dabei handelt es sich um die tiefste und wichtigste Frage zur repräsentationalen Dimension der Intentionalität. Hegel setzt keineswegs die Idee von Dingen, die etwas *für* das Bewusstsein sind, voraus; sie ist also nichts, wovon er ausgeht. Vielmehr bietet er uns eine funktionalistische Erklärung der Ideen des repräsentationalen Anspruchs und repräsentationalen Inhalts, die er einer anderen funktionalistischen Erklärung nachbildet, in dieser verankert und aus ihr heraus entwickelt; gemeint ist jene Erklärung, der zufolge propositionaler Inhalt von der Tätigkeit des Urteilens her verstanden werden muss, welche aus Hegels Sicht schon bei Kant angelegt ist. Hegel beantwortet die Frage, die später in der Form gestellt wurde, wie sich die spezifische »Einheit der Proposition« holistisch spezifizieren lässt, indem er sich auf die Beziehungen materialer Unvereinbarkeit und Folgerung beruft, in denen solche möglichen Urteilsinhalte zueinander stehen. Diese Beziehungen erweisen sich dabei als rationale Beziehungen, weil sie eine Gliederung etablieren, mit der bestimmt ist, welche Urteile als Gründe für oder gegen welche anderen Urteile fungieren. Hegel versteht diese »Einheit der Proposition« funktional von der synthetischen Einheit einer Konstellation von Verpflichtungen her, die für die Apperzeption charakteristisch ist – einer dynamischen Einheit, die dadurch hervorgebracht und erhalten wird, dass wir neue Verpflichtungen zusammen mit alten in ein Ganzes integrieren, was der dreifachen praktisch-systematischen Verantwortung zur Kritik, Erweiterung und Rechtfertigung unterliegt. Wir können die Einheit propositionalen *Inhalts* auf diese Weise von jener Einheit her verstehen, welche die rationalen Normen definiert, die uns in unserem je eigenen *Tun* leiten müssen, damit dieses Tun als ein Urteilen gelten kann, das diejenige Einheit aufweist, die für das Propositionale charakteristisch ist. Hiermit ist letztendlich gesagt, dass »es nur eine Einheit gibt« – die synthetische Einheit der Apperzeption.[7]

Wie wir gesehen haben, ist das erste Puzzlestück der Gedanke, dass eine Sache, um *für* das Bewusstsein zu sein, normativ aufgefasst werden muss. Sie muss von der spezifischen Form von *Autorität* her

7 »Dieselbe Funktion, welche den verschiedenen Vorstellungen *in einem Urteile* Einheit gibt, die gibt auch der bloßen Synthesis verschiedener Vorstellungen *in einer Anschauung* Einheit [...].« (Immanuel Kant, *Kritik der reinen Vernunft*, Frankfurt/M. 1974, B 104 f.; Hervorhebungen i. Orig.)

verstanden werden, die sie über die Bewertungen der *Richtigkeit* der Urteile ausübt, aus denen das Bewusstsein besteht. Urteile müssen *gegenüber* dem *verantwortlich* sein, was sie repräsentieren – um überhaupt richtig sein zu können, um als etwas verstanden werden zu können, das etwas repräsentiert, auf es Bezug nimmt, eine Erscheinung desselben ist. Hegel drückt das so aus, dass das Repräsentierte als ein normativer *Maßstab* für Urteilsakte dienen muss. Die nächste Frage ist, wie wir diesen Gedanken funktionalistisch operationalisieren können. Wie können wir ihn auf der Grundlage dessen verstehen, was man *tun* muss, um als jemand zu gelten, der ebendiese Autorität – die Verantwortung der Beschaffenheit der Dinge *für* das Bewusstsein (also der Urteile) gegenüber ihrer Beschaffenheit *an sich* – anerkennt? Das Bewusstsein selbst muss seine Urteile als Repräsentationen *von* einer Wirklichkeit betrachten; es muss sie als etwas auffassen, das über sich hinaus auf ein anderes verweist, gegenüber dem es sich für seine Richtigkeit verantwortet. Andernfalls könnten wir nicht annehmen, dass ein Bewusstsein im Urteilen dazu Stellung nimmt, wie die Dinge an sich beschaffen sind. Seine Urteile würden nicht die wirkliche Beschaffenheit der Dinge *für* das Bewusstsein ausdrücken.

Wir müssen den Sinn verstehen, in dem Hegel sagt, »[d]as Bewußtsein gibt seinen Maßstab an ihm selbst«, bzw. verstehen, in welchem Sinne wir an dem, »was das Bewußtsein innerhalb seiner für das *Ansich* oder das *Wahre* erklärt, [...] den Maßstab [haben], den es selbst aufstellt, sein Wissen daran zu messen«.[8] Und wie kommt es, dass »gerade darin, daß es überhaupt von einem Gegenstande weiß, [...] schon der Unterschied vorhanden [ist], daß *ihm* etwas das *Ansich*, ein anderes Moment aber das Wissen, oder das Sein des Gegenstandes *für* das Bewußtsein ist«?[9] Die Unterscheidung zwischen dem Sein der Dinge *an sich* und ihrem Sein *für* das Bewusstsein muss selbst »*dem* Bewusstsein etwas sein«. Diese Passage markiert eine absolut entscheidende (wenn auch selten zur Kenntnis genommene) Unterscheidung, nämlich zwischen den Dingen, insofern sie *für* das Bewusstsein etwas sind, und den Dingen, insofern sie *dem* Bewusstsein etwas sind. Diese Unterscheidung kann leicht übersehen werden, denn anders als Wendungen

8 Georg Wilhelm Friedrich Hegel, *Phänomenologie des Geistes*, Frankfurt/M. 1986 (hiernach *PhG*), S. 76 f. (Hervorhebungen i. Orig.)

9 Ebd., S. 78. (Hervorhebungen i. Orig.)

wie ›*für* das Bewusstsein‹ oder ›*an* sich‹ wird ›*dem* Bewusstsein‹ ohne eine eigene Präposition ausgedrückt, allein durch den Dativ und oft auch nur durch die anaphorische Konstruktion mit dem Pronomen ›ihm‹.

Wie Hegel uns sagt, ist *dem* Bewusstsein die Unterscheidung zwischen dem Sein der Dinge *für* das Bewusstsein und ihrem Sein *an sich* etwas. Ich verstehe das wie folgt: Das Sein von etwas *für* das Bewusstsein ist der Inhalt eines Urteils, also etwas *Explizites*. Mögliche Urteilsinhalte sind explizit, insofern sie in Aussagesätzen (bzw. »Dass«-Sätzen) gedacht und konstatiert werden können. Sie sind *propositionale* Inhalte. Wie wir gesehen haben, versteht Hegel solche Inhalte auf der Grundlage der Beziehungen materialer Unvereinbarkeit und (mithin der) Folgerung, in denen sie zueinander stehen. Diese Beziehungen fasst er wiederum von der Rolle her auf, die mögliche Urteilsinhalte in dem rational-synthetischen Prozess der Integration und Berichtigung von Verpflichtungen spielen, in dem es um die Erhaltung der für die Apperzeption charakteristischen Einheit geht. Wenn wir im Gegensatz hierzu fragen, was Dinge *dem* Bewusstsein sind, dann geht es funktional darum, wie sie vom Bewusstsein *implizit* betrachtet bzw. praktisch behandelt werden. Das Bewusstsein unterscheidet in seinen *Akten* praktisch zwischen dem Sein der Dinge *für* es und ihrem Sein *an sich*, also zwischen Erscheinung und Wirklichkeit. Das Bewusstsein, so sagt Hegel, *ist* ihre »Vergleichung«.[10] Wie können wir das, was das Bewusstsein wesentlich *tut*, um es *als* Bewusstsein verständlich zu sein, als praktisches Anerkennen dieser Unterscheidung auffassen? Indem wir diese Frage beantworten, werden wir zugleich begreifen, in welchem Sinne das Bewusstsein »einerseits Bewußtsein des Gegenstands, andererseits Bewußtsein seiner selbst [ist]; Bewußtsein dessen, was ihm das Wahre ist, und Bewußtsein seines Wissens davon«.[11] Dasjenige, was das Bewusstsein als solches *tut*, ist, zu urteilen – es vollzieht die integrativ-synthetische Tätigkeit, welche die synthetische Einheit der Apperzeption hervorbringt und erhält. Folglich müssen wir die obige Unterscheidung – Erscheinung und Wirklichkeit, die Beschaffenheit der Dinge für das Bewusstsein und ihre Beschaffenheit an sich, Repräsentierendes und Repräsentiertes – von den funktionalen Rollen innerhalb dieser Tätigkeit

10 Vgl. ebd.
11 Ebd., S. 77.

her verstehen können. Das von Hegel so genannte »natürliche Bewusstsein« bedarf dieser metabegrifflichen Begriffe nicht, es muss sie nicht explizit in Urteilen anwenden können.[12] Sobald wir jedoch über die Tätigkeit des Bewusstseins nachdenken, müssen wir ihm zuschreiben können, dass es das erfasst, was von diesen Begriffen explizit gemacht wird – ein Erfassen, das in der Tätigkeit des Bewusstseins implizit enthalten ist.

Die normative Deutung der Repräsentation lehrt uns, dass etwas praktisch die Rolle eines normativen *Maßstabs* für die Bewertung der Richtigkeit eines Urteils spielen muss, damit es als ein Wirkliches fungiert, das in dem Urteil repräsentiert wird bzw. erscheint.[13] Was ich im vorigen Kapitel die »Bedingung der rationalen Beschränkung« genannt habe, sagt uns außerdem: Das, was als ein *Bewertungsmaßstab* möglicher Urteilsinhalte dient, muss auch als ein *Grund* für diese Bewertung fungieren können. Es muss also, zumindest im Prinzip, *dem* Bewusstsein *als* ein Grund zur Verfügung stehen. Und damit dasjenige, was die Rolle eines Bewertungsmaßstabs spielt, als ein Grund fungieren kann, muss es selbst begriffliche Gestalt haben; es muss zum Repräsentierenden und zu dem, was von uns repräsentiert werden kann, in Beziehungen materialer Unvereinbarkeit und Folgerung stehen. Denn dies ist erforderlich, um als ein Grund für oder gegen Urteile fungieren zu können, das heißt als ein Maßstab, anhand dessen wir diese als richtig oder falsch bewerten können.

5.6 Die Erfahrung des Irrtums

Mit diesem Gedanken sind wir am Kern von Hegels funktionalistischer Erklärung der Idee repräsentationalen Anspruchs angelangt. Für jenen Prozess, in dem neue Verpflichtungen in eine Konstellation alter Verpflichtungen integriert werden, verwendet Hegel den Ausdruck »Erfahrung«. Seine Erklärung der Idee, dass mögliche Urteilsinhalte einen repräsentationalen Anspruch haben, wendet sich dabei dem kritischen Aspekt dieses Prozesses zu, bei dem es um die Anerkennung und Auflösung von Unvereinbarkeiten geht, die sich ergeben, wenn ein neues Urteil hinzugefügt wird. Bei der

12 Vgl. ebd., S. 72 f.

13 Die betreffende Bewertung entspricht Hegels »Prüfung« in ebd., S. 77 f.

systematischen normativen Pflicht in dieser Dimension handelt es sich um eine praktische Verantwortung – eine Verantwortung, etwas *zu tun*. Wir haben die Pflicht, die synthetische Einheit wiederherzustellen, die für die Apperzeption charakteristisch ist, und zwar indem wir die Inkohärenz beheben, die sich einstellt, sobald sich ein Subjekt mit unvereinbaren Verpflichtungen vorfindet. Dieser Prozess ist die Erfahrung des *Irrtums*.

Man betrachte ein Beispiel. Ein naives Subjekt schaut auf einen Stock, der zur Hälfte in das Wasser eines Teichs eingetaucht ist, und gewinnt so wahrnehmend die Überzeugung, der Stock sei geknickt. Sobald das Subjekt ihn herauszieht, gewinnt es die Überzeugung, er sei gerade. Zudem war es die ganze Zeit über überzeugt, dass der Stock starr ist und das Entfernen desselben aus dem Wasser seine Gestalt nicht ändern würde. Zusammengenommen sind diese Urteile unvereinbar. Dies anzuerkennen bedeutet anzuerkennen, dass ein Fehler begangen wurde. In diesen Anerkennungsakten wird so die praktische Verantwortung akzeptiert, die Vereinbarkeit der eigenen Verpflichtungen wiederherzustellen (die praktische Verantwortung zur Kritik). Zumindest eine der Verpflichtungen in der fehlerhaften Konstellation ist zu verwerfen oder abzuändern. Nehmen wir an, unser Subjekt gibt die Überzeugung auf, der Stock sei geknickt, während es die Überzeugung, dass er gerade ist, aufrechterhält (ebenso wie seine anderen, parallel bestehenden Verpflichtungen). Unser Subjekt mag zu der getroffenen Entscheidung darüber, was beizubehalten und was zu verwerfen sei, im Lichte seiner Überzeugung gelangt sein, dass es viel erfahrener – und entsprechend zuverlässiger – darin ist, Gestalten visuell zu beurteilen, auf die es durch Luft oder Wasser hindurchblickt, als wenn es sie durch beides hindurch sieht.

Zunächst sollten wir feststellen: Indem das Subjekt die zwei Gestalt-Verpflichtungen (im Zusammenhang mit den parallel bestehenden Verpflichtungen auf Starrheit und Konstanz der Gestalt) als miteinander unvereinbar behandelt, behandelt es sie implizit als solche, die ein gemeinsames Thema haben, also *auf* ein und denselben Gegenstand *Bezug nehmen*. Denn die Verpflichtungen darauf, dass Stock Nr. 1 geknickt, Stock Nr. 2 dagegen gerade ist, sind *nicht* miteinander unvereinbar. Erst wenn es *derselbe* Stock ist, dem wir diese unvereinbaren Eigenschaften zuschreiben, sind die sich ergebenden Urteilsinhalte miteinander unvereinbar. (Hegel diskutiert diesen Punkt eingehender im Wahrnehmungskapitel der *Phänomenologie*.) Indem wir zwei Verpflichtungen als miteinander unvereinbar behandeln (indem wir praktisch die Pflicht anerkennen, zumindest eine von ihnen zu überarbeiten), behandeln wir sie als solche, die auf einen einzigen Gegenstand Bezug nehmen, und schreiben *diesem* Gegenstand mithin miteinander unvereinbare Eigenschaften zu. Anders gesagt, wir behandeln die Verpflichtungen jeweils als etwas, das ein ihnen gemeinsames Repräsentiertes repräsentiert. Die Anerkennung, dass zwei Verpflichtungen miteinander unvereinbar sind, beinhaltet somit eine Form repräsentationaler *Triangulation*. Wir behandeln sie implizit so, dass beide dasselbe Thema haben, das heißt auf dasselbe Ding Bezug nehmen. Wenn ich sage, diese Anerkennung eines gemeinsamen repräsentationalen Anspruchs sei *implizit*, dann ist damit gemeint, dass der repräsentationale Anspruch anerkannt wird, indem das Subjekt etwas *tut* – nicht explizit als propositionaler Inhalt eines Urteils. In einem solchen Urteil würde letztlich behauptet, dass diese verschiedenen Sinne (die durch Beziehungen materialer Unvereinbarkeit und Folgerung gegliederten begrifflichen Inhalte) denselben Referenzgegenstand herausgreifen. Es geht hier folglich darum, was diese Verpflichtungen *dem* Bewusstsein, nicht was sie *für* das Bewusstsein sind. (*Für* das Bewusstsein ist der Stock beides, geknickt und gerade, die Unvereinbarkeit dieser Verpflichtungen ist in diesem einfachsten Fall jedoch nur *dem* Bewusstsein etwas.)

Das eben Gesagte betrifft den ersten Schritt des Prozesses der Erfahrung des Irrtums – die Anerkennung der materialen Unvereinbarkeit von Verpflichtungen, welche das Subjekt eingegangen ist. In diesem Schritt befinden sich alle unvereinbaren Verpflichtungen noch auf einer Ebene. Noch wurden keine misslichen Bewertungen ihrer relativen Autorität (Glaubwürdigkeit) angestellt. Ich habe bisher gesagt, dass wir bereits in diesem Schritt die Anerkennung des geteilten repräsentationalen Anspruchs zweier Verpflichtungen so auffassen können, dass sie implizit darin enthalten ist, dass wir die materiale Unvereinbarkeit dieser Verpflichtungen praktisch anerkennen.[14] Diese rein formale Dimension des repräsentationalen

14 Dieser Punkt lässt sich auf Konstellationen von mehr als zwei Verpflichtungen ausdehnen, die zusammen miteinander unvereinbar sind (solange alle Glieder der Gruppe für ihre gemeinsame Unvereinbarkeit notwendig sind, insofern nämlich, wenn wir eines derselben fallenlassen, dies einen Rest ergeben würde,

Anspruchs wird durch eine andere, reichere Dimension ergänzt, die aber erst im nächsten Schritt der Erfahrung des Irrtums auftritt. Denn auf die Anerkennung der Unvereinbarkeit (des Umstands, dass bei den Verpflichtungen, die wir als miteinander unvereinbar betrachten, der eine oder andere Irrtum vorliegt) muss die Überarbeitung zumindest einiger dieser Verpflichtungen folgen. Der zweite Schritt in der Erfahrung des Irrtums, die *Berichtigung*, besteht in der Ausführung dessen, was wir im ersten Schritt als unsere je eigene praktische Pflicht anerkannt haben – nämlich die anerkannte Unvereinbarkeit zu beheben, indem wir einige der fehlerhaften Verpflichtungen überarbeiten oder verwerfen.

Indem das Subjekt in unserem Beispiel die Überzeugung, dass der Stock geknickt ist, aufgibt und die Überzeugung, dass er gerade ist, beibehält, behandelt es sie so, dass die erste eine bloße *Erscheinung* und die zweite die entsprechende *Wirklichkeit* vorstellt. In diesem Schritt der Erfahrung des Irrtums wird der Fehler eingegrenzt und identifiziert. Aus Sicht des Subjekts ist das Problem die Verpflichtung darauf, dass der Stock geknickt ist. In dieser irrt es sich. Indem es sie verwirft, betrachtet es sie praktisch nicht als einen Ausdruck dessen, wie die Dinge wirklich beschaffen sind. Denn wir müssen einen möglichen Urteilsinhalt bejahen, um ihn praktisch als einen Ausdruck der wirklichen Beschaffenheit der Dinge zu betrachten bzw. zu behandeln. Zuvor hatte das Subjekt dem Urteil, dass der Stock geknickt ist, diesen Status erteilt. Indem es nun aber die vorherige Verpflichtung zurückweist, betrachtet es diese als etwas, das diesen Status nicht länger verdient. Aus der Sicht des Subjekts ist (durch den Konflikt mit seinen anderen Verpflichtungen) also offenbar geworden, dass die Verpflichtung nur *beanspruchte*, die wirkliche Beschaffenheit der Dinge zum Ausdruck zu bringen – dass sie also eine bloße *Erscheinung* war.

Ferner stellt die Perspektive der Triangulation sicher, dass das verworfene Urteil, dass der Stock geknickt ist, praktisch nicht bloß als eine Erscheinung aufgefasst wird, sondern als eine Erscheinung *von* etwas Wirklichem, das selbst in der beibehaltenen Verpflichtung gegeben ist: Was als geknickt erschien (der Stock), wurde in Wirklichkeit als etwas Gerades enthüllt. In der Erfahrung des

der nur noch miteinander vereinbare Verpflichtungen umfasst). Der Einfachheit halber werde ich an dem Fall zweier Verpflichtungen festhalten.

Irrtums werden sowohl die Verpflichtung darauf, dass der Stock geknickt ist, als auch die Verpflichtung darauf, dass er gerade ist, als *Arten des Gegebenseins* eines Wirklichen (des Stocks) betrachtet bzw. behandelt – die eine als wahrheitsgetreu, die andere als fehlrepräsentierend. Beide Schritte in diesem Prozess der Erfahrung des Irrtums – die Anerkennung der Unvereinbarkeit und ihre Berichtigung – tragen dazu bei, die Bedingung der Art des Gegebenseins zu erfüllen, die für jede Theorie intentionalen Inhalts gilt. Denn welche Funktion die Urteile in diesen Phasen der Erfahrung des Irrtums haben, welche Rolle sie also jeweils in ihnen spielen, zeigt uns, was wir *tun* müssen, um als jemand zu gelten, der die repräsentationale Dimension begrifflichen Inhalts praktisch anerkennt. Es zeigt uns, was es heißt, Urteile als etwas Repräsentierendes zu betrachten bzw. zu behandeln – als eine Erscheinung der wirklichen Beschaffenheit eines repräsentierten Dings.

In der ersten Phase der Erfahrung des Irrtums gerät die Autorität der Überzeugung, dass der Stock gerade ist, mit der Autorität der Überzeugung, dass er geknickt ist, in Widerstreit. In der zweiten Phase wird die Autorität der ersteren Überzeugung bestätigt, während die Autorität der letzteren verworfen wird. Im Zusammenhang mit dem, worauf das Subjekt parallel noch verpflichtet ist – bezüglich der Starrheit, der Veränderbarkeit der Gestalt starrer Gegenstände und der relativen Verlässlichkeit visueller Wahrnehmung unter verschiedenen Bedingungen –, erkennt es die Überzeugung, dass der Stock gerade ist, als *Maßstab* an für die Bewertung der *Richtigkeit* (Wahrheitstreue) der Überzeugung, dass der Stock geknickt ist. Da nun beide Überzeugungen miteinander unvereinbar sind, wird die letztere diesem Maßstab gemäß als falsch verworfen. Die Überzeugung, dass der Stock geknickt ist, wird entsprechend gegenüber derjenigen Konstellation von Verpflichtungen als verantwortlich bewertet, die die Überzeugung enthält, dass der Stock gerade ist. All dies besagt nun, dass der gerade Stock (wie er uns in dem Urteil, er sei gerade, gegeben ist) die *normativ-funktionale* Stellung einnimmt, die für das Wirkliche charakteristisch ist, das von einem Repräsentierenden repräsentiert wird: Der gerade Stock bildet den autoritativen Maßstab für die Bewertung der Richtigkeit von Repräsentierendem, das allein dadurch, dass es ihm gegenüber für solche Bewertungen verantwortlich ist, als etwas gilt, das auf ihn Bezug nimmt. Es ist mithin so: Wenn wir die Rolle betrachten, die verschiedene Verpflichtungen in der Erfahrung des Irrtums spielen, dann erkennen wir, dass die Bedingung der Art des Gegebenseins darin insofern erfüllt ist, als es von der normativen Theorie des Repräsentierenden erfordert wird.

Ferner können wir auch die Bedingung der rationalen Beschränkung erfüllen, indem wir die Idee repräsentationalen Anspruchs funktional von der Rolle her verstehen, die begrifflich gegliederte mögliche Urteilsinhalte in den Prozessen spielen, welche die Struktur der Erfahrung des Irrtums aufweisen. Im Kontext der Konstellation parallel bestehender Verpflichtungen aus unserem Beispiel liefert uns die Überzeugung, dass der Stock gerade ist, einen *Grund* dafür, die Überzeugung zu verwerfen, dass er geknickt ist. Der Widerstreit beider wird so *rational* aufgelöst. Die Überzeugung, dass die visuelle Wahrnehmung unter solchen Bedingungen, unter denen das Subjekt die verschiedenen Wahrnehmungsurteile jeweils bejaht hat, in unterschiedlichem Grade verlässlich ist, bildet zusammen mit der Überzeugung, dass der Stock gerade ist, ein Argument gegen die Überzeugung, dass er geknickt ist. Indem es die Erfahrung des Irrtums macht, behandelt unser Subjekt die Wirklichkeit (den geraden Stock) praktisch als etwas, das der Bewertung, inwiefern verschiedene Erscheinungen wahrheitsgetreu sind, eine rationale Beschränkung auferlegt.

Indem das Subjekt auf diese Weise vorgeht, betrachtet bzw. behandelt es die Überzeugung, dass der Stock geknickt ist, praktisch als Ausdruck des Seins der Dinge für das Bewusstsein und die Überzeugung, dass dieser gerade ist, als Ausdruck des Seins der Dinge an sich. Und diese Status sind wiederum das, was die Überzeugungen *dem* Bewusstsein, also *implizit*, sind. Das Subjekt der Erfahrung des Irrtums braucht nämlich nicht Begriffe wie WIRKLICHKEIT und ERSCHEINUNG, REPRÄSENTIERTES und REPRÄSENTIERENDES, SEIN DER DINGE AN SICH und SEIN DER DINGE FÜR DAS BEWUSSTSEIN, NOUMENA und PHAENOMENA explizit zum Einsatz zu bringen, damit wir die Tatsache, dass es eine Verpflichtung des (kontextuell) material unvereinbaren Paars beibehält und die andere verwirft, folgendermaßen verstehen können: Das Subjekt betrachtet bzw. behandelt die beiden Verpflichtungen praktisch jeweils so, dass die eine etwas Wirkliches, die andere dagegen eine bloße Erscheinung vorstellt. Die eine Verpflichtung ist *dem* Bewusstsein also, was der Stock an sich ist (also gerade), die andere ist *ihm* dagegen das, was der Stock bloß *für* das Bewusstsein ist (bzw. war).[15] Dies meint Hegel, wenn er sagt, »[d]as Bewußtsein gibt seinen Maßstab an ihm selbst« und »[an] dem [...], was das Bewußtsein innerhalb seiner für das *Ansich* oder das *Wahre* erklärt, haben wir den Maßstab, den es selbst aufstellt, sein Wissen daran zu messen«.[16]

5.7 Beide Seiten des begrifflichen Inhalts sind repräsentational aufeinander bezogen

In Hegels Modell ist der begriffliche Inhalt, den Repräsentierendes und Repräsentiertes (Erscheinung und Wirklichkeit, *Phaenomenon* und *Noumenon*, Verpflichtung und Tatsache) miteinander teilen, von jenen Formen abstrahiert, in denen Beziehungen materialer Unvereinbarkeit und Folgerung auftreten können. Das ist zum einen die subjektive Form, die wir durch das deontisch-normative Vokabular explizit machen, und zum anderen die objektive Form, die wir durch das alethisch-modale Vokabular explizit machen. Es ist nicht bloßer Zufall, sondern dem begrifflichen Inhalt wesentlich, dass er diese beiden Formen annehmen kann. Der zentrale metaphysische Begriff, in dem dieser Punkt theoretisch aufgegriffen und zum Ausdruck gebracht wird, ist der Begriff BESTIMMTE NEGATION. Denn er bringt deutlich den Sinn zum Ausdruck, in dem jegliches (Gedanken, Tatsachen, Eigenschaften, begriffliche Inhalte) etwas *Bestimmtes* sein kann – nämlich indem es sich von anderem so Bestimmten deutlich abhebt und es mithin ausschließt (Spinozas »omnis determinatio est negatio«). Auf objektiver Seite bedeutet dies, dass die Beschaffenheit der Dinge wesentlich eine Frage der Struktur ihrer alethisch-modalen Beziehungen ist, was diese also unmöglich oder notwendig machen. Auf subjektiver Seite bedeutet es, dass wir Verpflichtungen allein im Zusammenhang derjenigen funktionalen Rolle als bestimmt auffassen können, die sie in dem *Prozess* spielen, in dem wir sie erwerben und überarbeiten. Denn es ist dieser Prozess, der den deontisch-normativen Beziehungen der Unvereinbarkeit und Folgerung gehorcht, welche den begrifflichen Inhalt jener Verpflichtungen gliedern. Ein Aspekt von Hegels Konzeption der (bestimmten) Negation, mit-

15 So drückt sich, wie oben zitiert, auch Hegel aus; vgl. *PhG*, S. 76 ff.

16 Ebd., S. 76 f. (Hervorhebungen im Orig.)

hin seiner Konzeption von Begriffen und deren Inhalt, der immer schon schwierig zu verstehen war, ist der Umstand, dass er diese traditionellen logischen Begriffe mit *dynamischen* Kategorien wie Bewegung, Prozess und Ruhelosigkeit verbindet.[17] Dahinter verbirgt sich der Umstand, dass Hegel die normativ verstandene Unvereinbarkeit mit dem Prozess in Verbindung bringt, in dem wir Verpflichtungen erwerben und überarbeiten.

Hegel betrachtet die subjektive Gliederung der begrifflichen Inhalte von Verpflichtungen durch deontisch-normative Beziehungen der materialen Unvereinbarkeit und Folgerung und die objektive Gliederung der begrifflichen Inhalte von Sachverhalten durch entsprechende alethisch-modale Beziehungen als zwei Seiten einer Medaille, als zwei Aspekte einer einzigen Konzeption. Eine wichtige Behauptung Hegels ist, dass die Begriffe BESTIMMTE NEGATION und BEGRIFFLICHER INHALT nicht mehrdeutig sind. Sie weisen vielmehr eine Feinstruktur auf, die sich aus dem Verhältnis ergibt, in dem die zwei eng aufeinander bezogenen Formen – die subjektive und die objektive – stehen, die begriffliche Inhalte (die durch bestimmte Negation und Vermittlung definiert sind) annehmen können. Diese Behauptung spielt eine wichtige Rolle in Hegels Strategie, die subjektive und die objektive Seite des intentionalen Nexus der Erkenntnis (später auch der Handlungsfähigkeit)

17 In der *Phänomenologie* wird dieses Thema in der »Vorrede« hervorgehoben, und zwar als eine partielle Erklärung dafür, warum »alles darauf an[kommt], das Wahre nicht als *Substanz*, sondern ebensosehr als *Subjekt* aufzufassen und auszudrücken« (ebd., S. 22 f.). Subjekte sind von der Art, dass sie auf die impliziten normativen Anforderungen reagieren müssen, welche in der Anwendung eines Begriffs liegen, dessen Inhalt durch die Beziehungen der bestimmten Negation (materialen Unvereinbarkeit) und der Vermittlung (inferentiellen Folgerung) gegliedert wird, in denen er zu anderen solchen Inhalten steht. Dass sie dadurch reagieren müssen, dass sie etwas *tun* – ihre weiteren Verpflichtungen *ändern* (einige verwerfen und andere akzeptieren) –, bildet den Kontext, in dem wir Hegels Rede von der »Bewegung des Begriffs« (vgl. ebd., S. 37 f.) verstehen müssen. Dies ist es, worüber er spricht, wenn er sich auf den »sich bewegende[n] und seine Bestimmungen in sich zurücknehmende[n] Begriff« bezieht: »In dieser Bewegung geht jenes ruhende Subjekt selbst zugrunde; es geht in die Unterschiede und den Inhalt ein und macht vielmehr die Bestimmtheit, d. h. den unterschiedenen Inhalt wie die Bewegung desselben aus, statt ihr gegenüber stehenzubleiben.« (Ebd., S. 57) Deshalb haben »jene Bestimmungen [...] das Ich, die Macht des Negativen oder die reine Wirklichkeit zur Substanz und zum Element ihres Daseins« (ebd., S. 37).

dadurch zu verstehen, dass er beide als komplementäre Aspekte begrifflichen Inhalts abstrahiert. Dabei handelt es sich um diejenige Strategie, die er bereits in der »Einleitung« von traditionellen Ansätzen abgrenzt, welche versuchen, vorgängig und unabhängig voneinander spezifizierte Konzeptionen von SUBJEKT und GEGENSTAND im Nachhinein irgendwie zusammenzusetzen, um auf diese Art und Weise ein Verständnis ihrer intentionalen Beziehungen zu gewinnen. Dieser Ansatz ist Hegel zufolge zum Scheitern verurteilt, solange wir durch eine psychologische Konzeption des Begrifflichen (mithin des Verständlichen) den begrifflichen Inhalt auf die subjektive Seite einschränken, so dass unvermeidlich eine Kluft zwischen verschiedenen Arten der Verständlichkeit aufbricht, welche die erkennenden und handelnden Subjekte von der objektiven Welt trennt, die sie erkennen und in der sie handeln.

Wie können wir die Konzeption des begrifflichen Inhalts (als ein durch Beziehungen der bestimmten Negation und Vermittlung Gegliedertes) in ihren zwei Formen – der subjektiv-normativen und der objektiv-modalen – als *amphibisch* auffassen? Wir sollten sie meines Erachtens von zwei Behauptungen her begreifen: Erstens, das deontisch-normative Vokabular ist ein *pragmatisches Metavokabular* für das alethisch-modale. Hieraus folgt, zweitens, zwischen diesen beiden Vokabularien besteht *ihrem Sinn nach* eine Beziehung der *Abhängigkeit*. Der ersten Behauptung zufolge erlaubt uns das deontisch-normative Vokabular zu *sagen*, was jemand *tun* muss, damit er das *sagt*, was ihm das alethisch-modale Vokabular zu sagen erlaubt.[18] Denn um als jemand zu gelten, der die Inhalte erfasst, welche durch das alethisch-modale Vokabular ausgedrückt werden, müssen wir die Verpflichtungen, die wir im Verwenden desselben eingehen, praktisch auf eine gewisse Art und Weise betrachten bzw. behandeln. Um etwa die Behauptungen zu erfassen, dass *p* und *q* zusammen *unmöglich* ist und dass, wenn *p*, dann *notwendig* auch *r* ist – die Hegel zufolge die expressive Funktion haben, jene Beziehungen explizit zu machen, aufgrund deren *p*, *q* und *r* erst ihren jeweiligen begrifflichen Inhalt haben –, müssen wir Folgendes *tun*: Wir müssen praktisch die Verpflichtungen auf *p* und *q* als normativ miteinander unvereinbar betrachten bzw. be-

18 Einige Hintergrundinformationen, Klärungen und Beispiele für den Begriff PRAGMATISCHES METAVOKABULAR biete ich in Kap. 1 meines Buchs *Between Saying and Doing. Towards an Analytic Pragmatism*, New York 2008.

handeln (man kann nicht zu beiden *berechtigt* sein) und analog die Verpflichtung auf *r* als etwas, das normativ aus der Verpflichtung auf *p* folgt (wer auf das Erste verpflichtet ist, gilt damit als jemand, der auch auf das Zweite *verpflichtet* ist). Allein dadurch, dass man vermag, sein Tun mit den Normen, die wir durch das deontische Vokabular ausdrücken, in Übereinstimmung zu bringen, gilt man als jemand, der das modale Vokabular verstehen und anwenden kann. Indem wir unsere je eigenen Verpflichtungen so behandeln, dass sie in diesen normativen Beziehungen zueinander stehen, tun wir letztlich *nichts anderes*, als sie als Verpflichtungen aufzufassen, die das betreffen, was objektiv unmöglich und notwendig ist; wir fassen sie als Erscheinungen *von* einer Wirklichkeit auf, die durch solche alethisch-modale Beziehungen gegliedert ist. Wie wir gesehen haben, bildet der Vollzug der Erfahrung des Irrtums, die von praktischen Normen geleitet ist, welche auf deontischen Beziehungen der Unvereinbarkeit basieren, den Rahmen, in dem wir unsere je eigenen Verpflichtungen als Erscheinungen (Repräsentierendes) einer (repräsentierten) Wirklichkeit betrachten bzw. behandeln.

Dem deontisch-normativen Vokabular kommt in diesem Sinne die expressive Funktion eines pragmatischen Metavokabulars für das alethisch-modale zu. Das bedeutet, dass niemand das alethisch-modale Vokabular verstehen, es verständig zum Einsatz bringen kann, wenn er nicht die normativ strukturierten Praktiken beherrscht, die durch das deontische Vokabular explizit gemacht werden. Diese Behauptung betrifft das praktische *Erfassen* dessen, was durch das alethisch-modale Vokabular ausgedrückt wird, das heißt, sie betrifft das, was man *tun* können muss, um das *zu sagen*, was es besagt. Es ist also *keine* Behauptung darüber, was *wahr* sein muss, damit auch das wahr ist, was wir im Verwenden dieses modalen Vokabulars *sagen*. Es wird also *nicht* behauptet, dass keine alethisch-modal formulierbaren Behauptungen wahr sein könnten, wenn nicht einige deontisch-normativ formulierbaren Behauptungen wahr wären. Weder wird behauptet, noch folgt aus dem, was behauptet wird, dass keine modalen Behauptungen wahr wären, wenn es nicht einige Begriffe verwendende Wesen gäbe, die das normative Vokabular zur Anwendung bringen. Die Behauptung ist vielmehr folgende: Wenn wir nicht *praktisch* verstehen, was durch das normative Vokabular gesagt wird – wir nicht die Dinge tun, nicht an den Praktiken teilzunehmen vermögen, die im normativen Vokabular spezifiziert werden können –, dann können wir auch nicht dasjenige verstehen, was durch das modale Vokabular gesagt wird. Behauptet wird folglich, dass das modale Vokabular *seinem Sinn nach* von dem abhängt, was durch das normative Vokabular ausgedrückt wird, nicht jedoch *seiner Referenz nach*.

Diese Unterscheidung können wir anhand eines Beispiels verdeutlichen, das mit Normativität oder Modalität nichts zu tun hat. Unabhängig von der Frage, ob es gut ist, den Begriff SCHÖNHEIT so aufzufassen oder nicht, können wir einen *von Reaktionen abhängigen* Begriff (*response dependent concept*) SCHÖNHEIT* definieren. Wir stipulieren dazu Folgendes: Ein Gegenstand bzw. eine Situation gilt genau dann als schön*, wenn er bzw. sie unter geeigneten Umständen in einem geeigneten Subjekt, das dem Gegenstand bzw. der Situation auf geeignete Weise ausgesetzt ist, eine Lustreaktion hervorrufen *würde*. (Meine beabsichtigte Verwendung des Beispiels hängt nicht davon ab, wie diese verschiedenen Parameter von GEEIGNETHEIT ausbuchstabiert werden.) Die Eigenschaft ›schön*‹ hängt ihrem Sinn nach von der Eigenschaft ›Lust‹ ab. Wir könnten also den (amphibisch entsprechenden) *Begriff* SCHÖN* nicht *verstehen*, wenn wir nicht den Begriff LUST *verstanden* hätten – denn der eine ist durch den anderen definiert. Es folgt aber keineswegs, dass etwas nicht schön* *sein* könnte, wenn nicht jemand darauf mit Lust reagierte. Dieser Definition zufolge gab es schöne* Sonnenuntergänge bereits bevor es geeignete Lebewesen gab, die fähig waren, Lust zu empfinden und in entsprechender Weise zu reagieren; und sie würden selbst dann noch schön* sein, wenn es niemals solche Lebewesen gegeben hätte. Denn es könnte immer noch der Fall sein, dass Lebewesen mit derartigen Reaktionen, *wenn* sie denn *existierten*, mit Lust reagieren *würden* (bzw. reagiert *hätten*). In gleicher Weise können wir einen Planeten oder Stern als ›supraterrar‹ definieren, und zwar genau für den Fall, dass dieser eine Masse hat, die mehr als doppelt so groß ist wie die der Erde. Mit einer solchen Definition hätten wir uns nicht darauf verpflichtet zu bestreiten, dass ein Planet diese Eigenschaft auch in einer möglichen Welt besitzen kann, in der die Erde nicht existiert. Je nachdem, wie wir sie spezifizieren, kann eine Eigenschaft *ihrem Sinn nach* von anderen Eigenschaften abhängen (wie ›schön*‹ von ›Lust‹ und ›supraterrar‹ von ›hat mindestens die doppelte Masse der Erde‹), ohne von ihnen auch *ihrer Referenz nach* abhängig zu sein. Ein Gegenstand kann also die Eigenschaft *E* aufweisen, die ihrem Sinn, nicht aber ihrer Referenz nach von einer Eigenschaft *E'* abhängt, und das in einer Welt, in der nichts die Eigenschaft *E'* besitzt.

Die Behauptung, dass modale Eigenschaften (mittels der ihnen amphibisch entsprechenden Begriffe) von unseren normgeleiteten Tätigkeiten abhängen, in denen wir Verpflichtungen akzeptieren und verwerfen, bezieht sich auf den Sinn, nicht auf die Referenz dieser modalen Eigenschaften. Die objektive Welt würde selbst dann noch begrifflich strukturiert sein, das heißt aus Tatsachen (Gegenständen samt ihren Eigenschaften und Beziehungen) bestehen, die durch alethisch-modale Beziehungen der je gleichzeitigen Möglichkeit und Notwendigkeit gegliedert sind, wenn es in dieser Welt niemals erkennende und handelnde Subjekte gegeben hätte, die normativ gegliederte Begriffe anwenden, indem sie Verpflichtungen eingehen und verwerfen. Die Abhängigkeit der objektiven Welt von unserem menschlichen Geist, die der hegelsche Idealismus hier behauptet – nennen wir sie *objektiven Idealismus* –, ist nicht von jener anstößigen Art wie die von Berkeley behauptete Abhängigkeit hinsichtlich der Referenz; sie hat die weitaus plausiblere (oder zumindest scheinbar plausiblere) Form einer Abhängigkeit hinsichtlich des Sinns. *Wir* können uns mögliche Welten denken, in denen es keine Subjekte gibt, auf die ein deontisch-normatives Vokabular Anwendung findet, und dennoch diese Welten in einer Weise beschreiben, in der sie die Anwendung eines alethisch-modalen Vokabulars möglich machen. Die Tatsache, dass wir solche Möglichkeiten verstehen können, hängt jedoch davon ab, dass wir imstande sind, an Praktiken teilzunehmen, die durch die Anwendung eines deontisch-normativen Vokabulars explizit gemacht werden.

Das Modell, das Hegel in Abgrenzung zu den zweistufigen Modellen der Repräsentation konstruiert, welche darauf verpflichtet sind, streng zwischen der Art der Verständlichkeit des Repräsentierten und der des Repräsentierenden zu unterscheiden, hängt von einer Erklärung dessen ab, was es heißt, begrifflich gehaltvoll zu sein. Diese Erklärung beinhaltet eine Verpflichtung darauf, dass begriffliche Inhalte amphibisch sind – sie existieren sowohl in einer subjektiven Form, die durch deontisch-normative Beziehungen der Unvereinbarkeit und Folgerung gegliedert ist, als auch in einer objektiven Form, die durch alethisch-modale Beziehungen der Unvereinbarkeit und Folgerung gegliedert ist. Zwischen beiden Formen gibt es eine Entsprechung, insofern wir die eine als ein pragmatisches Metavokabular der anderen auffassen können, womit zugleich eine Art von praktischer Abhängigkeit des Sinns eingeführt wird. Diesem Ansatz zufolge enthält der modale Realismus den Begriffsrealismus, wobei dieser wiederum den objektiven Idealismus enthält. Mit seiner »Einleitung« führt uns Hegel nicht allein in sein Buch ein, sondern zugleich auch in den metabegrifflichen Rahmen von Kategorien, den er andernorts »Vernunft« nennt. Diese Benennung steht in Abgrenzung zu dem traditionellen, neuzeitlichen metabegrifflichen Rahmen von Kategorien, der bei Kant seine expliziteste und aufschlussreichste Ausarbeitung erfährt und von Hegel »Verstand« genannt wird. Vom Standpunkt der Vernunft aus enthält das Denken Aussagen, die im traditionellen Rahmen, vom Standpunkt des Verstandes aus, durchaus verwunderlich sind. Es handelt sich dabei um Behauptungen wie diese: Da die Welt eine objektive Beschaffenheit aufweist, hat sowohl sie als auch unser auf sie Bezug nehmendes Denken eine begriffliche (mithin verständliche) Form; und das wäre selbst dann noch der Fall, wenn es niemals Subjekte gegeben hätte, die fähig wären, Begriffe anzuwenden. Entsprechend sind Denken und Sein, Repräsentierendes und Repräsentiertes (in der Sprache der »Vorrede«: Subjekt und Substanz), wesentlich in Paaren auftretende Formen, die ein begrifflicher Inhalt annehmen kann. Der Begriff NEGATION (Unvereinbarkeit), auf dessen Grundlage wir Bestimmtheit (gleichviel ob subjektiver oder objektiver Tatsachen) verstehen sollten, enthält wesentlich ein Prinzip der *Bewegung*, der *Veränderung* bzw. des aktiven, praktischen *Tuns* – so wundersam dies auch aus Sicht der logischen Tradition, die originär zum Verstand gehört, erscheinen mag. Subjektive Praktiken und Prozesse, die wir anhand des deontisch-normativen Vokabulars spezifizieren, und objektive Beziehungen und Tatsachen, die wir anhand des alethisch-modalen Vokabulars spezifizieren, sind zwei einander ergänzende Aspekte bzw. Dimensionen all dessen, was bestimmt und mithin verständlich ist. (Wir können diese Behauptungen jetzt so verstehen, dass sie sich auf praktische Beziehungen der Abhängigkeit des Sinns beziehen, die sich aus dem Verhältnis von normativen und modalen Vokabularen ergeben – ein Verhältnis, nach dem Erstere pragmatische Metavokabulare der Letzteren sind.) In den Abschnitten, welche die »Einleitung« in die *Phänomenologie* eröffnen, verfolgt Hegel das Ziel, uns von Folgendem zu überzeugen: Wenn in der Epistemologie die Möglichkeit genuiner Erkenntnis, ja selbst die Verständlichkeit des Irrtums nicht von vornherein aufgrund unserer Semantik ausgeschlossen sein soll, dann müssen wir die Bandbreite möglicher Modelle erweitern, anhand deren wir das Verhältnis von Erscheinung und Wirklichkeit beschreiben. Sie darf nicht nur das gewöhnliche semantische Paradigma des Verstandes, sondern muss das neue, weniger vertraute der Vernunft enthalten – und zwar trotz der zunächst wunderlichen und unangenehmen Folgerungen, die dieses beinhaltet.

5.8 Zusammenfassung

Am Schluss des vierten Kapitels habe ich die zwei Formen diskutiert, die begriffliche Inhalte annehmen können, wenn wir Hegels nichtpsychologische Konzeption dieser Inhalte übernehmen (der zufolge sie durch Beziehungen materialer Unvereinbarkeit und Folgerung gegliedert sind) – eine subjektive und eine objektive Form. Diese Konzeption soll uns die Möglichkeit geben zu vermeiden, dass in unserer Semantik zwischen dem Erkenntnissubjekt und dem Erkannten (Erscheinung und Wirklichkeit) eine Kluft hinsichtlich ihrer Verständlichkeit aufbricht, die dann in unserer Epistemologie zu einem Skeptizismus führen würde. Unsere propositionalen Verpflichtungen (Urteile, Überzeugungen), die sich auf der subjektiven Seite der Gewissheit befinden – des Seins der Dinge für das Bewusstsein –, sind durch deontisch-normative Beziehungen der Unvereinbarkeit gegliedert. Die Tatsachen und möglichen Sachverhalte, die sich auf der objektiven Seite der Wahrheit befinden – des Seins der Dinge an sich –, sind hingegen durch alethisch-modale Beziehungen der Unvereinbarkeit gegliedert. Wir sind nun in der Lage, die Beziehung zwischen beiden als *repräsentational* aufzufassen, das heißt als eine Beziehung zwischen Repräsentierendem und Repräsentiertem. Wir erkennen, inwiefern sich unsere Verpflichtungen als *Erscheinungen von* einer objektiven Wirklichkeit verständlich sind. Diese Verständlichkeit ist *funktionalistischer* und *pragmatistischer* Art. Wir wissen jetzt, was wir *tun* müssen, um unsere Verpflichtungen implizit, das heißt praktisch, *als* Erscheinungen *von* einer Wirklichkeit zu betrachten bzw. zu behandeln – so dass also die Unterscheidung zwischen dem Sein der Dinge *für* das Bewusstsein und ihrem Sein *an* sich *dem* Bewusstsein etwas ist.

Die hier dargelegte Erklärung der Idee repräsentationalen Anspruchs aus der Erfahrung des Irrtums operationalisiert jene *epistemologischen* Bedingungen, die im vorigen Kapitel unter den Titeln »Verständlichkeit des Irrtums« und »genuine Erkenntnis« als Adäquatheitskriterien *semantischer* Theorien des intentionalen Gehaltvollseins und der intentionalen Bezugnahme ausgewiesen wurden. Das gesamte fünfte Kapitel war eine ausführliche Diskussion der Frage, wie wir auf die gleiche Weise die Bedingung der Art des Gegebenseins erfüllen können, wie sich die repräsentationale Dimension der Intentionalität von ihrer expressiv-begrifflichen Dimension her begreifen lässt. Am Ende dieses Kapitels habe ich darüber gesprochen, wie wir die erste und damit auch die zweite Dimension auf der Grundlage dessen verstehen können, was wir *tun*, indem wir die Erfahrung des Irrtums machen. Das bedeutet, ich habe darüber gesprochen, wie wir die Tätigkeit des erkennenden Subjekts, die deontisch-normativ anhand von Verpflichtungen und Berechtigungen (und des durch sie gegliederten subjektiven Aspekts des Begriffs MATERIALE UNVEREINBARKEIT) diskutiert wird, als etwas auffassen können, das einen *repräsentationalen* Anspruch enthält. Anders ausgedrückt, es ging darum, wie wir diese Tätigkeit als eine *Erscheinung* (Sein der Dinge *für* das Bewusstsein) der *Wirklichkeit* (Sein der Dinge *an sich*) begreifen können – Letztere bestehend aus objektiven Sachverhalten, die alethisch-modal anhand von Notwendigkeiten und Möglichkeiten (und des durch sie gegliederten objektiven Aspekts des Begriffs MATERIALE UNVEREINBARKEIT) diskutiert werden.

Die im vierten Kapitel so genannte Bedingung der »rationalen Beschränkung« besagt, dass es uns möglich sein muss, das Repräsentierte als etwas aufzufassen, das *Gründe* bereitstellt, um die *Richtigkeit* des es Repräsentierenden zu bewerten. Diese Bedingung erwies sich hier als Folgerung aus der normativen Deutung der Repräsentation, welche sich Hegel zufolge schon bei Kant findet. In der hier gelieferten Erklärung wird die Idee repräsentationalen Anspruchs von den funktionalen Rollen in Erkenntnisprozessen her verstanden, die durch die Erfahrung des Irrtums charakterisiert sind. In diesem Zusammenhang können wir erkennen, dass durch die wechselseitige Abhängigkeit des Sinns der subjektiven und der objektiven Dimension des (Meta-)Begriffs MATERIALE UNVEREINBARKEIT (bestimmte Negation) – die sich daraus ergibt, dass das deontisch-normative Vokabular gegenüber dem alethisch-modalen als pragmatisches Metavokabular fungiert – die Erfüllung der Bedingung der Art des Gegebenseins und die der Bedingung der rationalen Beschränkung eng miteinander verbunden sind.

Im nächsten Kapitel verfolge ich die Auffassung Hegels weiter, der zufolge unser Erfassen des Begriffs WAHRHEIT von der praktischen Erfahrung des Irrtums abhängt; zudem liefere ich detaillierte Auslegungen von einigen der rätselhaftesten Passagen am Ende der »Einleitung«.

6
Entlang des Wegs der Verzweiflung in den bacchantischen Taumel
Woraus der zweite wahre Gegenstand entspringt

6.1 Einleitung

Hegel beginnt die »Einleitung« in die *Phänomenologie* damit, dass er eine epistemologische Ansicht zitiert, der zufolge unsere Erkenntnisvermögen als »das Werkzeug, wodurch man des Absoluten sich bemächtige, oder als das Mittel, durch welches hindurch man es erblicke«, betrachtet werden.[1] Philosophen wie Descartes, Locke und Kant, die sonst so unterschiedlich sind, arbeiten erkennbar mit Spielarten dieser Ansicht. Offensichtlich denkt Hegel, dass wir aus den Schranken dieser »natürlichen« Auffassung von Erkenntnis ausbrechen müssen. Im vierten Kapitel habe ich versucht, die Gründe hierfür aufzuzeigen und zudem die Gestalt der neuen Ansicht zu skizzieren, die er als Nachfolgekonzeption zu dieser traditionellen Ansicht empfiehlt.

Im weitesten Sinne besagt sein Einwand, dass Theorien dieser von ihm beanstandeten Art uns zu allzu leichten Opfern des Skeptizismus machen. Genauer gesagt, er ist der Meinung, dass sich die traditionelle neuzeitliche Epistemologie im Rahmen von semantischen Annahmen bewegt, welche es letztlich unmöglich machen, die von mir so genannte »Bedingung genuiner Erkenntnis« zu erfüllen. Diese benennt das Erfordernis, dass eine Theorie der Erkenntnis es nicht unverständlich machen darf, dass uns – zumindest wenn alles gut geht – die Dinge so *erscheinen,* wie sie *wirklich* sind. In Hegels Terminologie gesprochen: Es muss möglich sein, dass die Beschaffenheit der Dinge *für das Bewusstsein* die Beschaffenheit der Dinge *an sich* ist. Ich habe dafür argumentiert, dass das zentrale Merkmal derjenigen Klasse von Theorien, die Hegel zufolge diesem Erfordernis nicht gerecht werden (indem sie die Verständlichkeit genuiner Erkenntnis ausschließen), nicht darin besteht, dass in ihnen die Beziehung zwischen Erscheinung

1 Georg Wilhelm Friedrich Hegel, *Phänomenologie des Geistes*, Frankfurt/M. 1986 (hiernach *PhG*), S. 68.

und Wirklichkeit (»Gewissheit« und »Wahrheit«, »Erkenntnis« und dem »Absoluten«) repräsentational aufgefasst wird. Das zentrale Merkmal ist vielmehr, dass sie das so aufeinander Bezogene als strukturell unterschiedlich charakterisiert betrachten: Repräsentierende Erscheinungen werden als *begrifflich gegliedert* gedeutet, während das bei dem repräsentierten Wirklichen nicht der Fall ist. Theorien dieser Form lassen eine Kluft zwischen Arten der Verständlichkeit aufbrechen, welche das Erkennen vom Erkannten, den Geist von der Welt trennt.[2]

Warum sollten wir meinen, dass von all den Unterschieden, die zwischen der objektiven Beschaffenheit der Welt und ihrer Repräsentation durch das erkennende Subjekt bestehen könnten, gerade *dieser* mögliche Unterschied derart ins Gewicht fällt? Warum spielt es eine Rolle, wenn in einer Auffassung das Denken, nicht aber die Welt, auf welche das Denken Bezug nimmt, in begrifflicher Gestalt daherkommt? Hegel selbst arbeitet mit einer kantischen Ausdrucksweise, in der eine innere Verbindung zwischen begrifflicher Gliederung und dem *Verstand* besteht. Begriffe sind die Form apperzeptiven Gewahrseins. Was verstanden werden kann, was verständlich ist, hat somit begriffliche Gestalt. Hegel meint, wenn es in unserem Bild nicht möglich ist, dass wir verstehen, wie die Dinge wirklich beschaffen sind, dann muss jede von uns behauptete Beziehung zwischen diesem Wirklichen und den Erscheinungen, die wir verstehen bzw. erfassen *können*, unverständlich bleiben. Keine Beziehung zu etwas, das in letzter Instanz bzw. intrinsisch *unverständlich*, weil nicht begrifflich gegliedert ist, könne als eine Beziehung der *Erkenntnis* gelten. Sie könnte nicht die Grundlage für eine Theorie des Erkennens bilden, durch die wir die Möglichkeit genuiner Erkenntnis begreifen können. Hier liegt das Problem in der Idee, »den Teil, welcher in der Vorstellung, die wir durch es [das Werkzeug, R. B.] vom Absoluten erhalten, dem Werkzeuge angehört, im Resultate abzuziehen und so das Wahre rein zu

2 Auf diese Weise habe ich seine Behauptung verstanden, solche Theorien setzten die Vorstellung von »eine[m] *Unterschied unserer selbst von diesem Erkennen* voraus«, insofern »das Absolute *auf einer Seite* stehe und *das Erkennen auf der andern Seite* für sich und getrennt von dem Absoluten«, mithin dass das Erkennen, »indem es außer dem Absoluten, wohl auch außer der Wahrheit [sei]« (ebd., S. 70). Im Zusammenhang einer solchen Annahme ist es einen Widerspruch, eine genuine Möglichkeit von Erkenntnis einzuräumen.

erhalten«.[3] Das, was sich aus dem »Abziehen« seiner begrifflichen Form von unserem Verstehen ergibt, wäre etwas Unverständliches. Wir können die Beziehung zwischen dem Verständlichen und dem Unverständlichen nicht verstehen, und zwar schlicht und einfach aus dem Grund, weil wir das Unverständliche nicht verstehen können. Solch ein Bild kann die Bedingung genuiner Erkenntnis nicht erfüllen.

Im vierten Kapitel habe ich nahegelegt, dass der Schlüssel zu der alternativen Ansicht, die Hegel in Stellung bringen möchte, in der nichtpsychologischen Konzeption des Begrifflichen liegt, welche er in der *Phänomenologie* im Abschnitt »Bewußtsein« einführt und entwickelt. Nach dieser Konzeption sind begriffliche Inhalte durch Beziehungen materialer Unvereinbarkeit gegliedert – durch das also, was Hegel »bestimmte Negation« oder »ausschließende Unterschiedenheit« nennt (aristotelische Gegensätze). (Hieraus wird sich noch ergeben, dass begriffliche Inhalte zueinander auch in Beziehungen materialer Folgerung stehen – Hegels »Vermittlung«.)

Dieser Gedankengang beginnt mit einem Begriff von *Bestimmtheit*, der gleichermaßen auf Gedanken wie auf Dinge Anwendung findet. Dieser Begriff ist in Spinozas Diktum »omnis determinatio est negatio« festgeschrieben. Wir müssen beides, sowohl dass die Welt auf eine bestimmte Weise beschaffen ist als auch dass ein Gedanke einen bestimmten Inhalt hat, von der Frage her verstehen, welche Möglichkeiten sie *ausschließen*. Ein Sachverhalt, dessen Bestehen nicht das Bestehen eines anderen, ein Gedanke, dessen Wahrheit nicht die Wahrheit eines anderen ausschließen würde, wäre *unbestimmt*. Die Art von Negation, anhand deren wir in Hegels Variante des spinozistischen Gedankens Bestimmtheit verstehen müssen, kennzeichnet die Beziehung, welche er – im Gegensatz zur »gleichgültigen« – als »ausschließende« Verschiedenheit bezeichnet. Gemeint ist damit zum Beispiel die Beziehung zwischen ›kreisförmig‹ und ›dreieckig‹, nicht die zwischen ›kreisförmig‹ und ›rot‹. (Im Kapitel über die Wahrnehmung zeigt Hegel anhand eines aristotelischen Gedankens, wie wir die Idee ausschließender Verschiedenheit benutzen können, um verständlich zu machen, dass Sachverhalte eine innere Struktur von Gegenständen-mit-Eigenschaften aufweisen.)

3 Ebd., S. 69.

Diese Auffassung von der Metaphysik der Bestimmtheit ist keineswegs spezifisch für Hegel. Neben seinen spinozistischen (und in der Tat auch scholastischen) Vorgängern bildet sie auch den Kerngedanken der gegenwärtigen Informationstheorie, welche die von einem Signal übermittelte Information von denjenigen Möglichkeiten her versteht, die ihr Empfang für den Empfänger ausschließt. Zugleich können wir sie als eine andere Art und Weise auffassen, den Gedanken auszudrücken, dass eine Aussage die möglichen Welten in solche aufteilt, die mit ihrer Wahrheit vereinbar, und solche, die mit ihrer Wahrheit unvereinbar sind. Was aber berechtigt dazu, diese metaphysische Konzeption von Bestimmtheit auf der Grundlage von materialer Unvereinbarkeit als eine Konzeption des *Begrifflichen* aufzufassen?

Um diese Identifikation rechtfertigen zu können, ist es erforderlich, eine Erklärung zweier definierender Merkmale des Begrifflichen zu geben. Wir müssen erstens zeigen, wie sich die kantische Identifizierung von *Verständlichkeit* mit begrifflicher Form intern rechtfertigen lässt. Hierzu müssen wir angeben, was es heißt, etwas in seiner begrifflichen Form, in diesem Sinne von »begrifflicher Form«, zu *erfassen* bzw. zu *verstehen*. Wir müssen zweitens zeigen, wie dasjenige, was in diesem Sinne begrifflich gehaltvoll ist, auch einen *repräsentationalen* Anspruch aufweist. Diese beiden Merkmale entsprechen den zwei Dimensionen der Intentionalität, die ich oben bereits unterschieden habe: der »Dass«-Intentionalität und der »Von«-Intentionalität – dem, was wir denken bzw. sagen können, und dem, *worauf* wir *Bezug nehmen* würden, indem wir dies denken bzw. sagen.

Das fünfte Kapitel ist auf genau diese zwei Punkte eingegangen. Ausgehend von der Idee, dass begriffliche Inhalte durch die Beziehungen materialer Unvereinbarkeit gegliedert sind, in denen sie zu anderen solchen Inhalten stehen, habe ich dort zweierlei gezeigt: zum einen, was man *tun* muss, um als jemand zu gelten, der solche Inhalte *erkennend erfasst*, zum anderen, inwiefern das einer praktischen Anerkennung des *repräsentationalen Anspruchs* dieser Inhalte gleichkommt. Einen begrifflichen Inhalt erfassen bzw. verstehen heißt, in einen Prozess der *Erfahrung* einzutreten. Dies ist Hegels Nachfolgekonzeption zur kantischen Apperzeption. Kant zufolge müssen wir urteilen, um zu apperzipieren (erkennend gewahr zu sein). Urteilen wiederum wird verstanden als das rationale Integrieren einer Verpflichtung in ein sich entwickelndes Ganzes, das die spezifische, für Apperzeption charakteristische synthetische Einheit aufweist. Diese ist eine rationale Einheit, die eine kritische, eine erweiternde und eine rechtfertigende Dimension aufweist, von denen jede einer normativen Pflicht entspricht, nämlich der Pflicht, material unvereinbare Verpflichtungen auszustoßen, der Pflicht, materiale Folgerungen anzuerkennen, und der Pflicht, Rechtfertigungen zu bewerten. Die Inhalte, die Verpflichtungen besitzen müssen, damit sie diesen rational-normativen Pflichten unterliegen, müssen entsprechend in Beziehungen materialer Unvereinbarkeit und Folgerung zu anderen solchen Inhalten stehen. Einen solchen Inhalt zu erfassen bzw. zu verstehen heißt, praktisch unterscheiden zu können, was mit ihm material unvereinbar ist (was er begrifflich ausschließt), was eine materiale Folgerung aus demselben ist (was er begrifflich einschließt) und wovon er selbst eine materiale Folgerung ist (was *ihn* begrifflich einschließt). Das heißt aber nichts anderes, als dass der Umstand, dass Inhalte in diesem Sinne erfasst (apperzipiert) werden können, sowohl notwendig als auch hinreichend dafür ist, damit sie bestimmt sind, das heißt in Beziehungen der bestimmten Negation und (somit) der Vermittlung zueinander stehen. Was in diesem Sinne bestimmt ist, hat begriffliche Form.

In der »Einleitung« konzentriert sich Hegel auf *eine* Dimension des Prozesses apperzeptiver Erfahrung, nämlich auf die Erfahrung des *Irrtums*. Zu dieser Form der Erfahrung kommt es, sobald wir bei uns material unvereinbare Verpflichtungen vorfinden. Indem wir praktisch den Irrtum anerkennen, kommen wir unserer praktischen Verantwortung zur Kritik nach, den Irrtum zu beheben, das heißt, die Unvereinbarkeit zu beseitigen, indem wir zumindest eine der unvereinbaren Verpflichtungen aufgeben oder modifizieren. Im vorangegangenen Kapitel habe ich erklärt, wie in der Erfahrung des Irrtums dieser *repräsentationale* Anspruch praktisch aufgegriffen wird, wie also bestimmte (mithin begrifflich gehaltvolle) Verpflichtungen *als* Repräsentationen, als Erscheinungen *von* etwas Wirklichem betrachtet bzw. behandelt werden. Denn damit Verpflichtungen miteinander unvereinbar sind, müssen sie ein gemeinsames Thema haben. Wenn zwei (oder mehrere) Eigenschaften miteinander unvereinbar sind, so ist es gerade unmöglich, dass ein und derselbe Gegenstand (zugleich) beide aufweisen sollte. Wer miteinander unvereinbare Eigenschaften zwei verschiedenen Gegenständen zuschreibt, begeht daher noch keinen Fehler. Indem wir also annehmen, dass wir einen Fehler gemacht *haben*, dass die Verpflichtungen wirklich miteinander unvereinbar *sind*, tun wir *nichts anderes*, als anzunehmen, dass sie sich auf ein und denselben Gegenstand referentiell Bezug nehmen bzw. ihn repräsentieren.

In der zweiten Phase der Erfahrung des Irrtums reagiert das Subjekt auf die Anerkennung des Irrtums, indem es die praktische Verantwortung zur Kritik, zum Beheben der Inkohärenz, insofern erfüllt, als es eine der Verpflichtungen abändert oder ablegt. Indem das Subjekt dies tut, behandelt es die abgeänderte bzw. abgelegte Verpflichtung *als* eine bloße Erscheinung und die beibehaltenen und resultierenden Verpflichtungen *als* einen Ausdruck der wirklichen Beschaffenheit der Dinge. Aufgrund der Erfahrung des Irrtums wird so die Unterscheidung zwischen dem Sein der Dinge *an sich* (Wirklichkeit) und ihrem Sein bloß *für das Bewusstsein* (Erscheinung) *dem* Bewusstsein selbst etwas. Diese Unterscheidung ist im Prozess der Erfahrung des Irrtums praktisch implizit enthalten. Das Bewusstsein würdigt auf diese Weise praktisch seine bestimmten subjektiven Verpflichtungen, was selbst ein Grundaspekt seiner Funktionsstruktur ist. Es würdigt sie als etwas, das die wirkliche, objektive Beschaffenheit der Dinge zu repräsentieren beansprucht. Das Bewusstsein behandelt seine Verpflichtungen als etwas, das *auf* die Dinge *Bezug nimmt*, insofern es sich gegenüber der Beschaffenheit der Dinge an sich verantwortet, nämlich für die Richtigkeit der Beschaffenheit der Dinge für das Bewusstsein.

Hegels an Spinoza orientierter Begriff der BESTIMMTHEIT – Bestimmtheit verstanden als die Gliederung durch modal robuste Ausschlussbeziehungen, Beziehungen also der materialen Unvereinbarkeit bzw. bestimmten Negation – erfüllt somit die prinzipiellen Erfordernisse eines Metabegriffs BEGRIFFLICHES GEHALTVOLLSEIN. Anhand dieses Begriffs können wir verstehen, was es heißt, einen begrifflichen Inhalt zu *erfassen*, und was es für solche Inhalte bedeutet, eine *repräsentationale* Dimension zu haben. Weiterhin sind die Erfüllungen dieser zwei Adäquatheitskriterien eng miteinander verknüpft. Im Kontext von Hegels struktureller Kritik an der traditionellen, neuzeitlichen Epistemologie besteht die entscheidende explanatorische Stärke dieser nichtpsychologischen Konzeption des

Begrifflichen darin, dass sie nicht allein auf subjektive Gedanken, sondern auch auf objektive Tatsachen Anwendung findet. Sowohl Gedanken als auch Tatsachen sind bestimmt. Es gibt bestimmte Weisen, wie das Bewusstsein die Dinge betrachtet, und es gibt bestimmte Weisen, wie die Dinge sind – und zwar kraft dessen, dass sie in Beziehungen materialer Unvereinbarkeit zu anderen Weisen stehen, wie die Dinge betrachtet werden bzw. sein könnten. Der subjektive und der objektive Sinn von ›materialer Unvereinbarkeit‹ ist aber nicht derselbe. Sind zwei Sachverhalte material miteinander unvereinbar, dann ist es *unmöglich*, dass beide zugleich bestehen. (Sind zwei objektive Eigenschaften material miteinander unvereinbar, dann ist es für ein und denselben Gegenstand unmöglich, beide zugleich zu besitzen.) Sind jedoch zwei Gedanken oder Urteile material miteinander unvereinbar, so folgt daraus nicht, dass es für ein Subjekt unmöglich ist, gleichzeitig auf beide verpflichtet zu sein. Es folgt nur, dass das Subjekt *nicht* auf beide verpflichtet sein *sollte* bzw. dass es die *Pflicht* hat, etwas *zu tun*, um eine solche Situation zu *ändern*. Denn das Subjekt hat die Pflicht, der beständigen praktischen Verantwortung zur Kritik nachzukommen, also die Situation durch Auflösen der Inkohärenz zu berichtigen. Auf der Seite der Gegenstände geht es bei der Unvereinbarkeit von Eigenschaften alethisch-modal um eine Unmöglichkeit; auf Seiten der Subjekte geht es bei der Unvereinbarkeit hingegen deontisch-normativ um eine Unangemessenheit.

Aber der Gedanke, dass es zwei Arten MATERIALER UNVEREINBARKEIT bzw. BESTIMMTER NEGATION gibt, macht diese Begriffe nicht einfach mehrdeutig. Denn um als jemand zu gelten, der zwei objektive Eigenschaften oder Sachverhalte praktisch *als* objektiv miteinander unvereinbar *betrachtet* bzw. *behandelt*, muss man nichts anderes *tun*, als die entsprechenden Verpflichtungen als normativ miteinander unvereinbar zu behandeln. Und das bedeutet, dass wir, sobald wir diese beiden bei uns vorfinden, die Pflicht haben, unsere Verpflichtungen in Anerkennung eines *Irrtums* zu *verändern*. Indem wir also zwei Verpflichtungen im deontisch-normativen Sinne als miteinander unvereinbar betrachten, tun wir *nichts anderes*, als zwei Eigenschaften oder Sachverhalte im alethisch-modalen Sinne als miteinander unvereinbar zu repräsentieren. Wir beweisen, dass wir begriffliche Inhalte praktisch erfassen bzw. *verstehen*, indem wir mit ihnen angemessen die Praxis bzw. den Prozess der Erfahrung vollziehen; das gilt insbesondere für die Erfahrung des Irrtums, in der wir unserer Pflicht nachkommen, anerkannte Unvereinbarkeiten aufzulösen. Und auf diese Weise betrachten wir miteinander unvereinbare Verpflichtungen als etwas, durch das miteinander unvereinbare Sachverhalte *repräsentiert* werden.

Es besteht eine Beziehung wechselseitiger Abhängigkeit des Sinns von ›material unvereinbar‹, und zwar zwischen einerseits der subjektiven Seite des Repräsentierenden (der Beschaffenheit der Dinge für das Bewusstsein), das durch deontisch-normative Beziehungen der Pflicht bzw. Berechtigung gegliedert ist, und andererseits der objektiven Seite des Repräsentierten (der Beschaffenheit der Dinge an sich), das durch alethisch-modale Beziehungen des Möglichen und Notwendigen gegliedert ist. Das bedeutet nicht, dass es objektive Eigenschaften oder Sachverhalte, die zueinander in Beziehungen modaler Unvereinbarkeit stehen, erst geben kann, wenn es etwas sie Repräsentierendes gibt. Die Behauptung ist vielmehr, dass wir nicht *verstehen* können, was wir sagen bzw. denken, wenn wir meinen, objektive Eigenschaften und Sachverhalte stünden in derartigen Beziehungen zueinander, es sei denn, wir meinen dies als Teil eines größeren Ganzen, das Subjekte mit einschließt, die sie als so zueinander stehend *repräsentieren*. Und die Subjekte tun dies, indem sie praktisch ihre Pflicht anerkennen, etwas zu unternehmen, um die problematische Situation zu beheben, welche sich ergibt, wenn sie bei sich Verpflichtungen vorfinden, in denen Gegenstände mit miteinander unvereinbaren Eigenschaften vorgestellt werden oder allgemeiner miteinander unvereinbare Sachverhalte. Wir können das Wesen der Pflicht, unsere je eigenen begrifflichen Verpflichtungen zu ändern, sobald sie sich als miteinander unvereinbar erweisen, nicht verstehen, wenn wir diese Verpflichtungen nicht *als* etwas auffassen, durch das objektiv unvereinbare Situationen repräsentiert werden. Diese Beziehung der wechselseitigen Abhängigkeit des Sinns ist für den janusköpfigen Charakter des hegelschen Metabegriffs BESTIMMTE NEGATION verantwortlich. Einerseits kennzeichnet er die alethisch-modalen *Beziehungen*, welche (wie Kant meinte) die objektive Welt strukturieren. Andererseits kennzeichnet er den normgeleiteten *Prozess* bzw. die Praxis, in welchem die Erfahrung besteht. Und diese ist immer auch eine Erfahrung des Irrtums. In dieser letzteren Hinsicht geht es nicht um statische Beziehungen, sondern um ein dynamisches Prinzip der Bewegung, Veränderung und Entwicklung.[4]

Es ist ein wesentlicher Bestandteil des hegelschen Idealismus, dass wir die fundamentalste Struktur der objektiven Welt nicht verstehen können, ohne dass wir zugleich begreifen, was wir *tun* müssen, um die Dinge als so seiend zu repräsentieren. Dies lässt sich so ausdrücken, dass, um etwas Bestimmtes zu sein, objektive Substanzen nicht minder als Subjekte, Dinge nicht minder als Gedanken wesentlich *begrifflich* strukturiert sein müssen.[5] Solange wir aber die komplexe Feinstruktur von Hegels janusköpfiger, nichtpsychologischer Konzeption des Begrifflichen nicht mitdenken, welcher die Idee der Bestimmtheit verstanden als Gliederung durch materiale Unvereinbarkeit zugrunde liegt, werden wir nicht verstehen, was mit dieser Behauptung gemeint ist.

6.2 Das Entspringen des zweiten, neuen wahren Gegenstands

Die größte hermeneutische Herausforderung für die Lektüre der »Einleitung« liegt in den drei Absätzen, die dem letzten vorhergehen.[6] Hier stellt Hegel nämlich zwei Behauptungen auf, die so überraschend klingen, dass es sich lohnt, sie in ganzer Länge zu zitieren. Die erste Behauptung wird mit einer Beobachtung eingeführt, die wir nun verstehen können: Das Subjekt (»Bewußtsein«) in der Erfahrung des Irrtums ist

Bewußtsein dessen, was *ihm* das Wahre ist, und Bewußtsein seines Wissens davon. Indem beide *für dasselbe* sind, ist es selbst ihre Vergleichung; es wird

4 »Die reine Bewegung dieser Entäußerung macht, sie am Inhalte betrachtet, die *Notwendigkeit* desselben aus. Der verschiedene Inhalt ist als *bestimmter* im Verhältnisse, nicht an sich, und seine Unruhe, sich aufzuheben, oder die *Negativität.*« (*PhG*, S. 588; Hervorhebungen i. Orig.)

5 Ohne Hegels Konzeption des Begrifflichen, welche auf dem Begriff der bestimmten Negation basiert, zu bejahen – insbesondere ohne Einbezug jener Feinstruktur, die alethisch-modalen und deontisch-normativen Aspekte des Begrifflichen aufeinander bezieht –, trifft John McDowell eine Aussage dieser allgemeinen Art, indem er schreibt, »das Begriffliche hat keine äußere Grenze«. Vgl. John McDowell, *Geist und Welt*, Frankfurt/M. 2001, 2. Vorlesung.

6 Vgl. *PhG*, S. 77-80.

für dasselbe, ob sein Wissen von dem Gegenstande diesem entspricht oder nicht.[7]

Das Subjekt bewertet die materiale Vereinbarkeit seiner Verpflichtungen und übt auf diese Weise als Urteilssubjekt seine praktische Verantwortung zur Kritik aus. Wo es zwischen ihnen eine Unvereinbarkeit findet, muss es eine Entscheidung treffen: Die eine Verpflichtung, die uns die wirkliche Beschaffenheit der Dinge an sich vorstellt, kann weiterhin als eine solche bejaht werden. Dann aber müssen andere Verpflichtungen als bloße Erscheinungen entlarvt werden. Sie werden dann implizit, also praktisch, als solche behandelt (»ihm«), die uns die Beschaffenheit der Dinge für das Bewusstsein vorstellen. (Man entsinne sich der wichtigen Unterscheidung aus dem fünften Kapitel, die Hegel grammatisch zwischen dem trifft, was die Dinge *implizit* dem Bewusstsein, »ihm«, sind, und dem, was sie *explizit* »für das Bewusstsein« sind.) Wenn ich im Beispiel aus dem vorangegangenen Kapitel das Verhalten des zur Hälfte eingetauchten Stocks wahrnehme, während er vollständig aus dem Wasser entfernt wird, dann lege ich meine Verpflichtung darauf, dass er geknickt ist, ab und ersetze sie, indem ich mich darauf verpflichte, dass er gerade ist.

Es ist nur eine leichte Hyperbel, wenn wir sagen, das Bewusstsein, also das Subjekt dieser Erfahrung, *sei* »ihre Vergleichung«.

[D]er Unterschied [ist] vorhanden, daß *ihm* etwas das *Ansich*, ein anderes Moment aber das Wissen oder das Sein des Gegenstandes *für* das Bewußtsein ist. Auf dieser Unterscheidung, welche vorhanden ist, beruht die Prüfung. Entspricht sich in dieser Vergleichung beides nicht, so scheint das Bewußtsein sein Wissen ändern zu müssen, um es dem Gegenstande gemäß zu machen[.][8]

Nachdem wir also die Nichtübereinstimmung behoben und die materiale Vereinbarkeit der Verpflichtungen wiederhergestellt haben, sollte die Erscheinung (das Sein der Dinge *für* das Bewusstsein), soweit es das Bewusstsein betrifft (»*dem* Bewusstsein«), mit der Wirklichkeit (dem Sein der Dinge an sich) in Einklang gebracht worden sein.

Das ist allerdings nicht die Weise, in der Hegel das, was in einer

7 Ebd., S. 77 f. (Die erste Hervorhebung ist von mir, R. B., sonstige i. Orig.)
8 Ebd., S. 78. (Hervorhebungen i. Orig.)

solchen Erfahrung geschieht, von uns verstanden wissen will. Er schreibt weiter:

[A]ber in der Veränderung des Wissens ändert sich ihm in der Tat auch der Gegenstand selbst, denn das vorhandene Wissen war wesentlich ein Wissen von dem Gegenstande; mit dem Wissen wird auch er ein anderer, denn er gehörte wesentlich diesem Wissen an. Es wird hiermit dem Bewußtsein, daß dasjenige, was ihm vorher das *Ansich* war, nicht an sich ist oder daß es nur *für es* an sich war. Indem es also an seinem Gegenstande sein Wissen diesem nicht entsprechend findet, hält auch der Gegenstand selbst nicht aus; oder der Maßstab der Prüfung ändert sich, wenn dasjenige, dessen Maßstab er sein sollte, in der Prüfung nicht besteht; und die Prüfung ist nicht nur eine Prüfung des Wissens, sondern auch ihres Maßstabes.[9]

Das ist äußerst sonderbar. Wenn eine Verpflichtung, die aus Sicht eines Subjekts die wirkliche Beschaffenheit der Dinge ausdrückte (also was sie *ihm* war), als etwas enthüllt wird, das bloß zum Ausdruck bringt, wie die Dinge für das Bewusstsein beschaffen sind – warum sollten wir dann glauben, dass sich damit die *Wirklichkeit* selbst verändert? Wenn ich bemerke, dass der Stock, von dem ich annahm, er sei geknickt, in Wirklichkeit gerade ist, dann verändert sich meine Ansicht über den Stock, aber doch nicht der Stock selbst. Meine Annahme, dass er geknickt sei, ist in unserer üblichen Denkweise *kein* wesentliches Merkmal *des Stocks*. Es ist klar, dass die entgegengesetzte Behauptung nicht aus dem folgt, was wir gerechtfertigterweise behaupten könnten: Ein wesentliches Merkmal der Erscheinung des Stocks als geknickt war ihr Gegenstand – der Stock. Der Stock dient als Maßstab, anhand dessen die Richtigkeit meiner Verpflichtungen bezüglich seiner Gestalt bewertet wird. In welchem Sinne aber verändert sich dieser Maßstab, sobald ich bemerke, dass meine Verpflichtung bezüglich seiner Gestalt dem Maßstab nicht entspricht, dass sie also an den Dingen vorbeigeht? Hegels Behauptung scheint an dieser Stelle verstiegen und verdreht. Er bietet folgendes Argument:

[D]enn das vorhandene Wissen war wesentlich ein Wissen von dem Gegenstande; mit dem Wissen wird auch er ein anderer, denn er gehörte wesentlich diesem Wissen an.

9 Ebd. (Hervorhebungen i. Orig.)

Dieses Argument scheint auf einem Schritt zu beruhen, der offensichtlich nicht gerechtfertigt ist. Selbst wenn wir zugestehen, dass das, *worauf* eine Behauptung *Bezug nimmt* (was sie repräsentiert), wesentlich für die Identität der Behauptung ist – so dass eine Änderung des repräsentierten Gegenstands den Inhalt der Behauptung ändern würde –, so folgt hieraus einfach nicht, dass der Inhalt der Behauptung auch umgekehrt wesentlich für die Identität des repräsentierten Gegenstands ist – so dass eine Änderung des Inhalts der Behauptung auch den Gegenstand ändern würde. Die Beziehung ›ist wesentlich für‹ ist nicht immer symmetrisch. So könnten wir beispielsweise behaupten, dass die Identität meiner Eltern für meine Identität wesentlich ist. Jeder, der andere Personen als Eltern hätte, wäre jemand, der von mir verschieden ist. Denn für mich ist es nicht möglich, andere Personen als Eltern gehabt zu haben. Betrachten wir aber den umgekehrten Fall, so scheint es durchaus möglich, dass meine Eltern niemals irgendwelche Kinder gehabt haben oder nur einige Kinder von denen, die sie hatten, mich ausgenommen. Aus der Tatsache, dass der Ursprung eines Menschen wesentlich zu ihm gehört, folgt nicht, dass die Nachkommen eines Menschen für ihn wesentlich sind. Es ist einfach zu meinen, Hegel vollführe hier einen Taschenspielertrick und versuche unter der Hand, eine unplausible Form des Idealismus einzuschmuggeln, der zufolge die Identität eines Gegenstands wesentlich von dem Gedanken abhängt, der auf ihn Bezug nimmt. Auf diese Weise würde man jedoch die von ihm aufgestellte Behauptung verkennen.

Die zweite, überraschende Behauptung taucht erstmals als Bestandteil einer Erklärung der Grundstruktur der *Erfahrung* auf, wobei Erfahrung in dem spezifisch technischen Sinne zu verstehen ist, den Hegel hier einführt:

> Diese *dialektische* Bewegung, welche das Bewußtsein an ihm selbst, sowohl an seinem Wissen als an seinem Gegenstande ausübt, *insofern ihm der neue wahre Gegenstand* daraus *entspringt*, ist eigentlich dasjenige, was *Erfahrung* genannt wird.[10]

Das Problem der zuvor genannten Passage findet hier ein Echo. Wie müssen wir die »Bewegung« verstehen, welche das Bewusstsein am

10 Ebd. (Hervorhebung i. Orig.)

Gegenstand seines Wissens »ausübt«? Folgende Frage erweist sich als entscheidend: Wenn die Verpflichtung darauf, dass der Stock geknickt ist, abgelegt und durch die Verpflichtung darauf, dass er gerade ist, ersetzt wurde, was genau ist dann der »neue wahre Gegenstand«? Die richtige Beantwortung dieser Frage ist wesentlich, um zu verstehen, in welchem Sinne der repräsentationale Anspruch begrifflich gehaltvoller Verpflichtungen in Hegels Erklärung selbst *dem* Bewusstsein etwas, das heißt in dessen eigenem Prozess der Erfahrung implizit enthalten, ist. Damit wir die Rechtfertigung dafür verstehen, dass die Erfahrung des Irrtums nicht allein das verändert, worauf das Subjekt bezüglich der Beschaffenheit der Dinge verpflichtet ist (der Stock wird als gerade betrachtet, nicht als geknickt) – das »Wissen des Bewusstseins« –, sondern auch den *Gegenstand* dieses Wissens, müssen wir uns Folgendes klarmachen: Der »neue wahre Gegenstand«, welcher »dem Bewusstsein daraus entspringt«, ist *nicht* der gerade Stock. (Schließlich hat *er* sich nicht verändert; er war die ganze Zeit über gerade.)

Hegel beschreibt die Erfahrung folgendermaßen:

Das Bewußtsein weiß *etwas*, dieser Gegenstand ist das Wesen oder das *Ansich*; er ist aber auch für das Bewußtsein das *Ansich*; damit tritt die Zweideutigkeit dieses Wahren ein. Wir sehen, daß das Bewußtsein jetzt zwei Gegenstände hat, den einen das erste *Ansich*, den zweiten das *Für-es-Sein dieses Ansich*. Der letztere scheint zunächst nur die Reflexion des Bewußtseins in sich selbst zu sein, ein Vorstellen nicht eines Gegenstandes, sondern nur seines Wissens von jenem ersten. Allein wie vorhin gezeigt worden, ändert sich ihm dabei der erste Gegenstand; er hört auf, das Ansich zu sein, und wird ihm zu einem solchen, der nur *für es* das *Ansich* ist; somit aber ist dann dies: *das Für-es-Sein dieses Ansich*, das Wahre, das heißt aber, dies ist das *Wesen* oder sein *Gegenstand*. Dieser neue Gegenstand enthält die Nichtigkeit des ersten, er ist die über ihn gemachte Erfahrung.[11]

Als Erstes ist festzustellen, dass der erste Gegenstand als das »*erste* Ansich« beschrieben wird. Hieraus lässt sich schließen, dass es (mindestens) noch ein *anderes* Ansich gibt. Aber es gibt nur einen wirklichen Stock (und der ist gerade). Es geht hier darum, welche Rolle etwas in der Erfahrung spielen kann. Die betreffende Rolle besteht darin, *dem* Bewusstsein ein Ansich zu sein, was nichts anderes heißt, als vom Bewusstsein praktisch *als* wirklich betrachtet

11 Ebd., S. 78 f. (Hervorhebungen i. Orig.)

bzw. behandelt zu werden. Am Anfang der Erfahrung bejaht das betreffende Subjekt die Behauptung, dass der Stock geknickt ist. Das ist es, was das Subjekt als wirklich seiend betrachtet. Diese Verpflichtung darauf, dass der Stock geknickt ist, bringt zum Ausdruck, was dem Bewusstsein das *erste* Ansich ist, also wie es anfangs annimmt, dass die Dinge wirklich, das heißt objektiv beschaffen sind. Dasjenige, was dem Bewusstsein das *zweite* Ansich ist, wird von der später bejahten Behauptung, dass der Stock gerade ist, zum Ausdruck gebracht.

Was also ist der zweite Gegenstand, von dem in dieser Passage die Rede ist? Es ist nicht der gerade Stock (welcher dem Bewusstsein das zweite Ansich ist). Hegel sagt hier, der zweite Gegenstand sei das »Für-das-Bewußtsein-Sein« des ersten Ansich. Was heißt das? Indem er die Bewegung der Erfahrung einführt, schreibt Hegel in dem früheren Abschnitt:

> Es wird hiermit dem Bewußtsein, daß dasjenige, was ihm vorher das *Ansich* war, nicht an sich ist oder daß es nur *für es* an sich war.[12]

Das Subjekt entdeckt, dass das, von dem es annahm, es bringe die wirkliche Beschaffenheit der Dinge zum Ausdruck (der Stock ist geknickt), tatsächlich nur Ausdruck einer Erscheinung ist. Die Rolle, die die Repräsentation des Stocks als geknickt für das Bewusstsein spielt – das also, was sie dem Bewusstsein ist –, hat sich verändert. Sie »wird dem Bewußtsein zu einer solchen, die nur *für es* das *Ansich* ist«. Der »neue wahre Gegenstand« ist die Repräsentation des Stocks als geknickt, und zwar insofern sie *als* irrtümlich, *als* eine *Fehl*repräsentation dessen enthüllt ist, was dem Subjekt jetzt die wirkliche Beschaffenheit der Dinge ist – des geraden Stocks also. Dieses Repräsentierende ist nicht in dem Sinne »wahr«, das in ihm die wirkliche Beschaffenheit der Dinge repräsentiert wird. Vielmehr ist es insofern »wahr«, als dem Bewusstsein jetzt klar ist, was *dieses Repräsentierende* wirklich ist – eine bloße Erscheinung, ein fehlerhaft Repräsentierendes. Aus diesem Grund heißt es: »Dieser neue Gegenstand enthält die Nichtigkeit des ersten, er ist die über ihn gemachte Erfahrung.«

Das ist der Sinn, in dem »in der Veränderung des Wissens [...] sich ihm in der Tat auch der Gegenstand selbst [ändert]«.

12 Ebd., S. 78. (Hervorhebungen i. Orig.)

Was sich ändert, ist der Status dessen, wodurch der Stock als geknickt repräsentiert wird – das also, was dieses Repräsentierende *dem* Bewusstsein ist. Es hat den Status genossen, *dem* Bewusstsein das Sein des Stocks an sich zu sein. Jetzt aber hat sich sein Status verändert: Es ist *dem* Bewusstsein nur noch das, was der Stock *für* das Bewusstsein war – eine Erscheinung. Die zwei »Gegenstände« sind die Repräsentation des Stocks als geknickt, einmal insofern sie bejaht wird und das andere Mal insofern sie nicht mehr bejaht wird. Wenn wir das verstehen, können wir erkennen, dass wir beim ersten Lesen das »Wissen von dem Gegenstande« falsch aufgefasst haben. Das Argument war folgendes:

> [D]enn das vorhandene Wissen war wesentlich ein Wissen von dem Gegenstande; mit dem Wissen wird auch er ein anderer, denn er gehörte wesentlich diesem Wissen an.

Dem Bewusstsein ist dasjenige Wissen, was bejaht wird, das heißt, wovon das Subjekt praktisch bzw. implizit annimmt, dass es die wirkliche Beschaffenheit der Dinge ist. Das, was dem Bewusstsein Wissen ist, den Status von Wissen hat, verändert sich im Laufe der Erfahrung vom Stock als geknicktem zum Stock als geradem. Von einem Wissen *vom* Gegenstand ist hier nicht in dem Sinne die Rede, wie ein Repräsentierendes *von* etwas Repräsentiertem handelt. Ein Wissen *vom* Gegenstand ist es vielmehr, insofern der Status (dem Bewusstsein Wissen zu sein) von dem Gegenstand (der Repräsentation des Stocks als geknickt) besessen bzw. aufgewiesen wurde. Dass *dieser* Gegenstand (dieser begriffliche Inhalt) den Status besaß, ist diesem Akt des Wissens in der Tat wesentlich – »denn das vorhandene Wissen war wesentlich ein Wissen von dem Gegenstande«, wie Hegel schreibt. Wird der Status einem anderen Gegenstand beigelegt, einer Repräsentation des Stocks als gerade, so handelt es sich schlechthin um einen *anderen* Akt des Wissens. Welchem Gegenstand (begrifflichem Inhalt) der Status beigelegt wird, gehört also *wesentlich* zu diesem Wissen. Wenn wir den Akt des Wissens ändern, indem wir einen anderen, unvereinbaren Inhalt bejahen, ändern wir den Status des ursprünglichen Inhalts und somit den »Gegenstand«, der mit dem ursprünglichen Akt des Wissens verbunden ist: Dessen Status verändert sich von einem begrifflichen Inhalt, der bejaht wird, zu einem, der verworfen wird.

Wenn wir die erste Behauptung so lesen, verliert sie ihren anfänglich überraschenden Charakter. Die zweite überraschende Behauptung markiert Hegel selbst als eine solche:

An dieser Darstellung des Verlaufs der Erfahrung ist ein Moment, wodurch sie mit demjenigen nicht übereinzustimmen scheint, was unter der Erfahrung verstanden zu werden pflegt. Der Übergang nämlich vom ersten Gegenstande und dem Wissen desselben zu dem anderen Gegenstande, *an dem* man sagt, daß die Erfahrung gemacht worden sei, wurde so angegeben, daß das Wissen vom ersten Gegenstande, oder das *Für*-das-Bewußtsein des ersten Ansich, der zweite Gegenstand selbst werden soll. Dagegen es sonst scheint, daß wir die Erfahrung von der Unwahrheit unseres ersten Begriffs *an einem anderen* Gegenstande machen, den wir zufälligerweise und äußerlich etwa finden, so daß überhaupt nur das reine *Auffassen* dessen, was an und für sich ist, in uns falle. In jener Ansicht aber zeigt sich der neue Gegenstand als geworden, durch eine *Umkehrung des Bewußtseins* selbst.[13]

Hegel erkennt hier explizit an, dass die Gefahr besteht, von der Weise, wie er die Erfahrung des Irrtums beschreibt, in die Irre geführt zu werden. Er bekräftigt ausdrücklich die von uns betrachtete Lesart: Der zweite (neue wahre) Gegenstand ist »das Für-das-Bewusstsein des ersten Ansich«. Die sogenannte »Umkehrung des Bewußtseins« ist die Statusveränderung des propositionalen begrifflichen Inhalts ›Der Stock ist geknickt‹ vom Bejaht-Werden (als Wirkliches) hin zum Verworfen-Werden (als Erscheinung). Überraschend ist nun Hegels Behauptung, dass gerade *dieses* Element der Erfahrung – dasjenige, von dem man annahm, es stelle die Wirklichkeit vor, wie sie an sich ist, wird als bloße Erscheinung entlarvt, als eine Repräsentation, die eine Fehlrepräsentation ist – von zentraler Bedeutung ist, *nicht* etwa die neue Wahrnehmung, welche dazu führt, dass wir die Behauptung bejahen, dass der Stock gerade ist. Dieser neue »Gegenstand« – dieser begriffliche Inhalt, zu dessen Bejahung wir gelangen – treibt in der Tat die Erfahrung des Irrtums an. Wenn wir uns aber auf das Ereignis konzentrieren, welches den Prozess der Erfahrung zufällig *veranlasst*, dann werden wir dasjenige übersehen, wie Hegel sagt, was für diesen Prozess notwendig und wesentlich ist.

Diese neue Auffassung von Erfahrung, die Hegel uns nahelegt, ist in Wahrheit die eigentliche Pointe der gesamten »Einleitung«.

13 Ebd., S. 79. (Hervorhebungen i. Orig.)

Sie ermöglicht die Form von Erzählung, welche den Rest der *Phänomenologie* ausmacht. Indem wir, die Leser Hegels, uns auf diese spezifische »Umkehrung des Bewußtseins« konzentrieren, in der das, was dem Subjekt die Dinge an sich waren, als bloße Dinge für das Bewusstsein entlarvt werden, erlangen wir eine phänomenologische Einsicht. Diese Einsicht ist selbst jedoch kein Bestandteil der Erfahrung des Irrtums, die im von uns betrachteten phänomenalen Bewusstsein abläuft. Die oben zitierte Passage setzt Hegel daher folgendermaßen fort:

> Diese Betrachtung der Sache ist unsere Zutat, wodurch sich die Reihe der Erfahrungen des Bewußtseins zum wissenschaftlichen Gange erhebt und welche nicht für das Bewußtsein ist, das wir betrachten.[14]

Dieser Perspektivenwechsel macht die »Wissenschaft der Erfahrung des Bewußtseins«[15] möglich – Hegels Arbeitstitel, unter dem er das Schreibprojekt begann, das schließlich die *Phänomenologie des Geistes* werden sollte. Die einzelnen Verpflichtungen, deren materiale Unvereinbarkeit wir anerkennen, womit wir den Erfahrungsprozess anstoßen, sind zufällig. Notwendig ist in diesem Prozess dagegen die Anerkennung des Irrtums und die nachfolgende Enttäuschung, zu der sie führt. Notwendig ist also, wie Hegel ganz am Ende des Buches sagt, »die *Bewegung*, die das Erkennen ist, – die Verwandlung jenes *Ansichs* in das *Fürsich*«.[16] An diesem Punkt unserer Ausführungen verstehen wir, worin diese Bewegung *besteht*. Wir verstehen aber noch nicht, warum sie der Schlüssel zur *Wissenschaft* von der Erfahrung des Bewusstseins ist. Dies wird das Thema des letzten Abschnitts dieses Kapitels sein.

6.3 Vom Skeptizismus zur Wahrheit durch bestimmte Negation

Wenn wir versuchen, die Bedeutsamkeit des von Hegel angemahnten Perspektivenwechsels zu verstehen, so liegt der Schlüssel zu einem solchen Verständnis, wie er uns selbst mitteilt, darin, in

14 Ebd.

15 Ebd., S. 80. (Hervorhebungen getilgt, R. B.)

16 Nämlich im Kapitel »Das Absolute Wissen«, vgl. ebd., S. 585 (erste Hervorhebung von mir, R. B.).

Hinblick auf einen drohenden Skeptizismus die Bedeutsamkeit der Rolle dessen zu untersuchen, was in der Erfahrung durch den Begriff BESTIMMTE NEGATION explizit gemacht wird. Der vorletzte Absatz der »Einleitung« geht so weiter:

> Es ist aber dies in der Tat auch derselbe Umstand, von welchem oben schon in Ansehung des Verhältnisses dieser Darstellung zum Skeptizismus die Rede war, daß nämlich das jedesmalige Resultat, welches sich an einem nicht wahrhaften Wissen ergibt, nicht in ein leeres Nichts zusammenlaufen dürfe, sondern notwendig als Nichts *desjenigen, dessen Resultat* es ist, aufgefaßt werden müsse; ein Resultat, welches das enthält, was das vorhergehende Wissen Wahres an ihm hat. Dies bietet sich hier so dar, daß, indem das, was zuerst als der Gegenstand erschien, dem Bewußtsein zu einem Wissen von ihm herabsinkt und das *Ansich* zu einem Für-das-*Bewußtsein-Sein des Ansich* wird, dies der neue Gegenstand ist [...].[17]

Wir haben uns nun in die Lage versetzt, diesen letzten Satz zu verstehen. Wir können also verstehen, inwiefern die Veränderung des normativen Status, die ein möglicher Urteilsinhalt durchläuft, sobald das Subjekt eine frühere Bejahung zurückzieht (das meint die »Umkehrung des Bewußtseins«), als Entspringen eines neuen Gegenstands aufgefasst werden kann. Was aber hat das mit der Einstellung zu tun, die wir gegenüber dem Skeptizismus haben sollten?

Diese Frage stellt sich aufgrund des Verlaufs der Darstellung, der wir gefolgt sind. Im vierten Kapitel habe ich behauptet, dass wir den Anfang der »Einleitung« so lesen sollten, dass Hegel dort dafür argumentiert, dass wir uns nicht bereits durch unsere Semantik einen epistemologischen Skeptizismus aufzwingen sollten. Seiner genauen Diagnose zufolge sind wir zu einem solchen Skeptizismus gezwungen, sobald wir das Verhältnis von Erscheinung und Wirklichkeit so auffassen, dass hier einem begrifflich gehaltvollen Repräsentierenden ein nichtbegrifflich strukturiertes Repräsentiertes gegenübersteht, wodurch sich zwischen ihnen eine Kluft hinsichtlich ihrer Verständlichkeit ergibt. Ferner habe ich behauptet, dass die von Hegel vorgeschlagene Therapie (welche er in der »Einleitung« andeutet und im Kapitel »Bewußtsein« ausführt) darin besteht, *begriffliches Gehaltvollsein* mit *Bestimmtheit* zu identifizieren und Bestimmtheit von der *Negation* her zu verstehen. Hierfür be-

17 Ebd., S. 79 f. (Hervorhebungen i. Orig.)

ruft er sich auf das spinozistische Prinzip »omnis determinatio est negatio«. Die relevante Negation ist die *bestimmte* Negation und entspricht im Allgemeinen dem, was Aristoteles als »Gegensätze« bezeichnet. Sie ist kein kontradiktorischer Gegensatz im aristotelischen Sinne, welchen wir von der formalen bzw. abstrakten Negation her verstehen können. Bei der Bestimmtheit eines Gedankens oder Sachverhalts (eines Prädikats oder einer Eigenschaft) geht es um den modal robusten *Ausschluss* anderer Gedanken oder Sachverhalte, mit denen er material unvereinbar ist.

Diese Konzeption erlaubt es Hegel, eine andere zentrale spinozistische Lehre zu bejahen: »Die Ordnung und Verknüpfung der Ideen ist dieselbe wie die Ordnung und Verknüpfung der Dinge.«[18] Denn die genannte Idee von Bestimmtheit findet gleichermaßen auf Dinge wie auf Gedanken, auf Repräsentiertes wie auf Repräsentierendes Anwendung. Zwischen Erscheinung und Wirklichkeit bricht folglich keine Kluft hinsichtlich ihrer Verständlichkeit auf. Sowohl bestimmte Gedanken als auch bestimmte Sachverhalte sind, als bestimmte, begrifflich gehaltvoll und somit prinzipiell verständlich. In dieser Semantik ist kein epistemologischer Skeptizismus von vornherein angelegt.

In diesem Zusammenhang haben wir keinen Grund, die semantische Beziehung zwischen Erscheinung und Wirklichkeit nicht repräsentational zu deuten. Aber die Vorgehensweise, begrifflichen Inhalt vom Begriff BESTIMMTE NEGATION her zu verstehen, *erlaubt* uns nicht bloß eine solche repräsentationale Deutung. In Hegels Händen ermöglicht dieser Schachzug zugleich eine konstruktive *Analyse* der repräsentationalen Dimension, die wir in begrifflichen Inhalten implizit antreffen können.[19] Hegel verbindet diesen fun-

18 Baruch Spinoza, *Die Ethik*, Stuttgart 1977, Zweiter Teil, Lehrs. 7.

19 Als einen der positiven Punkte in Hegels »Einleitung« in die *Phänomenologie* betrachte ich die Anregung in Bezug auf die Frage, was es heißt, solche begrifflichen Inhalte als Erscheinungen *von* einer Wirklichkeit zu behandeln, solche Sinne als Arten des Gegebenseins von Referenzgegenständen zu betrachten, mögliche Denkinhalte, die sich *de dicto* ausdrücken lassen (z. B. der Gedanke, *dass* der Gegenstand in der Ecke rund ist), als prinzipiell immer auch *de re* ausdrückbar zu verstehen (z. B. *vom* Ball zu denken, dass *er* rund ist). Dazu muss man von diesen Dingen anerkennen, dass sie einer gewissen Form normativer Bewertung unterliegen, nämlich der Verantwortlichkeit für ihre Richtigkeit *gegenüber* den Tatsachen, Gegenständen und Eigenschaften, auf die sie so als *Bezug nehmend* gelten.

damentalen Aspekt des spinozistischen Denkens (den strukturellen Isomorphismus in der Ordnung und Verknüpfung der Dinge und der Ideen, gedeutet im Sinne der Beziehungen bestimmter Negation) mit einer kantischen Idee, welche Spinoza selbst *nicht* hatte. Denn Spinoza begriff noch nicht, dass die »Ordnung und Verknüpfung der Ideen« einen spezifisch *normativen* Charakter hat, durch den sich diese Ordnung von der Ordnung und Verknüpfung der Dinge unterscheidet. Hegels Synthese von Spinoza und Kant fußt auf Kants Fundierung der Semantik in der Pragmatik, also auf seiner Theorie davon, was man *tun* muss, um Verantwortung für einen möglichen begrifflichen Urteilsinhalt zu übernehmen.

Im fünften Kapitel habe ich dargelegt, wie Hegels Erklärung der Erfahrung des Irrtums – eine Deutung von Kants Idee einer praktisch-integrativen Verantwortung zur Kritik im Rahmen der Synthesis einer Konstellation von Verpflichtungen, die jene für die Apperzeption spezifische, rationale Einheit aufweist – sicherstellt, dass wir die Idee repräsentationalen Anspruchs implizit, das heißt praktisch, erfassen. Von Kant herkommend, enthält Hegels Konzeption der bestimmten Negation entsprechend ein wesentlich *dynamisches* Element. Dieses Element rührt von der zentralen noch verbleibenden *Asymmetrie* zwischen der Ordnung und Verknüpfung der Ideen und jener der Dinge her. Für ein und denselben Gegenstand ist es *unmöglich*, gleichzeitig material miteinander unvereinbare Eigenschaften aufzuweisen (bzw. unmöglich für zwei miteinander unvereinbare Sachverhalte, zugleich zu bestehen), während es für ein und dasselbe Subjekt lediglich *unangemessen* ist, gleichzeitig miteinander unvereinbare Verpflichtungen zu bejahen. Das Repräsentierende ist durch deontisch-normative Beziehungen, während das Repräsentierte durch alethisch-modale Beziehungen gegliedert ist. Wer bei sich material miteinander unvereinbare Verpflichtungen vorfindet, hat die Pflicht, etwas *zu tun*, nämlich jene Verpflichtungen zu überarbeiten, um so die Inkohärenz zu beseitigen. Nur von dieser Pflicht zur Reparatur her können wir verstehen, was es heißt, zwei objektive Eigenschaften oder Sachverhalte in dem alethisch-modalen Sinne als miteinander unvereinbar zu betrachten bzw. zu behandeln. Wenn wir die repräsentationale Dimension begrifflicher Inhalte verstehen wollen – die Beziehung und Verknüpfung zwischen dem deontischen und dem alethischen Glied in der erkennend-praktischen Konstellation des Subjektiven und Objektiven –, müssen wir begreifen, wie die normativ strukturierte Erfahrung des Irrtums als die (Re-)Präsentation objektiver alethisch-modaler Beziehungen der Unvereinbarkeit aufgefasst werden kann. Anders als bei Spinoza ist Hegels Begriff BESTIMMTE NEGATION januskopfig, insofern er subjektive und objektive Aspekte aufweist, die einander ergänzen, indem sie ihrem Sinn nach wechselseitig voneinander abhängen.[20] Die normative Bedeutsamkeit der Negation ist auf der Seite des Subjekts pragmatisch, das heißt, sie liefert uns eine Pflicht zur Bewegung, Veränderung, Entwicklung. Die bestimmte Negation bzw. materiale Unvereinbarkeit vermittelt zwischen Pragmatik und Semantik – und ebenso, auf semantischer Seite, zwischen der expressiven und der repräsentationalen Dimension der Intentionalität.

Die Entdeckung, dass der semantogenetische Kern der Erfahrung in der Erfahrung des *Irrtums* liegt, dass also das Wesen der Erfahrung darin besteht, etwas als nicht wirklich, das heißt als bloße Erscheinung zu entlarven, scheint aber einmal mehr das Gespenst des Skeptizismus aufzuscheuchen. Wenn Irrtum die notwendige Form der Erfahrung ist, wenn also das, was in der Erfahrung implizit entdeckt wird, stets die Falschheit und Inadäquatheit unseres Wissens bzw. Verstehens ist, warum ist dann nicht der Skeptizismus die richtige Konklusion, die wir hier zu ziehen haben? Warum erweist sich Hegels eigener Begriff der Erfahrung nicht selbst als »Weg der Verzweiflung«?

Hegel möchte die Beziehung zwischen den zwei »Gegenständen«, dem »ersten Ansich« und dem »Für-das-Bewußtsein-Sein des Ansich«, als eine Beziehung der *Negation* verstehen: »Dieser neue Gegenstand enthält die Nichtigkeit des ersten, er ist die über ihn gemachte Erfahrung.«[21] Dahinter steckt folgende Idee: Der Skeptizismus besteht darin, dass man den Sinn, in welchem der zweite Gegenstand Negation des ersten ist, als *formale* bzw. abstrakte Negation auffasst statt als *bestimmte* Negation. Denn so würden wir zulassen, dass das »Resultat, welches sich an einem nicht wahrhaften Wissen ergibt, [...] in ein leeres Nichts zusammenlaufen [darf]«. Die Pointe ist gerade, dass der zweite Gegenstand »die

20 In diesem Sinne heißt es, »die Form des Begriffs [...], vereinigt [...] die gegenständliche Form der Wahrheit und des wissenden Selbsts in unmittelbarer Einheit« (*PhG*, S. 589).

21 Ebd., S. 79.

Nichtigkeit des ersten« nicht in dem Sinne enthält, dass ›Der Stock ist geknickt‹ von ›Der Stock ist *nicht* geknickt‹ abgelöst wird. Vielmehr ergibt sich daraus die Einsicht, dass ›Der Stock ist geknickt‹ uns nichts darüber sagt, wie die Dinge wirklich beschaffen sind. Es handelt sich um eine Erscheinung, eine *Fehl*repräsentation *von einem geraden Stock*. Das ist die material unvereinbare Verpflichtung, derentwegen die Repräsentation des Stocks als geknickt durch Veränderung ihres normativen Status abgelegt wurde. Die ursprüngliche Verpflichtung wurde aufgrund ihrer Falschheit so nicht einfach nur als eine Erscheinung enthüllt, sondern als die Erscheinung *von* etwas *Wirklichem*. Sie ist eine genuine Erscheinung von diesem Wirklichen, also eine Form, in der sich dieses Wirkliche für das Bewusstsein zeigt. Sie ist falsch, jedoch nicht falsch schlechthin. Sie ist ein Weg zur Wahrheit.

Wenn Hegel sagt, das »Resultat, welches sich an einem nicht wahrhaften Wissen ergibt«, müsse »notwendig als Nichts *desjenigen, dessen Resultat* es ist, aufgefaßt werden [...], ein Resultat, welches das enthält, was das vorhergehende Wissen Wahres an ihm hat«, so gilt das in zweierlei Hinsicht: Erstens wird die ursprüngliche Meinung über die Dinge nicht einfach durchgestrichen, so dass eine Leere zurückbliebe, wie es bei einem bloßen Widerspruch der Fall wäre. An ihre Stelle tritt vielmehr eine entgegengesetzte, eigenständige Verpflichtung – eine, die material, nicht bloß formal mit jener unvereinbar ist. Wir haben etwas Positives gelernt: Der Stock ist gerade. Zweitens handelt es sich beim Übergang vom ursprünglichen Gegenstand zum zweiten, wahren Gegenstand um eine Statusveränderung, nämlich von einer propositionalen Einstellung, welche wir dem Subjekt *de dicto* zuschreiben können, hin zu einer solchen, die wir ihm (ebenfalls) *de re* zuschreiben können. Wenn sowohl wir als auch das Subjekt vorher sagen konnten »S glaubt, *dass* der Stock geknickt ist«, so lässt sich, nach der Erfahrung des Irrtums und nachdem wir die anfänglich bejahte Behauptung zugunsten einer material konträren Behauptung verworfen haben, ebendieselbe Einstellung dem Subjekt in folgender Form zuschreiben: »S glaubt *von* einem geraden Stock, dass *er* geknickt ist.« Das ist die Pointe der Analyse des repräsentationalen Anspruchs und das, was wir im Rahmen der Erfahrung des Irrtums, welche ich oben diskutiert habe, aus ihr lernen. Die Statusumwandlung besteht darin, dass wir eine früher von uns bejahte Behauptung verwerfen, aber sie besteht nicht *nur* darin. In einer wichtigen Hinsicht wird nämlich der Inhalt der Behauptung zugleich angereichert, insofern diese *dem* Subjekt zu einer Behauptung wird, die *auf etwas Bezug nimmt*. Die repräsentationale Dimension ihres begrifflichen Inhalts wird auf diese Weise manifest – obgleich aufgrund ihrer Enthüllung als *Fehl*repräsentation.

Im vierten Kapitel haben wir gesehen, dass die Unverständlichkeit dieser repräsentationalen Dimension das Charakteristikum eines epistemologischen, jedoch in der Semantik wurzelnden Skeptizismus ist, dessen Diagnose Hegel in den ersten Absätzen der »Einleitung« liefert. Es überrascht uns daher nicht, hier zu erfahren, dass der spezifische Mangel dieses Skeptizismus darin besteht, dass er unfähig ist, die Rolle zu begreifen, welche die bestimmte Negation im Entfalten der Schlussfolgerungen aus der Erfahrung des Irrtums spielt.

> [D]ie Darstellung des nicht wahrhaften Bewußtseins [ist] in seiner Unwahrheit nicht eine bloß *negative* Bewegung [...]. Eine solche einseitige Ansicht hat das natürliche Bewußtsein überhaupt von ihr; und ein Wissen, welches diese Einseitigkeit zu seinem Wesen macht, ist eine der Gestalten des unvollendeten Bewußtseins, welche in den Verlauf des Weges selbst fällt und darin sich darbieten wird. Sie ist nämlich der Skeptizismus, der in dem Resultate nur immer das *reine Nichts* sieht und davon abstrahiert, daß dies Nichts bestimmt das Nichts *dessen* ist, *woraus es resultiert*. Das Nichts ist aber nur, genommen als das Nichts dessen, woraus es herkommt, in der Tat das wahrhafte Resultat; es ist hiermit selbst ein *bestimmtes* und hat einen *Inhalt*. Der Skeptizismus, der mit der Abstraktion des Nichts oder der Leerheit endigt, kann von dieser nicht weiter fortgehen, sondern muß es erwarten, ob und was ihm etwa Neues sich darbietet, um es in denselben leeren Abgrund zu werfen. Indem dagegen das Resultat, wie es in Wahrheit ist, aufgefaßt wird, als *bestimmte* Negation, so ist damit unmittelbar eine neue Form entsprungen [...].[22]

Nur von dem Standpunkt aus, den Hegel uns nahelegt, können wir verstehen, dass wir in jeder Erfahrung des Irrtums etwas Positives lernen. Ein Teil des Puzzles – und Hegels Lösung –, das ich hier hoffentlich beigetragen habe, ist die Erkenntnis, dass wir die repräsentationale Dimension begrifflicher Inhalte, nicht minder als ihre expressive Dimension, nur von der wesentlichen und konsti-

22 Ebd., S. 73 f. (Hervorhebungen i. Orig.)

tutiven Rolle der bestimmten Negation im Prozess der Erfahrung her verstehen können.

Wir können dennoch fragen: Warum liefert uns Hegels Erklärung der Erfahrung als einer Erfahrung des Irrtums – ein für uns vermeintlich Wirkliches wird als Erscheinung entlarvt, das, was uns Subjekten das Sein der Dinge an sich war, als bloßes Sein für das Bewusstsein enthüllt – nicht gerade jene Prämisse, die für eine fallibilistische Metainduktion erforderlich ist? Als fallibilistische Metainduktion bezeichne ich eine Inferenz, die von der Beobachtung ausgeht, dass sich bei jeder Überzeugung, die wir hatten, bzw. jedem Urteil, das wir gefällt haben, letzten Endes herausgestellt hat, dass sie bzw. es zumindest im Detail falsch war. Hieraus wird dann die Schlussfolgerung gezogen, dass sich alle Überzeugungen bzw. Urteile, die wir jemals haben werden oder auch nur haben könnten, letzten Endes auf analoge Weise als mangelhaft erweisen werden, wenn wir sie nur einer hinreichend kritischen Prüfung unterziehen. Schon früh in der »Einleitung« spricht Hegel davon, dass diese skeptische Schlussfolgerung für Leute selbstverständlich ist, die nicht das gelernt haben, was er uns lehrt:

> Das natürliche Bewußtsein wird sich erweisen, nur Begriff des Wissens oder nicht reales Wissen zu sein. Indem es aber unmittelbar sich vielmehr für das reale Wissen hält, so hat dieser Weg für es negative Bedeutung, und ihm gilt das vielmehr für Verlust seiner selbst, was die Realisierung des Begriffs ist; denn es verliert auf diesem Wege seine Wahrheit. Es kann deswegen als der Weg des *Zweifels* angesehen werden oder eigentlicher als der Weg der Verzweiflung; [...] er ist die bewußte Einsicht in die Unwahrheit des erscheinenden Wissens [...].[23]

Wenn wir verstehen wollen, dass diese Schlussfolgerung falsch ist, müssen wir die zentrale *semantische* Bedeutung der Erfahrung des Irrtums für ein Verständnis der repräsentationalen Dimension begrifflicher Inhalte begreifen. Damit wir aber die positive Bedeutung begreifen können, welche der Entlarvung von Verpflichtungen als bestimmt falsche, das heißt als korrigierte Fehlrepräsentationen zukommt, bedarf es einer neuen, überzeugenden Konzeption von Wahrheit. Diese Konzeption wird im Hauptteil der *Phänomenologie* entwickelt, während Hegel sie in den einführenden Bemerkun-

23 Ebd., S. 72. (Hervorhebungen i. Orig.)

gen nur andeutet. Die Konzeption wirft allerdings bereits in der »Vorrede« ihre Schatten voraus.

[Wahrheit] schließt also ebensosehr das Negative in sich, dasjenige, was das Falsche genannt werden würde, wenn es als ein solches betrachtet werden könnte, von dem zu abstrahieren sei. Das Verschwindende ist vielmehr selbst als wesentlich zu betrachten, nicht in der Bestimmung eines Festen, das vom Wahren abgeschnitten [...]. Die Erscheinung ist das Entstehen und Vergehen, das selbst nicht entsteht und vergeht, sondern an sich ist und die Wirklichkeit und Bewegung des Lebens der Wahrheit ausmacht.[24]

Anstatt Wahrheit als einen erreichbaren Zustand oder Status aufzufassen, möchte Hegel, dass wir sie als etwas begreifen, das einen *Prozess* charakterisiert – den Prozess der *Erfahrung*, in welchem Erscheinungen »entstehen und vergehen«. Sie entstehen als Erscheinungen, die wir als wahrheitsgetreu betrachten. Sie sind Instanzen der Beschaffenheit der Dinge für das Bewusstsein, die wir aber als Instanzen dessen bejahen, wie die Dinge an sich beschaffen sind. Sobald wir nun in der Erfahrung des Irrtums herausfinden, dass diese Erscheinungen mit anderen Verpflichtungen material unvereinbar sind, verwerfen wir einige von ihnen. Dies ist eine Statusumwandlung, in der der »zweite wahre Gegenstand« entsteht – die Erscheinung wird als eine *Fehl*repräsentation *dem* Bewusstsein allein zu einem Sein der Dinge *für* das Bewusstsein. Der Prozess, in dem wir begründende Belege für miteinander konkurrierende Verpflichtungen abwägen, um auf diese Weise zu bestimmen, welche von ihnen beibehalten und welche geändert werden sollte, damit die lokalen materialen Unvereinbarkeiten beseitigt werden, ist folglich *nichts anderes* als der Prozess, durch den wir (mehr über) die wirkliche Beschaffenheit der Dinge herausfinden.

Die zitierte Passage wird mit einer berühmten Metapher fortgesetzt:

Das Wahre ist so der bacchantische Taumel, an dem kein Glied nicht trunken ist; und weil jedes, indem es sich absondert, ebenso unmittelbar [sich] auflöst, ist er ebenso die durchsichtige und einfache Ruhe.[25]

Der Taumel ist das ruhelose Drängen von Verpflichtungen, die als miteinander unvereinbar aufgedeckt wurden. Diejenigen, die wir

24 Ebd., S. 46.
25 Ebd.

»absondern«, werden der Umwandlung der Erfahrung unterzogen und verworfen, um so die rationale Selbstregulierung aufrechtzuerhalten, die Hegel als den Zustand der »einfachen Ruhe« identifiziert. Die Feier geht ihren Gang, setzt ihre Entwicklung fort, da der Platz derjenigen Verpflichtungen, die ausfallen, unmittelbar von anderen Verpflichtungen eingenommen wird.

6.4 Wiedererinnerung und die Wissenschaft der Erfahrung des Bewusstseins

Diese Kernpassage der »Vorrede« setzt Hegel so fort, dass drei Themen eingeführt werden, mit denen ich meine Diskussion an dieser Stelle beenden möchte.

> In dem Gerichte jener Bewegung bestehen zwar die einzelnen Gestalten des Geistes wie die bestimmten Gedanken nicht, aber sie sind so sehr auch positive notwendige Momente, als sie negativ und verschwindend sind. – In dem *Ganzen* der Bewegung, es als Ruhe aufgefaßt, ist dasjenige, was sich in ihr unterscheidet und besonderes Dasein gibt, als ein solches, das sich *erinnert*, aufbewahrt, dessen Dasein das Wissen von sich selbst ist, wie dieses ebenso unmittelbar Dasein ist.[26]

Erstens, im Prozess der Wahrheit, welcher mit der Erfahrung des Irrtums strukturgleich ist, entwickeln sich begriffliche Inhalte und werden bestimmt. Er ist mithin nicht nur der Prozess, in dem Urteile ausgewählt werden. In ihm entwickeln sich vielmehr auch Begriffe weiter. Er ist der Prozess, in und durch den immer mehr von der wirklichen Beschaffenheit der Welt, von dem also, was im objektiv-alethischen Sinne tatsächlich womit material unvereinbar ist, in die von Subjekten anerkannten materialen Unvereinbarkeiten eingeht. Denn unsere Reaktion auf die anerkannte Unvereinbarkeit zweier Verpflichtungen, die wir bei uns vorfinden, besteht häufig darin, unsere je eigenen Verpflichtungen daran anzupassen, was womit unvereinbar ist (und was woraus folgt). Wenn mich zum Beispiel mein anfänglicher Begriff SÄURE darauf verpflichtet, ihn auf jede Flüssigkeit anzuwenden, die sauer schmeckt, und seine Anwendung mich wiederum darauf verpflichtet, dass diese Flüs-

26 Ebd., S. 46 f. (Hervorhebungen i. Orig.)

sigkeit Lackmuspapier rot färbt, dann könnte ich auf die Tatsache, dass eine saure Flüssigkeit Lackmuspapier blau färbt (also auf die Unvereinbarkeit der zwei Farbverpflichtungen), nicht damit reagieren, dass ich entweder das Wahrnehmungsurteil der Säuerlichkeit oder das der Bläulichkeit verwerfe. Ich kann hierauf vielmehr nur reagieren, indem ich die Normen überarbeite, die meinen Begriff gliedern. So könnte ich etwa annehmen, dass es sich allein bei *klaren* Flüssigkeiten sauren Geschmacks um Säuren handelt oder dass trübe Säuren Lackmuspapier nicht rot färben. Nur weil und insoweit Subjekte die Ergebnisse aus vielen solchen Irrtumserfahrungen übernehmen, ist es der Fall, dass die begrifflichen Inhalte, die von ihnen anerkannt und zum Einsatz gebracht werden, die objektive begriffliche Gliederung der Welt so gut nachbilden, wie sie es tun. Aus diesem Grund ist die Erfahrung des Irrtums zugleich ein Prozess der Wahrheit.

Dem zweiten Punkt zufolge ist Hegels Rekurs auf *Erinnerung*, auf die er ganz am Schluss der *Phänomenologie* zurückkommt, ein Fingerzeig auf die *dritte* Phase der Erfahrung des Irrtums. Die ersten zwei Phasen haben wir bereits betrachtet – die Anerkennung der materialen Unvereinbarkeit einiger unserer eigenen Verpflichtungen und die Überarbeitung dieser Verpflichtungen (einschließlich jener, die sich darauf beziehen, was womit unvereinbar ist) mit dem Ziel, diese Nichtübereinstimmung zu beheben. Was Hegel als »Erinnerung« bezeichnet, ist eine nachträgliche, rationale Rekonstruktion des erweiterten Prozesses der Erfahrung, der zu der eigenen Konstellation von Verpflichtungen in der Gegenwart geführt hat. Rekonstruiert wird eine Abfolge von Episoden, von denen jede die dreistufige Struktur aus Anerkennung, Überarbeitung und Wiedererinnerung der material miteinander unvereinbaren Behauptungen aufweist, die man je selbst bejaht hat. Aus dem tatsächlichen Prozess vergangener Erfahrung wählen wir in der Wiedererinnerung einen Verlauf aus, den wir als expressiv fortschreitend darstellen, also als einen Verlauf, welcher die Form einer graduellen, zunehmenden Enthüllung der (aus Sicht von uns Wiedererinnernden) wirklichen Beschaffenheit der Dinge hat. Es handelt sich um eine fortschrittsgläubige Erzählung (typisch für altmodische Geschichtsschreibungen der Naturwissenschaften) davon, wie es dazu kam, dass die Dinge an sich *für* das Bewusstsein wahrheitsgetreu erschienen. Dass sich auf diese Weise die *Vergan-*

genheit durchgängig in eine *Geschichte* verwandelt (und zwar mit jeder dreigliedrigen Erfahrungsepisode anders), ist Hegels Verständnis davon, wie die Vernunft rückblickend »dem Zufall die Form der Notwendigkeit gibt«.

Dem dritten Punkt zufolge ist die Wiedererinnerung als Phase der Erfahrung ein wichtiges Element dessen, was Hegel die *Wissenschaft* der Erfahrung des Bewusstseins nennt.[27] In diesen Kapiteln zur »Einleitung« habe ich bisher viel über die Erfahrung des Bewusstseins gesprochen, aber noch nicht ausdrücklich über die *Wissenschaft* der Erfahrung des Bewusstseins. Dies mag durchaus zu einiger Verwunderung geführt haben. Warum rede ich über Allerweltsbegriffe wie GEKNICKTER STOCK und GERADER STOCK und darüber, welche Rolle diese in der Erfahrung spielen, wenn sich Hegel doch in dem Buch, in das er uns hier einführt, ausschließlich auf Begriffe konzentriert wie BEWUSSTSEIN, SELBSTBEWUSSTSEIN und HANDLUNGSFÄHIGKEIT (anders gesagt: auf Autorität im Erkennen, soziale Institution von Autorität und praktische Autorität)? Warum habe ich die Entwicklung von Konstellationen von Urteilen und Begriffen diskutiert, wenn Hegel sich – zumindest in der zweiten Hälfte der »Einleitung« wie auch in der *Phänomenologie* – mit der Entwicklung von »Gestalten des Bewußtseins« befasst? Solche Fragen sind, obgleich verständlich, fehl am Platz. Obwohl ich nicht explizit *über* sie gesprochen habe, war das, was ich getan habe, eine Ausübung der »Wissenschaft der Erfahrung des Bewußtseins«. Denn diese »Wissenschaft« ist das explizite, selbstbewusste *Verständnis* der »Erfahrung des Bewußtseins«.

Ich gehe davon aus, dass jeder Versuch, Hegel (oder auch Kant) zu verstehen, mit dem beginnen muss, was er uns über die gewöhnliche Erfahrung auf unterster Stufe in Empirie und Praxis lehrt. Hier geht es für ihn (wie auch für Kant) um die Anwendung von sogenannten »bestimmten Begriffen«. Das sind Begriffe wie STOCK und GERADE, BLAU und SAUER. Bei dem, was Hegel »spekulative« oder »logische« Begriffe nennt, handelt es sich um theoretisch-philosophische Metabegriffe, deren spezifische expressive Rolle darin besteht, die Eigenschaften begrifflicher Inhalte und der Verwendung jener Begriffe unterster Stufe (Semantik und Pragmatik) explizit zu machen. Die *Phänomenologie* erläutert die Entwicklung

27 Vgl. ebd., S. 80.

dieser höherstufigen Begriffe, durch die ihr Leser (das »phänomenologische Bewusstsein«) befähigt wird, unsere diskursive Tätigkeit im Allgemeinen (das »phänomenale Bewusstsein«) zu begreifen. Inwieweit wir verstehen, was Hegel zu diesem Thema zu sagen hat, hängt im Prinzip daran, inwiefern wir anhand dieser Metabegriffe ein Verständnis der gesamten Konstellation jener begrifflich gegliederten, normativen Praktiken und Institutionen gewinnen können, die Hegel »Geist« nennt. Aus diesem Grund habe ich meine Ausführungen mit den Dingen begonnen, die er uns meines Erachtens in letzter Instanz über die »Erfahrung des Bewußtseins« lehren will.

Dann – und ich meine, *erst* dann und auf dieser Grundlage – können wir überlegen, was es heißt, die Entwicklung *beider* Arten von Begriffen (in Hegels Sinne) in *wissenschaftliche* Ausdrücke zu fassen. Um dies zu tun, müssen wir eine gewisse Form rückblickender und rational rekonstruierender Erzählung ihrer Entwicklung verfassen, also eine Erzählung, die aus der *Vergangenheit* eine expressiv fortschreitende *Geschichte* macht und sie als eine solche darstellt. Das ist die dritte Phase des Prozesses der Erfahrung. Dieser Prozess wird, wie schon gesagt, durch unsere Anerkennung der materialen Unvereinbarkeit einiger Verpflichtungen eingeleitet, schreitet durch die lokale und zeitweise Auflösung dieser Inkohärenz voran, indem wir einige Verpflichtungen aufgeben oder modifizieren und andere beibehalten, und gipfelt im Begreifen der Erfahrung. Hierbei fassen wir die Erfahrung als Endpunkt eines Prozesses auf, in dem sich frühere Verpflichtungen als solche erweisen, die immer mehr von der Wirklichkeit enthüllen, aber dennoch inadäquate Erscheinungen *für* das Bewusstsein sind – Erscheinungen (so nimmt man jetzt an) von der Beschaffenheit der Dinge *an sich*. Den Schlussstein seiner Theorie (am Ende der Abschnitte »Vernunft« wie auch »Geist«) legt Hegel, indem er uns erläutert, wie sich aus der Betrachtung dieser rückblickenden und rational rekonstruierenden Phase – der *genealogischen* Phase des Prozesses der Erfahrung – ergibt, dass eine solche Erfahrung zwei Seiten umfasst: *zum einen* die (Weiter-)Bestimmung der Inhalte von Begriffen (seien es nun bestimmte oder philosophische Begriffe) im Sinne der expressiven Dimension begrifflichen Inhalts (»Dass«-Intentionalität), die durch *Beziehungen* der bestimmten Negation gegliedert ist; *zum anderen* das Erkennen von Referenzgegenständen (Freges Bedeutungen, Sein der Dinge an sich), die entlang der repräsentationalen Dimension begrifflichen Inhalts (»Von«-Intentionalität) von entsprechenden Sinnen (Sein der Dinge für das Bewusstsein) repräsentiert werden. Diese repräsentierenden Sinne sind durch den *Prozess* der Erfahrung des Irrtums gegliedert, der seinerseits normativ durch die Beziehungen der bestimmten Negation geleitet ist.[28] Dies müsste bei einer anderen Gelegenheit näher ausgeführt werden.

Die einzige Form, in der wir Hegel zufolge den begrifflichen und repräsentationalen Inhalt eines Begriffs theoretisch verstehen können, ist eine derartige Genealogie des Prozesses der Erfahrung, durch den dieser Inhalt bestimmt wird. Und das gilt unabhängig davon, ob wir von einer Konstellation von Begriffen und Verpflichtungen des höherstufigen wissenschaftlichen Selbstbewusstseins oder des empirischen Bewusstseins unterster Stufe sprechen. Aus diesem Grund behandelt Hegel beide Fälle in der von uns betrachteten Passage der »Vorrede« gleich:

> In dem Gerichte jener Bewegung bestehen zwar *die einzelnen Gestalten des Geistes* wie die *bestimmten Gedanken* nicht, aber sie sind so sehr auch positive notwendige Momente, als sie negativ und verschwindend sind.[29]

Eine angemessene metastufige Theorie der *Erfahrung* des Bewusstseins besteht in einer *Wissenschaft* von der Erfahrung des Bewusstseins (unterster Stufe). Die *Phänomenologie* vollzieht die *Erfahrung* von der Wissenschaft der Erfahrung des Bewusstseins nach. Sie rekapituliert den Prozess, in welchem die Metabegriffe selbst entwickelt und bestimmt werden, die für ein explizites Begreifen des Prozesses der Erfahrung adäquat sind. Hegel behauptet von der Erfahrung des Irrtums, wie sie hier beschrieben wurde, dass sie zugleich der Vorgang ist, durch den neue »Gestalten des Bewußtseins« entstehen. Man betrachte nur etwa folgende Passage, die wir erst jetzt verstehen können:

> [I]ndem das, was zuerst als der Gegenstand erschien, dem Bewußtsein zu einem Wissen von ihm herabsinkt und das *Ansich* zu einem Für-das-*Bewußtsein-Sein des Ansich* wird, [ist] dies der neue Gegenstand […], womit

28 Der Geist ist »*diese Bewegung* des Selbsts, das sich seiner selbst entäußert und sich in seine Substanz versenkt und ebenso als Subjekt aus ihr in sich gegangen ist und sie zum Gegenstande und Inhalte macht, als es diesen Unterschied der Gegenständlichkeit und des Inhalts aufhebt.« (Ebd., S. 587; Hervorhebung i. Orig.)

29 Ebd., S. 46. (Meine Hervorhebungen, R. B.)

auch eine neue Gestalt des Bewußtseins auftritt, **welcher** etwas anderes das Wesen ist als **der** vorhergehenden. Dieser Umstand ist es, welcher die ganze Folge der Gestalten des Bewußtseins in ihrer Notwendigkeit leitet. Nur diese Notwendigkeit selbst oder die *Entstehung* des neuen Gegenstandes, der dem Bewußtsein, ohne zu wissen, wie ihm geschieht, sich darbietet, ist es, was für uns gleichsam hinter seinem Rücken vorgeht. Es kommt dadurch in seine Bewegung ein Moment des *Ansich-* oder *Fürunsseins*, welches nicht für das Bewußtsein, das in der Erfahrung selbst begriffen ist, sich darstellt; der *Inhalt* aber dessen, was uns entsteht, ist *für es*, und wir begreifen nur das Formelle desselben oder sein reines Entstehen; *für es* ist dies Entstandene nur als Gegenstand, *für uns* zugleich als Bewegung und Werden.

Durch diese Notwendigkeit ist dieser Weg zur Wissenschaft selbst schon *Wissenschaft* und nach ihrem Inhalte hiermit Wissenschaft der *Erfahrung des Bewußtseins*.[30]

In diesen drei Kapiteln habe ich mich darauf konzentriert, was Hegel über die Semantik und Pragmatik jener Begriffe zu sagen hat, die auf der Grundebene der Erfahrung zum Einsatz gebracht und bestimmt werden. Auf diese Weise habe ich uns zugleich darauf vorbereitet, den Gang der Erfahrung auf der Metaebene des *Selbst*bewusstseins zu verstehen. Diesen ruft Hegel für uns im Hauptteil der *Phänomenologie* in Erinnerung.

30 Ebd., S. 80. (Kursivierungen i. Orig.; Fettsetzungen von mir, R. B.)

Dritter Teil: Wiedererinnerter Hegel

7
Skizze eines Programms zu einer kritischen Hegellektüre
Empirische und logische Begriffe im Vergleich

7.1 Einleitung

Das Projekt, das dieses Kapitel antreibt, entspricht allgemein dem, was Croces Titel zum Ausdruck bringt: Ich will versuchen genau anzugeben, »was in Hegels Philosophie lebendig und was darin tot« ist. Diese Charakterisierung muss jedoch in zweierlei Hinsicht präzisiert werden. Zunächst sollen die unbestimmten Artikel in meiner Überschrift anzeigen, dass ich mir darüber im Klaren bin, was es heißt, eine Unterscheidung wie die eben genannte so zu treffen, dass sie zugleich pluralistischer und weniger endgültig ist, als es der Slogan nahelegt. Ich schlage hier *eine* Möglichkeit vor, wie wir in Hegels Werk weitreichende und Orientierung spendende philosophische Einsichten, deren Weiterverfolgung und Entwicklung sich heute noch lohnt – was ich daher als den Kern seines Werks betrachte –, von all dem unterscheiden können, was sich vor diesem Hintergrund als bloß optionale, parallel bestehende Verpflichtung erweist. Bei diesen Verpflichtungen kann es sich um kontingente Entscheidungen darüber handeln, wie diese großen Ideen auszuarbeiten sind, oder auch schlicht, soweit ich das sehe, um Fehler (wenngleich auch verständliche und verzeihliche). Ich gehe jedoch keineswegs davon aus, dass es nicht noch andere Möglichkeiten der Einteilung gibt, aus denen wir genauso viel lernen können.

Ferner thematisiere ich hier nur einen von vielen verschiedenen Aspekten des hegelschen Denkens. Mir geht es darum, Bruchlinien herauszuarbeiten, die zutage treten, wenn wir jene Beziehungen betrachten, die zwischen seinen Ansichten über die Inhalte gewöhnlicher, d. i. bestimmter empirischer, Begriffe und seinen Ansichten über die Inhalte spezifisch *logischer*, d. i. philosophischer bzw. spekulativer, Begriffe bestehen. Anhand der letzteren Begriffe (also z. B. Besonderheit, Allgemeinheit und Einzelheit, Ansich-

SEIN und FÜRSICHSEIN) arbeitet Hegel seine Ansichten zu ersteren genauer aus.[1]

Bevor wir in die Diskussion dieser speziellen Perspektive auf Hegels Denken einsteigen, verdient ein methodisches Problem unsere Beachtung. Dieses Problem entsteht gleich zu Anfang, sobald wir die eben erläuterte Idee einer *kritischen* Lektüre betrachten, die Idee also einer Lektüre, in der wir uns einige von Hegels philosophischen Begriffen und Behauptungen aneignen, während wir andere übergehen oder verwerfen. Es gibt gewisse charakteristische Merkmale des hegelschen Denkens, die ein besonderes Hindernis für jedes Projekt dieser Art darstellen. Hegel beharrt nämlich explizit und wiederholt darauf, dass seine philosophische Theorie ein *System* ist. Und eine wesentliche Eigenschaft jedes Systems in diesem Sinne ist eine starke und spezifische Form von *Holismus*, welcher die philosophische Sprache betrifft, in der das System verfasst ist: Kein Stück desselben – kein Begriff, keine Behauptung – kann den Inhalt haben, der ihm zukommt, wenn es nicht im Zusammenhang mit *allen* übrigen Stücken betrachtet wird.[2] Die Systematizität, die Hegels Philosophie anstrebt und darzustellen beansprucht, impliziert, dasjenige zu sein, was wir *semantisch monolithisch* nennen können. Dieses Merkmal macht es für uns unmöglich, irgendwelche Stücke aus dem Ganzen herauszulösen. Schon indem wir bloß versuchten, etwas herauszugreifen und auszuwählen, zu

1 In den beiden letzten Kapiteln betrachte ich verschiedene solcher Dimensionen: Hegels Verständnis von Bestimmtheit in Kap. 9 und seine Angleichung von Begriffen an Selbste in Kap. 8.

2 Ich spreche hier über systematische Metaphysik – im Grunde also über die Logik. Denn verschiedene Stücke der *Realphilosophie*, die Hegel anhand dieser Kategorien darstellt, könnten freilich bestritten werden, während sie innerhalb der Grenzen des Systems unverrückbar bleiben. Hegel selbst scheint daher das Projekt in Angriff genommen zu haben, seine Kategorien experimentell auf die empirisch-geschichtliche Materie der Entwicklung von Begriffen und Praktiken in Religion, Kunst und Naturwissenschaft *anzuwenden.* Deshalb bringt er in verschiedenen Versionen der Vorlesungen zur Geschichte der Religion seinen logischen Apparat auf unterschiedliche Weise zum Einsatz. Das eine Mal richtet er alles so ein, dass es ein Forstschreiten vom Ansichsein über das Fürsichsein zum An-und-Fürsichsein ist, ein anderes Mal dagegen so, dass es sich um ein Fortschreiten von den Kategorien des Seins über die des Wesens hin zu denen des Begriffs handelt. (Obgleich sich diese Kategorien grob in einer einheitlichen Reihe aufstellen lassen, gibt es im Detail zwischen ihnen wichtige Unterschiede, die in ihrer Anwendung zutage treten.)

bevorzugen und zu verwerfen, würden wir unvermeidlich etwas verfälschen. Denn getrennt von diesem einzigartigen lebendigen Begriffsorganismus, zu dem sie gehören, könnten die toten Glieder ihre jeweilige expressive Funktion nicht erfüllen. Dieser Anspruch monolithischer Systematizität[3] stellt das größte Hindernis für jede kritische Auswertung hegelscher Begriffe und Behauptungen dar, mithin auch für die Aneignung derselben unter unseren sehr veränderten Gegebenheiten. Dieser Anspruch schien jedoch vielen Leuten zum eigentlichen Kerngehalt des philosophischen Beitrags Hegels zu gehören, so dass der gesamte Aufbau mit ihm steht und fällt. Rolf-Peter Horstmann beispielsweise hat sich wortgewandt auf dieses Merkmal des hegelschen Denkens berufen, und zwar um dafür zu argumentieren, dass wir es entweder ganz oder gar nicht schlucken müssen.[4]

3 Dieser Holismus schöpft nicht das aus, was Hegel unter Systematizität versteht. Ein weiteres, wesentliches Element ist die *Umfassendheit*: Jede alternative Theorie lässt sich als eine partielle, inadäquate Variante des Systems ausweisen, also als eine Stufe in der (rational rekonstruierten) Entwicklung desselben, die auf dem Weg zu diesem System ersetzt werden muss und deren Einsichten wir somit als etwas betrachten können, das in diesem System enthalten ist. Aufgrund dieses Merkmals des von ihm aufgestellten Systems meint Hegel allerdings, es sei unangemessen, hier von *seinem* System zu sprechen – in dem Sinne, in dem wir ihm zufolge *durchaus* von Spinozas System oder Kants System sprechen dürfen. Wegen seiner *Umfassendheit* in der expressiven Entwicklung sollten wir es ausschließlich als »*das* System« bezeichnen. Diesen Punkt diskutiert Pirmin Stekeler-Weithofer in seinem faszinierenden und wichtigen Buch *Hegels Analytische Philosophie*, München 1992, S. 30 f.

4 Diese Behauptung ist der Hauptanklagepunkt seines Aufsatzes, »What is Hegel's Legacy, and What Should We Do With It?«, in: *European Journal of Philosophy* 7.2 (1999), S. 275-287. Dort heißt es, »Hegels sehr ambitionierte und schwierige Version eines ontologischen Monismus ist ein wesentlicher Bestandteil seines philosophischen Vermächtnisses« (S. 279). Aus diesem Grund, so weiter, »besteht Hegels philosophisches Vermächtnis aus einer sehr komplizierten Verbindung von einer beeindruckenden Mannigfaltigkeit von Elementen, welche in ihrer Gesamtheit einen riesigen Komplex bilden. Wer einige dieser Elemente auswählt und behauptet, ebendiese seien die philosophisch wichtigen Bestandteile seines Vermächtnisses, der hat eine sehr spezielle Vorstellung davon, was mit einer philosophischen Theorie gemacht werden kann, ohne dabei so viel an ihrem Inhalt zu verändern, dass die Theorie faktisch aufgegeben wird.« (S. 284) Horstmann schließt deshalb: »Mit Hegels Philosophie auf eine eher selektive Weise umzugehen heißt, gelinde gesagt, seinem Willen gegenüber nicht sehr treu zu sein.« (S. 285) Horstmann empfiehlt uns mit dieser Situation so umzugehen, dass wir den Gedanken aufgeben, Hegel hätte uns ein brauchbares philosophisches Vermächtnis hinterlas-

Meine Erwiderung auf diesen Einwand, dass der systematische Charakter des hegelschen Denkens eine mögliche *kritische* Lektüre desselben verhindert, ist in aller Kürze die folgende: Die erste von Hegels Behauptungen, die ich – als allerersten Schritt in diesem kritischen Projekt – verwerfen möchte, ist ebenjene Behauptung, dass sein Denken einen semantisch *monolithischen* Charakter hat. Was, wenn Hegel bloß *irrtümlich* meinte, dass wir, *wenn* sich überhaupt sagen lässt, was er im *Rest* der *Logik* sagt, dies *dann* in Ausdrücken tun müssen, die gerade in dem Sinne einen *systematischen* Charakter haben, dass sie semantisch monolithisch sind? Freilich, ein solches »Was, wenn« beweist gar nichts. Damit wir zu einer Erwiderung dieser allgemeinen Form (Zurückweisen der Verpflichtung darauf, dass das hegelsche Denken die Gestalt eines *semantisch monolithischen* Systems annehmen muss) *berechtigt* sind, müssten wir das hegelsche System sezieren und einen autonomen, brauchbaren begrifflichen Kern von einer ablösbaren Hülse optionaler, parallel bestehender Verpflichtungen unterscheiden. Ferner müssten wir zeigen, dass der stark holistische Aspekt semantischer Systematizität seiner *logischen* und *philosophischen* Begriffe und Behauptungen in dieser Schale verortet werden kann. Wir müssten folglich *angeben*, welche anderen zentralen Verpflichtungen bzw. Einsichten Hegels wir unabhängig von der Systematizitätsthese verstehen können, damit ersichtlich wird, dass sie diese These wirklich *nicht* voraussetzen bzw. enthalten. Wie wir dies angehen können, sollte am Ende meiner Ausführungen deutlich klarer sein, als es sich an dieser Stelle machen lässt. Ich gebe hier aber schon einen kurzen Abriss: Wenn wir gute Gründe haben, einen starken Holismus hinsichtlich des Sinns (nicht der Referenz) gewöhnlicher bestimmter Begriffe zu bejahen, dann verpflichtet uns das *nicht* darauf, die entsprechende These auch in Bezug auf diejenigen Inhalte zu übernehmen, welche in dem logischen und philosophi-

sen: »Nun ist seit Hegels Tagen die ›System-Philosophie‹ in seinem Sinne aus der Mode gekommen, und ich nehme an, dass es heutzutage niemanden gibt, der in der Philosophie ernsthaft einem solchen system-holistischen Ansatz eine zweite Chance geben möchte. Wenn es aber gute Gründe gibt zu vermuten, dass für Hegel die Idee eines Systems für eine philosophische Theorie konstitutiv war, dann fragt man sich, wie es möglich ist, Hegel als einen Philosophen anzusehen, dessen Vermächtnis irgendeinen Wert für uns hat.« (S. 276) [Die Zitate wurden von uns übersetzt; Anm. d. Übers.]

schen Metavokabular ausgedrückt werden, das wir verwenden, um diese Begriffe unterster Stufe zu diskutieren und zu erläutern.

7.2 Der erste Schritt: eine Unterscheidung

Die kritische Perspektive auf Hegels Denken, die ich hier erkunden und darlegen möchte, hebt damit an, dass wir seine Auffassungen bezüglich der Beschaffenheit der Inhalte gewöhnlicher bestimmter Begriffe mit seinen Auffassungen bezüglich der Beschaffenheit der Inhalte dessen, was er »Formbestimmungen des Begriffs« nennt – logischer, philosophischer und spekulativer Begriffe –, vergleichen und von diesen abgrenzen. Die erste Kategorie umfasst die Inhalte jener Begriffe, die in unserer Verwendung von gewöhnlichen Wörtern wie ›rot‹, ›rund‹ oder ›reif‹ zum Ausdruck kommen, sowie jener Behauptungen, die wir mit der Verwendung gewöhnlicher Aussagesätze ausdrücken, die diese Begriffe enthalten. Es handelt sich hierbei sowohl um Inhalte, die im Erkennen und Handeln unser alltägliches empirisches Bewusstsein der uns umgebenden Welt gliedern, als auch um solche, die unser alltägliches empirisches *Selbst*bewusstsein von uns als Lebewesen in dieser Welt gliedern – Inhalte, die durch Wörter wie ›Selbst‹ und ›Gegenstand‹ ausgedrückt werden. Die zweite Kategorie umfasst dabei die *logisch*-philosophischen Begriffe und *spekulativ*-philosophischen Behauptungen, deren Entwicklung Thema sowohl der *Phänomenologie des Geistes* als auch der *Wissenschaft der Logik* ist.

Diese zwei Kategorien stehen meines Erachtens in einem *expressiven* Verhältnis zueinander. Hegel zufolge haben logische Begriffe wesentlich die spezifische expressive Funktion, allgemeine Merkmale der Verwendung und des Inhalts von gewöhnlichen *nicht*logischen (also »bestimmten«) Begriffen explizit zu machen.[5] Logische Begriffe sind eine gewisse Art von *Meta*begriffen. Das erkennen wir vielleicht daran am deutlichsten, wie Hegel sein logi-

5 Diese Konzeption der charakteristischen expressiven Funktion des logischen Vokabulars, der zufolge dieses Vokabular als solches von anderen Vokabularien abgrenzt wird, habe ich mir von Hegel angeeignet und in Kap. 1 meines Buchs *Begründen und Begreifen. Eine Einführung in den Inferentialismus*, Frankfurt/M. 2004, motiviert und unabhängig erläutert. Der Rest dieses Buches widmet sich seiner Entwicklung und Anwendung.

sches Vokabular in der *Realphilosophie* verwendet. Er ist aber ganz allgemein der Meinung, wie er es in der *Enzyklopädie* formuliert, dass »überhaupt der ganze Fortgang des Philosophierens als methodischer, d. h. als *notwendiger* nichts anderes ist als bloß das *Setzen* desjenigen, was in einem Begriffe schon enthalten ist«.[6] Die zentrale Pointe der hegelschen Logik besteht in der Entwicklung begrifflicher Mittel, die sowohl notwendig als auch hinreichend sind, um die wesentlichen Strukturen explizit zum Ausdruck zu bringen, die in unserer Verwendung gewöhnlicher Begriffe (einschließlich derjenigen der empirischen Wissenschaften) im Urteilen und Handeln implizit enthalten sind. Für Hegel, wie auch für Kant, besteht Urteilen und Handeln in *nichts anderem* als dem Anwenden von Begriffen. Und aufgrund ebendieses Vermögens sind wir geistige, rationale und freie Lebewesen – die *Verpflichtungen* eingehen und *Verantwortungen* übernehmen können, deren Inhalte dadurch gegliedert sind, was als ein sie rechtfertigender *Grund* gelten würde. Indem wir die Fähigkeit erlangen, das explizit zu machen, was in unserer Begriffsverwendung implizit enthalten ist – das zu *denken* und zu *sagen*, was wir im Urteilen und Handeln die ganze Zeit über schon *getan* haben –, erreichen wir eine spezifische Form des *Selbst*bewusstseins von uns als normativen, rationalen, geistigen Wesen.

Diese fundamentale Unterscheidung zwischen zwei Arten von Begriffen hat einen wichtigen Vorläufer in Kants Arbeitsteilung zwischen empirischen und reinen Verstandesbegriffen, also den Kategorien. Freilich hatte Kant eine etwas andere Auffassung davon, in welchem Verhältnis diese Begriffe und Metabegriffe zueinander stehen. Die reinen Begriffe bzw. Kategorien schreiben ihm zufolge in expliziten Begriffen (also solchen, die selbst in Urteilen auftreten können) jene *Formen* fest, die implizit von allen empirischen gehaltvollen Begriffen aufgewiesen werden, insoweit diese Begriffe in (expliziten) empirischen Urteilen auftreten. In der hylemorphistischen Meta-Meta-Sprache von Kants Philosophie können wir dies auch so formulieren, dass der *Inhalt* reiner kategorialer Begriffe die *Form* bestimmter empirischer Begriffe ausdrückt.

Bei beiden Varianten sind wir, denke ich, methodologisch gut beraten, wenn wir versuchen, die jeweilige Erklärung der Metabe-

6 Georg Wilhelm Friedrich Hegel, *Enzyklopädie der philosophischen Wissenschaften*, Frankfurt/M. 1986 (hiernach *EphW*), Bd. 1, § 88, Anm. 1. (Hervorhebungen i. Orig.)

griffe ausgehend davon zu verstehen, was diese uns über Verwendung und Inhalt der Begriffe unterster Stufe sagen. Das ist nicht immer einfach. Denn sowohl Kant als auch Hegel verwenden *weitaus mehr* Zeit darauf, über das Wesen und den Inhalt jener Begriffe zu reden, anhand deren sie unsere Begriffsverwendung erläutern wollen, als sie über die Begriffsverwendung selbst reden. Es ist daher eine ganz natürliche Versuchung, ihrem Beispiel zu folgen und sich mehr Gedanken darüber zu machen, wie zum Beispiel Kants Deduktion der Kategorien funktioniert oder wie man eine fortschreitende Darstellung des Systems logischer Begriffe bei Hegel beginnt und durchführt, als über die von mir hier präsentierten Überlegungen, wie wir gewöhnliches Erkennen und Handeln auffassen sollten. Meines Erachtens ist es jedoch wichtig, dieser Versuchung – zumindest manchmal – zu widerstehen und an einer anderen Stelle in diesen speziellen heuristischen Zirkel einzutreten, als es uns in der *Kritik der reinen Vernunft* bzw. Hegels *Phänomenologie* oder *Logik* vorgeführt wird.

7.3 Zwei Behauptungen über empirische Begriffe

Ich möchte mit zwei miteinander verbundenen originellen Behauptungen beginnen, die Hegel meines Erachtens über gewöhnliche empirische Begriffe aufstellt und die von umfassender struktureller Natur sind. Diese Behauptungen erscheinen mir insbesondere dahingehend vielversprechend zu sein, dass in ihnen Fragen thematisiert werden, die für uns heute von philosophischem Interesse sind. Die erste Behauptung betrifft Hegels spezielle Auffassung davon, inwiefern der Inhalt, den uns unsere Sinne unmittelbar zugänglich machen, jede einzelne Konzeptualisierung von ihm übersteigt. Die zweite Behauptung ist seine sich hieran anschließende Erklärung, was erforderlich ist, damit wir die Inhalte bestimmter empirischer Begriffe erfassen, ausdrücken oder mitteilen können.

Jedes dieser Phänomene nimmt die Form eines *Prozesses* an. Im ersten Fall handelt es sich um den Prozess, in welchem die Unmittelbarkeit sukzessiv und unvollständig in die durch und durch vermittelte – also inferentiell gegliederte – Form von bestimmten, aber dennoch immer weiter bestimmbaren Begriffen eingebunden wird. Durch diesen Prozess werden bestimmte begriffliche Normen in Urteilen und Handlungen zugleich instituiert und angewandt.[7] Im zweiten Fall stellt der betreffende Prozess eine Vergegenwärtigung der *Form* des ersten Prozesses dar, und zwar im Sinne einer rationalen Rekonstruktion. Der Prozess wird hier seiner Form nach als expressiv fortschreitend rekonstruiert, insofern in ihm ein bestimmter begrifflicher Inhalt sukzessiv explizit gemacht wird. Von diesem Inhalt können wir dann rückblickend erkennen, dass er die ganze Zeit über in der Tradition seiner Anwendung und Bewertung schon implizit enthalten war. Hegels Ausdruck für diese Form von Prozess ist »Erinnerung«. Meiner Lesart zufolge ist Hegel der Meinung, dass es uns nur dadurch gelingt, irgendetwas Bestimmtes zu denken bzw. zu meinen, dass wir in Prozesse der ersten Art eintreten und dass wir nur *sagen* können, was wir meinen bzw. denken – das heißt, uns und anderen diesen Inhalt nur explizit machen können –, indem wir in Prozesse der zweiten Art eintreten.

Jedes Projekt dieser zweiten Art erfordert die Verwendung einer Form von logischem Vokabular. Wie adäquat ein System logischer Begriffe ist, müssen wir anhand seines expressiven Vermögens bemessen, die wesentlichen, also den begrifflichen Inhalt bestimmenden Merkmale beider Arten von Prozess bzw. Praxis explizit zu machen. Unter den Titeln »Verstand« und »Vernunft« führt Hegel zwei Meta-Meta-Begriffe ein, um anhand ihrer die wichtigsten Arten logischer Metabegriffe zu klassifizieren. Das Selbstverständnis seines spezifischen philosophischen Beitrags können wir in folgendem Slogan zusammenfassend angeben: Das eigentliche Ziel seines Werks besteht darin, uns zu lehren, wie wir unsere begriffliche Tätigkeit und somit uns selbst in den Kategorien der Vernunft verstehen können anstatt in den Kategorien des Verstandes. Die zwei Behauptungen in Bezug auf die Inhalte empirischer Begriffe, denen wir uns als Nächstes zuwenden, machen zentrale Elemente des Kontrastes deutlich, der zwischen dem metalogischen Standpunkt des Verstandes und dem der Vernunft besteht.

7 Diesen Prozess diskutiere ich in einem anderen Zusammenhang in Kap. 8.

7.4 Die begriffliche Unerschöpflichkeit des Empirischen aus Sicht der Tradition

Die Tradition vor Hegel nahm an, dass tatsächliche, konkrete und bestimmte Besonderheit* (*particularity*) durch endliche Begriffe, wie sie von nichtgöttlichen geistigen Wesen verwendet werden, nicht vollständig eingefangen werden kann. Die theoretischen Spielarten dieses Gedankens setzen bei folgender Überlegung an: Obwohl sich vieles von dem, was ich sehe, wenn ich meine Hand genau betrachte, oder was ich höre, wenn ich einem komplizierten Musikstück lausche, in Urteilen ausdrücken lässt, vermag keine Menge solcher Urteile – auf jeden Fall keine *endliche* Menge – *alles* hiervon restlos auszudrücken. Es wird immer etwas bleiben, das bisher noch unausgesprochen ist bzw. noch nicht gedacht wurde (obgleich jeder Teil hiervon ausgesprochen und gedacht werden könnte). Es wird immer noch mehr Material geben, das begrifflich gedacht werden kann. In der Weise, wie uns Besonderes sinnlich gegeben ist, können wir es also nicht *erschöpfend* beschreiben.

Die Empiristen meinten, dass wir Begriffe durch Abstraktion bilden. Die Fülle und Details, die wir zur Herstellung wiederholbarer Repräsentationen ignorieren müssen, lassen sich danach durch endliche Konjunktionen solcher allgemeiner Klassifikationen nicht mehr vollständig wiederherstellen. Leibniz dagegen war der Meinung, dass den besonderen Entitäten vollständig individuierende Individualbegriffe entsprächen – dass jene also *selbst* unwiederholbare *infimae species* seien. Zugleich aber meinte er, dass nur Gott solche Begriffe denken könne. Der geschaffene Geist müsse jedoch mit einer endlichen – stets erweiterbaren, aber stets unvollständigen – Ansammlung von Merkmalen auskommen, die in ihrer Bezugnahme wesentlich allgemein bleiben. Für Kant stellt das begriffliche Erfassen der Mannigfaltigkeit in der sinnlichen Anschauung – das Erfassen ihres Inhalts in Form von Urteilen – eine unendliche, im Prinzip nicht abschließbare, Aufgabe dar. Hegel nun sagt über diese Ansicht:

* Brandoms Verwendung von *particular*, *individual* und *universal* (und verwandten Ausdrücken) schließt an Hegels terminologische Unterscheidung zwischen *Besonderem*, *Einzelnem* und *Allgemeinem* an und wird hier entsprechend wiedergegeben.

> [D]iese [d. i. die absolute Bestimmung, R. B.] bleibt *im Felde der Endlichkeit* nur eine Forderung, die der Verstand immer mehr zu begrenzen hat, was von der höchsten Wichtigkeit ist, die aber ins Unendliche fortgeht und nur eine *Annäherung* zuläßt, die perennierend ist.[8]

In der Tat besteht für Kant jedes empirische Urteil in der Anwendung einer Regel zum Synthetisieren anderer Repräsentationen, die im Verlauf zukünftiger Erfahrung potentiell unendlich viele Folgerungen enthält. Für jede dieser Regeln gilt, dass das Scheitern ihrer Anwendung es erforderlich macht, das ursprüngliche Urteil aufzugeben oder abzuändern. Anhand meiner Behauptung zum Beispiel, dass das Tier, das ich vor mir sehe, ein Hund ist, mag ich eine unbegrenzte Spanne von zukünftigen Anschauungen erfolgreich synthetisieren können. An jedem Punkt bleibt jedoch die Möglichkeit bestehen, dass die weitere Einwirkung des Einzelnen (*individual*) mich dazu zwingt, das zuvor gefällte Urteil zurückzuziehen und durch ein anderes zu ersetzen, dem zufolge es in Wirklichkeit beispielsweise ein Fuchs ist. Dementsprechend ergibt sich hieraus ein durchgängiger Fallibilismus bezüglich empirischer Urteile.

Eine solche Auffassung von dem Verhältnis zwischen besonderen Dingen und den bestimmten Begriffen, unter die sie fallen, – dem Verhältnis zwischen Unmittelbarkeit und Vermittlung –, ist charakteristisch für den Standpunkt des Verstandes. Gemäß dieser Konzeption sind empirische Urteile insgesamt *de facto unvollständig*. Allerdings müsste eine hinlänglich umfangreiche Menge dieser Begriffe das nicht sein – obgleich sie uns, da sie unendlich sein müsste, unzugänglich ist.[9] Ferner ist jedes empirische Urteil für sich genommen anfällig für die Möglichkeit des *Irrtums*. Aber jedes einzelne Urteil könnte auch vollkommen wahr und richtig sein, auch wenn wir bei keinem einzigen jemals *sicher* sein können, dass es so ist. Die Konzeption, die Hegel uns als Nachfolger zu dieser traditionellen Verbindung von epistemologischem Fallibilismus und der Anerkennung der *de facto* gegebenen begrifflichen Unerschöpflichkeit des Empirischen vorschlägt, ist einer der interessantesten, originellsten und radikalsten, aber zugleich auch einer

8 Georg Wilhelm Friedrich Hegel, *Grundlinien der Philosophie des Rechts*, Frankfurt/M. 1986, § 101, Anm. (Hervorhebungen i. Orig.).

9 Und die gesamte Reihe ist in keiner ihrer endlichen Teilreihen enthalten – es fehlt eine gewisse Form von *Kompaktheit*.

der schwierigsten Aspekte des begrifflichen Übergangs zum Standpunkt der Vernunft, den Hegel uns anbefiehlt.

Um einen Zugang zu diesem Thema zu gewinnen, könnten wir zwei extreme Auffassungen betrachten, die man von Hegels abschließender Position zur Beschaffenheit bestimmter Begriffe und den empirischen Behauptungen, in denen diese auftreten, haben könnte. Diesen Auffassungen zufolge steht uns keine interessante Nachfolgekonzeption zu der traditionellen zur Verfügung, die wir untersuchen könnten: Laut der ersten, *eliminativen Interpretation* scheint es von der unzulänglichen Warte des Verstandes aus nur so, als *gäbe* es irgendwelche bestimmten Behauptungen oder Begriffe. Diese Täuschung sollten wir aufgeben, indem wir zu der adäquateren Perspektive der Vernunft übergehen. Laut der zweiten, *quietistischen Interpretation* verändert sich auf der Ebene der Gegenstände überhaupt nichts, wenn wir – im Versuch, *zu verstehen* und *auszudrücken*, was vor sich geht, sobald wir bestimmte Begriffe unterster Stufe in empirischen Urteilen anwenden – auf der Metaebene von den Kategorien des Verstandes zu denen der Vernunft übergehen. In der eliminativen Lesart entfallen die Probleme des Fallibilismus und der Unabschließbarkeit des empirischen Projekts – nicht etwa weil eine Nachfolgekonzeption erforderlich ist, sondern vielmehr weil uns offenbar wird, dass wir das Projekt selbst ungenügend durchdacht haben. In der quietistischen Lesart dagegen bleiben die Phänomene der empirischen Unerschöpflichkeit und Fallibilität bestehen, obwohl sich die Form ihrer Beschreibung durch uns in Übereinstimmung mit Hegels anderen metatheoretischen Neuerungen weiterentwickelt.

Ich glaube nicht, dass einer dieser Ansätze haltbar ist. Die eliminative Auffassung kann nicht richtig sein, da klar ist, dass – selbst nachdem wir die Lektionen der *Logik* gelernt haben – die Sprache »das Dasein des Geistes« bleibt.[10] Wir sollen laut Hegel auch weiterhin Aussagesätze verwenden, um uns auszudrücken, wie auch er dies tut, wenn er den begrifflichen Apparat der *Logik* in seinen Vorlesungen zu Ästhetik, Religion und Naturphilosophie auf nichtlogisches Material anwendet. Außerdem behielt Hegel ein lebhaftes Interesse daran, neue Wörter für spezifische empirische Phänomene einzuführen, beispielsweise den von ihm 1817 gepräg-

10 Georg Wilhelm Friedrich Hegel, *Phänomenologie des Geistes*, Frankfurt/M. 1986 (hiernach *PhG*), S. 478.

ten Ausdruck ›entoptisch‹, mit welchem er Farben beschreibt, die in transparenten Medien erscheinen, sobald diese erhitzt werden (eine Neuerung, für die ihn Goethe überschwänglich lobte).[11] Klarerweise soll der Prozess, in dem wir bestimmte empirische Begriffe und entsprechende Behauptungen bilden, anwenden und kritisieren – etwa in den Naturwissenschaften –, weiterlaufen, auch nachdem wir von diesem Prozess diejenige Form von Selbstbewusstsein erlangt haben, die Hegel uns mit seiner *Logik* gewährt. Dies bezeugt auch seine Hingabe, mit der er derartige Forschungen in seinen *Jahrbüchern für wissenschaftliche Kritik*, die er von 1826 bis 1831 herausgab, förderte und publik machte (beispielsweise in seiner Behandlung der Forschungen der Gebrüder Humboldt).

Aber auch die quietistische Auffassung, der zufolge mit dem neuen philosophischen Selbstverständnis auf unterster begrifflicher Stufe gar keine Veränderung herbeigeführt werden soll, kann nicht richtig sein. Denn einer der Aspekte des Verstandes, den wir aufgeben müssen, um die Perspektive der Vernunft einzunehmen, ist der *semantische Atomismus*. Diesem Atomismus zufolge müssen wir die bestimmte Identität empirischer Begriffe so auffassen, dass sie in keiner Weise von den von uns bejahten Urteilen, in denen die Begriffe angewandt werden, beeinflusst wird. In der holistischen Nachfolgekonzeption Hegels müssen wir jedoch die Veränderung von Überzeugungen und die Veränderung von Begriffen als etwas begreifen, das miteinander Hand in Hand geht. Aus diesem Grund müssen wir über die fortschreitende Weiterentwicklung dessen nachdenken, was Hegel »*den* Begriff« nennt, also derjenigen holistischen Konstellation bestimmter Behauptungen und Begriffe, die sowohl doxastische als auch inferentielle Verpflichtungen umfasst. Das bedeutet aber, die Idee aufzugeben, wir könnten die von uns gefällten Urteile bzw. von uns bejahten Behauptungen verändern, während wir an denselben bestimmten begrifflichen Inhalten festhalten, die schon zuvor im Spiel waren. Wäre es Goethe gelungen zu zeigen, dass es einen gemeinsamen Vorgang gibt, durch den wir sowohl entoptische als auch epoptische Farben erklären können, dann hätten sich daraus nicht bloß neue Urteile ergeben, sondern eine Neubestimmung der Inhalte dieser beiden Begriffe.[12]

11 Vgl. Johannes Hoffmeister (Hg.), *Briefe von und an Hegel*, Band II: 1813-1822, Hamburg 1953, S. 160-164.

12 Vgl. hierzu das folgende Kapitel.

7.5 Die begriffliche Unerschöpflichkeit des Empirischen nach Hegel

Hegels Alternative zu diesem traditionellen Ansatz ist in Bezug auf die Unabschließbarkeit des Projekts empirischen Wissens weder eliminativ noch quietistisch. Nach meiner Lesart hat Hegel eine bedeutende neue Idee – eine bemerkenswerte und bemerkenswert originelle Nachfolgekonzeption zu derjenigen seiner Vorgänger. Für ihn wird, so möchte ich behaupten, die Fülle und Fruchtbarkeit der unmittelbaren sinnlichen Erfahrung des Besonderen – die Art und Weise also, in der diese zwangsläufig jede begriffliche Klassifikation sprengt – primär nicht daran deutlich, dass sie sich in Bezug auf jede endliche Menge empirischer Urteile notwendig als *unerschöpflich* erweist. Fülle und Fruchtbarkeit des Empirischen zeigt sich vielmehr daran, dass jede Menge bestimmter empirischer *Begriffe* notwendig *instabil* ist. Es gibt und kann auch prinzipiell keine Menge bestimmter Begriffe geben, deren *richtige* Anwendung im empirischen Urteil es für uns letztlich nicht erforderlich machen wird, einige von ihnen zu überarbeiten und zu verwerfen. Aus diesem Grund ist jede Menge bestimmter empirischer Urteile nicht nur *unvollständig* und *fallibel*, sondern garantiert auch *falsch*. Eine solche Menge *muss* folglich nicht bloß einige *wahre* Behauptungen auslassen und *kann* einige *unwahre* Behauptungen enthalten. Sie *muss* vielmehr sogar einige *unwahre* Behauptungen enthalten. Kurz gesagt, Hegel ist, wie ich es ausdrücken möchte, nicht nur ein *epistemischer Fallibilist* in Bezug auf die Wahrheit empirischer *Urteile*, sondern auch ein *semantischer Pessimist* in Bezug auf die Adäquatheit empirischer *Begriffe*. Wir befinden uns nicht nur über einiges Wahre notwendig in *Unkenntnis* und über anderes möglicherweise im *Irrtum*. Die notwendige Inadäquatheit und Fehlerhaftigkeit unserer *Begriffe* bedeutet vielmehr, dass wir uns *notwendig* im Irrtum befinden.

Eine wahrhaft kritische Philosophie sollte Hegel zufolge sowohl die Beschaffenheit als auch die Bedingungen der Möglichkeit *bestimmter Denkinhalte* sowie der von ihnen vorgestellten Sachverhalte der Welt untersuchen – etwas, von dem er annimmt, dass es einschließlich Kant niemand vor ihm getan hat. Er ist der Meinung, dass wir auf diese Weise einen Begriff des Inhalts finden bzw. uns erarbeiten können, der zumindest in günstigen Fällen so aufgefasst werden kann, dass er von einem *Gedanken*, einem Urteil oder einer Verpflichtung, dass *p*, einerseits und von der entsprechenden *Tatsache*, dass *p*, andererseits geteilt wird.

So können wir zu einer besseren Auffassung der Möglichkeit gelangen, dass wir genuine Erkenntnis der wirklichen Beschaffenheit der Dinge haben. Diese Auffassung ist besser als jene, zu der wir in Hegels Augen gelangen, wenn wir mit einer Art von Dingen (Subjekten mit ihren Repräsentationsakten) beginnen und sie einer anderen Art von Dingen (repräsentierten Gegenständen) gegenüberstellen, so dass zwischen beiden unvermeidlich ein ontologischer und epistemologischer Spalt klafft. Wie ich im vierten Kapitel argumentiert habe, machen die ersten Absätze der »Einleitung« in die *Phänomenologie* deutlich, dass in Hegels Denken der transzendentale Idealismus Kants als eine Position verstanden wird, in welcher die Logik, die in dieser zweiten Auffassung implizit enthalten ist, kompromisslos durchgeführt wird, anstatt dass man über sie hinaus gelangt und sie ersetzt.

Hegel bejaht das spinozistische Prinzip »omnis determinatio est negatio«. Für ihn geht es bei der *Bestimmtheit* des Inhalts – gleichviel ob des Inhalts von Urteilen und Begriffen auf der subjektiven Seite der Gewissheit oder desjenigen von Tatsachen und Eigenschaften auf der objektiven Seite der Wahrheit – um den *ausschließenden Gegensatz* zu, also den Ausschluss von anderen Möglichkeiten. Diese fundamentalen Beziehungen materialer Unvereinbarkeit, die er »bestimmte Negation« nennt, führen wiederum zu material-inferentiellen Beziehungen zwischen den Inhalten, die durch sie gegliedert werden, was er »Vermittlung« nennt. So impliziert beispielsweise ein Hund zu sein, auch ein Säugetier zu sein, insofern nämlich alles, was damit unvereinbar ist, ein Säugetier zu sein, auch damit unvereinbar ist, ein Hund zu sein. Dass etwas bestimmt bzw. bestimmt gehaltvoll ist, bedeutet somit nichts anderes, als dass es zu anderen bestimmt gehaltvollen Elementen in Beziehungen materialer Unvereinbarkeit und materialer Inferenz steht – gleichviel ob auf Seiten der Gedanken oder Seiten der Tatsachen. Diese Beziehungen sind in sich modal robust: Unvereinbarkeit bedeutet die *Unmöglichkeit* gleichzeitiger Instantiierung, und die Inferenzen, die sich aus den Unvereinbarkeiten ergeben, stützen einander *kontrafaktisch*. Aufgrund dieses Verständnisses bestimmten Gehaltvollseins vermag Hegel zudem das Ergebnis sicherzustellen, welches

Kant so wichtig war – nämlich zu zeigen, dass wir niemals in der vermeintlichen Lage sind, aus der heraus sich Humes Frage stellt. Diese Lage kennzeichnet nämlich, dass bestimmte Gedanken bzw. Sachverhalte ohne jede Einschränkung schon vorhanden sind, jedoch die Frage offenbleibt, wie wir garantieren können, dass unter ihnen *gesetzmäßige* bzw. *notwendige* Beziehungen bestehen.

Dieser Ansatz Hegels schließt zugleich den semantischen Atomismus aus, welchem sich die Epistemologie der Aufklärung verschrieben hatte. Diese traditionelle Auffassung ging davon aus, dass dem Forscher ein Bestand an bestimmten Begriffen zur Verfügung stehe, aus dem sich Urteile bilden lassen, die dann – freilich fehlbar – in wahre und falsche eingeteilt werden können. Durch die graduelle Anhäufung von Wahrem und das Aussieben von Falschem würde so, Stein für Stein, die Errichtung des Gebäudes wissenschaftlicher Erkenntnis ermöglicht. In einer Konzeption, der zufolge, in Sellars Worten, »Begriffe Gesetze enthalten und ohne diese undenkbar sind«,[13] ist die Identität und Individuation von Begriffen jedoch nichts, was sich gegenüber den von uns bejahten Urteilen über die gesetzmäßigen Verknüpfungen, die unter diesen Begriffen bestehen, freischwebend verhielte. Für Hegel sind dies paradigmatisch die modal robusten Beziehungen materialer Unvereinbarkeiten und Folgerung, in denen Begriffe zueinander stehen. Dann aber können wir Erkenntnisfortschritt nicht als Anhäufung wahrer Urteile auffassen. Vielmehr muss er auch die Formung und Verbesserung jener Begriffe einschließen, durch die diese Urteile gegliedert sind. Sehen wir einmal von der Möglichkeit unvollständiger oder falscher *Urteile* ab, so müssen wir uns darüber Gedanken machen, ob wir mit unseren *Begriffen* richtigliegen. Hegels Konzeption begrifflicher Inhalte unterwandert somit die alte Auffassung von Erkenntnis. Die empfindliche Stelle der Epistemologie der Aufklärung ist für Hegel ihre implizite Semantik.

Das ist der Gedankengang, auf dem Hegel zu der holistischen Idee gelangt, dass die Einheit der Erkenntnis nicht aus individuellen Urteilen oder bestimmten Begriffen zusammengesetzt ist, sondern in dem besteht, was er »*den* Begriff« nennt. Dieser ist die

13 Vgl. Wilfrid Sellars, »Concepts as Involving Laws, and Inconceivable without Them«, in: *Philosophy of Science* 15 (1948), S. 287-313. (Wiederabgedruckt in: Jeffrey F. Sicha [Hg.], *Pure Pragmatics and Possible Worlds. The Early Essays of Wilfrid Sellars*, Atascadero 1980, S. 87-123.)

gesamte sich entwickelnde Konstellation von Behauptungen samt den darin enthaltenen Begriffen, auf die wir doxastisch, inferentiell oder aufgrund von Unvereinbarkeiten verpflichtet sind. Die Tatsache, dass sich diese Konstellation entwickelt und verändert – nicht allein hinsichtlich der Urteile, die sie umfasst, sondern auch hinsichtlich der darin enthaltenen Begriffe –, ist eine Folge davon, dass sie durch Beziehungen materialer Unvereinbarkeit bzw. bestimmter Negation gegliedert ist. Hegels Bruch mit der Auffassung, dass die Inhalte bestimmter Begriffe unabhängig von und vorgängig zu ihren modalen Verknüpfungen untereinander festgesetzt seien, führt ihn dazu, Begriffe als etwas *Dynamisches* zu begreifen – als etwas also, das sich in Reaktion auf Veränderungen in unseren Verpflichtungen selbst verändert (und nicht bloß ausgewählt wird). Begriffliche Weiterentwicklung wird nämlich durch die Möglichkeit angetrieben, dass wir uns mit der Anwendung von bestimmten empirischen Begriffen im Zusammenhang mit parallel bestehenden Verpflichtungen – einschließlich anderer Urteile, die wir als Hilfsannahmen in Inferenzen mit mehreren Prämissen verwenden können – auf Behauptungen verpflichten, die gemäß den Inhalten der beteiligten Begriffe miteinander *unvereinbar* sind. Und die praktische Bedeutung dieser Unvereinbarkeit – was es für ein Subjekt heißt, solche Verpflichtungen *als* miteinander unvereinbar zu betrachten bzw. zu behandeln – besteht in der Pflicht, etwas *zu tun*, nämlich einige jener Verpflichtungen, die uns in diese missliche Lage geführt haben, zu ändern bzw. aufzugeben. Diesen Prozess bezeichnet Hegel (in der »Einleitung« zur *Phänomenologie*) als »Erfahrung« – im Kontrast zum episodischen »Erlebnis«, auf das sich die empiristische Tradition beruft.[14]

Dies ist zugleich der Prozess der *Bestimmung* des Inhalts empirischer Begriffe, durch den die Unmittelbarkeit – die wirkliche Beschaffenheit der Dinge, was wirklich womit unvereinbar ist und was wirklich woraus folgt – in diese Inhalte aufgenommen wird und diese (zunehmend) *bestimmt*. Nehmen wir an, ich verfüge über einen Begriff SÄURE*, der insofern bestimmt ist, als er sowohl modal robuste Bedingungen für seine Anwendung als auch modal robuste Folgerungen aus derselben hat: Wenn etwas sauer schmeckt, dann ist es eine Säure*, und wenn etwas eine Säure*

14 In diesem Sinn wurde das Wort auch im ursprünglichen Titel der *Phänomenologie* verwendet: »Wissenschaft von der Erfahrung des Bewußtseins«.

ist, dann wird es Lackmuspapier rot färben. Durch das, was mir durch meine Sinne unmittelbar gegeben wird (durch Urteile, die ich reaktiv, *nicht*inferentiell fälle), kann ich zu Verpflichtungen gelangen, die meinem eigenen Wissen nach miteinander unvereinbar sind. So nämlich wenn ich auf eine Flüssigkeit stoße, die zwar sauer schmeckt, aber Lackmuspapier blau färbt. Im Kontext der eingegangenen Verpflichtungen sagt mir somit die Welt, dass ich den Begriff SÄURE*, insofern er die eben genannten Beziehungen des Ausschlusses und der Folgerung enthält, nicht haben kann. Es ist so, wie Hegel sagt:

> [D]ie Meinung erfährt, daß es anders gemeint ist, als sie meinte, und diese Korrektion seiner Meinung nötigt das Wissen, auf den Satz zurückzukommen und ihn nun anders zu fassen.[15]

Reagiere ich hierauf, indem ich den Begriff ändere – sagen wir, indem ich die enthaltene Inferenz auf *klare* Flüssigkeiten einschränke oder auf solche, die noch einen weiteren Test bestehen –, so wird ein kleiner Teil der wirklichen Beschaffenheit der Welt in meinen Begriff eingebaut. Indem ich einen solchen Prozess durchlaufe, an einer solchen Praxis teilnehme, die durch Beziehungen materialer Unvereinbarkeit und Inferenz gegliedert ist, häufe ich nicht bloß wahre Urteile an. Ich erwerbe zugleich bessere Begriffe, solche also, deren konstitutive Unvereinbarkeiten und Inferenzen besser nachvollziehen, wie die Dinge wirklich beschaffen sind.

Es ist wesentlich zu verstehen, dass erstens für Hegel die Bestimmtheit eines Inhalts durch sein Verständnis von NEGATION gegliedert ist und dass zweitens der Begriff NEGATION zwei wesentlich voneinander abhängige Momente umfasst. Der Begriff umfasst zum einen die *Beziehungen* des modal robusten Ausschlusses bzw. der materialen Unvereinbarkeit und zum anderen die *Prozesse* der Überarbeitung von Begriffen in der Erfahrung. Diese Prozesse sind Reaktionen auf den Umstand, dass wir Verpflichtungen eingegangen sind, die miteinander unvereinbar sind.[16] Die Existenz der den Inhalt gliedernden Beziehungen des Ausschlusses besteht ja gera-

15 *PhG*, S. 60.

16 Zu einer ausführlichen Diskussion hiervon vgl. mein Buch *Tales of the Mighty Dead. Historical Chapters in the Metaphysics of Intentionality*, Cambridge, Mass./London 2002, Kap. 6 (dt. in: Wolfgang Welsch u. a. [Hg.], *Das Interesse des Denkens. Hegel aus heutiger Sicht*, München 2007, S. 47-74).

de darin, dass so gegliederte Inhalte aufgrund der Erfahrung des Irrtums für Überarbeitungen angreifbar sind. Deshalb gilt: »Der verschiedene Inhalt ist als *bestimmter* [...] seine Unruhe, sich selbst aufzuheben, oder die *Negativität*«;[17] und deshalb ist »die Bestimmtheit und ihr konkretes Leben [...] sich selbst auflösendes und zum Momente des Ganzen machendes Tun«[18] und »die Bestimmtheit [...] die sich selbst bewegende Seele des erfüllten Inhalts«.[19] Der bestimmte Inhalt ist das »in sich Lebende«,[20] das »Werden«.[21] Dies meint Hegel, wenn er über *»bestimmte Begriffe* und [...] die organische, in sich selbst gegründete Bewegung derselben«,[22] den »immanenten Rhythmus der Begriffe«,[23] das »Vernünftige und de[n] Rhythmus des organischen Ganzen«[24] spricht und wenn er sagt, »im begreifenden Denken [gehört] das Negative dem Inhalte selbst an und ist sowohl als seine *immanente* Bewegung und Bestimmung wie als *Ganzes* derselben das *Positive*«.[25] Ferner, wenn es heißt: »Die konkrete Gestalt, sich selbst bewegend, macht sich zur einfachen Bestimmtheit; [...] ihr konkretes Dasein ist nur diese Bewegung« und »die Form das einheimische Werden des konkreten Inhalts selbst«.[26] Aus diesem Grund gilt auch: »Die Erscheinung ist das Entstehen und Vergehen, das selbst nicht entsteht und vergeht, sondern [...] die Wirklichkeit und Bewegung des Lebens der Wahrheit ausmacht.«[27] Und: »Das Verschwindende ist vielmehr selbst als wesentlich zu betrachten, nicht in der Bestimmung eines Festen, das vom Wahren abgeschnitten, außer ihm, man weiß nicht wo, liegen zu lassen sei, so wie auch das Wahre nicht als das auf der andern Seite ruhende, tote Positive.«[28]

17 *PhG*, S. 588. (Hervorhebungen i. Orig.)
18 Ebd., S. 53 f.
19 Ebd., S. 51.
20 Ebd., S. 46.
21 Vgl. *EphW* I, § 88.
22 *PhG*, S. 589. (Hervorhebung i. Orig.)
23 Ebd., S. 56.
24 Ebd., S. 55.
25 Ebd., S. 57. (Hervorhebungen i. Orig.)
26 Ebd., S. 55.
27 Ebd., S. 46.
28 Ebd.

7.6 Schwache und starke Spielarten des begrifflichen Dynamismus Hegels

Der *dynamische* Charakter der bestimmten Begriffe, welcher den semantischen Pessimismus stützt – Hegels Nachfolgekonzeption zu der in der Aufklärung vertretenen Auffassung, dass die Unerschöpflichkeit des Empirischen in epistemischer Unvollständigkeit und Fallibilität besteht –, lässt sich mindestens auf zwei verschiedene Weisen verstehen. Es gibt schwächere und stärkere Spielarten des Gedankens, dass die begriffliche Unerschöpflichkeit des Empirischen in der Inadäquatheit und Instabilität besteht, die jeder Konstellation empirischer Begriffe eigen ist, darin also, dass jedes solche System letztlich scheitert und über sich hinaus auf ein anderes verweist. Eine Lesart, mit der wir uns auf weniger verpflichten, entfaltet lediglich die Folgerungen aus Hegels, in einem weiten Sinne, inferentialistischem Holismus. Diesem Holismus zufolge ändern sich mit der Veränderung der Behauptungen bzw. Urteile, die man selbst bejaht, zugleich die inferentielle Bedeutung dieser Bejahungen und auch die Begriffe, die deren Inhalt gliedern. Dies ist ein Gedankengang, den wir so auch bei Quine finden.[29] Wenn wir die Bedeutungsgehalte bzw. begrifflichen Inhalte mindestens genauso feinkörnig individuieren müssen wie die Rollen innerhalb materialer Inferenzen und wenn ferner solche inferentiellen Rollen davon abhängen, was wir sonst noch für *wahr* halten – denn das bestimmt, welche Hilfsannahmen uns für die Entfaltung der Folgerungen zur Verfügung stehen –, dann kann eine Veränderung unserer Überzeugungen zu einer Veränderung des Bedeutungsgehalts führen.

Ferner sind materiale Inferenzen nichtmonoton, da die Hinzufügung neuer Prämissen nicht nur neue Konklusionen verfügbar macht, sondern auch Inferenzen auf alte Konklusionen blockieren kann. Beispielsweise mag die Inferenz von den Prämissen, dass dieses Zündholz trocken und gut verarbeitet ist, auf die Konklusion, dass es sich wahrscheinlich entzünden wird, wenn ich es an der Reibfläche anreiße, selbst dann noch material gut sein, wenn bei Hinzufügung der Prämisse, dass es sich in einem starken Magnetfeld befindet, die Konklusion nicht folgen würde.[30] Dieses formale

29 Vgl. hierzu unten Kap. 8.

30 Zu einer ausführlicheren Diskussion dieses Punkts vgl. mein Buch *Begründen und Begreifen*, Kap. 2.

Merkmal materialer Inferenzen bedeutet, dass *Unkenntnis* auf richtige Inferenzen im gleichen Maße zersetzend wirkt wie *Irrtum*.[31] Wenn wir neue Erkenntnisse hinzufügen, wandeln wir die inferentiellen Rollen und so auch die begrifflichen Inhalte prinzipiell im gleichen Maße um, wie wenn wir entdecken, dass einige unserer eigenen Überzeugungen falsch sind. Aus dem traditionellen Verständnis, welches die Aufklärung von der Unerschöpflichkeit des Empirischen hatte – dass jede verfügbare Menge wahrer Urteile unvollständig sein und einiges Wahres auslassen muss, das nicht einfach aus dem folgt, was in der Menge selbst enthalten ist –, folgt im Zusammenhang mit solch einem Holismus in Bezug auf die inferentielle Gliederung jedes beliebigen Systems von Behauptungen und Begriffen unmittelbar, dass im Prinzip jede beliebige Menge empirischer Begriffe instabil ist. Jede empirische Überzeugung, die wir uns neu aneignen, könnte es für uns erforderlich machen, unsere inferentiellen Verpflichtungen und somit unsere Begriffe zu ändern.

Ich nenne diese Konzeption des »inneren Lebens und der Selbstbewegung« von bestimmten empirischen Begriffen eine »schwache« Spielart, und zwar wegen des ›könnte‹ in dieser Formulierung. Das Hinzufügen jeder neuen Erkenntnis *könnte* es erforderlich machen, dass sich die Begriffe verändern – muss es jedoch nicht. Die hinzugefügte Erkenntnis kann mit den Überzeugungen, die wir bereits haben, voll und ganz vereinbar sein und hinsichtlich der kontrafaktisch-stützenden Inferenzpotentiale anderer Sätze keine Änderung nach sich ziehen. *Alle* wahren Urteile hervorzubringen ist eine Aufgabe, die im Sinne Fichtes unendlich ist, die also als solche von uns nicht zu Ende gebracht werden kann. In einer gewissen Hinsicht ist dies allerdings eine bloß praktische Schwierigkeit. Zumindest ist die Idee der Gesamtheit aller wahren empirischen Urteile sinnvoll.

Gleichermaßen ist, wenn wir so herangehen, die Idee einer vollständigen und richtigen Menge bestimmter empirischer Begriffe vollkommen kohärent. Diese wäre nämlich ein Schema, zu dessen Korrektur wir durch keine Bejahung weiterer Urteile, durch keine richtige Anwendung dieser Begriffe in neuen Erfahrungen, Anlass hätten. Freilich werden wir zu einem solchen Begriffsschema

31 Hierfür argumentiere ich in »Unsuccessful Semantics«, in: *Analysis* 54.3 (1994), S. 175-178.

wahrscheinlich nie gelangen, und selbst wenn wir dahin gelangen würden, läge es in der Natur der Sache, dass wir das nicht *erkennen* können. Damit sind wir aber bloß bei einem semantischen *Fallibilismus*, noch nicht aber einem semantischen *Pessimismus*. Dieser semantische Fallibilismus fügt dem traditionellen epistemischen Fallibilismus nur jene minimalen Lektionen hinzu, die wir lernen, wenn wir den semantischen Atomismus der Aufklärung verwerfen.

Hegel könnte aber auch mit einer viel radikaleren Auffassung aufwarten. Es könnte sein, dass uns Hegel mehr gibt als lediglich eine semantisch anspruchsvolle, holistische Version der üblichen epistemischen Beobachtung, dass die Natur uns »eine unendliche Menge einzelner Gestalten und Erscheinungen«[32] zeigt bzw. »in ein unendliches Detail hinaus, hinauf, hinunter, hinein«[33] geht. Wenn er beispielsweise sagt, »[i]n diesem bunten Spiel der Welt [...] zeigt sich zunächst nirgends ein fester Halt«,[34] dann meint er möglicherweise nicht bloß, wir könnten nicht *sicher* sein, dass das, was jetzt festzustehen scheint, nicht zu einem späteren Zeitpunkt ins Rutschen geraten wird. Einige seiner Formulierungen legen nahe, dass er mit der viel stärkeren Behauptung aufwartet, schon allein die Idee eines adäquaten, stabilen Systems von bestimmten empirischen Begriffen sei zutiefst inkohärent. Wenn wir ihn so lesen, dann ist gerade die Meinung, dass diese Idee sinnvoll *sei*, derjenige Fehler, aus welchem die meta-meta-theoretische Einstellung des Verstandes erwächst. Um den Standpunkt der Vernunft zu betreten, müssen wir einsehen, dass wir *immer* und *notwendig* in Selbstwidersprüche geraten werden, sobald wir bestimmte Begriffe *richtig* anwenden – gleichgültig wie die Welt beschaffen ist. Wir müssen mithin einsehen, dass das wahre Wesen des Unmittelbaren, Besonderen und Tatsächlichen, das uns die Erfahrung enthüllt, in ebendieser Tatsache besteht.

Die Hauptsache, die zu bemerken ist, ist, daß nicht nur in den vier besonderen aus der Kosmologie genommenen Gegenständen die Antinomie sich befindet, sondern vielmehr in *allen* Gegenständen aller Gattungen, in *allen* Vorstellungen, Begriffen und Ideen. [...]

32 *EphW* I, § 21, Zusatz.
33 *EphW* II, Einleitung, S. 12.
34 Ebd. I, § 123, Zusatz.

Auf dem Standpunkt der alten Metaphysik wurde angenommen, daß, wenn das Erkennen in Widersprüche gerate, so sei dieses nur eine zufällige Verirrung und beruhe auf einem subjektiven Fehler im Schließen und Räsonieren.[35]

Wir müssen vielmehr die Schlussfolgerung ziehen, »daß die Natur des Denkens selbst die Dialektik ist, daß es als Verstand in das Negative seiner selbst, in den Widerspruch, geraten muß«, oder noch erschreckender: »Alles Endliche ist dies, sich selbst aufzuheben. [...] Wir wissen, daß alles Endliche, anstatt ein Festes und Letztes zu sein, vielmehr veränderlich und vergänglich ist [...]. Wir sagen, daß alle Dinge (d.h. alles Endliche als solches) zu Gericht gehen [...].«[36] In einer solchen Konzeption offenbart sich uns die unerschöpfliche Fülle des empirischen Besonderen wesentlich in der *Umwandlung*, *Änderung* und *Entwicklung* von bestimmten Begriffen – im Prozess der Erfahrung also.

Hegel schreibt vom Konkreten, »daß das Wahre, so in sich selbst bestimmt, den Trieb hat, sich zu *entwickeln*«,[37] und ferner, dass der »tabellarische Verstand [...] für sich die Notwendigkeit und den Begriff des Inhalts [behält], das, was das Konkrete, die Wirklichkeit und lebendige Bewegung der Sache ausmacht, die er rangiert«.[38] Nach dieser stärkeren Lesart meint er hiermit, dass es *keinen* Begriff mit festen, bestimmten Grenzen gibt, welcher die Beschaffenheit der Dinge so einzufangen vermag, dass wir ihn letztlich nicht überarbeiten müssen. Der oben skizzierte Fall des fehlerhaften Begriffs SÄURE* ist nichts Außergewöhnliches. Wir werden in Bezug auf unsere Meinungen *immer* erfahren, »daß es anders gemeint ist, als sie meinte[n]«, und somit die Pflicht zur »Korrektion« unserer Meinungen haben.[39] Wir befinden uns immer und prinzipiell *in medias res* – nicht allein epistemisch, sondern auch semantisch. Indem wir das begreifen, lernen wir mit dem Begriff des »wahren Unendlichen« der Vernunft zu denken, anstatt mit dem des »Schlecht-Unendlichen«, welches das »Unendliche des Verstandes« ist und von Hegel mit dem »perennierenden Sollen« und seinem »Progress

35 Ebd., § 48, Anm. und Zusatz. (Hervorhebungen i. Orig.)

36 Ebd., § 81, Anm. und Zusatz 1.

37 Georg Wilhelm Friedrich Hegel, *Vorlesungen über die Geschichte der Philosophie* III, Frankfurt/M. 1968, S. 476.

38 *PhG*, S. 52.

39 Vgl. ebd., S. 60.

ins Unendliche« identifiziert wird.[40] In diesem Unterschied geht es darum, wie wir endliche Bestimmtheit und die implizit darin enthaltene Unendlichkeit *verstehen*.

Diese Ansicht sollten wir meines Erachtens nicht so auffassen, dass sie sich auf einzelne empirische Begriffe je für sich oder nacheinander bezieht. Es gibt keinen Grund, warum ich nicht Gegenstände dahingehend einteilen können sollte, ob sie *starr* sind oder nicht, oder ob sie *eine größere Masse als die Sonne* haben oder nicht. Erst wenn wir diese Klassifikationen in geeigneter Weise auf andere Klassifikationen beziehen – durch materiale Unvereinbarkeiten und materiale Folgerungen –, und das innerhalb einer hinreichend großen Konstellation derselben, zeigt sich ihre notwendige Instabilität, ihr *wesentlich* vorläufiger Charakter. Die Behauptung richtet sich vielmehr auf ganze gegliederte *Systeme* von Behauptungen und Begriffen, die durch unsere doxastischen und inferentiellen Verpflichtungen aufeinander bezogen sind. Besagter Gedanke gerät als Alternative folglich nicht einmal in den Blick, wenn und solange wir nicht den semantischen Atomismus von Hegels Vorgängern aufgeben. Die Idee ist, dass es prinzipiell keine *autonomen* Praktiken des Anwendens von Begriffen geben kann – Praktiken, die jemand ausführen könnte, ohne auch noch andere, begrifflich gegliederte Praktiken zu haben –, bei denen sich nicht herausstellen wird, dass sie in Reaktion auf nichtinferentielle (in Hegels Terminologie »unmittelbare«) Anwendungen dieser Begriffe auf Einzelnes der Nachbesserung bedürfen. Dies liegt nicht etwa daran, dass diese Anwendungen im Lichte der Praktiken, denen sie angehören, *fehlerhaft* wären. Es ist vielmehr so, dass Anwendungen von Begriffen, die in diesem Lichte *richtig* sind, uns zu miteinander unvereinbaren Verpflichtungen führen werden.

Nach dieser Idee werden also auf jeder Stufe in der Entwicklung eines autonomen Systems empirischer Begriffe doxastische Verpflichtungen (Anwendungen von Begriffen im Urteilen) hinzukommen, die gemäß den jeweils geltenden Normen *richtig*, jedoch mit anderen richtigen Anwendungen derselben Begriffe *unvereinbar* sind. Jede hinreichend umfangreiche Menge von bestimmten Begriffen wird, wenn wir sie praktisch anwenden, in *Erfahrung* münden, das heißt darin, dass wir *Irrtümer* entdecken, die es nicht

40 Vgl. Georg Wilhelm Friedrich Hegel, *Wissenschaft der Logik* I, Frankfurt/M. 1986, S. 152 und 155.

allein erforderlich machen, dass wir die zuvor gefällten Urteile, sondern auch die sie gliedernden inferentiellen Verpflichtungen, mithin die Begriffe selbst anpassen.

Solch eine Behauptung über die spezifische Weise, in welcher das Unmittelbare (Tatsächliche) das Vermittelte (Begriffliche) überschreitet, lässt sich aus meiner Sicht am präzisesten wie folgt formulieren:

> *Die Unerschöpflichkeit des Empirischen als starke begriffliche Instabilität*:
> Für jedes hinreichend umfangreiche, potentiell autonome und inferentiell gegliederte System von bestimmten Behauptungen und Begriffen *S* gibt es in der Welt ein Besonderes *x*, auf welches die Begriffe Anwendung finden, und Begriffe *B*, *B'* in *S*, so dass Vermittlung und Unmittelbarkeit miteinander darin kollidieren, dass *entweder*
> (A1) im Rahmen von *S* (den parallel bestehenden, doxastischen wie inferentiellen Verpflichtungen, die es umfasst) die Anwendbarkeit von *B* auf einen besonderen Gegenstand mit der Anwendbarkeit von *B'* auf denselben *material unvereinbar* ist *und*
> (A2) sowohl *B* als auch *B' unmittelbar* (gemäß der nichtinferentiellen konstatierenden Praktiken von *S*) auf *x Anwendung finden*;
> *oder* dass
> (B1) im Rahmen von *S* (den prarallel bestehenden, doxastischen wie inferentiellen Verpflichtungen, die es umfasst) aus der Anwendbarkeit von *B* auf einen besonderen Gegenstand die Anwendbarkeit von *B'* auf denselben *material folgt und*
> (B2) *B unmittelbar*, *B'* dagegen *nicht unmittelbar* (gemäß den nichtinferentiellen konstatierenden Praktiken von *S*) auf *x Anwendung findet*.

Selbstverständlich ist es kontingent, ob wir, indem wir die Praktiken dieses Systems von Behauptungen und Begriffen verfolgen, jemals auf den fatalen besonderen Gegenstand stoßen und, wenn dies passiert, ob wir ihn dann mit den relevanten Begriffen konfrontieren. *Nicht* kontingent ist diesem Gedankengang zufolge dagegen die Tatsache, dass das Besondere und die Begriffe, welche die

Inadäquatheit des Begriffsschemas erweisen würden, vorhanden sind und darauf warten, von uns entdeckt zu werden. Was die Begriffe, die in dem Begriffsschema eine Rolle spielen, zu *bestimmten* Begriffen macht, ist der Umstand, dass sie Bestandteile der wirklichen Beschaffenheit der Welt – nämlich was woraus folgt und was womit unvereinbar ist – in sich aufnehmen. Dies geschieht in einem solchen Prozess der *Erfahrung*, das heißt des *Irrtums*, wie wir ihn oben in den Ausführungen über den fehlerhaften Begriff SÄURE* veranschaulicht und durch das eben formulierte Prinzip charakterisiert haben. Die empirische Welt ist insofern begrifflich unerschöpflich, als wir immer noch mehr Erfahrung solcher Art haben und noch mehr Aspekte der Welt durch die Erfahrung des Irrtums in unsere bestimmten Begriffe aufnehmen können. »Nun aber ist der Begriff als solcher nicht, wie der Verstand meint, prozeßlos in sich verharrend, sondern vielmehr, als unendliche Form, schlechthin tätig […].«[41]

In der Klassifikation, die ich oben vorgeschlagen habe, können wir diese spezifisch hegelsche Auffassung als »starken semantischen Pessimismus« bezeichnen. Es handelt sich bei ihr um eine Form des *Pessimismus*, nicht bloß der *Bescheidenheit* oder des *Fallibilismus*, da es ihr um *Irrtum* geht anstatt um *Unkenntnis* oder *Ungewissheit* – um *Fehlerhaftigkeit* also, nicht bloß um *Unvollständigkeit*. Diese Auffassung ist *semantischer* und nicht *epistemischer* Natur, denn sie betrifft *Begriffe* und ihre *Inhalte* anstatt *Urteile* und deren *Wahrheit*. Und sie ist *stark*, nicht *schwach*, da der von ihr angeführte Fehler *notwendiger* und *prinzipieller*, nicht bloß *kontingenter* und *praktischer* Natur ist. Man könnte es vorziehen, diese Auffassung als »starken begrifflichen Dynamismus« zu bezeichnen, da sie nicht insofern pessimistisch ist, als sie uns den Zugang zu etwas abspricht, das wir entweder brauchen oder haben könnten. Ich werde mich aber an die andere Terminologie halten, wenn ich über diese Ausprägung des romantischen Expressivismus Hegels spreche.

Dieser starke semantische Pessimismus gehört meines Erachtens zum Kern der begrifflichen Neufassung unserer empirischen Begriffsverwendung, die Hegel unter dem Titel »Vernunft« ins Feld führt. Und es ist, wie mir scheint, die Aufgabe der hegelschen *Logik*, des Studiums der »Formbestimmungen des Begriffs« also,

41 *EphW* I, § 166, Zusatz.

diese Neufassung explizit zu machen. Es gehört zu den wesentlichen, definitorischen Merkmalen der Position des Verstandes, jenes traditionellen Standpunkts also, über den Hegel uns hinausführen möchte, dass man auf die prinzipielle Möglichkeit einer Menge von empirischen Begriffen verpflichtet ist, die idealiter adäquat ist. Adäquat wäre diese Menge, insofern uns kein Erfahrungsverlauf jemals dazu nötigen könnte, diese Begriffe zu modifizieren, indem wir sie einer Prüfung unterziehen und auf eine fehl- und umkehrbare Weise jene Urteile, die sich aus der Anwendung dieser Begriffe ergeben, in wahre und falsche einteilen. (Ob wir jemals gewiss sein könnten, auf eine derartige Menge von Begriffen gestoßen zu sein, spielt für diesen Gedanken keine Rolle.) Selbst der schwächeren Lesart zufolge drängt Hegel darauf, dass wir die Idee des Erkenntnisfortschritts nicht bloß so auffassen, dass wir mehr wahre und weniger falsche Urteile fällen, sondern auch so, dass wir darin unsere Begriffe pflegen und verbessern; und dies tut er auf der Grundlage einer holistischen (weil inferentialistisch-inkompatibilistischen) und zudem deutlich quineanischen Neufassung des Verhältnisses von Urteilen und Begriffen, epistemischer Bewertung der Wahrheit und den semantischen Inhalten von Begriffen. Epistemischer Fortschritt muss immer auch begrifflicher Fortschritt sein. In der stärkeren Lesart stellt er dagegen eine weitaus radikalere und interessantere Behauptung auf: Wenn wir ein angemessenes Bewusstsein der Unerschöpflichkeit des Empirischen – der Weise, in der unmittelbare (nichtinferentielle) Vorstellungen des sinnlich wahrnehmbaren Besonderen notwendig jeden Versuch übersteigen, sie gedanklich einzufangen – erlangen wollen, dann darf dieses Bewusstsein nicht nur die Form der Unabschließbarkeit des Projekts annehmen, in dem dieses Besondere vollständig in Urteilen ausgedrückt werden soll, sondern ferner auch die Form der kollektiven Instabilität jeder beliebigen Menge von Begriffen, die wir bei einem solchen Versuch zur Anwendung bringen könnten. Ich habe hier nahezu nichts zu der entscheidenden Frage gesagt, warum jemand einer derartigen Auffassung überhaupt zustimmen sollte und wie wir sie rechtfertigen könnten.[42] Gegenwärtig ging

42 Um diesen Punkt weiter zu verfolgen, müssten wir näher darauf eingehen, wie das Verhältnis zwischen der objektiven Seite des Begriffs NEGATIVITÄT, der Beziehung der Unvereinbarkeit, und der subjektiven Seite desselben, der Bewegung der Erfahrung, beschaffen ist. Ebenso müssten wir auf ihre Beziehungen zu der

es mir nur darum, sie als Thema anzusprechen. Wer jedoch hinreichend mit der Tradition vertraut ist, wird bemerken, dass ich mich hier in die haarigsten, unheimlichsten Regionen von Hegels Metaphysik vorgewagt habe. Es handelt sich um jene Stellen, die viele Leute – etwa nicht ganz so aufmerksame Marxisten (eine Kategorie übrigens, die Marx selbst nicht immer ausschließt) – dazu verleitet haben, Hegel die Auffassung zuzuschreiben, dass die Welt selbst widersprüchlich bzw. inkonsistent sei, dass sie also immer und notwendig objektive Eigenschaften aufweise, die miteinander unvereinbar sind. Und selbst einigermaßen achtsame Leser wurden dazu gebracht, ihn so zu verstehen, als behaupte er, die Welt sei proteisch, wandelbar, flüchtig und entziehe sich so zwangsläufig unserem begrifflichen Zugriff. Es ist hoffentlich deutlich geworden, dass aus der Perspektive des semantischen Verständnisses der Unerschöpflichkeit des Empirischen, das ich hier nahegelegt habe, solche Interpretationen aus einem Unvermögen resultieren. Man vermag sich nicht von einem Verständnis des Wesens der *Bestimmtheit* zu befreien, das Hegel zufolge für den Verstandesstandpunkt der Aufklärung charakteristisch ist, bzw. man vermag keine Alternativen zu ihm zu erkennen.

7.7 Wahrheit, Bestimmtheit, Skeptizismus

Man könnte meinen, dass ein so verstandener *starker semantischer Pessimismus* geradewegs in einen *epistemologischen Skeptizismus* führt. Es mag überraschend sein, aber das ist nicht der Fall. Diese Einsicht ist wichtig, da Hegel in allen seinen Schriften nicht nur deutlich macht, dass er sich selbst nicht als Skeptiker versteht, sondern dass er die Vermeidung des Skeptizismus vielmehr sogar als ein grundlegendes Adäquatheitskriterium philosophischen Denkens erachtet. Wenn wir akzeptieren, dass unser Denken dadurch voranschreitet, dass es Widersprüche aufdeckt, dann ist das noch kein »Weg der Verzweiflung«.[43] Warum eigentlich nicht? Wenn wir hierauf antworten, dass bestimmte Negationen ja zu positiven Er-

Bewegung eingehen, in welcher wir die Beziehungen der Unvereinbarkeit auffassen – was Hegel als das »Durchlaufen der Momente« bezeichnet. Einige der Ressourcen für solch ein Projekt werde ich in Kap. 9 vorstellen.

43 Vgl. *PhG*, S. 72.

gebnissen führen, dann scheint das an dieser Stelle nicht hilfreich zu sein, wenn jedes dieser positiven Ergebnisse wiederum zu weiteren bestimmten Negationen führt, also zu material miteinander unvereinbaren Verpflichtungen. Selbst die sogenannte »fallibilistische Metainduktion« – weil alle unsere vorangegangenen Theorien sich als falsch erwiesen haben, sollten wir das Gleiche auch für alle unsere zukünftigen Theorien erwarten – wurde für eine Verzweiflungstat gehalten. Und Hegels semantischer Pessimismus ist im Vergleich hierzu noch viel stärker und prinzipieller. (Er behauptet *a priori* etwas über abschließende Verständlichkeit.)

In der Tat erhöht der Holismus das skeptische Risiko beträchtlich – selbst in der schwächeren Form des semantischen Pessimismus. Wenn nämlich der Umstand, ob wir zu den richtigen Begriffen gelangen, davon abhängt, ob unsere Inferenzen gelingen, und das Gelingen der Inferenzen wiederum davon abhängt, ob uns als Hilfsannahmen alle und allein wahre Urteile zur Verfügung stehen, dann steht und fällt die Richtigkeit unserer Inferenzen nicht nur mit der *Richtigkeit* unserer Urteile (welche bereits der epistemische Fallibilismus hinterfragt), sondern auch mit der *Vollständigkeit* derselben (welche bereits die traditionellen Auffassungen von der begrifflichen Unerschöpflichkeit des Empirischen hinterfragt) – unter der Voraussetzung, dass materiale Inferenzen mit mehreren Prämissen nichtmonoton sind. Sind ferner unsere Begriffe falsch, insofern ihre Inhalte falsche Inferenzen beinhalten (wie beispielsweise der fehlerhafte Begriff SÄURE*), so sind sie buchstäblich von überhaupt nichts wahr und folglich ungeeignet, um aus ihnen *überhaupt* irgendwelche Urteile unterster Stufe zu bilden. Jemand, der beispielsweise einen Großteil der aristotelischen Weltanschauung ablehnt, kann daher nicht der Behauptung zustimmen, dass es *wirklich* solche Dinge gibt, die alle und nur die Eigenschaften besitzen, die Aristoteles beispielsweise *Gehirnen* als unabtrennbaren Bestandteilen des Organismus zugeschrieben hat. Und folglich sollte er leugnen, dass Aristoteles strenggenommen etwas Wahres gesagt haben würde, wenn er meinte, er habe zwei Hände. (Nicht etwa weil Aristoteles nichts in zweifacher Ausführung hatte, sondern weil strenggenommen niemand auch nur irgendetwas von dem haben könnte, was er mit dem Ausdruck ›Hand‹ (χείρ) meinte – ebenso wie es keine Hexen gibt, obgleich es Menschen gab, die ›Hexen‹ genannt wurden.) Der starke semantische Pessimist behauptet fernerhin, dass *alle* hinreichend umfangreichen Begriffsschemata derartige Begriffe enthalten und dass sich ihre Zersetzung schwerlich eingrenzen lässt, insofern nämlich die übrigen Begriffe inferentiell mit den ersteren in Beziehung stehen.[44] Warum aber ist dies nicht nur kein skeptisches Ergebnis, sondern vielmehr auch keine Bejahung einer besonders bösartigen Form des *semantischen* Skeptizismus, was noch schlimmer wäre? Der *epistemologische* Skeptizismus mag uns dann lediglich als eine der gelinden und gutartigen Folgen einer solchen Auffassung erscheinen. Denn es scheint ja nicht nur ausgeschlossen zu sein, dass wir Wissen haben können – schon die Idee *wahrer* Urteile, mitsamt der Idee, dass unsere Gedanken *bestimmte* Inhalte haben, scheint sinnlos zu werden.

In Wirklichkeit ist die Tatsache, dass Hegel die notwendige Instabilität empirischer Begriffe bekräftigt, damit vereinbar, dass er die *Bestimmtheit* von Begriffen wie auch empirische *Wahrheit* und *Wissen* verständlich macht. Diese Vereinbarkeit sicherzustellen erfordert jedoch eine radikale Umdeutung der Begriffe BESTIMMTHEIT und WAHRHEIT. Ein entscheidendes Element dieser Umdeutung besteht darin, dass wir *Bestimmtheit* nicht länger als eine Eigenschaft auffassen dürfen, die ein einzelner empirischer Begriff für sich allein haben kann (wie etwa bei Frege ein Begriff bestimmt ist, insofern es für seine angemessenen Anwendungen bzw. seinen Umfang scharfe Grenzen gibt). Die Bestimmtheit eines empirischen Begriffs ist nicht unabhängig davon, in welchen synchronen Inferenzbeziehungen er zu anderen solchen Begriffen steht und welche diachronen Entwicklungsbeziehungen einer fortschreitenden Tradition zwischen ihm und seinen Vorgängern und Nachfolgern bestehen, die alle durch die Umwandlung eines holistischen Systems von Behauptungen und Begriffen in der Erfahrung verbunden sind. Ferner können wir als Ort und Grundeinheit der *Wahrheit* (wie auch des *Wissens*) nicht länger das *Urteil* identifizieren.

Wie also sollten wir WAHRHEIT verstehen? Die vorangegangene Diskussion ermöglicht uns, dass wir jener berühmten Passage aus

44 Hegel stimmt einem Gedankengang wie diesem meines Erachtens durchaus zu, jedoch nur als die halbe Wahrheit. In einer Hinsicht *sind* alle unsere bestimmten Urteile falsch und alle unsere Handlungen Misserfolge. In einer anderen Hinsicht jedoch sind alle diese Urteile wahr und alle diese Handlungen erfolgreich. Um Hegels Begriff BESTIMMTHEIT zu verstehen, muss man das Verhältnis dieser beiden Perspektiven verstehen. Das aber steht auf einem anderen Blatt.

der »Vorrede« zur *Phänomenologie*, die ich bereits im sechsten Kapitel (in Teilen zitiert und) diskutiert habe, eine Dimension hinzufügen können:

> Diese [Wahrheit] schließt also ebensosehr das Negative in sich, dasjenige, was das Falsche genannt werden würde, wenn es als ein solches betrachtet werden könnte, von dem zu abstrahieren sei. Das Verschwindende ist vielmehr selbst als wesentlich zu betrachten, nicht in der Bestimmung eines Festen, das vom Wahren abgeschnitten, außer ihm, man weiß nicht wo, liegen zu lassen sei, so wie auch das Wahre nicht als das auf der andern Seite ruhende, tote Positive. Die Erscheinung ist das Entstehen und Vergehen, das selbst nicht entsteht und vergeht, sondern an sich ist und die Wirklichkeit und Bewegung des Lebens der Wahrheit ausmacht. *Das Wahre ist so der bacchantische Taumel, an dem kein Glied nicht trunken ist*; und weil jedes, indem es sich absondert, ebenso unmittelbar [sich] auflöst, ist er ebenso die durchsichtige und einfache Ruhe. In dem Gerichte jener Bewegung bestehen zwar die einzelnen Gestalten des Geistes wie die bestimmten Gedanken nicht, aber sie sind so sehr auch positive notwendige Momente, als sie negativ und verschwindend sind. – In dem Ganzen der Bewegung, es als Ruhe aufgefaßt, ist dasjenige, was sich in ihr unterscheidet und besonderes Dasein gibt, als ein solches, das sich *erinnert*, aufbewahrt, dessen Dasein das Wissen von sich selbst ist, wie dieses ebenso unmittelbar Dasein ist.[45]

In dieser Passage geht es nicht um die Entwicklung bestimmter empirischer Begriffe, sondern direkt um die Entwicklung der »Gestalten des Geistes«. Diese Gestalten sind anhand von metatheoretischen Ausdrucksformen strukturiert, deren Funktion es ist, uns verstehen zu lassen, was auf der untersten Ebene der Anwendung gewöhnlicher Begriffe im Urteilen und Handeln vor sich geht. Der vorletzte Satz bestätigt aber das, worauf ich hinweisen möchte: Was hier über *philosophische* Begriffe wie auch über die Praktiken, in die sie eingebettet sind, gesagt wurde, findet schon auf dieser untersten Stufe Anwendung. (Weiter unten werde ich ausführlicher auf diese Parallele eingehen.)

Wahrheit wird nicht als eine besondere, wünschenswerte *Eigenschaft* von Urteilen aufgefasst, sondern als eine spezifische Form des *Prozesses* der Umwandlung von Begriffen (und somit von Urteilen). Mit dieser Konzeption geht jener Übergang einher, durch den wir Erfahrung als eine Form von sich-selbst-berichtigendem Prozess

45 *PhG*, S. 46 f. (erste Hervorhebung von mir, R. B.)

auffassen und nicht als eine Form von sich-selbst-bekundender Episode (als Erlebnis). Um Wahrheit auf diese Weise zu verstehen, müssen wir die »Bewegung des Lebens der Wahrheit« begreifen, die ihre Wirklichkeit ist. Wir dürfen nicht nach etwas suchen, das im dem Sinne bestimmt ist, dass es etwas Festes bzw. Statisches ist. Wahrheit findet sich vielmehr in der richtigen Art und Weise, wie spätere Begriffe ihre Vorgänger *verbessern*. In dieser Form eines expressiv fortschreitenden Prozesses ist dasjenige, was verschwindet, was sich also im Erkennen als falsch erweist, ein wesentliches Element. Dazu gehören nicht nur Urteile, die sich als falsch, sondern auch Begriffe, die sich als inadäquat herausstellen. Die Erkenntnis, dass jede einzelne Verpflichtung, sei sie doxastisch oder inferentiell, sich selbst als eine Erscheinung erweist, die wir in letzter Instanz verwerfen müssen, ist die Erfahrung des Irrtums. Sie ist der Motor des Prozesses der Wahrheit, in dem man bei sich Verpflichtungen vorfindet, die nach eigener Ansicht miteinander unvereinbar sind. Bei der Wahrheit geht es nicht darum, dass wir etwas (ein für alle Mal) richtig machen, sondern vielmehr darum, dass wir es (auf jeder Stufe) richtiger machen. Hegels starker semantischer Pessimismus, sein begrifflicher Dynamismus, besagt also, dass Wahrheit eine Art von Fortschritt ist. Sie ist etwas, das wir machen, nicht etwas, das wir haben. In erster Linie ist Wahrheit ein Merkmal dessen, was wir tun, und nur in abgeleiteter Weise dessen, was wir getan haben. Die Komparative, die in der Bewertung begrifflichen Fortschritts verwendet werden, sind übrigens keine *absoluten* im Sinne Peter Ungers. Nimmt man seine alltäglichen Beispiele, so sind sie nicht wie ›flacher als‹, was sich mit ›nähert sich vollkommen-flach mehr an‹ umschreiben lässt; sie sind eher wie ›unebener als‹, was sich nicht umschreiben lässt, indem wir stattdessen sagen ›nähert sich vollkommen-uneben mehr an‹.[46]

Der »bacchantische Taumel« ist ein Bild für die lebendigen Wechselbeziehungen zwischen Begriffen und Behauptungen (Anwendungen dieser Begriffe), nämlich insofern jede neue Verpflichtung deren Beziehungen zueinander ändert. Mit ihrer Trunkenheit

46 Der Umstand, dass ›flach‹ und ›uneben‹ komplementär-kontradiktorische Prädikate sind – da aus (zu einem gewissen Grad) *flach* (zu einem entsprechenden Grad) *nicht uneben* folgt und umgekehrt – zeigt, wie heikel die Frage der Absolutheit von Komparativen ist. Vgl. Peter Unger, *Ignorance. A Case for Scepticism*, New York 1975.

werden die miteinander verwobenen Verläufe bezeichnet, die sich aus diesen Wechselwirkungen ergeben. Mit ihr ist gemeint, dass es für jedes Element unmöglich ist, einen vorgefassten Plan für aufeinanderfolgende Bewegungen auszuführen – also das ruhelose, unbeabsichtigte Drängeln der Elemente untereinander, welches zu der sich hieraus ergebenden, unvorhersehbaren Weiterentwicklung der gesamten Gruppe beiträgt. Die anhaltende Verbindung bleibt jedoch erhalten. Sobald nämlich einer der Teilnehmer entkräftet und unbeweglich unter den Tisch sackt und nicht weiter teilnehmen kann – ein Begriff also, der sich als inadäquat und unhaltbar erweist und so die in ihm enthaltenen Verpflichtungen auflöst –, nimmt ein anderer, frischerer Zecher seinen Platz ein und bringt (obgleich wieder nur vorübergehend) neuen Schwung in die Feier. Die Tatsache, dass Begriffe in die belebende Unterhaltung eintreten, diese aufrechterhalten und wieder aus ihr ausscheiden, ist in den Worten Hegels »das Entstehen und Vergehen, das selbst nicht entsteht und vergeht, sondern [...] die Wirklichkeit und Bewegung des Lebens« dieses Fests ausmacht. Ähnlich wie ein Organismus darf daher *der Begriff* nicht mit seinen Bestandteilen zu irgendeinem Zeitpunkt seines Werdegangs identifiziert werden. Er ist vielmehr der Prozess, durch den diese Elemente wegfallen und ersetzt werden.

Damit wir etwas als einen Prozess der *Wahrheit*, der *Erkenntnis* oder des *Wissens* auffassen können (was wir jetzt nicht mit der zum Verstand gehörenden Konzeption von feststehenden Erfolgen bei Wahrheit und Erkenntnis gleichsetzen dürfen), muss gezeigt werden, dass es für die objektive Beschaffenheit der Dinge empfänglich ist. Der Prozess der Erfahrung ist in diesem Sinne empfänglich. Denn Erkenntnissubjekte, die ihn durchlaufen, reagieren auf die Anerkennung des Irrtums – des Umstands, dass sie bei sich Verpflichtungen vorfinden, die miteinander unvereinbar sind –, indem sie die einander widerstreitenden Begriffe, die zu den widersprüchlichen Verpflichtungen geführt haben, neu anpassen und nachbessern, so dass die Unvereinbarkeit aufgelöst bzw. vermieden wird. Diese unvereinbaren Verpflichtungen sind zudem inferentiell abgeleitet, besitzen also ihre Autorität aufgrund der Vermittlung durch nichtinferentiell angeeignete Verpflichtungen, die selbst unmittelbare Autorität besitzen. Über einzelne Verpflichtungen wird im »Gerichte jener Bewegung« der Erfahrung ein Urteil gefällt, ob sie die objektive Beschaffenheit der Dinge einfangen oder nicht. »So ist also die *Verständigkeit* ein Werden, und als dies Werden ist sie die *Vernünftigkeit*.«[47]

Zudem muss sich uns ein solcher *Prozess*, um als ein Erkennen, eine Praxis des Wissens zu gelten, in der Wahres enthüllt bzw. ausgedrückt wird, auch als ein *Fortschritt* erweisen. Die Empfänglichkeit für das unmittelbare Sein der Dinge darf nicht bloß zufällig, vereinzelt oder zirkulär sein. Der Prozess muss *in zunehmendem Maße* Wirkliches enthüllen. Wie sehr dieser Fortschritt auch mäandern mag, wir müssen erkennen können, dass sich unser Zugriff auf das Sein der Dinge Schritt für Schritt verbessert. Wie diese Dimension der normativen Bewertung von Erfahrung zu verstehen ist, bedarf einer langen Ausführung, ich kann hier aber darauf keine Rücksicht nehmen und muss mich kurz fassen. Hegel zufolge können wir die *expressive Fortschrittlichkeit* des Prozesses der Erfahrung prinzipiell nur *rückblickend* erkennen. Der Prozess muss (durch eine »Wiederholung«) *wiedererinnert* werden, das heißt, er muss rational *als* eine fortschreitende Enthüllung – ein Explizit-Machen – begrifflicher Inhalte rekonstruiert werden, die hierbei als solche Inhalte erscheinen, die die ganze Zeit über bereits implizit im Spiel waren. Paradigmatisch ist hierfür der Fall, in dem eine Inferenz, die für einen Begriff konstitutiv war und sich unter einer relativ begrenzten Bandbreite von Umständen als modal robust erwies – etwa die Inferenz ›Wenn ich dieses trockene, gut gearbeitete Zündholz an der Reibfläche anreiße, dann wird es sich wahrscheinlich entzünden‹, die auch für den Begriff GUT GEARBEITET, wie er in diesem Zusammenhang angewandt wird, partiell konstitutiv sein könnte. In einem solchen Fall kann es sein, dass die Inferenz später aktualisiert wird, indem wir eine der (im Rückblick von uns erkannten) impliziten Einschränkungen derselben in der ihr nachfolgenden Inferenz (und damit im Nachfolgebegriff) in Form einer parallel bestehenden Prämisse explizit machen: ›Wenn ich dieses trockene, gut gearbeitete Zündholz außerhalb eines starken Magnetfelds an der Reibfläche anreiße, dann wird es sich wahrscheinlich entzünden‹. Da diese Inferenz in einer größeren Spannbreite kontrafaktischer Situationen in Ordnung ist (sie also mit einer größeren Bandbreite von parallel bestehenden, wahren oder falschen,

47 *PhG*, S. 54. (Hervorhebungen i. Orig.)

Prämissen verträglich ist), bringt sie besser zum Ausdruck, was objektiv woraus folgt. Und somit sind die von ihr zum Teil gegliederten Begriffe im Vergleich zu ihren Vorgängern richtiger.[48]

Betrachten wir einen Prozess der Erfahrung, der sich als expressiv fortschreitend darstellt, von einem solchen rückblickend wiedererinnernden und rational rekonstruierenden Standpunkt aus, so erweist er sich zugleich als einer, in dem die Inhalte der Begriffe, welche sich in ihm entwickeln, *bestimmt* werden und in der Folge *eindeutiger bestimmt* sind. Nochmals, diesen Komparativ dürfen wir nicht so verstehen, als ließe er eine absolute Lesart zu; er lässt sich nicht umschreiben mit ›nähert sich mehr an vollkommene (volle, nicht weiter verbesserbare, nicht korrigierbare) Bestimmtheit an‹. Diese absolute Idee von Bestimmtheit ist nämlich eine Illusion, die für die fehlerhaften Metakategorien des Verstandes charakteristisch ist. Auf jeder Stufe wird immer mehr der objektiven Beschaffenheit der Welt (was also wirklich woraus folgt und welche Eigenschaften oder Behauptungen wirklich miteinander unvereinbar sind) in die vermittelten (durch Beziehungen der Unvereinbarkeit und Inferenz gegliederten) Inhalte empirischer Begriffe aufgenommen, und zwar indem der Prozess der Erfahrung durch das, was uns die Sinne unmittelbar geben, (durch nichtinferentiell angeeignete Urteile) beschränkt wird. Der philosophische Standpunkt der Vernunft soll all die philosophische Arbeit leisten – zumindest die wertvolle und lohnende philosophische Arbeit –, für welche der Verstand die Idee einer *Eigenschaft* der *Bestimmtheit* bemüht hat, die begriffliche Inhalte der Empirie ein für alle Mal erreichen können. Anstelle dieser

48 Wie wir im Zweiten Teil gesehen haben, findet sich Hegels äußerst hilfreiche Diskussion einer solchen rückblickenden Konstitution eines expressiv fortschreitenden Verlaufs durch eine Tradition in den letzten Absätzen der »Einleitung« in die *Phänomenologie*. Dort spricht er darüber, wie aus einem ersten Gegenstand in der Erfahrung ein zweiter, »neuer wahrer Gegenstand« entspringt, wobei sich der erstere als eine bloße Erscheinung des zweiten erweist. Von diesem Prozess her müssen wir verstehen, wie eine Unterscheidung zwischen Noumena und Phaenomena *innerhalb* der Abfolge von Phaenomena entstehen kann und wie der Begriff des Referenzgegenstands bzw. des Repräsentierten – *worauf* wir denkend und redend *Bezug nehmen* – aus einer Abfolge von Sinnen bzw. (wie sich erweisen wird) Repräsentierendem – was wir (wie sich zeigt, über jene) denken und sagen – entstehen kann. Die Lösung der Aufgabe, auf dieser Grundlage eine Deutung dieser dunklen, aber fruchtbaren Passagen auszuarbeiten, müssen wir jedoch auf eine andere Gelegenheit vertagen.

Idee beruft sich der Standpunkt der Vernunft auf den Begriff eines *Prozesses* des empirischen *Bestimmens* begrifflicher Inhalte, der vergleichend bewertet werden kann. Dies ist ein Schachzug, der formal betrachtet parallel zu dem verläuft, den wir bereits für den Begriff der WAHRHEIT beobachtet haben. Aus dieser Perspektive betrachtet ist BESTIMMTHEIT – wie auch WAHRHEIT und ERKENNTNIS, DIE OBJEKTIVE BESCHAFFENHEIT DER DINGE – ein Begriff mit wirklicher und wichtiger Anwendung. Er schreibt eine Art normativer Bewertung fest, die sich nicht in die ätzende skeptische Sauce der Beliebigkeit auflöst. (Hegel hat dafür das Bild der »Nacht, worin alle Kühe schwarz sind«.) Allerdings ist Bestimmtheit ein diachroner, funktionaler Begriff geworden, den wir nur aufgrund der Rolle anwenden können, die ein Begriff in der expressiv fortschreitenden Tradition spielt, also in seiner Entwicklung aufgrund von Erfahrung und im Zusammenspiel mit anderen Begriffen. Dies ergibt, neben dem von uns bereits betrachteten *inferentiellen* semantischen Funktionalismus (der eine Form des Holismus ist) einen zeitlichen, besser gesagt, einen *geschichtlichen* semantischen Funktionalismus (und damit Holismus).[49]

7.8 Wiedererinnerung: Die Epistemologie der Semantik aus Sicht der Vernunft

Wie es Hegel gelingt zu verhindern, dass sein starker semantischer Pessimismus in einem Skeptizismus kollabiert, habe ich in groben Zügen dargelegt. Bevor ich die Diskussion von Hegels Auffassung abschließe, wie wir gewöhnliche empirische Begriffe (einschließlich der Begriffe der Naturwissenschaft) ihrer Beschaffenheit und Funktionsweise nach angemessen verstehen können, möchte ich noch eine wichtige Folgerung dieses Ansatzes entfalten. Wie oben im Abschnitt 7.3 angedeutet, ist Hegel der Meinung, dass seine Theorie der *Metaphysik* der Semantik, die er aus der Perspektive der Vernunft entwickelt, wichtige Folgerungen für die *Epistemologie* der Semantik enthält – also dafür, was es heißt, begriffliche Inhalte *zu erfassen*, *mitzuteilen* oder *auszutauschen*. Die beiden orthogonalen Dimensionen von Hegels semantischem Holismus, die

49 Eine ausführliche Diskussion dieses Punkts findet sich in Kap. 8.

inferentielle und die geschichtliche, erlegen unserem Nachdenken über diese Fragen strenge Beschränkungen auf.

Denn nach Hegels Auffassung können begriffliche Inhalte nicht durch solche *Definitionen* spezifiziert oder mitgeteilt werden, wie Kant sie in seinem gesamten Werk verwendet – durch Definitionen also im Sinne verbaler Formulierungen, die den jeweiligen Begriff von allen anderen Begriffen anhand einer Menge notwendiger und hinreichender Merkmale unterscheiden.[50] Ein grobes Beispiel, noch dazu eines bedeutenden Begriffs, liefert seine Definition von TUGEND: Als Tugend wird eine Bereitschaft zu gesetzmäßigen und freien Handlungen bezeichnet, die im Verfolgen derselben mit moralischer Stärke im Kampf gegen Hindernisse verbunden ist.[51] Aus der Sicht der hegelschen Semantik liegt die Schwierigkeit solcher Definitionen darin, dass sie beanspruchen, den Inhalt des einen Begriffs im Rückgriff auf andere Begriffe zu fixieren, die seine konstitutiven Merkmale zum Ausdruck bringen; von diesen Begriffen müssen wir aber annehmen, dass sie vollkommene und abschließende Bestimmtheit erlangt haben, *ihre* Grenzen also ein für alle Mal fixiert sind. Und genau diese Auffassung, die für den Verstand und seine Metakonzeption von Begriffen charakteristisch ist, können wir gemäß der Metakonzeption der Vernunft gar nicht vertreten. Wir können auch nicht darauf beharren, dass zumindest die *Beziehung* etwa zwischen TUGEND und dem Merkmal KAMPF GEGEN HINDERNISSE konstant sei, mögen sich auch die Inhalte dieser Begriffe durch den Gang der Erfahrung weiterentwickeln. Solche Beziehungen der Inferenz, die kontrafaktische Konditionale stützen, müssen selbst nämlich durchgängig, zusammen mit allen anderen, als Kandidaten möglicher Überarbeitung in Reaktion auf widerspenstige Erfahrungen bewertet werden. (Wäre jeder mögliche Anlass, das Merkmal des Kampfs gegen Hindernisse aufzugeben, wirklich bereits ein Garant dafür, dass wir von Tugend zu einem anderen Thema übergehen?) Dies ist schon wieder ein Gedanke Quines: Nachdem Definitionen einmal ihren Zweck erfüllt haben, einen Begriff einzuführen, nehmen sie ihren Platz neben anderen Urteilen ein, in denen dieser Begriff angewandt wird, wo-

50 Diese Definition von DEFINITION liefert jede uns bekannte Version seiner *Logik*. Vgl. etwa die Dohna-Wundlacken-Logik in Immanuel Kant, *Lectures on Logic*, hg. v. J. Michael Young, Cambridge 1992, S. 489.

51 Ebd., S. 464 f.

bei wir bestenfalls annehmen können, dass sie nicht überarbeitet werden müssen. Aber diese Annahme bleibt anfechtbar und kann widerlegt werden.

Auch hilft es bei dieser Schwierigkeit nicht, wenn wir uns von *Definitionen* im Sinne Kants und Leibniz' auf das zurückziehen, was Kant »Beschreibungen« nennt. Dabei handelt es sich um eher subjektive, relativ auf einen Zweck gegebene Spezifikationen eines Begriffs, anhand deren man hofft, einem anderen den Inhalt dadurch mitzuteilen, dass man Merkmale anführt, die weder notwendig noch hinreichend, sondern bloß andeutungsweise mit diesem Begriff verbunden sind.[52] Die erklärten Schwierigkeiten bleiben auch hier bestehen, sowohl in Hinblick auf die Merkmale selbst als auch in Hinblick auf ihre Verbindung mit dem erklärten Begriff. Denn die Wurzel des Problems ist unsere Konzeption des so Mitgeteilten, also der Gedanke, dass etwas vollständige, genaue und unterscheidende Merkmale *hat*.[53]

Wenn das also nicht funktioniert, wie müssen nun eigentlich begriffliche Inhalte verstanden, spezifiziert und mitgeteilt werden? Verdammt uns nicht die metabegriffliche Perspektive der Vernunft dazu, gewissermaßen nur *zeigen* zu können, was sich nicht *sagen* lässt? Keineswegs. Die spezifische Form, in der im Rahmen der Vernunft Inhalte verbal voneinander abgegrenzt werden, ist eine Wiedererinnerung, eine rational rekonstruierte Genealogie, welche die gegenwärtige funktionale Rolle ausweist, die ein Begriff in einer größeren Konstellation von Erkenntnissen spielt. Diese Konstellation selbst ist durch Beziehungen der materialen Unvereinbarkeit und Inferenz gegliedert, die das Ergebnis eines expressiv fortschreitenden Entwicklungsprozesses sind. Typischerweise geht es dabei um einen Verlauf innerhalb der tatsächlichen Geschichte des Begriffs, in dem sorgfältig Schlüsselepisoden der erfahrungsgetriebenen Überarbeitung und Verbesserung des Begriffs ausgewählt werden, von denen jede – aus der Perspektive der soweit erreichten Konzeption – einige wichtige Aspekte des mitgeteilten begrifflichen Inhalts enthüllt. Wo dagegen die tatsächliche Geschichte zu verworren, inkohärent oder unbeständig ist, wo also zu viele Schritte zurückgenommen worden, zu viele Lektionen verloren gegangen oder zu viele Sackgassen zu gründlich erkundet worden sind – da

52 Beispielsweise ebd., S. 491.

53 Vgl. ebd., S. 489.

können wir vielleicht einen direkteren, deutlicheren Pfad andeuten, auf dem sich der tatsächliche Inhalt entwickelt haben *könnte*, obgleich es sich in Wirklichkeit nicht so zugetragen hat. Die Weise, in der Hegel die Inhalte wichtiger Begriffe in der *Realphilosophie* erläutert, hat die Gestalt dieser zwei Formen einer rational rekonstruierten Wiedererinnerung.

Als Beispiel mag man an die Erzählung in der Naturphilosophie der *Enzyklopädie* denken, als deren Held zuletzt der Begriff ANIMALISCHER ORGANISMUS auftritt (oder an die entsprechende Diskussion des ORGANISCHEN im Abschnitt »Beobachtende Vernunft« der *Phänomenologie*). Gleiches gilt für die Darstellung des GEDÄCHTNISSES in der Philosophie des Geistes der *Enzyklopädie*, die Behandlung des ERHABENEN im ersten Band der *Vorlesungen über Ästhetik* oder die des EPISCHEN im zweiten Band. Ebenso können wir an die RELIGION DER SCHÖNHEIT in den *Vorlesungen zur Philosophie der Religion* denken oder an Hegels Erklärungen zu den Begriffen EIGENTUM und VERTRAG in den *Grundlinien der Philosophie des Rechts*.

Ich habe behauptet, dass für Hegel der bestimmte Inhalt von gewöhnlichen, empirischen Begriffen unterster Stufe (einschließlich derer der Naturwissenschaften) einerseits in den Beziehungen materialer Unvereinbarkeit und Folgerung besteht, in denen sie zu anderen Begriffen sowie zu einer Menge von Urteilen stehen, die bejahte Anwendungen dieser Begriffe sind, und andererseits in jener funktionalen Rolle, die diese Begriffe in einer fortschreitenden, expressiv sich entwickelnden Abfolge bzw. Tradition solcher Konstellationen von Behauptungen und Begriffen spielen – sowohl der früheren als auch der späteren. Sollte diese Erklärung des Wesens des bestimmten begrifflichen Inhalts richtig sein, so besteht für uns die *einzige* Möglichkeit, solche Inhalte zu erfassen, zu spezifizieren oder auszutauschen, darin, sie in einen derartigen synchronen wie diachronen Zusammenhang zu stellen. Insofern das Ganze nur skizziert wurde, wird der begriffliche Inhalt der betreffenden funktionalen Komponente nur näherungsweise abgegrenzt sein.

7.9 Logische und empirische Begriffe im Vergleich aus metaphysischer und epistemologischer Perspektive: Ein Unterschied und eine Ähnlichkeit

Ich habe mich ziemlich ausführlich der Frage zugewendet, wie Hegel empirische Begriffe unterster Stufe versteht. Das hat zum einen den Grund, dass wir heutzutage meines Erachtens über diesen semantischen Punkt das meiste von ihm lernen können; zum anderen aber sind Hegels Auffassungen diesbezüglich viel weniger gebräuchlich und werden weniger diskutiert – und entsprechend ist ihre Zuschreibung zwangsläufig kontroverser –, als das für seine Behandlung logischer Begriffe der Fall ist. Mein übergeordnetes Ziel war es allerdings, ein bestimmtes Programm für eine kritische Lektüre zu motivieren, indem ich die bei Hegel zu findenden Auffassungen über gewöhnliche empirische Begriffe mit denen über seine eigenen philosophischen und logischen Begriffe vergleiche und kontrastiere. Wie oben angedeutet gehe ich davon aus, dass Hegels spezifisch philosophische, logische bzw. spekulative (Hegel verwendet auch das Wort ›begreifende‹) Begriffe – einschließlich der »Formbestimmungen des Begriffs«, mit denen er sich in der *Wissenschaft der Logik* befasst – eine charakteristische expressive Funktion haben, die sich durchaus von der Funktion gewöhnlicher, also nichtphilosophischer Begriffe unterscheidet. Ihre Aufgabe ist nicht, die Beschaffenheit der *Welt* explizit zu machen (also einer Funktion des Bewusstseins dienlich zu sein), sondern vielmehr den *Prozess* explizit zu machen, in dem die Beschaffenheit der Welt von uns explizit gemacht wird (also eine Form des *Selbst*bewusstseins zu ermöglichen und darzustellen). Nehmen wir an, dass ich recht habe, wenn ich Hegel jene Konstellation von Auffassungen zur Metaphysik und Epistemologie der Semantik bestimmter Begriffe zuschreibe, die ich im Hauptteil dieses Kapitels skizziert habe – ein starker semantischer Pessimismus, in welchem die Unerschöpflichkeit des Empirischen als eine notwendige begriffliche Instabilität gedeutet wird bzw. die Wiedererinnerung als einzig angemessene Form der Spezifikation des Inhalts bestimmter Begriffe. Wenn dem so ist, dann können wir zu der Frage, warum diese Auffassungen unter Hegels Lesern keine große Beachtung gefunden haben, Folgendes sagen: In seinen eigenen systematischen Werken, also in der

Wissenschaft der Logik und der *Phänomenologie des Geistes*, spricht er tatsächlich ausschließlich über seine spezifisch *philosophischen* Begriffe. Darüber hinaus können Hegels Auffassungen bezüglich des Inhalts von Begriffen der einen Stufe nicht direkt auf Begriffe übertragen werden, die eigentlich auf einer anderen Stufe stehen.

Insbesondere ist Hegel, wie ich glaube, der Meinung, dass sich logische Begriffe von denen auf unterster Stufe in einer wichtigen Hinsicht unterscheiden und in einer anderen ihnen ähneln. Sie sind bestimmten empirischen Begriffen *unähnlich*, insofern es Hegel zufolge eine endgültige, vollständig expressiv adäquate Menge logischer Begriffe gibt, deren praktische Anwendung uns niemals die Pflicht auferlegen wird, sie zu überarbeiten oder aufzugeben. Bezüglich der logischen Begriffe ist Hegel also ein starker semantischer *Optimist*. In der Tat ist er überzeugt davon, mit seiner *Logik* ein solches System logischer Begriffe vorgelegt zu haben. Hegels logische Begriffe sind adäquat in Bezug auf die Art und Weise, in welcher sie den Prozess explizit machen, in dem ein bestimmter Inhalt auf die empirischen und praktischen Begriffe unterster Stufe, die unser Bewusstsein von der Beschaffenheit der Dinge gliedern, übertragen bzw. in diese eingebunden wird. In diesem Prozess werden begriffliche Inhalte durch Erfahrung bestimmt. Mit der Möglichkeit, diese logischen, mithin metabegrifflichen expressiven Ressourcen einzusetzen, die Hegel aus dem Ausgangsmaterial des Erbes der ihm vorangegangenen philosophischen Tradition entwickelt hat, erreichen wir eine gewisse Form des semantischen Selbstbewusstseins. In diesem Selbstbewusstsein zeigt sich ein Vermögen, welches von der Verwendung seines logischen Vokabulars erzeugt wird – das Vermögen, explizit *zu sagen* und *zu denken*, was wir schon die ganze Zeit über implizit *tun*, indem wir überhaupt etwas sagen oder denken. Schon die ganze Zeit über bestimmen wir nämlich Inhalte und binden das Unmittelbare in die Form des Vermittelten ein, indem wir in den Prozess der Überarbeitung von Begriffen durch Erfahrung eintreten. Das ist jene Form des Selbstbewusstseins, die Hegel »Absolutes Wissen« nennt.

Wie oben angedeutet gibt es meines Erachtens überhaupt keinen Grund anzunehmen, dass Hegel jemals die Überzeugung hatte, dass, indem wir diese Form des Selbstbewusstseins vom Prozess der Erfahrung erreichen, was uns durch sein systematisches und logisches Vokabular möglich wird – mit dem Erlangen absoluten

Wissens also –, empirische Untersuchungen, Entdeckungen und Theoriebildung an ein Ende kommen würden. Ganz im Gegenteil. Obgleich diese Form des Selbstbewusstseins empirische Untersuchungen auf mannigfache Weise verändern mag (wenn wir das ans Tageslicht des Selbstbewusstseins bringen können, was wir zuvor im Dunkeln tun mussten), so bringt das doch das Projekt, unsere Behauptungen und Begriffe im Lichte des uns unmittelbar sinnlich Gegebenen zu pflegen und umzuwandeln, nicht zu einem Ende.

Die Erfahrung – wir enthüllen das als *bloße* Erscheinung, was wir für wahr gehalten haben – ist das Vergehen, das selbst nicht vergeht. Jeder gegenteilige Eindruck ist das Ergebnis der Verwechslung der zwei Ebenen von Begriffen. Denn das *logische* Unterfangen, expressive Ressourcen bereitzustellen, welche hinreichend sind, um die entscheidenden Merkmale des empirischen Unterfangens explizit zu machen, *kann* und *muss* in einem vollständigen und endgültig adäquaten System von Begriffen an ein Ende kommen. Aus Hegels Sicht *ist* es im Wesentlichen sogar an ein Ende gekommen, nämlich in dem, was aus diesem Grunde nicht *seine* Logik oder *sein* philosophisches System genannt werden sollte, sondern schlicht *die* Logik bzw. *das* System.

Hegel meint, dass empirische und logische Begriffe in Bezug auf die Möglichkeit, dass wir von ihnen jeweils ein endgültiges, also nicht mehr zu überarbeitendes, und adäquates System erreichen, so unterschiedlich sind, wie sie nur sein können. Für empirische Begriffe ist dies prinzipiell *nicht* möglich, für logische und philosophische Begriffe dagegen *ist* dies sowohl prinzipiell als auch praktisch möglich. Es gibt aber eine andere Hinsicht, in der wir an der Weise, wie Hegel vorgeht, erkennen können, dass ihm zufolge logische Begriffe empirischen durchaus auch ähnlich sind; diese Hinsicht betrifft nicht die Metaphysik ihres Inhalts, sondern dessen Epistemologie: Hegel geht sichtlich davon aus, dass die *einzige* Möglichkeit, logische bzw. philosophische Begriffe zu verstehen, zu spezifizieren und mitzuteilen, prinzipiell in der rationalen Rekonstruktion einer expressiv fortschreitenden Tradition besteht, deren Ergebnis sie sind. Beide Werke, in denen er sein systematisches Denken präsentiert – die einzigen zwei Bücher, die er zu Lebzeiten veröffentlichte –, weisen genau diese Form auf; sie sind semantische Genealogien spekulativer logischer Begriffe.

In der *Phänomenologie* wählt Hegel aus der tatsächlichen Geschichte der Entwicklung philosophischer Begriffe eine Abfolge von Umwandlungen aus, von denen sich rückblickend jede als begrifflich bahnbrechend erweist und uns Stück für Stück die systematische Ausdrucksweise – die Konstellation philosophischer Behauptungen und Begriffe – bestimmt und enthüllt, deren Verwendung *nichts anderes* ist als die endgültige Form des semantischen Selbstbewusstseins, die Hegel »Absolutes Wissen« nennt. In der *Logik* wird im Wesentlichen dasselbe System[54] als Höhepunkt eines Entwicklungsgangs vorgestellt, der bei sehr einfachen Formbestimmungen von Begriffen anhebt, also bei Metabegriffen, die ein derart grundlegendes semantisches Selbstbewusstsein einfangen, dass ohne es überhaupt keine Verwendung von Begriffen unterster Stufe verständlich wäre. Dieser Entwicklungsgang verläuft dann so weiter, dass darin keineswegs der Anspruch erhoben wird, die empirische geschichtliche Tradition des Denkens, in der sich die systematischen Begriffe tatsächlich entwickelt haben, nachzuvollziehen bzw. von ihr hergenommen zu sein.

Diese in der *Logik* vorgelegte Wiedererinnerung ist erheblich rückblickender rekonstruiert und somit rationaler als die in der *Phänomenologie*, insofern sie deutlicher Gründe enthüllt. In beiden Fällen aber ist Hegel fest davon überzeugt, dass der *einzige* Weg zu der Erkenntnisposition, zu der er letztlich gelangt, darin besteht, den begrifflichen Prozess und Fortschritt zu durchlaufen, den uns die langen Darstellungen jener Werke weisen. Es hat also keinen Sinn, an den Schluss zu springen und zu gucken, wie das Buch ausgeht.

Um den erhobenen Anspruch einzuschränken, dass hiermit eine Ähnlichkeit der Behandlung logischer und empirischer Begriffe herausgearbeitet ist, sollten wir noch anmerken, dass die Ähnlichkeit in Bezug auf die epistemologische Dimension der Semantiken beider Arten von Begriffen nicht als Identität verstanden werden darf. Denn im Fall logischer Begriffe hat der wiedererinnerte Prozess (in seinen beiden Darstellungen) nicht die Gestalt einer *Bestimmung durch Einbindung des Unmittelbaren*, wie dies im Fall empirischer Begriffe zutrifft. Bei den logischen Begriffen ist die transformative Erfahrung, die Hegel in den zwei Büchern darlegt, vielmehr vollständig durch Überlegungen motiviert, die sich im

54 Das ist meine Behauptung, freilich eine strittige.

Rückblick als etwas erweisen, das immer schon in den Inhalten der (Meta-)Begriffe implizit im Spiel war.

7.10 Zusammenfassung: Skizze eines Programms für eine kritische Lektüre Hegels

Ich möchte schließen, indem ich eine Skizze meines Programms für eine kritische Lektüre dieser hegelschen Thesen vorlege. Ich nehme an, dass wir, wenn wir einen Text auf seinen begrifflichen Inhalt hin lesen, die inferentiellen Rollen der in ihm aufgestellten Behauptungen erkunden: Worauf würde man sich verpflichten, wenn man solche Behauptungen aufstellt? Was könnte uns zu Verpflichtungen dieser Art berechtigen, was würde für, was gegen sie sprechen? Und wofür oder wogegen würden *sie* sprechen? Die betreffenden Inferenzen sind typischerweise Inferenzen mit mehreren (zuweilen gewaltig vielen) Prämissen. Für eine jede Behauptung, die wir als entscheidend bzw. fundamental identifizieren, können wir folglich entscheiden, aus welcher Quelle wir die Hilfsannahmen schöpfen, mit denen sie zu verbinden ist, um ihre inferentielle Rolle zu bestimmen. In einer genauen Lektüre *de dicto* (was man in der Rechtswissenschaft »dem Buchstaben des Gesetzes nach« nennt) werden die verfügbaren, parallel bestehenden Prämissen darauf beschränkt, welche anderen Behauptungen wir innerhalb des betreffenden Texts (bzw. des Korpus) finden. In einer kritischen Lektüre, also einer Lektüre *de re*, werden dagegen ihre Hilfsannahmen nicht aus den Behauptungen des gelesenen Autors genommen, sondern vielmehr aus denen, die der Lesende selbst bejaht – nicht daraus, was der Autor sonst noch für wahr *hält*, sondern daraus, was aus Sicht des Lesers wahr *ist*. Das Ergebnis hiervon ist eine Bewertung, was *wirklich* aus den betreffenden Behauptungen folgt und für sie spricht, was auch immer der Autor gedacht haben mag. Ich bin nicht der Meinung, dass eine dieser beiden Herangehensweisen an einen Text, beispielsweise an einen philosophischen, »besser« ist als die andere. Jede von ihnen bietet eine legitime Perspektive auf den begrifflichen Inhalt, das heißt auf die inferentiellen Rollen der im Text aufgestellten Behauptungen, und erhellt spezifisch den von ihr behandelten Text. Solange klar ist, auf welche Regeln man sich jeweils festlegt, sollte keines dieser Projekte prinzipiell als unzulässig gelten. Von dieser Art ist jedenfalls die hermeneutische Methodologie, die durch meine inferentialistische Semantik gestützt wird.[55]

Das von mir hier skizzierte Programm zielt auf eine kritische Lektüre. Ich bin nun in der Lage, kurz und prägnant anzugeben, was in Hegels Philosophie ich für bewahrenswert und was ich für verbesserungswürdig halte. Das Ergebnis meines (äußerst selektiven) Versuchs, Hegels Auffassungen zu empirischen und logischen Begriffen zu vergleichen und voneinander abzugrenzen, lässt sich anhand von zwei Behauptungen formulieren:

> (1) Nach Hegels Meinung sind logische und empirische Begriffe *voneinander verschieden*, insofern es durchaus eine endgültige, stabile und expressiv vollständige Menge *logischer* Begriffe gibt, während es – aufgrund des Unterschieds ihrer je spezifischen expressiven Aufgabe – aus ganz prinzipiellen Gründen keine endgültige, stabile und expressiv vollständige Menge *empirischer* Begriffe geben kann.
>
> (2) Nach Hegels Meinung sind logische und empirische Begriffe *einander ähnlich*, insofern – trotz des Unterschieds ihrer je spezifischen expressiven Aufgabe – prinzipiell der einzige Weg, die Inhalte beider Formen von Begriffen zu verstehen, zu spezifizieren oder mitzuteilen, in einer rationalen Rekonstruktion der Geschichte ihrer *Entwicklung* besteht.

Die hier zugrunde liegenden Behauptungen über das Wesen empirischer Begriffe scheinen mir zu den interessantesten und vielversprechendsten begrifflichen Neuerungen zu gehören, die Hegel in der Semantik einführt. Ich unterstütze auch, was ich als seine Herangehensweise an die recht unterschiedlichen expressiven Funktionen erachte, die für logische bzw. philosophische Begriffe charakteristisch sind und die wir (in meinen, nicht seinen Worten) auf folgende Weise prägnant angeben können: »Logik ist das Organ des semantischen Selbstbewusstseins.« Allerdings irrt Hegel meines Erachtens in *beiden* Behauptungen über die Unterschiede und Ähnlichkeiten empirischer und logischer Begriffe.

55 Ich diskutiere den Zusammenhang von Hermeneutik und Semantik genauer in meinem Buch *Tales of the Mighty Dead*, Kap. 3.

Er irrt meines Erachtens, wenn er meint, wir könnten mit der Aufgabe an ein Ende kommen, expressive Instrumente herzustellen, anhand deren wir explizit machen, was im Prozess der Bestimmung empirischer begrifflicher Inhalte implizit enthalten ist. Mit Sicherheit irrt er, wenn er meint, er habe uns bereits eine vollständige Menge von Begriffen vorgelegt, die unsere Inferenzen einfangen. Die Diskussion der Schlussformen in der *Wissenschaft der Logik* auf der Grundlage seiner Begriffe BESONDERHEIT, ALLGEMEINHEIT und EINZELHEIT ist eine Tour de Force theoretischer Handwerkskunst und Schönheit. Inzwischen wissen wir jedoch, was er nicht wissen konnte – nämlich dass sie selbst die einfachsten Formen von Inferenzen mit iterierten Quantoren, die erforderlich sind, um die grundlegendsten mathematischen Begriffe zu bilden, nicht einfängt und auch nicht einfangen kann. Aber er irrt sich meines Erachtens auch, wenn er meint, wir *könnten* – im Prinzip, wenn auch nicht praktisch – die expressive Aufgabe, für die das logische Vokabular gedacht ist, abschließen. Die einfachsten Ausdrucksformen, in denen wir Inferenzen einfangen, sind Konditionale. Sie erlauben uns, explizit *zu sagen*, dass irgendeine Inferenz bzw. irgendein inferentielles Muster in Ordnung ist. Wir bewerten aber die Güte von Inferenzen nach einer Vielzahl semantisch relevanter Hinsichten, und es sind jeweils verschiedene Konditionale nötig, um jede davon einzufangen. Indem wir ein zweiwertiges (sogenanntes »materiales«) Konditional behaupten, sagen wir demnach explizit, dass eine Inferenz insofern gut ist, als sie nicht von einer wahren Prämisse zu einer falschen Konklusion führen wird. Indem wir ein intuitionistisches Konditional behaupten, sagen wir dagegen explizit, dass eine Inferenz insofern in Ordnung ist, als es eine Vorschrift gibt, wie ein Beweis der Prämissen in einen Beweis der Konklusion gewendet werden kann. Analoges lässt sich auch für die Konditionale der strikten Implikation, der relevanzlogischen Implikation, des Enthaltenseins, der Quantenlogik usw. angeben. Mir ist nicht klar, wie der Gedanke einer *vollständigen* Menge semantisch relevanter Hinsichten der Einschätzung von Inferenzen und somit die Idee von Konditionalen, die diese einfangen, sinnvoll sein soll. Ich neige eher dazu, auf der Metaebene eine Art von *logischer* Unerschöpflichkeit zu behaupten: Es wird immer noch weitere Aspekte des Prozesses geben, in dem wir die Inhalte empirischer Begriffe durch Einbinden des Unmittelbaren in eine vermittelte Form (genauer) bestimmen.[56]

Zur zweiten Behauptung. Selbst wenn die einzige Weise, empirische Begriffe zu erfassen, zu spezifizieren und mitzuteilen, in einer Form von Wiedererinnerung, also in der Ausführung einer semantischen Genealogie besteht, so *folgt* hieraus zumindest nicht, dass das auch für logische Begriffe gilt. Das scheint mir auch nicht der Fall zu sein. Die spezifische semantisch expressive Funktion des logischen Vokabulars gibt uns eine andere Möglichkeit an die Hand, diese Begriffe zu verstehen und mitzuteilen. Wir können nämlich von einer *pragmatischen* Metasprache aus beginnen, in welcher die Praktiken beschrieben werden, in denen wir begriffliche Inhalte übertragen und bestimmen. Von hier können wir genau angeben, was eine gewisse logische Ausdrucksform explizit macht, indem wir sie nämlich als eine solche Ausdrucksform einführen, die *ebendiese* Merkmale ausdrückt. Nicht zufälligerweise ist dies der Weg, den ich in *Expressive Vernunft* verfolge.[57] Meines Erachtens ist es prinzipiell möglich anzugeben, wie wir anhand des Begriffsschemas, das sich am Ende der *Phänomenologie des Geistes* und der *Wissenschaft der Logik* findet, diskursive Praxis auffassen sollten, *ohne* dass wir den Weg der Darstellung nachverfolgen müssen, auf dem Hegel dieses Schema entwickelt.

Freilich bedürfte es *sehr viel* Arbeit, um diese letzten Behauptungen auszubuchstabieren. Letzten Endes ist der beste Weg, um zu zeigen, dass man Hegels Projekt auch nichtgenealogisch sinnvoll verfolgen kann, dies einfach zu tun. Zweifellos wird es dem Leser eine Erleichterung sein zu hören, dass ich nicht beabsichtige, ein solches Projekt hier in Gang zu bringen. Es sollte aber durchaus deutlich geworden sein, in welcher Weise ich einige Teile des hegelschen Projekts herauszuschneiden beabsichtige, die es wert sind, dass wir ihnen heute nachgehen, während ich andere Teile als unwesentlich verwerfe. Somit sollte klar geworden sein, was ich an Hegels Verständnis begrifflichen Inhalts als lebendig und was als tot betrachte.

56 Man beachte, dass hiermit nicht gesagt ist, dass es etwas an diesem Prozess gäbe, das prinzipiell nicht explizit gemacht werden kann. Gemeint ist vielmehr, dass es für jede einzelne Reihe logisch-expressiver Ressourcen stets etwas geben wird, das ungesagt bleibt. Meine Behauptung hat also die Form $\forall\exists\sim$ und nicht $\exists\forall\sim$.

57 Vgl. Robert B. Brandom, *Expressive Vernunft. Begründung, Repräsentation und diskursive Festlegung*, Frankfurt/M. 2000.

8
Einige pragmatistische Themen in Hegels Idealismus
Erklärung der Aushandlung und Verwaltung der Struktur und des Inhalts begrifflicher Normen

8.1 Einleitung

Dieses Kapitel könnte ebenso gut mit ›Einige idealistische Themen in Hegels Pragmatismus‹ überschrieben sein. IDEALISMUS wie auch PRAGMATISMUS sind weite Begriffe, die ein breites Spektrum verschiedener Thesen umfassen. Ich werde mich hier auf eine pragmatistische und eine idealistische These konzentrieren (obgleich wir auch einige andere streifen werden). Die pragmatistische These (die ich »die *semantisch* pragmatistische These« nennen werde) besagt, dass die *Verwendung* von Begriffen den *Inhalt* derselben bestimmt. Das bedeutet, Begriffe können keinen Inhalt haben außer denjenigen, der ihnen durch ihre Verwendung verliehen wird. Die idealistische These besagt, dass die Struktur und Einheit des *Begriffs* die gleiche ist wie die Struktur und Einheit des *Selbst.* Die semantisch pragmatistische These stellt einen Gemeinplatz dar in unserer von Wittgenstein geprägten philosophischen Welt. Für die idealistische These gilt das, gelinde gesagt, *nicht.* Ich weiß von keinem ernstzunehmenden zeitgenössischen Semantiker, der dem Gedanken nachgeht, dass wir *Begriffe* am besten nach dem Modell des *Selbst* verstehen können. Ja, aus der Perspektive der zeitgenössischen Semantik ist es sogar schwer zu sagen, was mit einem solchen Gedanken überhaupt *gemeint* sein könnte. Welche relativ unproblematischen Eigenschaften von Selbsten sollen welche relativ problematischen Eigenschaften von Begriffen erhellen? Warum sollten wir meinen, dass ein Verständnis von, sagen wir, personaler Identität uns bei Fragen der Identität und Individuation von Begriffen helfen kann? Aus zeitgenössischer Perspektive muss die semantisch idealistische These zunächst einen Eindruck erwecken, der sich zwischen aussichtslos und verrückt bewegt.

Ich möchte hier die *interpretative* Behauptung aufstellen, dass die idealistische These im Zusammenhang mit verschiedenen anderen theoretischen Verpflichtungen und Einsichten Hegels Art ist, die pragmatistische These tragfähig zu machen. Ich möchte ferner die *philosophische* Behauptung aufstellen, dass wir von dieser Strategie tatsächlich eine Menge über zeitgenössische Probleme in der Semantik lernen können, die wir andernfalls gar nicht ergründen könnten. Im Rahmen dieses Kapitels vermag ich weder die erste Behauptung textlich noch die zweite argumentativ angemessen zu rechtfertigen. Deshalb werde ich mich notgedrungen darauf beschränken, die Grundzüge und Motivationen derjenigen komplexen, anspruchsvollen und interessanten Position zu skizzieren, die Hegel meines Erachtens zu diesem Thema bezieht.

8.2 Hegels Weg von Kant zum Pragmatismus: Das Problem der Bestimmtheit

Thema dieser hegelschen Position sind Wesen und Ursprung der *bestimmten Inhalte* von *empirischen begrifflichen Normen.* Freilich spricht Hegel auch über *eine ganze Menge* anderer Dinge. Dieses Thema ist jedoch der Strang seines Denkens, den ich hier verfolgen werde. Es könnte aber schon als Fehler erscheinen, hierin *überhaupt* ein Anliegen Hegels zu sehen. Schließlich bringt er (in beiden noch zu seinen Lebzeiten veröffentlichten Büchern, der *Phänomenologie des Geistes* und der *Wissenschaft der Logik*) die meisten Seiten damit zu, über *reine, logische* bzw. *formale* Begriffe (die reinen Formbestimmungen *des* Begriffs) zu reden, die in seinem Schema an die Stelle von Kants Kategorien treten. Es geht dort um Begriffe wie BESONDERHEIT, ALLGEMEINHEIT und EINZELHEIT und um die Unterscheidung zwischen dem Sein der Dinge *an sich* und ihrem Sein *für* das Bewusstsein oder für jemand anderen. Zu den umfassenden methodologischen Verpflichtungen, die mich in meiner Lektüre Hegels leiten, gehört aber die Auffassung, dass der *Zweck* der Entwicklung eines adäquaten Verständnisses dieser kategorialen Begriffe darin besteht, dass wir diese anschließend dazu verwenden können, die Funktionsweise von gewöhnlichen empirischen Begriffen explizit zu machen. Das Gleiche würde ich auch von Kant sagen. Ein Grund, warum diese Philosophen so schwer zu verstehen sind, besteht meines Erachtens zudem darin, dass sie vergleichsweise zu viel Zeit darauf verwenden, ihren (transzendental) logischen Apparat zu entwickeln und zu motivieren, und vergleichsweise zu wenig Zeit darauf, diesen auf die Verwendung der Begriffe unterster Stufe anzuwenden. In beiden Fällen tun wir, glaube ich, gut daran, jederzeit ein Auge darauf zu haben, welche Bedeutung das, was dort jeweils über reine Begriffe gesagt wird, für unser Verständnis der Verwendung gewöhnlicher empirischer Begriffe hat. Um es noch mal zu sagen: Hegels idealistische These richtet sich in erster Instanz auf das, was er »*den* Begriff« nennt, das heißt auf das holistische inferentielle System von bestimmten Begriffen und Verpflichtungen, die durch diese Begriffe gegliedert sind. Wir werden aber sehen, dass die abstrakte strukturelle Behauptung, die in der idealistischen These enthalten ist, sowohl für das System als auch seine Elemente gilt – und dass sie unter anderem deswegen für die Elemente gilt, *weil* sie für das System gilt, und *vice versa*.

Nach meiner Lesart ist Hegel der Meinung, dass Kant in Hinblick auf zwei wichtige und eng miteinander verbundene Punkte nicht kritisch genug war. Erstens habe er nicht grundlegend genug die Bedingungen der Möglichkeit der *Bestimmtheit* jener Regeln untersucht, die den Inhalt gewöhnlicher empirischer Begriffe festlegen. Und zweitens schweige Kant sich über das Problem ihres *Ursprungs* fast vollständig aus. Er gebe uns keine entwickelte Theorie, wie Erkenntnis- und Handlungssubjekte überhaupt dazu kommen, über diese bestimmten empirischen Begriffe zu verfügen. Von Leibniz übernimmt Kant die rationalistische Auffassung von Erkenntnis und Handeln, der zufolge beides in der Anwendung von Begriffen besteht. Beim theoretischen wie beim praktischen Gewahrsein – Leibniz' »Apperzeption« – handelt es sich um die Klassifikation eines Besonderen durch Allgemeines, was für Kant heißt, Ersteres unter *Regeln* zu bringen.

Von Kant übernimmt Hegel eine fundamentale philosophische Verpflichtung (ich bin geneigt zu sagen »Einsicht«), nämlich die Verpflichtung auf den *normativen* Charakter von Begriffen. Es ist eine der grundlegendsten und wichtigsten Ideen Kants, dass sich unsere Urteile und Handlungen von den Reaktionen bloß natürlicher Lebewesen darin unterscheiden, dass sie etwas sind, wofür wir in einem spezifischen Sinne *verantwortlich* sind. In ihnen gehen wir *Verpflichtungen* ein, die einer gewissen Form normativer Bewertung in Hinblick darauf unterliegen, ob sie richtig oder falsch sind.

Die Normen,[1] die bestimmen, was jeweils als richtig bzw. falsch gilt, nennt Kant »Begriffe«. Als diejenige Gattung, deren Arten Urteilen und Handeln sind, wird daher die Tätigkeit des *Anwendens von Begriffen* aufgefasst, also das Hervorbringen von Akten, deren Richtigkeit oder Unrichtigkeit durch diejenige Regel bzw. Norm bestimmt ist, an die wir uns selbst im Vollzug des jeweiligen Akts implizit gebunden haben. Indem Kant diesen Weg einschlägt, verschiebt er den Fokus, weg von *ontologischen* Fragen (bezüglich des Unterschieds zweier Arten von Tatsachen, physischer und geistiger Tatsachen) und hin zu *deontologischen* Fragen (bezüglich des Unterschieds zwischen Tatsachen und Normen bzw. zwischen Deskriptivem und Präskriptivem). Mit diesem Schachzug geht eine entsprechende Verschiebung von der cartesischen Gewissheit zur kantischen Notwendigkeit einher. Somit verschiebt sich das Interesse weg von Fragen bezüglich unseres Zugriffs auf Begriffe (Ist er klar? Ist er deutlich?) hin zu solchen bezüglich des Zugriffs der Begriffe auf uns (Ist er gültig? Ist er verbindlich?). (›Notwendig‹ bedeutet für Kant ›einer Regel gemäß‹.) Auf diese Weise wird es zur drängenden Aufgabe, zu verstehen, wie es für uns möglich sein kann, uns jeweils selbst zu *verpflichten*, uns also selbst gegenüber einer Norm verantwortlich zu machen, die festlegt, wann unser Tun richtig ist.[2] Es tritt das Problem in den Vordergrund, wie wir das Wesen und die Bedingungen der Möglichkeit (im Sinne der Verständlichkeit) *begrifflicher Normativität* zu verstehen haben. (Diese Auffassung vom Wesen der Praxis der Begriffsverwendung können wir »*normativen* Pragmatismus« nennen.)

Kant sagt uns eine ganze Menge über den Prozess, in dem Begriffe in gewöhnlichen Urteilen und Handlungen angewandt werden. Ich nehme an, dass seine Erklärung des Ursprungs, des Wesens und der Funktionsweise der reinen Verstandesbegriffe, deren

1 Kant spricht gewöhnlich von »Regeln«. Er meint damit aber etwas, das – obgleich es sich feststellen lässt – implizit sein kann, nicht allein das, was schon explizit festgestellt ist.

2 Indem wir hierzu imstande sind, sind wir zugleich *frei*. Frei sein heißt entsprechend, sich durch diejenigen Normen binden zu können, die Begriffe sind. Die einzige Sache, die kantische Handlungssubjekte *tun* können – in jenem strengen Sinn von *Tun*, der die Ausübung von Freiheit einschließt –, ist, Begriffe anzuwenden, gleichviel ob theoretisch im Urteilen oder praktisch im Handeln. Nun ist eine Tätigkeit, die in der Anwendung von Begriffen besteht, eine *rationale* Tätigkeit. Mithin sind wir genau in dem Maße frei, in dem wir rational sind.

Anwendbarkeit in jeder Verwendung eines empirischen Begriffs schon implizit enthalten ist, als eine transzendentale Erklärung ebenjener Hintergrundbedingungen fungieren soll, in Bezug auf die allein sich Normativität im Allgemeinen begreifen lässt. Er sagt jedoch sehr wenig darüber, wie wir uns den Umstand erklären sollen, dass Erkenntnis- und Handlungssubjekte zu den bestimmten empirischen Begriffen, die sie zum Einsatz bringen, Zugang erlangen. Was er sagt, ist zum Großteil programmatischer und struktureller Natur. Klar ist allerdings, dass es eine wichtige strukturelle Dimension gibt, in der sich Kants Theorie begrifflicher Normen von der Hegels unterscheidet. Diese betrifft das Verhältnis zwischen der Hervorbringung und dem Gebrauch dieser Normen, zwischen dem Prozess also, in dem sie Erkenntnis- und Handlungssubjekten zugänglich werden, und der Praxis ihrer Verwendung. Kant gibt uns hier eine *zweistufige* Erläuterung, der zufolge durch eine Art von Tätigkeit begriffliche Normen *instituiert* werden und diese Begriffe dann durch eine Tätigkeit anderer Art *angewandt* werden.[3] Zuerst erzeugen bzw. finden[4] wir mit einem reflektierenden Urteil (irgendwie) die bestimmte Regel, durch die ein empirischer Begriff gegliedert ist. Und erst dann lässt sich dieser Begriff in bestimmten Urteilen und Maximen anwenden, was jeweils die letztendlichen Themen von Kants ersten beiden Kritiken sind.[5] Recht grob gesagt hebt für Kant Erfahrung, also die Anwendung von Begriffen, erst damit an, dass wir Begriffe *auswählen*. Dem potentiell Erkennenden steht eine Unzahl unterschiedlicher bestimmter Regeln zur Verfügung, anhand deren er Repräsentationen zu einem Ganzen synthetisieren kann. Erfahrung macht es erforderlich, dass er eine Regel herausgreift und erprobt, ob sie ihm zur Verbindung der Mannigfaltigkeit vorgestellter Anschauungen dienen kann.

3 »Urteilskraft überhaupt ist das Vermögen, das Besondere als enthalten unter dem Allgemeinen zu denken. Ist das Allgemeine (die Regel, das Prinzip, das Gesetz) gegeben, so ist die Urteilskraft, welche das Besondere darunter subsumiert, […] *bestimmend*. Ist aber nur das Besondere gegeben, wozu sie das Allgemeine finden soll, so ist die Urteilskraft bloß *reflektierend*.« (Immanuel Kant, *Kritik der Urteilskraft*, Frankfurt/M. 1974, Erste Fassung der Einleitung, B XXVI f.; Hervorhebungen i. Orig.)

4 Angesichts der anderen Verpflichtungen Kants findet keiner dieser Ausdrücke uneingeschränkt Anwendung, was die Problematik der »dritten Kritik« begründet.

5 Nur die »letztendlichen« Themen, weil die Rolle der reinen Begriffe in ihrer Ermöglichung das nächstliegende Thema ist.

Wenn sie nicht ganz »passt« oder es nur erlaubt, einige der sich darbietenden Anschauungen zu synthetisieren, dann ist mit ihrer Auswahl ein Fehler begangen worden, und der potentiell Erkennende erprobt einen anderen, wenngleich verwandten, sich also mit der ersten Regel überschneidenden, bestimmten Begriff an ihrer Statt. Obgleich es somit in seiner Hand liegt, welchen Begriff er erprobt, liegt es nicht in seiner Hand, ob die versuchte Synthesis gemäß dieser Regel *Erfolg* hat. Die Ausübung unserer Spontanität ist durch das beschränkt, was uns in der Rezeptivität gegeben wird.[6]

Ob sich eine solche Erläuterung durchhalten lässt, hängt davon ab, dass für jede Regel zur Synthesis und jede Mannigfaltigkeit von Repräsentationen irgendwie festgelegt sein muss, ob diese Mannigfaltigkeit gemäß dieser Regel erfolgreich synthetisiert werden kann. Wir können dies die *Bedingung der vollständigen bzw. maximalen Bestimmtheit von Begriffen* nennen. Nur unter dieser Bedingung – nur wenn die empirischen Begriffe, welche aufgrund von Reflexionsurteilen zur Verfügung stehen, *vollständig* und *endgültig* bestimmt sind – können wir anhand der kantischen Erklärung die Anwendung von Begriffen als etwas begreifen, das durch das uns sinnlich Gegebene *beschränkt* ist; durch sie können wir dann verstehen, dass die Richtigkeit unserer Urteile durch die besonderen Gegenstände beschränkt wird, auf die wir das Allgemeine, also unsere bestimmten empirischen Begriffe, anzuwenden versuchen. Hegel möchte nun, dass wir die transzendentalen Bedingungen der Möglichkeit einer solchen Bestimmtheit von Begriffen kritisch untersuchen. Bei Kant findet er keine befriedigende Erklärung *dieser* entscheidenden Bedingung der Möglichkeit von Erfahrung.[7] Die Frage ist, wie wir

6 Ich werde weiter unten kurz andeuten, auf welche Weise Hegel zufolge die Unmittelbarkeit eine Autorität ausübt, die unsere Anwendung von Begriffen beschränkt, und wie dem Besonderen damit eine normativ bedeutsame Stimme verliehen wird, die mit der umgekehrten Autorität des vermittelnden Allgemeinen verhandeln muss. All dies wird nach Hegel ferner von denen verwaltet, die anderen bestimmt gehaltvolle begriffliche Verpflichtungen zuschreiben.

7 Man beachte in diesem Zusammenhang, dass die Berufung auf einen zeitlichen *Schematismus* der Begriffe keine wirkliche Antwort auf diese Herausforderung ist (ganz unabhängig von seiner Dunkelheit im Detail). Denn der Schematismus des Verstandes erklärt bestenfalls, wie ein Begriff auf eine jeweilige Anschauung Zugriff haben (Anwendung finden oder nicht finden) könnte. Die Frage bezüglich der Bestimmtheit ist jedoch vielmehr, was es für uns bedeutet, gerade dieses voll-

die Möglichkeit begreifen können, dass wir gerade die eine vollständig bestimmte Regel und nicht eine andere, leicht verschiedene zur Anwendung bringen bzw. bejahen und uns in dieser Weise auf sie verpflichten bzw. an sie binden. Dieses Problem ist mit demjenigen verwandt, das Kripke Wittgenstein zuschreibt.[8] Es geht darum, die Bedingungen zu verstehen, unter denen unsere begrifflichen Verpflichtungen, Verantwortungen und Pflichten bestimmt sein können. Ich möchte nicht näher darauf eingehen, worin meines Erachtens für Hegel die Unzulänglichkeiten der kantischen Antwort bestehen. Für meine Zwecke ist es hinreichend zu sagen, dass Hegel eine andere Herangehensweise wählt, um das Verhältnis von Instituierung und Anwendung begrifflicher Normen zu verstehen. Ich bin sogar der Meinung, dass Hegels Idealismus das Kernstück der Antwort ist, die er zu ebendiesem Punkt gibt. Hier können wir meines Erachtens am meisten von ihm lernen.[9]

Um Hegels Erklärung des Verhältnisses zwischen der Tätigkeit des Instituierens begrifflicher Normen und der Tätigkeit ihrer Anwendung in ihren Grundzügen zu verstehen, sollten wir so vorgehen, dass wir diese Erklärung mit einer späteren Bewegung in der philosophischen Ideengeschichte vergleichen, die ihr in wichtigen Hinsichten strukturell ähnlich ist. Carnap und die anderen logischen Positivisten bekräftigten ihre neo-kantischen Wurzeln,

ständig bestimmten Allgemeinen habhaft zu werden und nicht eines bloß nahe verwandten, das auf fast, aber eben nur fast, all dieselben besonderen Gegenstände Anwendung findet.

8 Vgl. Saul Kripke, *Wittgenstein über Regeln und Privatsprache. Eine elementare Darstellung*, Frankfurt/M. 2006. Ich sage nur »verwandt«, da Kripke Beschränkungen für dieses Problem einführt, die Hegel nicht teilen würde. Wir können berechtigterweise fragen, welcher Aspekt unserer *tatsächlichen* Anwendung von Begriffen in der Vergangenheit denn bestimmt, wie wir diese Begriffe in Zukunft anwenden *sollten*, d. h., welcher Aspekt bestimmt, wie wir uns selbst hierzu *verpflichtet* haben. Diese Frage zielt nämlich darauf, wie es der tatsächlichen Praxis der *Anwendung* gelingt, eher diese Norm als eine andere *zu instituieren*. Es gibt jedoch keinen legitimen Standpunkt, von dem aus wir berechtigt wären, unsere eigene Spezifikation dieser Praxis der Anwendung von Begriffen dahingehend einzuschränken, dass sie in einem *nichtnormativen* Vokabular angegeben werden muss, was Kripke aber implizit tut. Einen Ausdruck *richtig* oder *falsch* zu verwenden ist auch etwas, das wir *tatsächlich* tun.

9 Die Ursprünge dieser Denkweise über Hegels Probleme liegen in Robert Pippins bahnbrechendem Werk *Hegel's Idealism. The Satisfactions of Self-Consciousness*, Cambridge 1989.

indem sie Kants zweistufige Struktur übernahmen: *Zuerst* stipuliert man *Bedeutungsgehalte, danach* schreibt einem die Erfahrung vor, auf welche Weise sie eingesetzt werden müssen, um eine wahre *Theorie* zu liefern.[10] Die erste Tätigkeit ist gegenüber der Erfahrung systematisch vorgängig und von ihr unabhängig, die zweite dagegen durch sie beschränkt und von ihr abhängig. Wenn jemand die eigenen Bedeutungsgehalte auswählt, dann ist das nicht in der Weise empirisch beschränkt wie die Entscheidung, welche aus diesen Bedeutungsgehalten gebildeten Sätze von ihm bejaht bzw. geglaubt werden sollten. Quine verwirft diese scharfe Trennung Carnaps zwischen dem Entscheidungsprozess, welche Begriffe (Bedeutungsgehalte, Sprachen) zu verwenden, und dem Entscheidungsprozess, welche Urteile (Überzeugungen, Theorien) zu bejahen sind. Für Quine ist es eine Fantasterei, wenn man Bedeutungsgehalte als etwas freischwebend Fixiertes auffasst, das es unabhängig von und vor unseren Anwendungen dieser Bedeutungsgehalte gibt, durch die wir fallible Überzeugungen ausbilden, die sich für ihre Richtigkeit gegenüber der Beschaffenheit der Dinge verantworten. Verändern wir unsere Überzeugungen, so kann das auch unsere Bedeutungsgehalte verändern. Es gibt folglich nur eine einzige Praxis – die Praxis des tatsächlichen Fällens bestimmter Urteile. Die Teilnahme an dieser Praxis schließt die Festlegung unserer Bedeutungsgehalte und zugleich unserer Überzeugungen ein. Quines *Pragmatismus* besteht darin, dass er diese *monistische* Erklärung in Abgrenzung zu Carnaps zweistufiger Erklärung entwickelt. Wir dürfen die Praxis der Sprachverwendung nicht ausschließlich als eine *Anwendung* von Begriffen durch Verwendung sprachlicher Ausdrücke auffassen, sondern gleichermaßen und zugleich als ein *Instituieren* begrifflicher Normen, die bestimmen, was als eine richtige und was als falsche Verwendung sprachlicher Ausdrücke gelten würde. In der tatsächlichen *Verwendung* der Sprache werden die *Bedeutungsgehalte*

10 Es ist einer von vielen nichttrivialen Unterschieden, dass Carnap ein *globales* zweistufiges Bild vertritt, während dasjenige Kants nur *lokal* ist. Es deutet nach Kants Erklärung daher nichts darauf hin, dass die Möglichkeit besteht, zuerst *alle* reflektierenden Urteile zu fällen und erst dann damit zu beginnen, bestimmende Urteile zu fällen. Die strukturelle Ähnlichkeit zwischen beiden Positionen besteht allein in der gemeinsamen Verpflichtung darauf, dass es zwei deutlich verschiedene Arten von Akten sind, wenn wir Bedeutungsgehalte bzw. Begriffe verfügbar machen und wenn wir sie danach gebrauchen.

der verwendeten Ausdrücke festgelegt – und sie ist das einzige, das sie festlegen *kann.*[11]

Auch Hegel ist ein Pragmatist in diesem monistischen Sinne. Er arbeitet auf eine Konzeption der Erfahrung hin, in der nicht zwei Arten von Tätigkeit unterschieden werden – eine, in der Begriffe im (bestimmten) Urteilen und Handeln angewandt, und eine, in der diese Begriffe (durch »Reflexionsurteile«) instituiert bzw. entdeckt werden. Das empirische Urteilen und Handeln besteht Hegel zufolge nicht (wie für Kant oder Carnap) allein darin, dass Begriffe für die Anwendung *ausgewählt* werden oder ein voll ausgebildeter Begriff durch einen anderen ersetzt wird. Es besteht vielmehr auch in der *Änderung* und *Entwicklung* der Inhalte dieser Begriffe. Im Prozess des Anwendens von Begriffen entsteht begrifflicher Inhalt, also können wir den *bestimmten* Inhalt von Begriffen unabhängig von der *Bestimmung* dieses Inhalts, dem Prozess seines Bestimmtwerdens, nicht begreifen. Begriffe sind nichts Fixiertes oder Statisches. Ihr Inhalt ändert sich mit jedem einzelnen Fall, in dem sie in der Erfahrung angewandt werden oder nicht. Erfahrung setzt in jedem Schritt voraus, dass uns vorgängig die Begriffe zur Verfügung stehen, die in unseren Urteilen angewandt werden sollen, und in jedem solchen Schritt leitet sich der Inhalt dieser Begriffe von der Rolle her, die sie in der Erfahrung spielen.[12]

Hegel formuliert diesen systematischen Punkt oft anhand der Unterscheidung zwischen zwei Metabegriffen des Begrifflichen: VERNUNFT (seine gute, dynamische, aktive und lebendige Konzeption) und VERSTAND (die schlechte, statische, inaktive und tote Konzeption, die von Kant und allen anderen vertreten wird). Wer

11 Man beachte, dass damit noch überhaupt nichts über das Vokabular gesagt ist, in welchem der Theoretiker die Verwendung zu spezifizieren hat. Insbesondere ist der Fokus auf die *Verwendung* nicht das Gleiche wie der Fokus auf die *Verwendung, insofern sie in einem nichtnormativen Vokabular spezifiziert ist.*

12 Es ist mithin eine der fundamentalen Behauptungen Hegels, dass eine angemessene *dynamische* Erklärung des Verhältnisses von begrifflichen Inhalten und Erfahrung, also der Instituierung von Begriffen und ihrer Anwendung, die rationalistische und die empiristische Einsicht (dass wir den Inhalt empirischer Begriffe als etwas auffassen müssen, das aus Erfahrung gewonnen wird) miteinander versöhnen kann, wobei sowohl die Idee angeborener Inhalte als auch die Abstraktionstheorie zurückgewiesen wird. Diese *pragmatistische* Strategie blickt auf die *Entwicklung* von Begriffen aufgrund ihrer Verwendung in der Erfahrung – das heißt: in den Praktiken des Urteilens und Handelns.

Begriffe in den Kategorien des Verstandes denkt, behandelt sie als etwas Fixiertes und Statisches. Dies erlaubt Fortschritt allein in Bezug auf die Einteilung von Urteilen in wahre und falsche, in Bezug also auf die *Auswahl* eines von vornherein feststehenden Repertoires von Begriffen, die in einzelnen Fällen richtig angewandt werden. Hegel hingegen möchte Folgendes behaupten: Wenn wir den Prozess übersehen, in dem sich Begriffe *entwickeln* – aus welchen anderen Begriffen sie sich entwickeln und welche in ihnen liegende Kräfte im Zusammenspiel mit anderen Begriffen zu ihrer Änderung führen (was Hegel als ihre »Negativität« bezeichnet) –, dann bleibt uns zwangsläufig ihre Form des Inhalts unverständlich.[13]

8.3 Hegel über Selbste und Normen

In diesem Kapitel ist mein hauptsächliches Ziel, zu zeigen, wie die idealistische These, die ich zu Beginn ins Spiel gebracht habe, uns dabei hilft, die pragmatistische Strategie Hegels auszuarbeiten, um so Wesen und Ursprung der Bestimmtheit des Inhalts empirischer Begriffe zu verstehen. Diese idealistische These, man erinnere sich, besteht in der Behauptung, dass die Einheit und Struktur des Begriffs die gleiche sei wie die Einheit und Struktur des selbstbewussten Selbst. Einige der Stellen, an denen dieser zentrale hegelsche Gedanke am deutlichsten geäußert wird, finden sich in der *Wissenschaft der Logik*:

Es gehört zu den tiefsten und richtigsten Einsichten, die sich in der Kritik der Vernunft finden, daß die *Einheit*, die das *Wesen des Begriffs* ausmacht,

13 Indem wir anerkennen, dass jeder Begriff, der in einem empirischen Urteil tatsächlich angewandt wurde, lediglich ein mehr oder weniger adäquater Ausdruck der impliziten Gliederung der Dinge ist, gestehen wir ein, dass kein bestimmtes Urteil uneingeschränkt als wahr betrachtet werden sollte. (Nach Hegel verhält es sich mit den Begriffen der Logik anders, deren spezifische expressive Aufgabe darin besteht, jenen Prozess explizit zu machen, in dem das System von bestimmten Begriffen und Urteilen – *der* Begriff – fortschreitet und sich entwickelt.) Wenn wir somit das Urteil als Erkenntniseinheit betrachten (wie es Kant tut, da es die kleinste Einheit von *Verantwortung* im Erkennen ist), verpflichten wir uns bereits auf eine unhaltbare Auffassung vom Wesen der Bestimmtheit begrifflichen Inhalts.

als die *ursprünglich-synthetische* Einheit der *Apperzeption*, als Einheit des *»Ich denke«* oder des Selbstbewußtseins erkannt wird.[14]

Hiernach rechtfertigt es sich durch einen Hauptsatz der Kantischen Philosophie, daß, um das zu erkennen, was der *Begriff* sei, an die Natur des Ich erinnert wird. Umgekehrt aber ist hierzu notwendig, den *Begriff* des *Ich* aufgefaßt zu haben [...].[15]

Als Nächstes möchte ich Hegels Idee von der Einheit und Struktur skizzieren, welche für das selbstbewusste Selbst charakteristisch ist – die feststehende Seite der idealistischen Analogie, anhand deren wir lernen sollen, die Einheit und Struktur von Begriffen zu verstehen, einschließlich derjenigen *des Begriffs* (von welchem die zitierte Passage offiziell handelt).

Von Kant übernimmt Hegel die fundamentale Idee, dass wir, wenn wir etwas als ein Selbst bezeichnen bzw. es als ein »Ich« behandeln, ihm gegenüber eine wesentlich *normative* Einstellung ausbilden. Wir behandeln es als einen Träger von *Verpflichtungen*, also als etwas, das *verantwortlich* sein kann – als ein potentielles Erkenntnis- und Handlungssubjekt. Die Frage ist dann aber, wie wir das Wesen der normativen Einstellungen und Status verstehen sollen, die einen *Jemand* von einem *Etwas* unterscheiden. Eine der grundlegendsten Ideen Hegels ist die, dass wir normative Status wie etwa verpflichtet bzw. verantwortlich zu sein – mithin Erkenntnis- und Handlungsfähigkeit – als *soziale* Errungenschaften auffassen müssen. Normative Status sind eine Art sozialer Status. Kant meinte, Normativität könnte allein unter Berufung auf etwas jenseits bzw. hinter unserer empirischen Tätigkeit verständlich gemacht werden. Hegel dagegen begreift die transzendentale Konstitution allgemein als eine soziale Institution.[16]

Hegel nennt diejenige praktische Einstellung »Anerkennung«, in der wir etwas so betrachten bzw. behandeln, dass es dazu imstan-

14 Georg Wilhelm Friedrich Hegel, *Wissenschaft der Logik*, Frankfurt/M. 1986 (hiernach *WL*), Bd. II, S. 254. (Hervorhebungen i. Orig.)

15 Ebd., S. 255. (Letzte Hervorhebung von mir, R. B.; sonst so i. Orig.)

16 Diese Wendung stammt aus John Haugeland, »Heidegger on Being a Person«, in: *Nous* 16.1 (1982), S. 18. Freilich ist auch die soziale Instituierung nicht frei von Beschränkungen. Die Geschichte der früheren Anwendungen eines Begriffs – einschließlich derjenigen, die unmittelbar von dem Besonderen, auf das sie angewandt werden, ausgelöst wird – übt eine entscheidende Autorität gegenüber einer solchen Instituierung aus, wie wir sehen werden.

de ist, Verpflichtungen einzugehen und für seine Akte Verantwortung zu übernehmen. Verpflichtung und Verantwortung werden hier als etwas aufgefasst, das *begrifflich* gegliedert ist, so dass zumindest ein Teil der Verpflichtung und Verantwortung sich darauf bezieht, *Gründe* für sie angeben zu können. Der Kerngedanke, der Hegels soziales Verständnis des Selbst strukturiert, besagt, dass Selbste durch *wechselseitige Anerkennung* synthetisiert werden. Ein Selbst zu sein – ein Sitz begrifflicher Verpflichtung und Verantwortung – bedeutet demnach, von jenen als ein jemand betrachtet bzw. behandelt zu werden, die man selbst als einen jemand betrachtet bzw. behandelt. Es bedeutet, von jenen anerkannt zu werden, die man selbst anerkennt. Rein *biologische* Wesen sind Träger und Gegenstand von Trieben und werden erst zu *geistigen* Wesen, die Verpflichtungen eingehen (und zuschreiben), wenn sie Träger und Gegenstand von anerkennenden Einstellungen sind. Gleichzeitig und auf dieselbe Weise, wie *Selbste* in diesem normativen Sinne synthetisiert werden, werden auch *Gemeinschaften* synthetisiert als strukturierte Ganzheiten von Selbsten, die einander gegenseitig anerkennen.[17] Sowohl bei Selbsten als auch ihren Gemeinschaften handelt es sich um normative Strukturen, die durch gegenseitige Anerkennung instituiert werden.

Dies ist eine *soziale* Theorie des Selbst. Denn Selbste und Gemeinschaften werden in ihr als Produkte desselben Prozesses, Momente derselben Struktur aufgefasst. Aber sie ist auch in einem noch gewichtigeren Sinne eine soziale Theorie. Ein Selbst in diesem Sinne zu sein ist nämlich nichts, was wir auf uns allein gestellt erreichen können. Nur ein Teil von dem, was hierzu nötig ist, liegt in der Macht desjenigen, der ein Selbst werden kann. Es liegt in der Hand des Individuums, wen es anerkennt. Aber es liegt nicht in der Hand des Individuums, ob die Individuen, die es ursprünglich anerkannt hat, es ihrerseits anerkennen. Erst wenn diese »Bewegung« abgeschlossen ist, hat sich ein Selbst konstituiert. Meines Erachtens tritt diese Struktur am deutlichsten hervor, wenn wir *spezifische* Anerkennungen betrachten, das heißt Zuschreibungen eines spezifischen normativen Status, und nicht bloß den Umstand, dass jemand überhaupt als Träger eines normativen Status behandelt wird (als Träger irgendwelcher Verantwortungen oder Berechtigungen,

17 Für Hegel ist die wahre allgemeine Anerkennung eine Äquivalenzbeziehung: symmetrisch, reflexiv und transitiv. Vgl. hierzu Kap. 2.

Verpflichtungen oder Autoritäten) – was eine *allgemeine* Anerkennung ist.

Beispielsweise liegt es in meiner Hand, wen ich als einen guten Schachspieler anerkenne. Ich kann mich darauf festlegen, jeden beliebigen Möchtegern anzuerkennen, der es schafft, eine Partie ordnungsgemäß durchzuspielen, oder ich kann meine Maßstäbe so hoch anlegen, dass nur noch Großmeister durchgehen. Es liegt jedoch nicht in meiner Hand (jedenfalls nicht im gleichen Sinne), ob diejenigen, die ich als gute Schachspieler anerkenne, auch mich als guten Schachspieler anerkennen. Wenn ich meine Messlatte nur niedrig genug hänge, ist es leicht für mich, als ein solcher durchzugehen. Wenn aber meine Ambitionen, was für ein Selbst ich sein und als was für eines ich somit anerkannt werden möchte, größer sind, dann wird es für mich entsprechend schwerer, die Anerkennung derer zu ernten, die ich anerkenne. Diese Beschreibung, was einen guten Schachspieler in den verschiedenen Bedeutungen dieses Ausdrucks ausmacht – und noch allgemeiner die Beschreibung, was den Träger irgendeines normativen Status ausmacht –, verleiht einem Anwärter eine Form von *Autorität*, nämlich die Autorität, eine Gemeinschaft zu konstituieren, indem er Individuen als deren Mitglieder anerkennt. Indem er dies tut, tritt er aber eine andere Form von Autorität an jene ab, die so von ihm anerkannt sind, nämlich die Autorität, zu bestimmen, ob der Anwärter selbst als Mitglied jener Gemeinschaft durchgeht, die anhand derjenigen Maßstäbe konstituiert wurde, denen sich die Anerkannten selbst unterworfen haben. Einen so verstandenen normativen Status zu besitzen ist eine wesentlich soziale Leistung, an der sowohl das individuelle Selbst als auch die Gemeinschaft ihren Anteil haben müssen. Und beide, sowohl das Selbst als auch die Gemeinschaft, erlangen als solche ihren jeweiligen Status nur als Ergebnis der erfolgreichen gegenseitigen Anerkennung.

Wenn wir folglich im hegelschen Sinne über die Einheit und Struktur des »Ich« bzw. des selbstbewussten *Selbst* sprechen, dann sprechen wir über eine Einheit und Struktur, die durch diesen Prozess gegenseitiger Anerkennung hervorgebracht wird – einen Prozess, in dem normative Gemeinschaften und Gemeinschaftsmitglieder zugleich instituiert werden. Dies soll der idealistischen These zufolge als ein Modell dienen, anhand dessen wir die Einheit und Struktur von *Begriffen* verständlich machen können. Hier gebe ich lediglich einen Hinweis, dem wir später weiter nachgehen werden: Indem ich andere anerkenne, instituiere ich faktisch eine Gemeinschaft – ein *Allgemeines* (*universal*), das all jenen anderen und, wenn alles gut geht, auch mir gemeinsam ist. Erkennen diese anderen mich wiederum an, so werde ich dadurch als etwas konstituiert, das mehr ist als jener besondere Gegenstand (*particular*), der ich zu Beginn war. Ich werde ein *Einzelnes* (*individual*), ein einzelnes Selbst, das heißt dieses *Besondere*, dieser besondere Organismus, *als* Mitglied der Gemeinschaft, die mich nun als dieses Allgemeine charakterisiert. Das (anerkennende) Besondere übt dementsprechend eine gewisse Form von Autorität gegenüber dem Allgemeinen aus und dann das Allgemeine auch eine gewisse Form von Autorität gegenüber dem Einzelnen. Auf dieser Abstraktionsstufe ungefähr stoßen wir auf eine Struktur, die sich in der sozialen Instituierung von Selbsten und Gemeinschaften durch gegenseitige Anerkennung ebenso findet wie in der Beziehung zwischen Begriffen als etwas Allgemeinem und den unter sie fallenden besonderen Gegenständen, die gemeinsam das charakterisierte Einzelne (das Besondere, *insofern* es unter Allgemeines fällt) ergeben, welches im Urteil vorgestellt wird.

Wir können die Schlagkraft dieses idealistischen Gedankengangs meines Erachtens dadurch ermessen, dass wir ihn in der Tradition des Nachdenkens über das Wesen der Normativität verorten, aus der er hervorgegangen ist. Die Konzeptionen des Normativen, die von der Aufklärung entwickelt wurden, sind dadurch gekennzeichnet, dass normative *Einstellungen* in ihnen für das Instituieren normativer *Status* eine wesentliche Rolle spielen. Verpflichtungen und Verantwortung werden als Dinge angesehen, die in eine entzauberte natürliche Welt eintreten, welche zuvor von ihnen frei war; sie werden durch menschliche Einstellungen hervorgebracht, indem sie akzeptiert, bejaht, eingegangen oder zugeschrieben werden. (Paradebeispiele hierfür sind Hobbes' und Lockes Theorien eines Gesellschaftsvertrags, der die Grundlage legitimer politischer Autorität bereitstellen soll.) In Kants Spielart dieses Gedankens, die er aus seiner Lektüre Rousseaus heraus entwickelt, besteht der Unterschied zwischen Gewalt, Zwang bzw. bloßer *Beschränkung* einerseits und legitimer *Autorität* mir gegenüber andererseits darin, dass Letztere davon abhängt, dass ich diese Autorität *als* mich bindend *bejahe* bzw. *akzeptiere*. Wir können diese Art und Weise, eine Form von Normativität abzugrenzen, als *Autonomiethese* bezeichnen. Diese These bildet die Grundlage von Kants Unterscheidung zwischen dem Reich der Natur, dessen Bewohner an Regeln in Form von Naturgesetzen gebunden sind, und dem Reich der Freiheit, dessen Bewohner im Gegensatz dazu durch ihre *Vorstellungen* von Regeln gebunden sind, das heißt durch solche Regeln, die für sie allein dadurch bindend sind, dass sie selbst diese als bindend *akzeptieren*.

In diesem spezifischen Sinne erlangen Regeln allein aufgrund unserer Einstellungen ihre normative Kraft und können so schließlich unsere Akte leiten. Wir sind nur für das wirklich verantwortlich, wofür wir Verantwortung *übernehmen*, und wir sind nur auf das wirklich verpflichtet, worauf wir uns verpflichtet haben. Ein *Selbst*, das heißt ein Erkenntnis- und Handlungssubjekt zu sein bedeutet nach Kants innovativer normativer Einsicht, Verantwortung für das eigene Tun zu übernehmen, also Verpflichtungen eingehen und akzeptieren zu können. Es bedeutet, durch Normen gebunden zu sein. Der Autonomiethese zufolge sind wir strenggenommen nur durch solche Regeln und Normen gebunden, die wir selbst aufstellen bzw. bejaht haben. Das, was sie bindend *macht*, ist der Umstand, dass wir sie als bindend *betrachten*. Es ist allerdings eine heikle Angelegenheit, solch eine Auffassung zu vertreten. Denn es kann sich die Frage aufdrängen, wie denn mein Tun als etwas gelten kann, durch das ich mich *binde*, wenn ich *selbst* es bin, der mich bindet. Wenn alles richtig *ist*, was ich *als* richtig anerkenne – als einer Pflicht nachkommend, die ich übernommen habe –, inwiefern lässt sich dann das, was ich getan habe, überhaupt noch als eine Selbst-*Bindung* verstehen? (Man vergleiche hiermit Wittgensteins Behauptung, dass es keinen Unterschied zwischen Richtig und Falsch geben kann, wenn alles Mögliche schon deswegen richtig *ist*, weil es mir als richtig *erscheint*.)

Die Autonomiethese besagt, dass wir nur auf das verpflichtet *sind*, worauf wir uns jeweils selbst verpflichtet *haben*. Dies darf aber nicht in die Behauptung umschlagen, man sei auf genau das verpflichtet, worauf man sich als verpflichtet betrachtet. So liefen wir nämlich Gefahr, den Begriff VERPFLICHTUNG inhaltlich zu entleeren, so dass er als solcher unkenntlich wird. Die Autorität des sich selbst bindenden Subjekts verfügt über die *Kraft*, die einer Regel zukommt; es ist somit das Bejaht-Werden durch das Individuum, welches die jeweilige Regel zu einer Regel für dieses Individuum, das heißt für es bindend macht. Wir dürfen diese Autorität jedoch nicht so auffassen, als erstrecke sie sich auch auf den *Inhalt* der Regel, also darauf, was gemäß der bejahten Regel richtig ist und was nicht. Wenn dem nämlich so wäre, dann hätten wir uns durch unsere je eigene Bejahung in Wirklichkeit an überhaupt keine Regel bzw. Norm *gebunden*. Die gewählte Regel bzw. das gewählte Gesetz, an das ich mich durch Anwendung eines Begriffs binde, muss eine gewisse Unabhängigkeit von meiner Wahl desselben haben. Nur so können beide Seiten des Autonomiegedankens, dem zufolge wir uns einem Gesetz *unterwerfen*, indem wir uns als ihm unterworfen *betrachten*, für uns einen Sinn haben.[18] Für jeden Theoretiker, der sich auf die Position verpflichtet hat, welche ich »semantischen Pragmatismus« genannt habe, ist es eine besondere Herausforderung, die *Akte*, in denen wir uns selbst durch das Anwenden eines Begriffs binden, hinreichend vom *Inhalt* der dadurch instituierten Verpflichtung unterschieden zu halten. Denn der semantische Pragmatismus besteht gerade in der Auffassung, dass dasjenige, was wir im Anwenden von Begriffen tun – nämlich Verpflichtungen eingehen –, die Inhalte derselben bestimmt.[19]

Es ist hoffentlich klar, dass es sich bei diesem Problem um eine Spielart der Frage handelt, die in meiner obigen Darstellung Hegel bezüglich der *Bestimmtheit* der von uns angewandten Begriffsinhalte aufwirft. Verfüge ich über eine Regel (eine von vielen) mit einem bestimmten Inhalt, insofern für jeden besonderen Gegenstand bereits festgelegt ist, ob er unter sie fällt oder nicht (ob das Anwenden des Begriffs auf ihn *richtig* wäre oder nicht), so kann ich mich selbst binden, indem ich den Begriff anwende. Denn der Begriff legt fest, wozu ich mich verpflichte. Bei Kant bleibt es Hegel zufolge aber rätselhaft, wie ich zu solchen bestimmten Begriffen, Regeln oder Normen Zugang haben kann. In der Tat nimmt Kant lediglich an,

18 Vgl. hierzu oben, Kap. 2. Die Diskussion des »Gesetzes des Herzens« in der *Phänomenologie* ist einer der Orte, an denen diese Frage nach den Bedingungen der Möglichkeit, sich selbst bestimmt zu binden, untersucht wird.

19 Es wäre somit falsch zu behaupten, dass die Anwendung und die Instituierung von bestimmt gehaltvollen Begriffen strikt identisch sind – also etwas zu sagen wie: ihr Bedeutungsgehalt sei ihre Verwendung. Es ist unerlässlich, dass wir die Identität, um welche es hier (aus Sicht des Pragmatisten) eigentlich geht, als eine solche erkennen, die Hegel »spekulative« Identität nennt – eine Identität, die wesentlich einen Unterschied in sich aufnimmt.

dass es solche Dinge geben kann. Hegel hingegen meint, dass ein strenger kritischer Denker untersuchen sollte, was die Bedingungen der Möglichkeit solcher Bestimmtheit sind.

Hegels Idee ist, dass die Bestimmtheit des Inhalts dessen, worauf ich mich verpflichtet habe – der Teil, welcher *nicht* in der gleichen Hinsicht in meiner Hand liegt wie die Entscheidung, *ob* ich mich auf ihn verpflichte oder nicht –, durch die Einstellungen *anderer* sichergestellt wird, denen ich zumindest implizit diese Autorität zugestanden habe.[20] Die Normen von jemand anderem *verwalten* zu lassen ist nach Hegel die einzige Möglichkeit, um den erforderlichen Abstand zu meiner Akzeptanz (meinen Einstellungen, welche die Norm für mich eigentlich erst bindend machen) zu erlangen, während die Form von Autorität gegenüber meinen Verpflichtungen bestehen bleibt, auf welcher die Tradition von Rousseau und Kant beharrt. *Ich* verpflichte mich, aber *sie* ziehen mich dann dafür zur Verantwortung. Um verpflichtet zu *sein*, muss ich eine Verpflichtung *akzeptiert* haben, und andere müssen sie mir *zuschreiben*. Nur auf diese Weise wird wirklich eine gehaltvolle Verpflichtung instituiert. Nur so kann ich wirklich als jemand verstanden werden, der sich selbst *gebunden* hat. Aus diesem Grund hängt letztendlich die Möglichkeit *meiner* Freiheit (im normativen Sinne der Autonomiethese: die Möglichkeit meiner Fähigkeit, mich selbst zu verpflichten bzw. durch Normen zu binden) von *anderen* ab. Hegel vertritt somit die scheinbar paradoxe Auffassung, welcher zufolge die Möglichkeit meiner Autonomie davon abhängt, dass andere mir gegenüber gewisse Einstellungen ausbilden. Aber das Paradox ist eben nur ein scheinbares: Autonomie schlägt in dieser Konzeption nicht in Heteronomie um.

Der Umstand, auf einen eindeutigen Inhalt verpflichtet zu sein, ist nach Hegels Meinung nur im Zusammenhang einer Arbeitsteilung verständlich, in der derjenige, der die Verpflichtung ein-

20 Obgleich mit dieser Behauptung, dass die Bestimmtheit von anderen »sichergestellt« wird, nicht gemeint ist, dass der Inhalt vollständig von ihnen *bestimmt* wird. Wir werden weiter unten sehen, dass die Autorität des Besonderen (*particularity*), welche in unmittelbaren Urteilen zur Geltung kommt, die Gemeinschaft in den zwei anderen Anerkennungsdimensionen (der inferentiellen und der geschichtlichen) beschränkt. Das Besondere macht somit ein wesentliches Element des Inhalts aus, der von den anderen verwaltet wird, des Inhalts also jener Normen, die umgekehrt auch ihnen gegenüber Autorität haben.

geht, von denen verschieden ist, welche ihm diese Verpflichtung zuschreiben und ihn zur Verantwortung ziehen. Ich kann entscheiden, mit welcher Figur ich in einem Spiel einen Zug mache – etwa mit ›Dieses Metall ist Molybdän‹ oder ›Ich verspreche, Sie morgen früh zum Flughafen zu fahren‹ –, aber ich kann nicht entscheiden, *worauf* ich mich dadurch verpflichtet habe, welche weiteren Züge für jemanden angemessen oder obligatorisch sind, der mit dieser Figur gezogen hat. Meine Autorität ist wirklich, aber nur partiell. Und das Gleiche lässt sich von den anderen sagen, die mit mir das Spiel spielen und gleichzeitig auch als Schiedsrichter fungieren. Denn darüber, welche Verpflichtungen ich akzeptiere, haben sie keine Autorität. Ihre Autorität erstreckt sich allein auf die Verwaltung jener Verpflichtungen, also darauf, mich für eine Verpflichtung mit bestimmtem Inhalt zur Verantwortung zu ziehen, der gegenüber sie nicht minder verantwortlich sind als ich. (Man denke hier vergleichsweise an die legislativen und judikativen Funktionen von Regierungen.) Ich habe, wie Hegel meint, eine gewisse *Unabhängigkeit* in Hinblick darauf, welche Verpflichtungen ich mir zu eigen mache. Jenseits meiner Akzeptanz haben sie mir gegenüber keine normative Kraft. Indem ich aber diese Unabhängigkeit ausübe, bin ich gleichzeitig von den Einstellungen anderer *abhängig*, die mir diese Verpflichtung zuschreiben, mich für sie zur Verantwortung ziehen und auf diesem Wege ihren Inhalt verwalten. Umgekehrt sind die anderen auch von meiner Anerkennung abhängig und zeigen ein entsprechendes Moment von Unabhängigkeit in ihren Einstellungen, mit denen sie mir Verpflichtungen und Verantwortungen zuschreiben und diese bewerten. Für Hegel ist mit den Ausdrücken ›Abhängigkeit‹ und ›Unabhängigkeit‹ stets *normative* Abhängigkeit und Unabhängigkeit gemeint. In der Tat sind sie Ausdrücke, mit denen wir über *Autorität* und *Verantwortung* reden.[21]

21 Wenn *X* eine Form von Autorität gegenüber *Y* hat, dann ist *Y* insoweit gegenüber *X* verantwortlich. So aber, wie Hegel Rousseaus und Kants Auffassung von Autonomie als dem Wesen normativer Verbindlichkeit bzw. Gültigkeit bearbeitet, besteht hier folgendes Erfordernis: Wenn *X* eine Form von Autorität gegenüber *Y* hat, dann hat *X* auch eine Form von Verantwortung gegenüber *Y*, d.h., *Y* hat umgekehrt Autorität gegenüber *X*. Diese Behauptung bezieht sich auf den Wesenskern von Autorität und Verantwortung und damit auf das Wesen des Normativen überhaupt. Wenn wir auf eine Position stoßen, die auf die Kohärenz der Behauptung verpflichtet ist, dass *X* Autorität gegenüber *Y* haben kann (dual: *Y*

Der tatsächliche *Inhalt* einer Verpflichtung, die jemand durch die Anwendung eines Begriffs (paradigmatisch durch die Verwendung eines Worts) eingeht, wird durch einen Prozess des *Aushandelns* hervorgebracht, welcher die wechselseitigen Einstellungen und die wechselseitige Autorität sowohl derer einbezieht, die die Verpflichtung *zuschreiben,* als auch desjenigen, der sie *akzeptiert.*[22] Was der Inhalt der eigenen Behauptung bzw. Handlung *an sich* ist,

Verantwortung gegenüber *X*), ohne dass dies durch die umgekehrte Autorität von *Y* gegenüber *X* (dual: *X* Verantwortung gegenüber *Y*) ausgeglichen wird, dann zeugt dies von einem Denken, das in dem metabegrifflichen Rahmen verharrt, welchen Hegel »Verstand« nennt. Dieses Denken vermag nicht zu dem metabegrifflichen Rahmen vorzudringen, den er »Vernunft« nennt. Es scheitert mithin an dem kategorial-begrifflichen Schritt von der *Unabhängigkeit* zur *Freiheit* im Sinne der *Autonomie* – dem Schritt zum Gebundensein durch ebenjene Normen, an die man sich *selbst* gebunden hat.

Wenn wir Verpflichtungen und andere normative Status als etwas analysieren, das durch Einstellungen in Form von sowohl Akzeptanz als auch Zuschreibung instituiert wird (zweier Formen von Unabhängigkeit und Autorität und zweier entsprechender Formen von Abhängigkeit und Verantwortung), berufen wir uns auf die Idee gegenseitiger Anerkennung. Die hier relevante Anerkennung ist jedoch *spezifisch,* nicht *allgemein.* Jemanden im allgemeinen Sinne anzuerkennen bedeutet, ihn als ein normatives Subjekt von Verpflichtungen und Verantwortungen zu betrachten, was auf dem Wege der Zuschreibung spezifischer Verpflichtungen und Verantwortungen geschieht. Anerkennung im Allgemeinen ist also eine abstrakte Idee davon, was allen Instanzen spezifischer Anerkennung gemeinsam ist. Um ein Selbst zu sein, müssen wir einige tatsächliche, spezifische Verpflichtungen und Verantwortungen haben. Anerkennung im Allgemeinen ist nur eine abstrakte Weise über das zu reden, was allen spezifischen Anerkennungen gemeinsam ist. Wir können jemanden nicht *einfach nur* anerkennen. Jemanden anzuerkennen bedeutet immer, ihm einige spezifische Verpflichtungen und Verantwortungen zuzuschreiben – wenn auch vielleicht in unterschiedlichen Fällen verschiedene. Das ist der Grund, warum es *tatsächliche* gegenseitige Anerkennung geben muss, damit ich in einem normativen Sinne ein Selbst *sein* kann.

22 Die Rede vom *Aushandeln* wird vielen als viel zu friedfertige Darstellung dessen erscheinen, was Hegel als eine Form des Kampfes und der Konfrontation inkonsistenter Forderungen schildert. Obgleich wir aber diesen Punkt hier nicht weiterverfolgen können, gibt es meines Erachtens gute Gründe dafür, die von Hegel so geschätzte martialische und kompromisslose Sprache an dieser Stelle als irreführend zu betrachten. Es gibt für ihn nichts, das »absolut anders« wäre – auch keine Behauptungen oder Begriffe, die schlechthin inkonsistent wären. Es sind vielmehr immer nur materiale Unvereinbarkeiten des Inhalts (anstatt formale Inkonsistenzen), deren Konfrontation miteinander uns zu einer Änderung von Verpflichtungen verpflichtet.

ergibt sich sowohl daraus, was er *für* die anderen, als auch daraus, was er *für* einen selbst ist. Die Erklärung, die Hegel von diesem Prozess des normativen Aushandelns gibt, in dem sich verschiedene Autoritäten gegenseitig beschränken und auf diese Weise bestimmte begriffliche Inhalte instituiert und angewandt werden, erachte ich als seinen wichtigsten philosophischen Beitrag – zumindest im Rahmen unserer heutigen Interessen. Diesen Prozess des Aushandelns konkurrierender normativer Ansprüche nennt Hegel »Erfahrung«. Wenn wir explizit machen, was in diesem Prozess implizit enthalten ist, dann machen wir deutlich, in welchem Verhältnis die *Instituierung* begrifflicher Normen zu ihrer *tatsächlichen Anwendung* steht, welche wir im Akzeptieren, Zuschreiben und Bewerten spezifischer, begrifflich gegliederter Verpflichtungen im Urteilen und Handeln vollziehen. Dieses Verhältnis ist es, das Hegel in seiner einstufigen, einheitlich monistischen Idee der Erfahrung ausbuchstabiert. Die Ausrichtung auf eine solche Idee – in Kontrast zu einem zweistufigen, sich verzweigenden Ansatz wie bei Kant und Carnap – teilt Hegel meines Erachtens mit Quine. Auch für dieses Verhältnis soll uns die Idee gegenseitiger Anerkennung ein Modell liefern. Die von uns betrachtete idealistische These besagt, dass Begriffe in der gleichen Weise instituiert werden und mithin die gleiche Einheit und Struktur aufweisen wie selbstbewusste Selbste.

8.4 Selbste und Begriffe

Hegel fasst den Geist – das Reich des Normativen – als etwas auf, das durch Prozesse der wechselseitigen Anerkennung, durch die zugleich selbstbewusste Selbste und Gemeinschaften instituiert werden, hervorgebracht und erhalten wird. In meiner bisherigen Darstellung ist diese Ansicht durch das folgende Problem motiviert: Wie können wir *Autonomie* so begreifen, dass sie mit der Bestimmtheit begrifflicher Inhalte vereinbar ist, wenn wir zugleich annehmen (worauf der Pragmatismus grundlegend verpflichtet ist), dass diese begrifflichen Inhalte in demselben Prozess der Erfahrung *instituiert* werden, in dem wir sie auch *anwenden*? Ich habe nahegelegt, dass Hegel zufolge die Grenzen dessen, worauf wir uns durch die Verwendung eines einzelnen Begriffs verpflichten und worauf nicht (sowie was richtige Anwendungen desselben sind und was nicht), in einem Prozess des *Aushandelns* von Anwendungseinstellungen und -bewertungen bestimmt werden.[23]

Betrachten wir diese Motivation für die Strategie, *Selbste* – Träger von bestimmt gehaltvollen Verpflichtungen und Verantwortungen, Wesen, die Begriffe verwenden, mithin Erfahrungs-, Erkenntnis- und Handlungssubjekte – vom Gedanken wechselseitiger Anerkennung her zu verstehen, so erklärt uns das, warum wir den Prozess gegenseitiger spezifischer Anerkennung als den *Kontext* betrachten sollten, in dem sowohl Begriffe angewandt als auch ihre Inhalte instituiert und bestimmt werden. Es erklärt uns aber noch nicht eingehend, warum wir die Einheit und Struktur, welche Selbsten und Gemeinschaften aufgrund ihrer Instituierung durch gegenseitige Anerkennung verliehen wird, so auffassen sollten, dass es uns ein *Modell* für Begriffe liefert, also zur Erklärung *ihrer* Einheit und Struktur. Der Prozess gegenseitiger Anerkennung, mithin die Einheit und Struktur des Selbst, liefert uns deshalb nicht nur den *Kontext*, sondern zugleich das *Modell* für die Instituierung und Anwendung begrifflicher Normen, da er nicht bloß ein Beispiel

23 Diese argumentative Struktur ist vielen Lesern Hegels nicht deutlich geworden, und ein Grund hierfür liegt meines Erachtens in der Ordnung der Darstellung, die er in der *Phänomenologie* wählt. Denn Hegel beginnt (im Abschnitt »Selbstbewußtsein«) damit, eine Idee der *allgemeinen* Anerkennung einzuführen, der zufolge jemand allgemein als ein normativer Träger von Verpflichtungen und Verantwortungen betrachtet bzw. behandelt wird. Er macht den wesentlich sozialen Charakter der Anerkennung geltend und untersucht einige Folgen, die sich aus dem Verkennen ihrer wesentlich *wechselseitigen* Struktur ergeben, durch die allein wir die Idee normativer Status begreifen können. Der Inhalt des Begriffs tritt aber erst später wirklich in Erscheinung (im Abschnitt »Vernunft«), wenn Hegel *spezifische* Anerkennung diskutiert, also die Akzeptanz und Zuschreibung von jenen spezifischen, bestimmten Verpflichtungen und Verantwortungen, die sich aus der Verwendung einzelner, bestimmt gehaltvoller Begriffe im Urteilen und Handeln ergeben. Erst von dieser Warte aus (am Ende der Diskussion in »Vernunft«) können wir im Rückblick die allgemeine Anerkennung als Abstraktion der spezifischen erkennen – als das, was alle spezifischen Einstellungen der Anerkennung (die einzigen tatsächlichen) gemeinsam haben. Und auf genau dieser Ebene muss die Erklärung motiviert werden, dass die Anerkennung wesentlich eine soziale und gegenseitige ist. Deshalb können wir die soziale Dimension der Anerkennung, mit der ich meine Darstellung begonnen habe, jenseits der inferentiellen und der geschichtlichen Dimension letztendlich nicht im vollen Umfang begreifen. Denn ohne diese Dimensionen können wir auch die bestimmt gehaltvollen begrifflichen Verpflichtungen nicht begreifen, die in spezifischen Anerkennungseinstellungen zugeschrieben werden.

dafür ist, wie Normen aufgrund gegenseitiger Autorität (wechselseitig voneinander abhängiger Momente) erzeugt werden. *Wo auch immer* wir eine *Norm* tatsächlich ausmachen können, *muss* es verschiedene Zentren gegenseitiger Autorität und einen Prozess der Aushandlung geben. Denn hierin besteht Hegel zufolge das Wesen des Normativen als solchen. Dies ist folglich der *einzige* Weg, auf dem gemäß der Konzeption des Normativen, welche in der Autonomiethese enthalten ist, bestimmte Inhalte mit normativer Kraft verbunden werden können. Wir können die Verpflichtung, die jemand durch Anwenden eines Begriffs im Urteilen oder Handeln eingeht, nur dann als bestimmt gehaltvoll auffassen, wenn sie von anderen *verwaltet* wird, die von demjenigen, dessen Verpflichtung es ist, verschieden sind. Indem wir eine solche Verpflichtung akzeptieren, erkennen wir somit zumindest implizit die Autorität anderer über den Inhalt an, auf den wir uns selbst verpflichtet haben.[24]

Wie aber genau sieht die Einheit und Struktur von Begriffen aus, wenn wir sie auf der Grundlage des Modells der gegenseitigen Anerkennung von Selbsten begreifen? Wie Kant fasst auch Hegel *alle* Normen als *begriffliche* Normen auf. Über Normen oder über Begriffe zu reden sind für ihn zwei alternative Möglichkeiten der Behandlung eines einzigen gemeinsamen und grundlegenden Phänomens. Als Erstes müssen wir beachten, dass Hegel Begriffe, also die Inhalte von Normen, als wesentlich *inferentiell* gegliedert auffasst.[25]

24 Es liegt in meiner Hand, sowohl welchen Begriff ich im Urteilen oder Handeln anwende als auch wer die Autorität hat, ihn zu verwalten. Damit wir jedoch eine Norm als *bindend* verstehen können, also als eine, die genuine normative *Kraft* besitzt, müssen wir das Moment der Unabhängigkeit (Autorität), das von demjenigen ausgeübt wird, für den sie (kraft seiner Akzeptanz dieses normativen Status) bindend ist, so auffassen, dass es durch ein Moment der Abhängigkeit von (Verantwortung gegenüber) jenen ausgeglichen wird, welche die Norm zuschreiben und bewerten. Und wir werden noch sehen, dass dies nicht das einzige Moment normativer Abhängigkeit ist, das hier eine Rolle spielt. Diejenigen, welche die Verpflichtung zuschreiben und bewerten, haben ebenfalls auch die Pflicht, die Autorität vorangegangener Anwendungen (einschließlich der Autorität der Unmittelbarkeit) zu akzeptieren, nämlich im Rahmen ihrer Verwaltung des Inhalts, der durch diese Anwendungen instituiert wird.

25 Leser meines Buchs *Expressive Vernunft. Begründung, Repräsentation und diskursive Festlegung*, Frankfurt/M. 2000, neigen zu dem Verdacht, dass ich an dieser Stelle einfach meine eigenen Ansichten in Hegel hineinlese, angefangen mit einem sozial-perspektivischen sowie normativen Ansatz zur Pragmatik und nun übergehend zu einem inferentiellen Ansatz zur Semantik. Diese Ähnlichkeit ist

Diese inferentielle Gliederung diskutiert er (in der *Phänomenologie* beginnend mit dem Wahrnehmungskapitel) unter den Titeln »Vermittlung« und »bestimmte Negation«. Das Paradigma der Vermittlung, das für die Wahl dieser Terminologie den Grund darstellt, ist die Rolle des Mittelbegriffs in einem Schluss. Die Anwendung des vermittelnden Begriffs fungiert in der einen Inferenz als *Konklusion* und in einer anderen als *Prämisse*.[26] Die Behauptung, dass *Vermittlung*, also die Fähigkeit, diese Rolle zu spielen, für Begriffe wesentlich ist, läuft auf die Behauptung hinaus, dass es für Begriffe wesentlich ist, sowohl in den Prämissen als auch in den Konklusionen von *Inferenzen* auftreten zu können. Das ist gemeint, wenn ich von ihrer »wesentlichen inferentiellen Gliederung« spreche.[27]

Analog meint Hegel, wenn er über »bestimmte Negationen« spricht, Beziehungen materialer Unvereinbarkeit zwischen Begriffen, das heißt die Art und Weise, in der die Anwendbarkeit des ei-

nicht zufällig, aber die Richtung der Beeinflussung ist umgekehrt: Ich bin zu diesen Gedanken durch meine Lektüre Hegels gelangt und habe sie dann in meiner eigenen Weise weiterentwickelt. Ich begreife das, was ich hier tue, eher als den Versuch, meine Schuldigkeit anzuerkennen, nicht als den Versuch, Hegel meine Ansichten unterzuschieben.

26 Man betrachte folgenden Schluss:

Urteile sind Anwendungen von Begriffen.
Die Anwendungen von Begriffen sind inferentiell gegliedert.
Urteile sind inferentiell gegliedert.

Hier spielt der Begriff ANWENDUNG VON BEGRIFFEN die Rolle des Mittelbegriffs, welcher die Inferenz von der Anwendbarkeit des Begriffs URTEIL auf die Anwendbarkeit von INFERENTIELL GEGLIEDERT vermittelt. Der vermittelnde Begriff formuliert so die Konklusion der Inferenz von ›*X* ist ein Urteil‹ auf ›*X* ist die Anwendung eines Begriffs‹ und die Prämisse der Inferenz von ›*X* ist die Anwendung eines Begriffs‹ auf ›*X* ist inferentiell gegliedert‹.

27 Die betreffenden Inferenzen sind nicht (bloß) im formalen bzw. logischen Sinne gute Inferenzen wie etwa der Syllogismus, sondern auch jene *material* richtigen Inferenzen, die implizit in den Prämissen enthalten sind. Es handelt sich um Inferenzen, deren Güte vom *nichtlogischen Inhalt* der beteiligten Begriffe abhängt und diesen gliedert. Dass Urteile (und Handlungen) Anwendungen von Begriffen sind, ist im obigen Beispiel ein für den Inhalt jener einzelnen Begriffe wesentliches Element. Ein Beispiel wäre die Inferenz von ›Pittsburgh liegt westlich von New York‹ auf ›New York liegt östlich von Pittsburgh‹. Unter der Voraussetzung der materialen, also den Inhalt gliedernden Angemessenheit von Inferenzen können wir verschiedene Formen formal gültiger Inferenzen als Inferenzen begreifen, deren materiale Angemessenheit unter entsprechenden Arten der Ersetzung erhalten bleibt.

nen Begriffs die Anwendbarkeit eines anderen normativ ausschließt. Ein Beispiel hierfür wäre die Form, in der einen Farbklecks ›rot‹ zu nennen es ausschließt, ihn ›grün‹ zu nennen.[28] Die formale bzw. logische Negation (die Hegel »abstrakte« Negation nennt) lässt sich durch die bestimmte bzw. materiale Variante der Negation definieren. Die abstrakte Negation von *p* ist das, was minimal mit ihm unvereinbar ist – was also aus allem folgt, was material mit *p* unvereinbar ist. Sie abstrahiert vom bestimmten Inhalt von allem jeweils material mit *p* Unvereinbaren und ist daher *schlicht* unvereinbar.[29] Zusammengenommen gliedern die Beziehungen der materialen Inferenz und der materialen Unvereinbarkeit (der Vermittlung und der bestimmten Negation also) die Inhalte begrifflicher Normen.[30]

28 Ein anderes Beispiel wäre etwa die Unvereinbarkeit, die in der Rede von einer newtonschen Beschleunigung einer Masse unter Abwesenheit einwirkender Kräfte liegt.

29 Beziehungen der Vermittlung können aus denen der bestimmten Negation abgeleitet werden, Beziehungen materialer *Inferenz* also aus solchen materialer *Unvereinbarkeit.* Denn *q* folgt aus der Unvereinbarkeit mit *p* genau dann, wenn alles mit *q* Unvereinbare auch mit *p* unvereinbar ist (obgleich vielleicht nicht umgekehrt). Beispielsweise folgt daraus, dass etwas ein Hund ist, dass es auch ein Säugetier ist, denn alles was damit unvereinbar ist, ein Säugetier zu sein, ist auch unvereinbar damit, ein Hund zu sein. Hegel redet oft so, als sei Negation die grundlegende Idee der inferentiellen Gliederung des Inhalts.

30 Auf Grundlage dieser Beziehungen müssen wir letztlich das Analogon zu den Anerkennungsbeziehungen für die Begriffe verstehen – dasjenige, was nach der idealistischen These für Begriffe diejenige Rolle spielt, die die gegenseitige Anerkennung im paradigmatischen Sinne für die einzelnen selbstbewussten Selbste spielt. Wir dürfen allerdings nicht die pragmatistische These vergessen. Diese These, die Hegel und Quine gemeinsam ist, besagt, dass das *Instituieren* begrifflicher Normen und das *Anwenden* derselben zwei Seiten einer Medaille sind, zwei Aspekte eines einzigen Prozesses. Im Instituieren legen wir *Bedeutungsgehalte* fest und bestimmen die Grenzen, durch die wir *richtige* bzw. *angemessene* Anwendungen von solchen unterscheiden, die *falsch* bzw. *unangemessen* sein würden. Im Anwenden fällen wir Urteile (bzw. vollziehen wir Handlungen) und bewerten solche Vollzüge, indem wir einzelne Anwendungen in der Praxis als richtig oder falsch *betrachten*, sie als angemessen *behandeln* oder nicht. Quine betont daher, dass die Festlegung der eigenen Bedeutungsgehalte kein Prozess ist, der von der Festlegung der eigenen Überzeugungen losgelöst wäre. Hegel zufolge bestimmen wir, indem wir Urteile und Handlungen vollziehen und bewerten – also in der Erfahrung –, die Inhalte der begrifflichen Normen, die diesen Prozess leiten. Der einander gleichgeordnete Status von Begriffen und Urteilen ist ein wesentliches Merkmal des monistischen Ansatzes, auf den diese Pragmatisten verpflichtet sind. So müssen wir die materialen Beziehungen der Inferenz und

Wir sind nun in der Lage, uns der zentralen Frage zu nähern. Ein Modell wie dasjenige gegenseitiger Anerkennung, durch die *Selbste* und ihre *Gemeinschaften* instituiert werden, ist auf zwei Ebenen für die Instituierung und Anwendung von Begriffen in der Erfahrung einschlägig: Erstens beschreibt es die Beziehungen gegenseitiger Autorität zwischen dem *Besonderen* und dem *Allgemeinen*, den bestimmten Begriffen also, unter die die besonderen Gegenstände (*particulars*) fallen. Es beschreibt folglich, auf welche Weise bestimmte Begriffe instituiert und Urteile gefällt werden, in denen ein so charakterisiertes Einzelnes (*individual*) vorgestellt wird. Das Einzelne, das heißt das begrifflich charakterisierte Besondere, und die bestimmten Begriffe werden zugleich instituiert bzw. synthetisiert – genau wie in dem Modell einzelne selbstbewusste Selbste *als* Mitglieder einer Gemeinschaft (als durch ein Allgemeines Charakterisierte) zugleich mit ihren Gemeinschaften (Allgemeines) instituiert bzw. synthetisiert werden. Zweitens beschreibt das Modell die Beziehungen gegenseitiger Autorität, die zwischen den bestimmten Begriffen untereinander bestehen. Auf dieser Ebene werden die bestimmten Begriffe und das, was Hegel »*den* Begriff« nennt, zugleich instituiert bzw. synthetisiert. Letzterer ist das große holistische, inferentiell gegliederte *System* von bestimmten Begriffen und Urteilen, die durch diese Begriffe gegliedert sind; er ist gewissermaßen ein Allgemeines, eine Gemeinschaft, die alle diese Begriffe und Urteile umfasst.

Es gibt zwei Typen von Urteilen, wenn wir darunter Urteilsakte verstehen: *vermittelte* und *unmittelbare*. Die vermittelten sind das Ergebnis von *Inferenzen* aus anderen Urteilen, also aus bereits getätigten Anwendungen anderer Begriffe. Die unmittelbaren werden nichtinferentiell ausgelöst, wie das paradigmatisch bei *Wahrnehmungs*urteilen bzw. Beobachtungen der Fall ist.[31] Schon bloß trieb-

Unvereinbarkeit zwischen Begriffen als Eigenschaften jenes Prozesses auffassen, in dem tatsächliche Einstellungen ausgebildet, Begriffe tatsächlich angewandt werden. In diesem Prozess werden also einige Anwendungen dadurch von uns *als* angemessen betrachtet bzw. behandelt, dass wir in der Form von Urteilen (bzw. Handlungen) begrifflich gegliederte Verpflichtungen eingehen und die Angemessenheit derselben bewerten. Den Idealisten zufolge ist es ebendieser Prozess, der sinnvollerweise als einer zu deuten ist, der konstitutive Beziehungen wechselseitiger Anerkennung beinhaltet.

31 Freilich sind selbst sie inferentiell gegliedert. Sie sind Anwendungen von Begriffen und somit wesentlich etwas, das in einer Inferenz als Prämisse fungieren

geleitete Lebewesen ordnen ihre Welt, indem sie unterschiedlich auf sie reagieren – beispielsweise behandeln sie etwas als Futter, indem sie »ohne weiteres zulangen und es aufzehren«.[32] Unmittelbar sind Urteile, die ein auf geeignete Weise geübtes und gestimmtes Lebewesen, welches die reaktive Verwendung des relevanten Begriffs beherrscht, automatisch fällt, sobald es durch seine Sinne mit der Gegenwart eines konstatier- bzw. beobachtbaren Sachverhalts konfrontiert ist. Diese nichtinferentiellen Anwendungen von Begriffen (unmittelbare Urteile) werden dem *besonderen* Gegenstand (*particular*), auf den wir bei dieser Gelegenheit die Begriffe anwenden, abgerungen bzw. von ihm ausgelöst. Im Unterschied dazu liegt die Verantwortung für (die Autorität über) *inferentiell* ausgelöste Anwendungen von Begriffen (vermittelte Urteile) in den Begriffen bzw. dem *Allgemeinen*, dessen inferentielle Beziehungen das Urteil stützen, welches die Konklusion darstellt.

Unmittelbare Urteile drücken eine Dimension aus, in der das Besondere eine Autorität über das Allgemeine, also die Begriffe ausübt, die auf es Anwendung finden. *Vermittelte* Urteile drücken dagegen eine Dimension aus, in der die allgemeinen Begriffe eine Autorität über das Besondere ausüben, auf das sie Anwendung finden. Das charakterisierte Einzelne – das Besondere, *insofern* es unter ein Allgemeines fällt –, das in Urteilen (Anwendungen von Begriffen) vorgestellt wird, entspringt als das Produkt der *Aushandlung* aus diesen beiden aufeinander bezogenen Dimensionen von Autorität (jede mit einer eigenen, ihr entsprechenden Form von Verantwortung). Dies ist dasjenige Merkmal der Verwendung und Entwicklung von Begriffen – des Prozesses der Erfahrung, den wir deshalb zugleich als Anwendung wie auch als Instituierung begrifflicher Normen auffassen können –, das der gegenseitigen Anerkennung

kann. Ihre Unmittelbarkeit besteht darin, dass sie *allein* insofern *nicht*inferentiell sind, als wir die in dem Urteil bestehende Verpflichtung nicht als Ergebnis eines inferentiellen Prozesses eingehen. Dass dies aber die einzige Hinsicht ist, in der Urteile nichtinferentiell sein können, ist eine zentrale Lehre des Kapitels über Wahrnehmung in der *Phänomenologie* sowie von Wilfrid Sellars' bahnbrechendem Aufsatz »Empiricism and the Philosophy of Mind«. Vgl. hierzu die Diskussion in meinem »Study Guide«, in: Wilfrid Sellars, *Empiricism and the Philosophy of Mind*, Cambridge, Mass./London 1997, S. 119-181.

32 Vgl. Georg Wilhelm Friedrich Hegel, *Phänomenologie des Geistes*, Frankfurt/M. 1986, S. 91.

nachgebildet ist. Die hegelsche *Logik* hat das Ziel, diese Modellierung vollständig auszuführen.

Offensichtlich können beide Formen von Autorität miteinander in Konflikt geraten. Wir können bei uns unmittelbar Verpflichtungen vorfinden, die mit dem unvereinbar sind, worauf wir inferentiell verpflichtet sind. In diesem Fall müssen wir einige unserer eigenen Verpflichtungen *ändern* – entweder die, welche (unmittelbar) durch das Besondere, oder die, welche (vermittelt) durch das Allgemeine autorisiert werden. Dabei handelt es sich um eine *normative* Notwendigkeit: Aufgrund der Unvereinbarkeit der eigenen Urteile, aufgrund der von uns jeweils selbst eingegangenen Verpflichtungen haben wir die *Pflicht*, entweder die Autorität des Besonderen oder die des Allgemeinen anzupassen. Dieser Vorgang, im Lichte eines solchen Konflikts eine Anpassung der eigenen begrifflichen Verpflichtungen vorzunehmen, ist das, was mit der Rede vom *Aushandeln* der zwei Dimensionen von Autorität gemeint ist.[33] Diesen Prozess, in dem wir unsere Dispositionen zu mittelbaren und unmittelbaren Urteilen in Reaktion auf tatsächliche Konflikte, die aus ihrer Ausübung entstehen, anpassen, nennt Hegel »Erfahrung«. Er treibt die *Entwicklung* von Begriffen an und ist der Prozess, in dem ihr Inhalt *bestimmt* wird. In diesem Sinne ist das *Anwenden* begrifflicher Normen zugleich der Prozess, in dem sie *instituiert* werden. Begriffliche Inhalte sind nur dann *bestimmte* Inhalte, wenn und insofern sie das Ergebnis eines Prozesses sind, in dem sie aufgrund ihrer Anwendung im inferentiellen Zusammenspiel mit anderen begrifflichen Inhalten *bestimmt werden.*[34]

33 Zumindest für empirische Begriffe ist Hegel meines Erachtens nicht darauf verpflichtet, dass es für jeden Fall eine einzige, im Voraus feststellbare Antwort auf die Frage gibt, wie solche Konflikte aufzulösen sind, d. h., welche Verpflichtungen wir modifizieren oder aufgeben sollten. Ein solcher konkreter Konflikt könnte beispielsweise durch das Urteil aufgelöst werden, dass wir Farbausdrücke auf nichtinferentielle Weise nicht verlässlich anwenden können, insoweit nämlich die betreffenden Gegenstände nur durch eine weißglühende elektrische Lichtquelle beleuchtet werden. Analoges gilt für das Urteil, dass die Anwendbarkeit von *Q* allein aus der Anwendbarkeit von *P&S* folgt, nicht aber von *P* allein.

34 Die Rede von diesem Prozess der Erfahrung, der durch die »rastlose Negativität« der Begriffe angetrieben wird, beruft sich auf die Bedeutung einer Tatsache, durch die unsere empirischen Begriffe andauernd der Möglichkeit der Überarbeitung unterworfen sind. Gemeint ist die Tatsache, dass diese Begriffe zu bestimmt unvereinbaren Urteilen (sowohl unmittelbaren als auch vermittelten)

Dieser Prozess des *Aushandelns* von anerkannten Autoritäten aufgrund ihrer Uneinigkeit ist der Prozess, in welchem die zuweilen gegensätzlichen Autoritäten des Besonderen und des Allgemeinen *verwaltet* werden. Er ist konstitutiv *sowohl* für *den Begriff*, also das holistische System alles bestimmten Allgemeinen (empirischer Begriffe), das durch materiale Inferenzen und Unvereinbarkeiten (Vermittlung und bestimmte Negation) untereinander in Beziehung steht, *als auch* für das charakterisierte Besondere, das in einer Menge von Urteilen vorgestellt wird – in einer Menge von Verpflichtungen also, die in der tatsächlichen Anwendung von Allgemeinem auf besondere Gegenstände (*particulars*) bestehen. Begriffe und Urteile bzw. Bedeutungsgehalte und Überzeugungen sind zwei Seiten einer Medaille, die wir nur so zusammen verstehen können, nämlich als Elemente des Prozesses der Erfahrung. Diese Auffassung sollte vertraut klingen; es ist die Quines in »Zwei Dogmen des Empirismus«.[35] Quine arbeitet seine theoretische Verpflichtung als Pragmatist aus, indem er die Veränderung von Bedeutungsgehalten und die Veränderung von Überzeugungen als Aspekte eines einzigen Prozesses der Erfahrung begreift – eines Prozesses, in dem wir unsere Überzeugungen einander anpassen (einschließlich derer,

führen können. Und obgleich der Punkt hier nicht weiterverfolgt werden kann, ist es von allergrößter Wichtigkeit, dass wir *Unmittelbarkeit*, *Kontingenz* und *Besonderheit* in die Inhalte der Begriffe *einbinden*, da sich diese auf diese Weise entwickeln und genauer bestimmt werden. Nehmen wir einmal an, wir verfügen über gut entwickelte Dispositionen zu differenzierten Reaktionen, die uns dazu bringen, einen besonderen Gegenstand unmittelbar als ›sauer‹, als ›rot‹ oder als ›blau‹ zu klassifizieren; zugleich verfügen wir über die inferentielle Verpflichtung darauf, dass die Inferenz von der Anwendbarkeit von ›sauer‹ auf die Anwendbarkeit des Allgemeinen Säure angemessen ist, und außerdem darauf, dass Säuren Lackmuspapier rot färben. Sobald wir dann mit etwas konfrontiert sind, das sauer schmeckt und Lackmuspapier blau färbt (was aus unserer Sicht wiederum damit unvereinbar ist, dass es rot ist), sind wir dazu verpflichtet, unsere Verpflichtungen zu verändern. Gleichviel ob wir unsere nichtinferentiellen Dispositionen zu differenzierten Reaktionen oder unsere inferentiellen Verpflichtungen anpassen – die Unmittelbarkeit der Welt wurde durch diese Entwicklung in unsere Begriffe eingebunden. Was anhand unserer Begriffe erforderlich ist, wird als ›notwendig‹ benannt, und so können wir das auf diese Weise in sie Eingebundene auch als *Kontingenz* der Welt verstehen. Und die Autorität des Besonderen über unser Allgemeines wird hierbei durch jene Urteile ausgeübt, die wir bei uns unmittelbar vorfinden.

35 Vgl. Willard Van Orman Quine, *Von einem logischen Standpunkt aus. Drei ausgewählte Aufsätze*, Stuttgart 2011, S. 56-127.

auf die wir wahrnehmend stoßen). Wir sind jetzt in der Lage, dies auch als den Weg zu erkennen, auf dem Hegel seine theoretische Verpflichtung als Idealist ausarbeitet.[36]

36 Anerkennungsbeziehungen formen auf zwei Ebenen jene wechselseitigen Dimensionen von Autorität, um die es hier geht: Zum einen verhält sich *der Begriff* zu den ihn konstituierenden bestimmten empirischen Begriffen wie die Gemeinschaft zum einzelnen Selbst. Zum anderen verhält sich das bestimmte empirische Allgemeine zum charakterisierten Einzelnen (*individual*) wie die Gemeinschaft zum einzelnen Selbst. Es sind dabei die Urteile, welche die beiden Glieder dieser Struktur zusammenhalten. In der Tat ist dieser eine Prozess der Erfahrung *derselbe* Prozess – nicht nur eine Nachbildung – wie der Prozess, in dem *selbstbewusste Selbste* synthetisiert werden. Ein Selbst in dem von Kant eingeführten *normativen* Sinne ist ein Sitz von Verantwortung für das Aussortieren von Unvereinbarkeiten. Das ist deswegen so, weil die transzendentale Einheit der Apperzeption dasjenige ist, was *für* Urteile verantwortlich ist, da ihre Pflicht, Unvereinbarkeiten aus den Anwendungen von Begriffen auszusortieren, diese erst zu *ihren* Urteilen macht. Es ist daher irreführend zu meinen, die gegenseitige Anerkennung, die etwas zu einem Selbst synthetisiert, stände uns schon zur Verfügung, bevor wir überhaupt die inferentiell gegliederte, wechselseitige Autorität von Allgemeinem und Besonderem verstanden haben. Denn die allgemeine Anerkennung ist eine Abstraktion von spezifischeren Anerkennungen, die das Aushandeln der möglicherweise gegensätzlichen Autorität von Besonderem (*particulars*) und Allgemeinem (*universals*) einschließen. Dieses Erfordernis beschränkt und bestimmt den Inhalt, welchen diejenigen verwalten, die eine Verpflichtung zuschreiben.
Ihre und meine Verantwortung, die Ansprüche der verschiedenen Autoritäten so auszuhandeln, dass wir Unvereinbarkeiten zwischen *Ihren* und *meinen* empirischen Urteilen auflösen, ist – obgleich eine wirkliche Verantwortung – der Verantwortung eines jeden von uns prinzipiell nachgeordnet und von ihr abgeleitet, der Verantwortung nämlich, Unvereinbarkeiten unter den *eigenen* Verpflichtungen auszusortieren. (Ich kann dieser Frage hier nicht weiter nachgehen, Hegel entwickelt parallel hierzu im Wahrnehmungskapitel der *Phänomenologie* eine Theorie von *Gegenständen* (Besonderem, *particulars*) – denen *gegenüber* unsere Urteile von Seiten der Besonderheit (*particularity*) verantwortlich sind – als Grundeinheiten derjenigen Verantwortungen, die durch Unvereinbarkeiten ausgelöst werden. Dass es sich z. B. bei zwei Farben um miteinander unvereinbare Eigenschaften handelt, bedeutet, dass *ein und derselbe besondere Gegenstand* nicht beide aufweisen kann. Es bedeutet *nicht*, dass zwei verschiedene Gegenstände sie nicht separat aufweisen können. Und aufgrund dieses Umstands sollen wir Besonderes, also Gegenstände, voneinander abgrenzen. Eine entsprechende zweifache Bedingung gilt für die Individuation von Eigenschaften bzw. Begriffen.)
Das selbstbewusste einzelne Selbst ist dasjenige, was die spezifische Autorität der Anerkennung ausübt und der spezifischen Verantwortung der Anerkennung unterliegt. Indem es Urteile fällt (einschließlich der Bewertungen fremder Urteile),

8.5 Die soziale Errungenschaft des Selbstbewusstseins und der selbstbewusste Geist

Hegel diskutiert das Verhältnis von Selbsten und Begriffen oft in einer Sprache der *Identität*. Er schreibt beispielsweise:

> Der Begriff, insofern er zu einer solchen *Existenz* gediehen ist, welche selbst frei ist, ist nichts anderes als *Ich* oder das reine Selbstbewußtsein. Ich *habe* wohl Begriffe, d. h. bestimmte Begriffe; aber Ich ist der reine Begriff selbst, der als Begriff zum *Dasein* gekommen ist.[37]

Das *Ich* bzw. selbstbewusste Selbste im Allgemeinen, so haben wir eben gesehen, sind als normative Träger begrifflich gegliederter Verpflichtungen – von Urteilen (und Handlungen) – wesentliche Aspekte (Hegel sagt »Momente«) des Prozesses der Erfahrung und werden in ihm synthetisiert; andere für diesen Prozess wesentliche Elemente sind sowohl jene Urteile als auch die darin angewandten Begriffe. Ferner wurde gezeigt, dass wir die Einheit und Struktur dieses Prozesses in all seinen Aspekten von jener Art gegenseitiger Autoritätsbeziehungen her begreifen sollten, die Hegel »Anerkennung« nennt. Dennoch bleiben die verschiedenen Aspekte dieses Prozesses sowie der Anerkennungsstrukturen allgemein unterschieden und sind für uns unterscheidbar. Sie sind nicht in einem strengen oder logischen Sinne miteinander *identisch*. Hegel selbst erkennt dies an. Nach der oben zitierten Passage fährt er damit fort, die Anerkennungsstrukturen zu charakterisieren, was er in der für die *Logik* typischen Weise abstrakt hält. Diese Charakterisierung schließt mit dem folgenden Satz:

geht es begriffliche Verpflichtungen ein, deren Gehalt bestimmt ist, und schreibt sie anderen zu. Die Einheit und Struktur solcher Selbste und ihrer Gemeinschaften verstehen wir von der Idee gegenseitiger Anerkennung her. Und genau auf die gleiche Weise verstehen wir die Einheit und Struktur sowohl des charakterisierten Einzelnen, welches der Gegenstand (der grundlegendsten Form) des Urteils ist, als auch der bestimmt gehaltvollen Begriffe bzw. des Allgemeinen, das in den Urteilen, die wir fällen, angewandt wird. Das ist Hegels fundamentale idealistische These.

37 *WL* II, S. 253. (Hervorhebungen i. Orig.)

[Diese Struktur, R. B.] macht ebenso die Natur des *Ich* als des *Begriffes* aus; von dem einen und dem anderen ist nichts zu begreifen, wenn nicht die angegebenen beiden Momente zugleich in ihrer Abstraktion und zugleich in ihrer vollkommenen Einheit aufgefaßt werden.[38]

Die Einheit der Anerkennungsstruktur verleitet Hegel dazu (unglücklicherweise – in meinen Augen), von den wesentlich aufeinander bezogenen Momenten dieser Struktur als *identisch* zu sprechen. Sie sind aber nicht im üblichen Sinne identisch, da sie zugleich wesentlich unterschieden sind. Hegel möchte jedoch, dass wir sie nichtsdestotrotz in einem spekulativen Sinne als identisch anerkennen. In einer spekulativen Betrachtungsweise werden die Elemente einer Anerkennungsstruktur gegenseitiger Autorität als miteinander »identisch« beschrieben, wenn wir sie allein *als* aufeinander bezogene Elemente in einer solchen Struktur verstehen können. In diesem Sinne spricht Hegel davon, dass Selbste und ihre Gemeinschaften identisch seien, dass das Besondere mit dem es charakterisierenden Allgemeinen identisch sei, dass die bestimmten Begriffe mit *dem holistischen Begriff* identisch seien, welcher sie als ein System inferentiell aufeinander bezogener Elemente umfasst usw. Es erzeugt nur Verwirrung, wenn dieser spekulative Sinn des Ausdrucks ›identisch‹ mit der gewöhnlichen Vorstellung von Identität verwechselt wird. Dann nämlich droht die spezifische Struktur der Anerkennung, durch die diese verschiedenen Elemente voneinander unterschieden und zugleich aufeinander bezogen sind, in sich zu kollabieren. Ein derartiger Zusammenbruch ließe die Idee normativer Status, deren Gehalt bestimmt ist, insgesamt unverständlich werden. In diesem Fall würde all dies unverständlich: die Urteile (und Handlungen), welche die Erfahrung ausmachen; die Selbste, die diese Akte vollziehen, zuschreiben und für sie verantwortlich sind; ihre Anerkennungsgemeinschaften; die bestimmten Begriffe, die diese Verantwortungen durch Beziehungen materialer Inferenz und Unvereinbarkeit gliedern und zugleich *den Begriff* als größeres Allgemeines bilden; das Besondere (*particulars*), dem gegenüber unsere Urteile durch die Vermittlung von unmittelbaren Urteilen verantwortlich sind, usw.

Es steht noch eine letzte Dimension der Anerkennungsstruktur aus, in deren Rahmen wir das Verhältnis von Selbsten und Be-

38 Ebd. (Hervorhebungen i. Orig.)

griffen auffassen müssen. Auch diese Dimension diskutiert Hegel in der Sprache der Identität, allerdings auf eine Weise, die meines Erachtens weder im strengen noch im spekulativen Sinne zu verstehen ist. Ich denke hier an jene Überlegungen, die durch Hegels Behauptung – welche beispielsweise in der »Vorrede« zur *Phänomenologie* eine große Rolle spielt –, dass der Geist als Ganzes als ein *Selbst* verstanden werden sollte, angestoßen werden. Unter dem »Geistigen« verstehe ich das Reich begrifflich gegliederter Normen, das Reich der Autorität und Verantwortung, Verpflichtung und Berechtigung. Der Geist als Ganzes ist somit die Anerkennungsgemeinschaft all jener, die solche normativen Status innehaben, sowie alle ihre normativ bedeutsamen Tätigkeiten. Er ist, anders gesagt, der Gegenstand der pragmatistischen Untersuchung – das ganze System sozialer Praktiken der umfassendsten Gemeinschaft, die möglich ist. Die Behauptung, der Geist habe die Einheit und Struktur des Selbst, ist eine andere idealistische These, und auch sie sollten wir von Hegels Pragmatismus her verstehen.

Mit dieser zweiten idealistischen Behauptung will uns Hegel offenkundig nicht glauben machen, dass der Geist als Ganzes lediglich ein weiteres gewöhnliches Selbst neben uns ist, ein Element einer Gemeinschaft also, deren Mitglieder auch wir sind. Ebenso wenig meint er aber meines Erachtens, dass der Geist ein Element jener Anerkennungsstruktur sei, deren Elemente wir einzelnen Selbste jeweils sind, so dass wir im spekulativen Sinne uns und die große Gemeinschaft, die uns durch Anerkennung umfasst, als miteinander identisch bezeichnen können. Was er meint, ist vielmehr Folgendes: Der Geist als Ganzes – also die gesamte Anerkennungsgemeinschaft, deren Mitglieder wir einzelnen Selbste jeweils sind, und all ihre Tätigkeiten und Institutionen – hat die Einheit und Struktur, die für das selbstbewusste Selbst charakteristisch ist. In diesem technischen Sinne ist der Geist ein Einzelnes (*individual*), obgleich kein Einzelnes wie wir menschlichen Selbste, die mit einem besonderen (*particular*) Organismus verbunden sind.

Es gibt meines Erachtens alle möglichen Belege dafür, dass Hegel mit seinen Bemerkungen über den Geist und das Selbst etwas in dieser Art meint. Das ist sicherlich auch die Weise, in der er gewöhnlich gelesen wird. Weitaus seltener wird aber bemerkt, dass ein beträchtliches Interpretationsproblem entsteht, sobald wir Hegel in der *Phänomenologie* eine solche Auffassung zuschreiben. Denn dort unterschreibt Hegel die folgenden drei Behauptungen:

(1) Der Geist ist ein selbstbewusstes Selbst.
(2) Selbstbewusstes Selbstsein ist eine wesentlich *soziale* Leistung, welche das tatsächliche *Anerkennen* eines anderen sowie das *Anerkannt-Werden* durch ihn erfordert, wobei das einzelne Selbst, indem es auf diesem Weg Selbstbewusstsein erlangt, mit dem anderen in einer Anerkennungs*gemeinschaft* verbunden ist.
(3) Der Geist hat kein Gegenüber, es gibt nichts »außerhalb« von ihm.

Das Problem ist freilich, dass diese Behauptungen zusammengenommen unvereinbar sind. Hegel aber verpflichtet sich auf sie alle, und das nicht bloß beiläufig oder in einer Weise, die wir als einen Ausrutscher deuten könnten, sondern vielmehr als wesentliche Elemente seiner Theorie. Vieles von dem, was ich in diesem Kapitel gesagt habe, stellt nun nicht gerade die gängige Weise dar, wie Hegels Ansichten aufgefasst werden. Die Zuschreibung dieser drei Behauptungen ist allerdings kein idiosynkratischer Zug meiner persönlichen Lesart: Sie *ist* die gängige Auffassung. Dennoch spielt die Diskussion der begrifflichen Probleme, die diese Thesen mit sich bringen, in der Sekundärliteratur keine große Rolle. (Die Behauptung, die man zuweilen hören kann, dass Hegel letzten Endes eine Art *Subjektivist* sei, stellt zumindest eine indirekte Anerkennung dieser Schwierigkeiten dar, so nehme ich an.) Mir scheint daher, der Umfang, in dem eine Interpretation dieses Problem anerkennt und eine überzeugende Lösung für es bietet, sollte uns als ein grundsätzliches Adäquatheitskriterium dienen, anhand dessen wir diese Interpretation bewerten.

Die von mir skizzierte Erklärung des Wesens gegenseitiger Anerkennung und ihrer Bedeutung für das Verständnis normativer Status stellt das Ausgangsmaterial bereit, anhand dessen wir eine solche Lösung formulieren können. Zugleich ergänzen wir hiermit ein wichtiges Stück der Erklärung, wie wir das *Anwenden* begrifflicher Normen im Urteilen als einen Prozess auffassen können, durch den die Inhalte der Normen *bestimmt* und diese so *instituiert werden*. Insoweit uns dies gelingt, erschließen wir uns eine abschließende

Hinsicht, in der sich Hegels *Idealismus* und sein *Pragmatismus* (in dem von mir diskutierten Sinne) gegenseitig erhellen.

Gegenseitige Anerkennung, so habe ich behauptet, ist für Hegel die Struktur, durch die wir das Normative als solches begreifen können. In ihrer paradigmatischen, *sozialen* Form instituiert sie sowohl einzelne selbstbewusste *Selbste* (Träger von Verpflichtungen und Verantwortungen) als auch deren Gemeinschaften (die Selbste also, insofern sie so miteinander verbunden sind, dass sie sich gegenseitig Verpflichtungen zuschreiben, diese Verpflichtungen bewerten und einander zur Verantwortung ziehen). In ihrer *inferentiellen* Form charakterisiert diese Struktur das Verhältnis von Besonderem und Allgemeinem im Prozess des *Urteilens*, in dem Erfahrung besteht, also die Anwendung von bestimmten Begriffen. Ebenso tritt sie in den Beziehungen gegenseitiger Autorität zutage, aufgrund deren die Anwendung einiger bestimmter Begriffe die Anwendbarkeit anderer Begriffe bedingt, die inferentiell zu ihnen in Beziehung stehen. Diese Beziehungen bilden dadurch die »Gemeinschaft« aller bestimmten Begriffe – also Hegels »Begriff«, der durch Beziehungen der Vermittlung und der bestimmten Negation strukturiert ist. Neben diesen zwei Formen gegenseitiger Anerkennung sollten wir ergänzend auch das Vorhandensein einer dritten anerkennen: der *geschichtlichen*. Sie entsteht aus dem Grund, dass das Aushandeln und Zuerkennen von Ansprüchen sich gegenseitig bedingender Autoritäten, die Verwaltung also begrifflicher Normen durch ihre Anwendung in tatsächlichen Fällen (auf ein Besonderes, das uns unmittelbar gegeben ist), ein *Prozess* ist. In diesem Prozess der Erfahrung *entwickeln* sich begriffliche Normen zusammen mit dem Korpus von Behauptungen bzw. Urteilen, in denen die Verpflichtungen, die durch Anwenden dieser Begriffe entstehen, zum Ausdruck gebracht werden. Diesen Entwicklungsprozess, in dem der Inhalt von Begriffen fortlaufend dadurch bestimmt wird, dass wir diese Begriffe im Zusammenspiel mit anderen Begriffen anwenden, müssen wir als die Art und Weise begreifen, in der bestimmt gehaltvolle begriffliche Normen *instituiert* werden.

Erfahrung – die Anwendung und zugleich Instituierung begrifflicher Normen – ist nicht einfach nur ein *zeitlicher* Prozess, sondern ein *geschichtlicher*. Damit meine ich, dass die Erfahrung eine spezifische *Anerkennungs*struktur aufweist, die Ergebnis der wechselseitigen Autorität ist, die einerseits von den vergangenen

Verwendungen eines Begriffs gegenüber den zukünftigen ausgeübt wird und andererseits von den zukünftigen Anwendungen eines Begriffs gegenüber den vergangenen. Alles, was wir benötigen, um einen Begriff zu instituieren, um also zu bestimmen, *worauf* wir uns durch Anwenden desselben verpflichten, sind *andere* Anwendungen des betreffenden Begriffs zusammen mit Anwendungen von Begriffen, die zu ihm inferentiell in Beziehung stehen. Somit haben Anwendungen des Begriffs (und mit ihm verwandter Begriffe), die tatsächlich vollzogen worden sind, bereits eine gewisse Form von *Autorität* gegenüber zukünftigen, zur Wahl stehenden Anwendungen dieses Begriffs (und also auch gegenüber der Anwendung mit ihm verwandter Begriffe). Autoritativ sind die vorangegangenen Anwendungen in Hinblick auf den Bedeutungsgehalt bzw. Inhalt des Begriffs. Hierin besteht die Autorität der (Begriffsanwendungen der) Vergangenheit gegenüber (den Begriffsanwendungen) der Zukunft, und diese Autorität stellt eine Hinsicht dar, in der zukünftige Anwendungen für ihre Richtigkeit gegenüber vergangenen Anwendungen verantwortlich sind.

Jede Autorität muss aber verwaltet werden. Anwendungen von Normen, die durch frühere Anwendungen instituiert wurden, müssen in Bezug auf ihre Richtigkeit bewertet werden, und zwar anhand jener Normen, denen gegenüber sie sich verantworten. Damit gegenwärtige Anwendungen eines Begriffs gegenüber den früheren Anwendungen desselben (und mit ihm verwandter Begriffe) verantwortlich *sind*, müssen sie zur Verantwortung *gezogen*, das heißt *als* verantwortlich betrachtet bzw. behandelt werden. Vor dem Hintergrund dessen, was Hegel aus dem Gedanken Rousseaus und Kants gemacht hat, dass Autonomie eine Bedingung genuiner Normativität ist, können wir dies als Ergebnis seiner Analyse betrachten, unter welchen Bedingungen die *Verbindlichkeit* von Normen verständlich ist. Es ist dieses Ergebnis, das die Grundlage für das Modell gegenseitiger Anerkennung bildet. Im gegenwärtigen Zusammenhang können wir nämlich fragen: Wie ist es möglich, dass eine Begriffsanwendung gemäß den in früheren Anwendungen implizit enthaltenen Verpflichtungen als *falsch* gilt? Wenn dem Inhalt eines Begriffs nichts angehört außer das, was durch die tatsächlichen Anwendungen desselben (und mit ihm verwandter Begriffe) in ihn hineingelegt wurde, wie können wir dann überhaupt eine tatsächliche Anwendung gemäß diesem Inhalt als falsch auffassen? Wäre dies nicht möglich, dann wäre auch keine Norm instituiert worden.

Hegel antwortet hierauf meines Erachtens folgendermaßen: Die Autorität der vergangenen Anwendungen, welche die begriffliche Norm instituiert haben, wird durch die *zukünftigen* Anwendungen, welche Bewertungen der vergangenen einschließen, in ihrem Namen verwaltet. Es liegt in der Hand derer, die später einen Begriff verwenden, über jede frühere Anwendung zu entscheiden, ob sie gemäß derjenigen Tradition, die aus den noch früheren Verwendungen besteht, richtig war oder nicht. Auf diese Weise üben die zukünftigen Anwendungen eine Autorität gegenüber den vergangenen aus, die wechselseitig ist. Ein Modell dieses Prozesses, das sich für uns lohnt im Gedächtnis zu behalten (obgleich es keines ist, das Hegel vorschlägt), ist die Entwicklung von Begriffen im Rechtssystem des *Common Law* durch Präzedenzfälle. Das *Common Law* unterscheidet sich darin vom kodifizierten Recht, dass es durch und durch ein Fallrecht ist; es besteht nicht in der Auslegung expliziter begründender Gesetze, Regeln oder Prinzipien. In ihm gibt es *nichts* als eine Abfolge, in der Begriffe auf tatsächliche Sachverhalte angewandt werden. Aus diesem Grund wird es oft auch als Richterrecht angesehen.

Man betrachte die folgende, idealisierte Variante dieses Prozesses. Jeder Richter steht in einer Tradition von Fällen, die wir als eine Menge von Besonderem auffassen können (nämlich die in nichtrechtlichem Vokabular beschriebenen Tatsachen der Fälle), auf das Allgemeines wie etwa VERGEHEN, GEFÄHRDUNGSHAFTUNG und dergleichen angewandt (oder nicht angewandt) wird. Der Richter ist wiederum mit einem neuen Fall, einem Besonderen (einer Menge von Tatsachen), konfrontiert und muss entscheiden, ob er ein solches Allgemeines anwendet oder nicht, also die betreffende Handlung als eine klassifiziert, die ein spezifisches Vergehen darstellt oder die Übernahme eine Gefährdungshaftung einschließt. Die Autorität der Tradition besteht darin, dass die *einzigen Gründe*, auf die sich der Richter beim Rechtfertigen seiner Entscheidung berufen kann, präzedentielle Gründe sind. Er kann sich also nur darauf berufen, dass das betreffende Allgemeine in vorherigen Fällen, welche dem betreffenden Fall in Hinsichten, die vom Richter spezifiziert werden, ähnlich (und in anderen freilich unähnlich) sind, tatsächlich angewandt oder nicht angewandt wurde. Der

Inhalt der Begriffe, mit deren Anwendung der Richter beauftragt ist, ist vollständig durch die Geschichte ihrer tatsächlichen Anwendungen konstituiert (zusammen mit der Geschichte der Anwendung anderer rechtlicher Begriffe, die in der Tradition tatsächlich als solche betrachtet wurden, die inferentiell zu jenen in Beziehung stehen). Es ist diese Tradition, gegenüber der der Richter *verantwortlich* ist. Die Inhalte der Begriffe wurden vollständig dadurch instituiert, dass sie angewandt worden sind. Die wechselseitige Autorität des Richters enthält[39] die Autorität, die vorherigen Fälle in Bezug darauf einzuteilen, ob sie *präzedentiell* sind oder nicht. Dies sind aus der Sicht des Richters diejenigen vorherigen Anwendungen, die den Inhalt des Begriffs abstecken. Ein früher entschiedener Fall kann als nichtpräzedentiell, also in Hinblick auf den betreffenden Fall als nicht autoritativ behandelt werden, weil der Richter ihn in Anbetracht der Entscheidungen, die den Inhalt des Begriffs gliedern, das heißt im Lichte des qualitativen oder quantitativen Überwiegens der Präzedenzfälle, als *irrig* ansieht. (Auch hier können die inferentiellen Verknüpfungen mit anderen Begriffen ins Gewicht fallen, von welchen der Richter annimmt, dass sie – zusammen mit den Präzedenzfällen der Anwendung dieser Begriffe – durch frühere Entscheidungen aufgestellt wurden.) Diese Art der Bewertung muss selbst in Form einer rationalen Rekonstruktion der Anwendungstradition des betreffenden Begriffs gerechtfertigt werden. Und das gelingt nur unter Einbezug jener Präzedenzfälle, die in der Bildung der Begründung dafür, dass der Fall in der einen oder anderen Weise entschieden wurde, als am relevantesten ausgewählt worden sind. Weil *jede* Entscheidung eines Falls diese Gestalt hat, das heißt eine solche Ausübung von Ermessen bzw. Autorität enthält, und da *allein das* zum Inhalt der angewandten rechtlichen Begriffe gehört, was diese in der Tradition solcher Entscheidun-

39 Nur »enthält«, denn sie hat ebenso noch andere Dimensionen. Beispielsweise hat der Richter die Autorität, die verschiedenen Hinsichten der Ähnlichkeit und Unähnlichkeit zwischen den Tatsachen des gegenwärtigen Falls und den Tatsachen der vorher entschiedenen Fälle zu gewichten. Dies tut er, indem er für die Frage, ob der betreffende rechtliche Begriff auf den gegenwärtigen Fall anzuwenden ist oder nicht, einige Hinsichten als wichtiger behandelt als andere. Damit sind einige der vorangegangenen Fälle, die bereits als ordnungsgemäß entschieden klassifiziert waren, für die betreffende Entscheidung relevanter als andere. Und das beeinflusst wiederum die Autorität der vorangegangenen Anwendungen von Begriffen, die inferentiell aufeinander bezogen sind.

gen erwerben, können wir die sich in diesem Prozess herausbildenden Prinzipien treffend als ein »Richterrecht« auffassen.[40] Aber die Inhalte, die die Richter in diesem Sinne *erschaffen*, sind zugleich durch das beschränkt, was sie *vorfinden*, nämlich die präzedentiellen Anwendungen von Begriffen (unmittelbare wie vermittelte), deren Autorität die Richter unterliegen, und zwar zu derselben Zeit, zu der sie diese übernehmen und verwalten.

Nachdem wir nun hoffentlich mit dieser Struktur wechselseitiger Autonomie (und mithin der Verantwortung) vertraut sind, die Hegel »gegenseitige Anerkennung« nennt, sollten wir sie in dem idealisierten rechtlichen Prozess, den ich soeben skizziert habe, erkennen können. Frühere Anwendungen von Begriffen (Entscheidungen von Fällen) üben eine Autorität gegenüber den zukünftigen Anwendungen aus, denn sie liefern die Präzedenzfälle, welche die einzigen verfügbaren Begründungen ausmachen, durch die zukünftige Entscheidungen gerechtfertigt werden können. Sie sind die Quelle des Inhalts derjenigen Begriffe, mit deren Anwendung spätere Richter beauftragt sind. Dies ist das Moment der Unabhängigkeit, der Anerkennung, der konstitutiven Autorität der Vergangenheit gegenüber der Zukunft, mithin das Moment der Abhängigkeit der Zukunft von ihrer Vergangenheit. Umgekehrt aber üben auch spätere Begriffsanwendungen der Richter, die in dieser Tradition stehen, eine Autorität gegenüber den früheren Anwendungen aus. Denn die Bedeutsamkeit der traditionellen Au-

40 Kants zweistufige Erklärung käme einem Beharren darauf gleich, dass jede Tradition im *Common Law* bzw. Fallrecht in irgendeinem bereits vorhandenen Gesetz fundiert sei. Dies ist eine Form des Intellektualismus, die darauf beharrt, dass hinter jeder in der Praxis impliziten Norm eine explizite Norm in Form einer Regel stehen müsse. (Der Pragmatismus steht im Gegensatz zum Intellektualismus, insofern er darauf beharrt, dass jede Form expliziten theoretischen Wissens, *dass* etwas der Fall ist, im Hintergrund eine Form impliziten praktischen Wissens hat, *wie* etwas zu tun ist.) Der Intellektualist meint, erst *wenn* bestimmte Normen bereits *vollständig* und *abschließend* instituiert worden sind, würde in der nächsten Phase überhaupt eine Unterscheidung zwischen richtigen und falschen Anwendungen derselben zur Verfügung stehen. Hegel, selbst ein Pragmatist, verneint, dass es irgendwelche Begriffe gibt, die in diesem Sinne vollständig und abschließend bestimmt sind, d. h. unabhängig vom tatsächlichen Gang der Praxis ihrer Anwendung. Für Hegels (und meine) Zwecke spielen die Details von Kants Theorie des Instituierens bzw. Auffindens begrifflicher Normen in Reflexionsurteilen (soweit vorhanden) keine Rolle. *Allein* die von Kant vorgesehene zweistufige Struktur ist wichtig.

torität, also die Frage, welchen Inhalt sie genau instituiert haben soll, wird von jenen Richtern entschieden, die gegenwärtig Entscheidungen fällen. Sie *verwalten* die Normen und *machen* sie bestimmt verbindlich. Dies ist das Moment der Unabhängigkeit, der Anerkennung, der konstitutiven Autorität der Zukunft gegenüber der Vergangenheit, mithin das Moment der Abhängigkeit der Vergangenheit von ihrer Zukunft. Denn unabhängig davon, dass der gegenwärtige Richter die Autorität einer früheren Entscheidung *anerkennt* bzw. akzeptiert, kommt dieser keine Autorität zu. Worin die Norm *wirklich* besteht (ihr Sein *an sich*), ist das Ergebnis des anerkennenden *Aushandelns* von diesen zwei Polen wechselseitiger Autorität (das Sein des Inhalts *für* die vergangenen Richter und sein Sein *für* den Richter der Gegenwart).

Es könnte nun so scheinen, als sei das hier keine symmetrische Situation, scheint doch der gegenwärtige Richter das letzte Wort zu haben. Immerhin kann der Richter, der einen Fall jetzt entscheidet, frühere unangenehme Entscheidungen übergehen oder zumindest abweisen, indem er diese entweder als Fehlanwendungen des betreffenden Begriffs – als falsch entschiedene Fälle – behandelt oder als irrelevant, insofern sie dem strittigen Fall in ebenjenen Hinsichten unähnlich sind, denen durch die Entscheidung des gegenwärtigen Richters größte Wichtigkeit beigemessen wird. Es scheint somit, als sei der gegenwärtige Richter der Vergangenheit allein das schuldig, was er selbst entscheidet als Schuld anzuerkennen. Wenn und insoweit dies zutrifft, wäre die Autorität vergangener Entscheidungen, also der Inhalt, den sie dem rechtlichen Begriff verliehen haben, leer und unbestimmt. Der Umstand, dass der Richter seine gegenwärtige Entscheidung rechtfertigen muss, indem er sich auf frühere Entscheidungen beruft, würde ihm dann lediglich eine *formale* Beschränkung auferlegen. Sein Ermessensspielraum in der Auswahl und Anwendung von Präzedenzfällen – der sich faktisch in der rückblickenden Rekonstruktion der Tradition durch selektives Auslassen und Gewichten zeigt – würde diese Beschränkung gehaltlos machen. Die Stimme der Vergangenheit verliert ihre Autorität gegenüber der Gegenwart, wenn diese entscheiden kann, auf welche Stellen sie hört und wie das Gehörte zu interpretieren ist.

Dies ist eine nachvollziehbare Beschreibung der Situation, und die Bedenken, die sie hervorruft, haben Rechtswissenschaftler ernsthaft beschäftigt. In Wirklichkeit jedoch liegt in diesem Prozess eine Symmetrie der Autorität vor, also eine genuin gegenseitige Anerkennung. Genuine Autorität, so habe ich mit Hegel behauptet, muss *verwaltet* werden. Die Rede davon, dass ich gegenüber etwas verantwortlich bin, ist allein dort angemessen, wo es jemanden gibt, der mich zur Verantwortung zieht. In unserem Fall verwaltet der gegenwärtige Richter die Normen, welche in vergangenen Anwendungen instituiert und bestimmt wurden. Wer aber ist es, der den gegenwärtigen Richter gegenüber der Tradition früherer Entscheidungen zur Verantwortung zieht, der also bewertet, wie treu seine Entscheidungen gegenüber dem Inhalt sind, der den rechtlichen Begriffen durch die Tradition tatsächlich verliehen wurde? Wenn es so scheint, als ob die Autorität zwischen Vergangenheit und Gegenwart asymmetrisch sei, so nur deshalb, weil man sich die Antwort auf diese Frage nicht überlegt hat. Es ist aber klar, was die Antwort sein muss. Der gegenwärtige Richter wird gegenüber der Tradition, in der er steht, von jenen Richtern zur Verantwortung gezogen, die noch kommen werden. Denn seine Entscheidung ist für den Inhalt des betreffenden Begriffs nur insoweit von Belang, wie deren präzedentielle Autorität wiederum von zukünftigen Richtern akzeptiert bzw. anerkannt wird. Wenn diese Richter annehmen, sein Fall sei im Lichte *ihrer* Lesart der Tradition, in welcher der gegenwärtige Richter steht, falsch entschieden worden, dann hat seine Entscheidung überhaupt keine Autorität. Die Zukunft verwaltet die Autorität der Vergangenheit gegenüber der Gegenwart in ihrem Namen. Die normative Situation ist vollkommen symmetrisch, da dieser Prozess prinzipiell keinen Endpunkt hat, das heißt, da es keine abschließende Autorität gibt, die nicht wiederum davon abhinge, dass sie selbst akzeptiert bzw. anerkannt wird. Im Lichte der Weise, wie Hegel den Autonomiegedanken von Rousseau und Kant im Sinne der gegenseitigen Anerkennung ausarbeitet, bedeutet dies, dass bestimmt gehaltvolle begriffliche Normen tatsächlich durch einen Prozess ihrer Anwendung instituiert werden, die die genannte geschichtliche Struktur aufweist.[41] Wir können bestimmt

41 Hegel ist dieser Meinung, da Begriffe ihren bestimmten Inhalt nur dadurch erlangen, dass sie ihre Rolle in einer solchen Tradition ihrer Anwendung spielen. Wir können ihre Inhalte nur vorstellen bzw. mitteilen, indem wir einen rational rekonstruierten Verlauf angeben, dem gemäß sie sich entwickelt haben könnten. Dies macht Hegel für seine grundlegendsten logischen Begriffe sowohl in der *Phänomenologie des Geistes* als auch in der *Wissenschaft der Logik*. Die Hinsichten

begriffliche Normen nur als Merkmale einer tatsächlichen Tradition begreifen, die durch Anerkennungen strukturiert ist, in denen wechselseitige Autoritäten entlang aller drei Dimensionen – der sozialen, der inferentiellen und der geschichtlichen – jene Normen aushandeln und verwalten.

Hegels Pragmatismus, so habe ich behauptet, verpflichtet ihn darauf, bestimmt gehaltvolle begriffliche Normen, die empirisch gewonnen werden, als etwas aufzufassen, das durch die *Erfahrung* instituiert wird, also durch den Prozess des *Verwendens* dieser Begriffe, ihrer Anwendung in der Praxis – also im Urteilen und Handeln. Seinem Idealismus zufolge weist dieser Prozess der Erfahrung eine Konstellation wechselseitiger Autorität auf, deren paradigmatischer Fall gegenseitige Anerkennung ist – die Einheit und Struktur des einzelnen selbstbewussten Selbst. Um zu verstehen, was *Begriffe* sind, müssen wir somit dieselben Begriffe verwenden, die wir brauchen, um *Selbste* zu verstehen. Die Anerkennungsstruktur wechselseitiger Autorität, die wir benötigen, um die Verbindlichkeit bestimmt gehaltvoller Normen begreifen zu können, weist drei Dimensionen auf: eine soziale, eine inferentielle und eine geschichtliche. In diesem Kapitel war es mir nicht möglich, die verwickelten Wechselwirkungen zwischen diesen Dimensionen weiterzuverfolgen, die Hegel für uns umreißt. Aber ich habe kurz darzustellen versucht, was ich als den grundlegendsten Gedanken Hegels erachte: Hegel arbeitet die Einsicht Rousseaus und Kants in einer fundamentalen, auf Autonomie basierten Form von Norma-

der Angemessenheit, welche die Verwendung desjenigen Vokabulars leiten, das Hegel zum Explizit-Machen der Funktionsweise gewöhnlicher Begriffe verwendet, werden uns dort in der Weise mitgeteilt, dass Hegel unterschiedliche *Fehlverwendungen* und Fehlverständnisse untersucht, die, obwohl sie einen Teil des letztendlichen Inhalts einfangen, dennoch zu einander widersprechenden und miteinander unvereinbaren Verpflichtungen führen. Indem ich hier den aufgezeigten Weg der Erklärung eingeschlagen habe, widerspreche ich implizit der Behauptung, dass ein solches Vorgehen notwendig ist. Meines Erachtens verhält es sich mit logischen Begriffen anders als mit gewöhnlichen empirischen Begriffen (Hegels »bestimmten« Begriffen), da jene ihren Inhalt aufgrund ihrer explikativen Funktion erlangen. Einen Entwicklungsweg ihres Inhalts zu erarbeiten lässt sich umgehen, wie mir scheint, so dass wir die Inhalte, die sie am Ende von Hegels beiden Büchern haben sollen, auch direkt darstellen können. Meine Strategie in diesem Kapitel bestand darin, das Modell gegenseitiger Anerkennung zu verwenden, um ebendies zu tun.

tivität aus, und zwar anhand des Modells wechselseitiger Autorität und Verantwortung, dessen Paradigma gegenseitige Anerkennung ist. Dies ist meines Erachtens der Kerngedanke, der Hegels Metaphysik und Logik beseelt und strukturiert.[42]

Zusätzlich haben wir hoffentlich auch genug erfahren, um das von mir angesprochene Problem lösen zu können: Wie müssen wir vor dem Hintergrund der Tatsache, dass Hegel darauf beharrt, dass die Errungenschaft des Selbstbewusstseins einen irreduzibel *sozialen* Charakter hat, seine Rede davon verstehen, dass der Geist als Ganzes die Einheit und Struktur des selbstbewussten einzelnen *Selbst* hat? Die wechselseitige Anerkennungsstruktur, innerhalb welcher der Geist als ein Ganzes sich seiner selbst bewusst wird, ist *geschichtlich*. Sie ist eine Beziehung zwischen verschiedenen Zeitintervallen des Geistes, in welcher die Gegenwart die Autorität der Vergangenheit akzeptiert und wiederum über sie Autorität ausübt, wobei das Aushandeln ihrer Konflikte von der Zukunft verwaltet wird. Dies ist die Anerkennungsstruktur der *Tradition*, die normativ den Prozess jener *Entwicklung* strukturiert, in der Begriffe aufgrund ihrer Anwendung in der Erfahrung ihren Inhalt erlangen. Diesen Prozess zu erhellen stellt letztendlich das Ziel des hegelschen Pragmatismus und Idealismus dar. Indem wir diese Struktur explizit machen, erreichen wir eine Form des Selbstbewusstseins, die Hegel als »absolutes Wissen« bezeichnet. Ihre Grundlinien habe ich hier zu vermitteln versucht.

42 Obgleich die Schwerpunkte in jedem der großen systematischen Werke unterschiedlich gesetzt sind – in der *Phänomenologie* mehr auf der sozialen und geschichtlichen Dimension und in der *Wissenschaft der Logik* mehr auf der inferentiellen –, bin ich der Auffassung, dass die ganze dreidimensionale Struktur durchweg präsent ist. Die große Bewährungsprobe für diese Lesart wird darin bestehen, in welchem Maße sie uns ein Verständnis von Hegels radikal neuer Deutung der Beziehung wechselseitiger Autorität (und mithin auch Verantwortung) zwischen Subjekt und Gegenstand (Gewissheit und Wahrheit, dem Sein der Dinge *für* das Bewusstsein und ihrem Sein *an sich*, Begriff und Sein) erlaubt, einer Beziehung, die zugleich das Bewusstsein (einschließlich der Beziehung von Spontanität und Rezeptivität, Erschaffen und Vorfinden) und *die* Idee strukturiert. Wir können meines Erachtens eine ganze Menge über diese zentrale Beziehung lernen, indem wir uns die Wechselwirkungen zwischen den drei Dimensionen gegenseitiger Autorität anschauen, die ich mir hier angeschaut habe. Ich hoffe, das bei einer anderen Gelegenheit weiter erläutern zu können.

9 Holismus und Idealismus in Hegels *Phänomenologie*

9.1 Einleitung

Der erste Abschnitt von Hegels *Phänomenologie*, überschrieben mit »Bewußtsein«, behandelt unser Verständnis der uns umgebenden physischen Welt. Der nächste Abschnitt geht unter dem Titel »Selbstbewußtsein« dazu über zu untersuchen, wie wir uns selbst und andere verstehen. Diese Ordnung der Darstellung ist weder zufällig noch bloß zweckdienlich. Vielmehr lernen wir am Ende der Entwicklung des Bewusstseins die grundlegende Lektion, dass unsere beste Auffassung der Welt (des *Gegenstands* unserer Erkenntnisvermögen) nur als Teil einer umfassenderen Erklärung verständlich ist, in der wir auch das Wesen des *Subjekts* berücksichtigen, das über diese Vermögen verfügt. Die Begründung dieses Übergangs stellt einen wichtigen Strang in Hegels *Idealismus* dar. In diesem Kapitel werde ich eine rationale Rekonstruktion eines Arguments liefern, das aus meiner Sicht diesen Übergang und den in ihm enthaltenen Idealismus stützt.[1]

1 Um diejenigen, die vielleicht nicht meine ausführliche Diskussion dieses Punktes gelesen haben, vorzubereiten oder zumindest zu warnen, sollte ich noch sagen, dass es sich hierbei um eine Lektüre *de re* der relevanten Passagen des Textes handelt, nicht eine Lektüre *de dicto*. (Zu Ersterem vgl. Robert B. Brandom, *Tales of the Mighty Dead. Historical Essays in the Metaphysics of Intentionality*, Cambridge, Mass./London 2002, Kap. 3.) Diese Begriffe habe ich in *Expressive Vernunft. Begründung, Repräsentation und diskursive Festlegung*, Frankfurt/M. 2000 entwickelt und verwendet. Der dort gegebenen Erläuterung zufolge handelt es sich bei ihnen um zwei Weisen, in denen wir den Inhalt ein und derselben Behauptung spezifizieren können. Mit »Inhalt« meine ich eine inferentielle Rolle in einem weiten Sinne. Dass jemand einen Inhalt erfasst, heißt in erster Näherung demnach, dass er weiß, was aus ihm folgt, was mit ihm unvereinbar ist und was ein Beleg für ihn wäre. Wenn wir den Inhalt *de dicto* darstellen wollen, dürfen wir uns allein auf andere, parallel bestehende Verpflichtungen berufen, die wir dann so angegeben, dass von demjenigen, dem wir die betreffende Behauptung zuschreiben, angenommen werden kann, dass er diese Verpflichtung auch akzeptiert. Für eine Darstellung des Inhalts *de re* wird diese Auflage gelockert. Hier ist der Einsatz von Hilfsannahmen gestattet, die der Interpret als *wahr* ansieht, und zwar unabhängig

9.2 Das Problem, die Bestimmtheit der objektiven Welt zu verstehen

Hegel beginnt den Gedankengang, den ich hier darlegen werde, mit der alltäglichen Vorstellung von der Beschaffenheit der Dinge – der Vorstellung, dass die Welt so-und-so beschaffen ist. Indem wir verstehen, wie die Dinge beschaffen sind bzw. sein könnten, erfassen wir eine gewisse Form von Inhalt. Und Hegels erste Beobachtung ist, dass dieser Inhalt – wie die Dinge beschaffen sind bzw. wie sie beschaffen sein könnten – *bestimmt* sein muss. Damit ist gesagt, dass wir zumindest dazwischen unterscheiden können müssen, ob die Dinge auf die eine oder auf die andere Weise beschaffen sind.

> (1) Die objektive Beschaffenheit der Dinge muss *eindeutig* bzw. *bestimmt* sein.

In der Idee der Bestimmtheit geht es um Identität und Individuation; es geht darum, wie ein Ding von anderen Dingen zu unterscheiden ist.

Wenn wir untersuchen, welche Form der Verschiedenheit in der Idee der Bestimmtheit implizit enthalten ist, so ist es wichtig, zwischen zwei verschiedenen Arten von Unterschieden zu unterscheiden. Eigenschaften (zum Beispiel) können *verschieden*, aber miteinander vereinbar sein wie etwa die Eigenschaften ›viereckig‹ und ›rot‹. Wir können diese als bloße (Hegel sagt »gleichgültige«)

davon, ob derjenige, auf den die Zuschreibung zielt, diese kennt bzw. von ihnen überzeugt ist. Ich werde an verschiedenen wichtigen Stellen meiner Ausführungen auf Gedankengänge zurückgreifen, die Hegel selbst *nicht* explizit macht, die *ich* aber als richtige und wichtige Einsichten befürworte, insofern sie den Gedanken kennzeichnen, der von Hegel zum Ausdruck gebracht wird. (Zu einem alternativen Modell dieser Vorgehensweise mag man an die Erweiterung von Definitionsbereichen in der Mathematik denken. Oft kommt ein wichtiges Schema des einen Definitionsbereichs – sagen wir, die Verteilung der Wurzeln aus Polynomgleichungen, deren Koeffizienten reelle Zahlen sind – erst zum Vorschein, wenn wir sie als Teilmenge eines umfassenderen Definitionsbereichs betrachten, z. B. der komplexen Zahlen. Erst der Blick auf die erweiterte Struktur erlaubt es uns zu sehen, was bereits in der eingeschränkteren wahr ist.) Im vorliegenden Fall werde ich explizit anzeigen, sobald ich Hegels Ausführungen etwas hinzufüge, um die zugrunde liegende Begründung, die ich aus ihnen herauslese, besser sichtbar zu machen.

Verschiedenheit bezeichnen. Aber Eigenschaften können auch verschieden sein im stärkeren Sinne materialer Unvereinbarkeit – der Unmöglichkeit also, dass ein und dasselbe Ding zwei solche Eigenschaften zugleich aufweist – wie etwa die Eigenschaften ›viereckig‹ und ›dreieckig‹. Diese Art können wir als »ausschließende« Verschiedenheit bezeichnen. Mir ist es hier nicht möglich, darauf einzugehen, wie diese Unterscheidung genau getroffen wird. Aber in den Kapiteln zur sinnlichen Gewissheit und zur Wahrnehmung argumentiert Hegel dafür, dass der Gedanke inkonsistent ist, dass die Welt Eindeutigkeit und Bestimmtheit allein im Sinne von *bloßen* Unterschieden aufweist, ohne dass es in ihr auch *ausschließende* Unterschiede gibt. Aus diesem Grund treten verschiedene, aber miteinander vereinbare Eigenschaften immer als Mitglieder von Eigenschaftsfamilien auf, welche sich um Eigenschaften herum bilden, die als verschieden einander ausschließen.

Hegel übernimmt das mittelalterliche (und spinozistische) Prinzip »omnis determinatio est negatio«. Die bloße Unterschiedlichkeit ist aber noch nicht jene Negation, die diesem Prinzip zufolge für Bestimmtheit erforderlich ist. Ein wesentliches, definitorisches Merkmal der Negation ist nämlich die Ausschließlichkeit, welche durch den Satz vom Widerspruch festgeschrieben ist: *p* schließt *nicht-p* aus, das heißt, beides ist miteinander unvereinbar. Für Hegel besteht das Wesen der Negation in dieser Ausschließlichkeit. Er abstrahiert dieses Merkmal vom Fall der formalen Negation und verallgemeinert es, so dass es auch die Form materialer Unvereinbarkeit einschließt, wie sie zum Beispiel zwischen den Eigenschaften ›viereckig‹ und ›dreieckig‹ besteht. (Die formale Negation kann dann gleichsam als Schatten der materialen Unvereinbarkeit wieder auftreten: *Nicht-p* ist das, was mit *p* minimal unvereinbar ist. Es ist das, was aus allem folgt, das mit *p* material unvereinbar ist.) Weit davon entfernt, den Satz vom Widerspruch zurückzuweisen, radikalisiert ihn Hegel sogar, wie ich behaupten möchte, in einem begrifflich tiefgründigen Sinne und macht ihn zum eigentlichen Herzstück seines Denkens.[2]

Die Idee ist demnach folgende:

2 Aus dieser Position heraus kann er das rein formale Prinzip zurückweisen, insofern er es nicht als adäquaten Ausdruck der entscheidenden Beziehung der *bestimmten* Negation ansieht.

(2) Das Wesen der Bestimmtheit ist der modal robuste *Ausschluss*.

Wir fassen Dinge (beispielsweise Propositionen oder Eigenschaften) als bestimmt auf, gerade insofern wir sie als etwas verstehen, das in Beziehungen materialer Unvereinbarkeit zueinander steht.

> [D]ie vielen bestimmten Eigenschaften [...] sind dies [bestimmt nämlich, R. B.] nur, insofern sie sich *unterscheiden* und sich *auf andere* als entgegengesetzte *beziehen*.[3]

> [Das Ding] schließt aber andere [...] von sich aus [...] durch die *Bestimmtheit*. Die Dinge selbst also sind *an und für sich bestimmte*; sie haben Eigenschaften, wodurch sie sich von anderen unterscheiden. [...] [S]ie sind aber bestimmte Eigenschaften an *ihm* nur, indem sie mehrere sich voneinander unterscheidende sind.[4]

Die Idee, mit der Hegel hier arbeitet, ist ein gemeinsames Merkmal sowohl der gegenwärtigen Informationstheorie als auch von Ansätzen in der Semantik, die sich der Idee möglicher Welten bedienen. Der Begriff einer durch ein Signal übermittelten INFORMATION wird über die Weise definiert, in der ihr Empfang dazu führt, dass eine Menge zuvor offener Möglichkeiten für den Empfänger eingeschränkt wird. Bevor ich die Nachricht erhielt, wusste ich nur, dass die Zahl zwischen 0 und 100 liegt; danach weiß ich, dass es sich um eine *gerade* Zahl in diesem Bereich handelt. (Wir dürfen diese grundsätzliche Idee nicht mit der weitaus spezifischeren Strategie verwechseln, nach der sie dahingehend ausgearbeitet wird, dass Zahlen *Maßeinheiten* der Information in diesem Sinne zugeordnet werden.) Die Funktion der Information, die diese zugleich definiert, besteht somit darin, Möglichkeiten auszuschließen. In Mögliche-Welten-Semantiken fasst man wiederum eine Proposition gerade insofern als bedeutsam auf, als sie zu einer *Partitionierung* des Raumes möglicher Welten führt. Ihre Richtigkeit *schließt aus*, dass sich die tatsächliche Welt in dem *einen* Glied der Teilung befindet (obwohl rhetorisch der Fokus eher darauf gelegt wird, dass sie in dem anderen Glied *eingeschlossen* ist).

Der Begriff MATERIALE UNVEREINBARKEIT oder, wie Hegel sagt,

3 Georg Wilhelm Friedrich Hegel, *Phänomenologie des Geistes*, Frankfurt/M. 1986 (hiernach *PhG*), S. 95. (Hervorhebungen i. Orig.)

4 Ebd., S. 100. (Hervorhebungen i. Orig.)

die »bestimmte Negation« ist sein grundlegendes begriffliches Werkzeug. Die folgenden zwei Verwendungen desselben sind besonders wichtig, um die Struktur der Ausformung des Idealismus zu beschreiben, über die ich hier spreche:

– Erstens erlauben uns Beziehungen der bestimmten Negation *Folgerungsbeziehungen* zu definieren, die insofern modal robust sind, als sie kontrafaktische Inferenzen stützen; das zeigt Hegel am Ende des Abschnitts »Bewußtsein« anhand von *Gesetzen*. Die Proposition oder Eigenschaft q folgt aus p genau dann, wenn alles, was mit q unvereinbar ist (von ihm ausgeschlossen wird), auch mit p unvereinbar ist (von ihm ausgeschlossen wird). Beispielsweise folgt daraus, dass etwas die Eigenschaft ›viereckig‹ hat, dass es die Eigenschaft ›vieleckig‹ hat, weil und insofern alles, was mit der Eigenschaft ›vieleckig‹ unvereinbar ist (zum Beispiel die Eigenschaft ›rund‹), auch mit der Eigenschaft ›viereckig‹ unvereinbar ist. In diesem Sinne ist es unmöglich, dass etwas Viereckiges nicht auch vieleckig ist. Wir erkennen somit die Wahrheit des folgenden Satzes (obgleich Hegel diesen Punkt niemals explizit macht):

(3) Beziehungen materialer *Unvereinbarkeit* bringen modale Beziehungen materialer *Folgerung* mit sich.

Insofern Hegel die Rolle des Mittelbegriffs in einem Schluss zum Vorbild nimmt, verwendet er den Ausdruck ›Vermittlung‹, um die *inferentielle* Gliederung der Inhalte zu diskutieren, die Beziehungen der bestimmten Negation mit sich bringen. Wir können die Vermittlung von der bestimmten Negation her verstehen.[5] Für Hegel gründet der Begriff des SCHLIESSENS in dem des AUSSCHLIESSENS. Diese beiden Formen von Beziehung definieren zusammengenommen das, was Hegel mit dem »Begrifflichen« meint:

5 Das gilt auch für die Allgemeinheit, was aber ein anderes Thema ist. Vgl. dazu Georg Wilhelm Friedrich Hegel, *Wissenschaft der Logik*, Frankfurt/M. 1986 (hiernach *WL*), Bd. II, S. 283: »[I]nsofern aber die Bestimmtheit des Unterschieds *gesetzt* ist und dadurch Sein hat, ist sie [d. i. die Allgemeinheit, R. B.] *Form* an demselben, und die Bestimmtheit als solche ist der *Inhalt*.« (Hervorhebungen i. Orig.)

(4) *Begrifflich* gegliedert zu sein bedeutet, in materialen Beziehungen der Unvereinbarkeit und (mithin der) Folgerung (Inferenz) zu stehen.

In diesem Sinne ist die begriffliche Gliederung eine vollkommen objektive Angelegenheit. Sie hat weder offenkundig noch explizit etwas mit irgendwelchen *subjektiven* oder *psychologischen Prozessen* zu tun. Dass sie aber dennoch *implizit* mit solchen Prozessen in Verbindung steht und worin diese Verbindung genau besteht, das müssen wir zeigen, um den objektiven Idealismus (den Idealismus in Bezug auf die objektive begriffliche Struktur der Welt) als theoretische Position zu motivieren.

In Anbetracht dieser Definition können wir Hegels *Begriffs*realismus gerade formal als einen *modalen* Realismus betrachten. Ihm zufolge gibt es modale Sachverhalte, also Möglichkeiten und Notwendigkeiten, wirklich. (Nezessierungen stellen die inferentielle Variante dieser kategorialen Idee dar, bedingte Möglichkeit dagegen die entsprechend schwächere, bedingte Modalität.) Des Weiteren können wir ohne die Anerkennung dieser Sachverhalte gewöhnliche deskriptive Prädikate und Eigenschaften nicht verständlich machen. Hegel behauptet, dass der modale Realismus den objektiven Idealismus erfordert.

- Zweitens, ich habe mit der Vorstellung der Beschaffenheit der Dinge begonnen: der Vorstellung, dass die Welt so-und-so beschaffen ist. Die Beschaffenheit der Dinge zu verstehen heißt, eine gewisse Form von *Inhalt* zu erfassen. Wenn Hegel über Objektivität und Subjektivität spricht, indem er die Ausdrücke ›Wahrheit‹ und ›Gewissheit‹ verwendet, dann beabsichtigt er damit, dass wir uns auf die Idee des Inhalts konzentrieren, anstatt auf die *Gegenstände* der Erkenntnis(ansprüche). An einen Grund, so zu verfahren, erinnert uns Hegels »Einleitung«; dieser besteht darin, dass wir auf diese Weise mit unserer philosophischen Redeform nicht von vornherein die Möglichkeit als inkohärent ausschließen, dass die Beschaffenheit der Dinge an sich auch ihre Beschaffenheit für das Bewusstsein sein kann. Sie wird also nicht ausschließen, dass es einen Sinn von ›Inhalt‹ gibt, dem zufolge zumindest in einigen Fällen

Wahrheit und Gewissheit zwei verschiedene Formen sein könnten, die ein und derselbe Inhalt annimmt. Wenn wir uns von Anfang an terminologisch auf eine Auffassung vom Bewusstsein verpflichten, in der dieses eine *Beziehung* zwischen zwei Arten von Dingen ist, zwischen Subjekten und Gegenständen, dann versperren wir uns dem theoretischen Perspektivenwechsel, den uns Hegel unter dem Titel »Idealismus« nahelegt und der hier mein Thema ist. Die Rede von Subjekten und Gegenständen taucht erst spät auf, nicht gleich zu Anfang; und sobald diese Begriffe offiziell thematisiert werden, im Kapitel zur Wahrnehmung, dann zeigt sich:

(5) Die Begriffe SUBJEKT und GEGENSTAND lassen sich auf der Grundlage von bestimmter Negation bzw. materialer Unvereinbarkeit definieren.

Beide müssen wir als Größen oder Grundeinheiten auffassen, die in einem allgemeinen Sinne Unvereinbarkeiten »abstoßen« bzw. »ausschließen«. Gegenstände stoßen miteinander unvereinbare Eigenschaften (wie ›viereckig‹ und ›dreieckig‹) objektiv ab, insofern ein und derselbe Gegenstand zur gleichen Zeit nicht beide aufweisen *kann* – obgleich sie von verschiedenen Gegenständen aufgewiesen werden können. Und Subjekte stoßen miteinander unvereinbare Verpflichtungen (wie die Verpflichtungen darauf, dass ein Ding viereckig und dass es rund ist) subjektiv ab, insofern ein und dasselbe Subjekt zur gleichen Zeit nicht beide bejahen *sollte* – obgleich sich dieses Verbot nicht auf die Verpflichtungen verschiedener Subjekte bezieht. Die verschiedenen Formen, in denen Gegenstände bzw. Subjekte jeweils etwas »abstoßen« bzw. »ausschließen«, macht deutlich, dass UNVEREINBARKEIT$_{\text{objektiv}}$ und UNVEREINBARKEIT$_{\text{subjektiv}}$ *verschiedene* Begriffe sind. (Während ein Gegenstand nicht zugleich objektiv miteinander unvereinbare Eigenschaften haben *kann*, *sollte* ein Subjekt lediglich nicht zugleich subjektiv miteinander unvereinbare Verpflichtungen eingehen.) Es ist die Quintessenz des *objektiven Idealismus* Hegels, der sich auf die Beziehung zwischen dem subjektiven und dem objektiven Pol des Bewusstseins bezieht, dass eine enge Beziehung zwischen diesen Begriffen besteht – dass sich UNVEREINBARKEIT$_{\text{objektiv}}$ und UNVEREINBARKEIT$_{\text{subjektiv}}$ als zwei Seiten einer Medaille erweisen, von denen jede prinzipiell nur in Hinblick auf die andere verständlich ist.[6]

9.3 Der Holismus

Die Idee der Unmittelbarkeit setzt die Bestimmtheit des Inhalts voraus, kann diese aber selbst nicht garantieren. Ein bestimmter Inhalt muss durch Beziehungen der materialen Unvereinbarkeit gegliedert sein. Diese Feststellung hat zur Folge, dass wir den semantischen Atomismus verwerfen müssen, der den Kern dessen ausmacht, was Wilfrid Sellars später den »Mythos des Gegebenen« nennt; und das in einem Werk, das sich zu Beginn auf Hegel als »großen Feind der Unmittelbarkeit« beruft.[7] Den Begriff UNMITTELBARKEIT selbst können wir nur vor dem Hintergrund vermittelnder Ausschlussbeziehungen verständlich machen – das ist das Ergebnis von Hegels Diskussion sinnlicher Gewissheit.[8]

Indem wir bestimmte begriffliche Inhalte von ihren Ausschlussbeziehungen untereinander her verstehen, verpflichten wir uns auf eine Form des *semantischen Holismus.* Auch wenn es außerhalb der empiristischen Tradition schon früher Denker gab (besonders Kant), die gleichsam ihre Zehen ins holistische Wasser gesteckt haben, ist Hegel der Erste, der explizit den Sprung gewagt hat, die Folgen des semantischen Holismus konsequent zu durchdenken. Worauf aber ist Hegel als Holist genau verpflichtet? Beginnen wir mit Folgendem:

6 Ich werde hier nur einen Teil dieses Ganzen skizzieren. Im Zweiten Teil habe ich ausgeführt, wie wir repräsentationale Beziehungen von den Beziehungen zwischen erfassbaren Sinnen her verstehen können, mithin wie der Begriff NOUMENA aus den Beziehungen zwischen *Phaenomena* entsteht.

7 Vgl. Wilfrid Sellars, *Der Empirismus und die Philosophie des Geistes*, Paderborn 1999, S. 3 f.

8 Der Gedanke zieht sich freilich durch Hegels Schriften. So z. B.: »Aber die Unmittelbarkeit überhaupt geht nur aus der Vermittlung hervor, sie muß daher zu dieser übergehen. Oder die Inhaltsbestimmtheit, welche die Definition enthält, ist darum, weil sie Bestimmtheit ist, nicht nur ein Unmittelbares, sondern durch ihre andere Vermitteltes; die Definition kann daher ihren Gegenstand nur durch die entgegengesetzte Bestimmung fassen und muß daher zur *Einteilung* übergehen.« (*WL* II, S. 519; Hervorhebung i. Orig.)

(6) Wir können zwei Grade holistischer Verpflichtung unterscheiden:

- Der *schwache* Holismus der Individuation besagt, dass eine Gliederung durch Beziehungen materialer Unvereinbarkeit *notwendig* ist, damit etwas begrifflich gehaltvoll sein kann (beispielsweise Sachverhalte und Eigenschaften auf objektiver und Propositionen und Prädikate auf subjektiver Seite).
- Der *starke* Holismus der Individuation besagt, dass eine Gliederung durch Beziehungen materialer Unvereinbarkeit *hinreichend* ist, damit etwas begrifflich gehaltvoll ist (beispielsweise Sachverhalte und Eigenschaften auf objektiver und Propositionen und Prädikate auf subjektiver Seite); das heißt, eine solche Gliederung ist alles, was uns für die Definition bestimmten Gehaltvollseins zur Verfügung steht.

Klarerweise ist Hegel zumindest auf die schwächere Behauptung verpflichtet. So sagt er zum Beispiel in einer typischen Äußerung in der Diskussion der Wahrnehmung, dass mit einer »*unterschiedene[n], bestimmte[n]* Eigenschaft [...] zugleich *viele* solche Eigenschaften, eine die negative der andern, gesetzt [sind]«.[9] *Eine* Eigenschaft können wir nur dann als bestimmt auffassen, wenn wir gleichermaßen *viele andere* – mit ihr unvereinbare – Eigenschaften als bestimmt auffassen. Ist Hegel aber auch auf die stärkere Form verpflichtet?

Es gibt Gründe anzunehmen, dass er es ist. In den gegenwärtig gängigen Theorien, die begriffliche Inhalte über den Ausschluss von Möglichkeiten verstehen – paradigmatisch in Ansätzen wie der Informationstheorie und der Mögliche-Welten-Semantik –, wird der Raum von Möglichkeiten, der durch einen solchen Inhalt partitioniert wird, als etwas betrachtet, das vor jeder solchen Partitionierung fixiert und gegeben ist. Im Gegensatz zu diesen beiden Ansätzen nimmt Hegel *nicht* an, dass uns die verschiedenen Möglichkeiten begrifflich schon *vor* den möglichen (ja tatsächlichen)[10] Inhalten von Nachrichten bzw. Behauptungen zur Verfügung stehen oder dass Eigenschaften schon als etwas für sich verständlich Bestimmtes gegeben sind, *bevor* wir die Ausschlussbeziehungen zwischen ihnen untersucht haben. Denn worin würde ihre Be-

9 *PhG*, S. 94. (Hervorhebungen i. Orig.)
10 Vgl. hierzu die Diskussion des vorangegangenen Kapitels.

stimmtheit bestehen? Wenn die Unmittelbarkeit *als* Unmittelbarkeit selbst *unbestimmt* ist, dann müssen es die Ausschlussbeziehungen sein, worin ihre Bestimmtheit besteht.

Folgendes ist eine relativ einfache Angelegenheit, die wir als eine »asymmetrische relative Individuation« eines Elements in Hinblick auf ein anderes bezeichnen können. Wenn ich die Eigenschaft ›rot‹ als etwas begreife, das aus der Menge von Gegenständen eine ausgezeichnete Teilmenge herausgreift, nämlich all jene Gegenstände, die diese Eigenschaft besitzen, dann kann ich auf diese Weise eine andere Eigenschaft, ›nicht-rot‹, vollständig von ihrem Gegensatz zur ursprünglichen Eigenschaft her identifizieren und individuieren. Auch sie begreife ich als etwas, das aus der Menge der Gegenstände eine ausgezeichnete Teilmenge herausgreift, welche aber von der anderen Eigenschaft her definiert ist, nämlich als Komplementärmenge der ersten. Aber das ist nicht, was uns Hegel zeigt. Er ist vielmehr auf eine *symmetrische*, relative Konzeption der Individuation verpflichtet, der zufolge eine ganze *Menge*, ein ganzes *System* bestimmter Inhalte – ›rot‹, ›blau‹, ›gelb‹ usw. – gleichzeitig »gesetzt« ist, in dem jeder Inhalt durch seine Beziehungen zu (seine strenge Verschiedenheit von) den anderen individuiert ist.[11] Sollte aus dieser Auffassung kein starker Holismus der Individuation folgen, so müssten wir erklären, warum das nicht der Fall ist.

Der zweite Grund dafür, Hegel die Verpflichtung auf einen starken semantischen Holismus der Individuation zuzuschreiben, ist die Weise des Übergangs vom Wahrnehmungskapitel zum Kapitel »Kraft und Verstand«, dessen treibende Kraft im Explizit-Machen einer Form des Holismus besteht. Dies ist jene Form des Holismus, die wir implizit annehmen, sobald wir Eigenschaften so auffassen, dass sie durch die Beziehungen der bestimmten Negation und Vermittlung identifiziert und individuiert werden, in denen sie zueinander (und auf höherer Stufe zu den letztlich als Zentren ihres Ausschlusses definierten Gegenständen) stehen. Gleich an der

11 Vgl. Georg Wilhelm Friedrich Hegel, *Enzyklopädie der philosophischen Wissenschaften im Grundrisse*, Frankfurt/M. 1986 (hiernach *EphW*), Bd. I, § 42, Zusatz. Noch schlimmer, Hegel beharrt darauf, dass wir die Kategorie GEGENSTAND nicht aus der Definition von Eigenschaften gewinnen können, da die Kategorien GEGENSTAND und EIGENSCHAFT selbst in einer symmetrischen holistischen Beziehung zueinander stehen und sich jede der beiden prinzipiell nur von der anderen her verstehen lässt.

Stelle, wo der Begriff KRAFT zum ersten Mal auftritt und so verstanden wird, dass er sich in Kräfte teilt, welche die Funktionen des Veranlassens und des Veranlasstseins haben (Hegel spricht von »Sollizitation«), erfahren wir daher Folgendes:

[D]iese Momente [sind] hiermit nicht an zwei selbständige Extreme verteilt, welche sich nur eine entgegengesetzte Spitze böten, sondern ihr Wesen ist dies schlechthin, jede nur durchs andere, und, was jede so durchs andere *ist*, unmittelbar nicht mehr zu sein, indem sie es *ist*. Sie haben hiermit in der Tat keine eigenen Substanzen, welche sie trügen und erhielten.[12]

Hier scheint es, dass die Beziehungen, in denen ein Element zu anderen Elementen derselben Kategorie steht, nicht bloß *ein* notwendiges Moment der Individuation desselben sind. Es scheint vielmehr, dass diese Beziehungen alles sind, was wir hierfür haben. Die gesamte Diskussion im Abschnitt »Bewußtsein« läuft darauf hinaus, die abschließende holistische Konzeption des Begrifflichen, die Hegel »Unendlichkeit« nennt, zum Thema zu machen. Ganz am Ende dieses Abschnitts der *Phänomenologie* schreibt Hegel:

Die Unendlichkeit [...], daß, was auf irgendeine Weise [...] bestimmt ist, vielmehr das Gegenteil dieser Bestimmtheit ist, ist [...] schon die Seele alles Bisherigen gewesen [...].[13]

Die Konzeption des Begrifflichen als eines »Unendlichen« ist das Zentrum, um das herum Hegels systematisches Denken kreist. Das primäre Ziel, auf das die Darstellung der gesamten *Logik* ausgerichtet ist, besteht darin, diese Konzeption zu begreifen. In der Diskussion am Ende des Kapitels »Kraft und Verstand« setzt Hegel den »Begriff des inneren Unterschieds«,[14] der den Gegensatz zur inadäquaten, atomistischen Konzeption des »absoluten« Unterschieds bildet, wiederholt mit UNENDLICHKEIT gleich. Der Ausdruck wird in der Tat zum ersten Mal als Charakteristikum einer Sache eingeführt, von welcher es heißt:

[S]ie ist sie selbst und ihre entgegengesetzte in *einer* Einheit. Nur so ist sie der Unterschied als *innerer* oder Unterschied *an sich selbst* oder ist als *Unendlichkeit*.[15]

12 *PhG*, S. 114 f. (meine Hervorhebungen, R. B.)

13 Ebd., S. 133.

14 Vgl. ebd., S. 131.

15 Ebd. (Hervorhebungen i. Orig.)

Der innere Unterschied ist die materiale Unvereinbarkeit von Elementen, die wir allein dadurch, dass sie in diesen notwendigen, wechselseitigen Ausschlussbeziehungen zueinander stehen, als die Elemente begreifen können, die sie sind. Der innere Unterschied ist

> ein *Unterschied*, welcher kein *Unterschied* ist oder nur ein Unterschied des *Gleichnamigen*, und sein Wesen die Einheit […]. Es bestehen beide Unterschiedene, sie sind *an sich*, sie sind *an sich als Entgegengesetzte*, d.h. das Entgegengesetzte ihrer selbst, sie haben ihr Anderes an ihnen und sind nur *eine* Einheit.[16]

Um zu verstehen, was eine solche holistische Einheit ist, ist »das Unterscheiden des nicht zu Unterscheidenden oder die Einheit des Unterschiedenen« erfordert.[17]

Die holistische Nachfolgekonzeption zu einer aus *Tatsachen* bestehenden Welt – nämlich die Welt, insofern sie die Struktur der *Unendlichkeit* hat – besteht in der Einsicht, die wir aus der Diskussion der konstitutiven holistischen Verflechtungen von Gesetzen gewinnen.

> Das Einfache des Gesetzes ist die Unendlichkeit, heißt nach dem, was sich ergeben hat, α) es ist ein *Sichselbstgleiches*, welches aber der *Unterschied* an sich ist; oder es ist Gleichnamiges, welches sich von sich selbst abstößt oder sich entzweit. […] β) Das Entzweite, welches die […] Teile ausmacht, stellt sich als Bestehendes dar […]. γ) Durch den Begriff des inneren Unterschiedes aber ist dies Ungleiche und Gleichgültige […] ein *Unterschied*, welcher kein *Unterschied* ist oder nur ein Unterschied des *Gleichnamigen*, und sein Wesen die Einheit […]. Es bestehen beide Unterschiedene, sie sind *an sich*, sie sind *an sich als Entgegengesetzte*, d.h. das Entgegengesetzte ihrer selbst, sie haben ihr Anderes an ihnen und sind nur *eine* Einheit.[18]

Wir sollen das Ganze nun als etwas auffassen, das seine Unterschiede in sich hat, als eine sich gliedernde Struktur, die sowohl für den Aufbau des Ganzen als auch für den Aufbau seiner sich »selbst unterscheidenden« Bestandteile wesentlich ist.

Wir können uns diese Bestandteile als einzelne Tatsachen, spezielle und allgemeine Gesetze denken, vorausgesetzt wir halten uns vor Augen, dass diese nicht als atomistische Elemente verstanden werden können, die wir unabhängig von und vor der Betrachtung

16 Ebd, S. 131 f. (Hervorhebungen i. Orig.)
17 Vgl. ebd., S. 139.
18 Ebd., S. 131 f. (Hervorhebungen i. Orig.)

der modalen Ausschluss- und Einschlussbeziehungen, in denen sie zueinander stehen, verstehen können. Behalten wir fest im Blick, dass unser Thema hier ein holistisch verstandenes System von Elementen ist, die gerade insofern bestimmt gehaltvoll (und also *begrifflich* gehaltvoll) sind, als sie durch Beziehungen materialer Unvereinbarkeit und somit auch materiale Inferenzbeziehungen gegliedert sind. Vor diesem Hintergrund gewinnen wir zumindest einen ersten Einblick in das, was Hegel uns zum Beispiel in der folgenden Passage klarzumachen versucht:

Diese einfache Unendlichkeit oder der absolute Begriff ist das [...], welches allgegenwärtig durch keinen Unterschied getrübt noch unterbrochen wird, das vielmehr selbst alle Unterschiede ist, so wie ihr Aufgehobensein, also in sich pulsiert, ohne sich zu bewegen, in sich erzittert, ohne unruhig zu sein. Sie ist *sichselbstgleich*, denn die Unterschiede sind tautologisch; es sind Unterschiede, die keine sind. [...] [E]ben jene Sichselbstgleichheit ist innerer Unterschied. Diese *Entzweiten* sind somit *an und für sich selbst*, jedes ein Gegenteil – *eines Anderen*; so ist darin schon das *Andere* mit ihm zugleich ausgesprochen. Oder es ist nicht das Gegenteil eines *Anderen*, sondern nur *das reine Gegenteil*; so ist es also an ihm selbst das Gegenteil seiner. Oder es ist überhaupt nicht ein Gegenteil, sondern rein für sich, ein reines sichselbstgleiches Wesen, das keinen Unterschied an ihm hat [...]. Aber indem sie [die Einheit, R. B.] die Abstraktion, nur das eine der Entgegengesetzten ist, so ist es schon gesagt, daß sie das Entzweien ist; denn ist die Einheit ein *Negatives*, ein *Entgegengesetztes*, so ist sie eben gesetzt als das, welches die Entgegensetzung an ihm hat. Die Unterschiede von *Entzweiung* und *Sichselbstgleichwerden* sind darum ebenso nur *diese Bewegung des Sich-Aufhebens*; denn indem das Sichselbstgleiche, welches sich erst entzweien oder zu seinem Gegenteile werden soll, eine Abstraktion oder *schon selbst* ein Entzweites ist, so ist sein Entzweien hiermit ein Aufheben dessen, was es ist, und also das Aufheben seines Entzweitseins. Das *Sichselbstgleichwerden* ist ebenso ein Entzweien; was sich *selbst gleich* wird, tritt damit der Entzweiung gegenüber; d. h. es stellt selbst sich damit *auf die Seite*, oder es *wird* vielmehr ein *Entzweites*.[19]

Der Begriff von Unendlichkeit, um den es hier geht, ist klarerweise ein holistischer. Sollten wir ihn als *im starken Sinne* holistisch verstehen? Wie sich herausstellt, steht die Frage im Raum, ob wir ihn überhaupt so verstehen *können*.

19 Ebd., S. 132 f. (Hervorhebungen i. Orig.)

Auch Hegel bemerkt, was in den Schwierigkeiten, die seine Redeweise mit sich bringt, deutlich zu werden scheint. Es ist noch keineswegs ersichtlich, wie wir solche holistischen Behauptungen im Detail genau zu verstehen haben. Eine der Aufgaben, die Hegel in seiner Darstellung primär leiten – insbesondere den entscheidenden Übergang vom Bewusstsein zum Selbstbewusstsein –, besteht zum einen, wie sich zeigen wird, in der Entfaltung derjenigen theoretischen Verpflichtungen, die in den holistischen Konzeptionen des Inhalts implizit enthalten sind, und zum anderen in der Zusammenstellung der begrifflichen Ressourcen, die zu ihrer Erklärung nötig sind.

Der starke semantische Holismus der Individuation verlangt von uns, begriffliche Inhalte – für Hegel alles, was in einem kohärenten Sinn *bestimmt* ist – so aufzufassen, dass sie eine *holistische relationale Struktur* bilden. Eine solche Struktur bestünde in einem Gegenstandsbereich und einer Menge materialer Ausschlussbeziehungen für diesen Bereich. Des Weiteren sollen wir diesem Holismus zufolge die Elemente des Gegenstandsbereichs selbst so auffassen, dass sie durch die materialen Ausschlussbeziehungen konstituiert werden, in denen sie zueinander stehen. Die Beziehungsglieder werden so gewissermaßen auf die Beziehungen zwischen ihnen zurückgeführt. Und an dieser Stelle sind wir mit einem Problem konfrontiert, das die Form »Henne oder Ei« hat: Die Beziehungen sind durch ihre Beziehungsglieder individuiert und die Beziehungsglieder selbst durch die Beziehungen, die zwischen ihnen bestehen. Zwischen *was* genau bestehen dann aber die Beziehungen? Die Verständlichkeit der Beziehungen selbst gerät mithin in Gefahr. Können wir Beziehungen der Unvereinbarkeit verstehen, ohne irgendeinen vorgängigen Zugriff auf dasjenige zu haben, was unvereinbar ist? Wie kommt die ganze Angelegenheit in Gang? Wenn wir die *asymmetrisch* relative Individuation zugunsten der *symmetrischen* Variante vermieden haben, droht uns diese starke Variante des Holismus unverständlich zu werden. Dasjenige, was gerade die Struktur der Bestimmtheit selbst sein sollte, scheint gänzlich *unbestimmt* und unbeschränkt zu sein. Die streng verschiedenen Elemente werden durch ihre strenge Verschiedenheit definiert. Es besteht eine deutliche Gefahr der Zirkularität, wenn man versucht, ein Element anhand eines anderen zu individuieren, und die Situation symmetrisch ist. Denn in diesem Fall ist das andere Element, auf das man sich beruft, selbst nur anhand seiner Beziehungen zu dem bislang nichtindividuierten Element individuiert, mit dem wir begonnen haben. Eine so beschriebene Struktur läuft Gefahr, »unendlich« zu sein, insofern wir uns auf der Suche nach irgendwelchen festen Unterscheidungen und unterschiedenen Elementen, um mit ihnen den Prozess der Identifikation und Individuation in Gang zu bringen, fortwährend nur um uns selbst drehen.

Es ist nicht nur schwierig, den starken semantischen Holismus der Individuation verständlich zu machen. Es ist, wie mir scheint, vielmehr prinzipiell unmöglich.

> (7) Der starke semantische Holismus der Individuation ist keine kohärente Position.

Wenn wir Hegel verstehen wollen, dann müssen wir einsehen, dass er – ungeachtet dessen, dass uns seine Sprache an verschiedenen Punkten wiederholt dazu einlädt, ihm diese Auffassung zuzuschreiben – in Wirklichkeit *nicht* auf solch einen starken Holismus verpflichtet ist. Wir müssen aber auch begreifen, welche Aspekte dieser Auffassung er *tatsächlich* bejaht, was es dann so verlockend macht, sich in dieser Form auszudrücken. Die Art und Weise, in der Hegel *Bestimmtheit* von der Idee modal robusten *Ausschlusses* her versteht – gleichgültig ob es objektiv gedacht um die wirkliche Beschaffenheit der Dinge geht oder subjektiv um unseren Zugriff darauf, wie sie wirklich beschaffen sein könnten –, birgt eine gewisse Form des *Holismus* in sich. Wie ich bereits angedeutet habe, sollten wir Hegels *Idealismus* so auffassen, dass er sich als implizite Voraussetzung der Verständlichkeit ebendieses Holismus erweist und in dieser Hinsicht in der *Phänomenologie* motiviert wird. Wenn wir die philosophische Berechtigung und Bedeutsamkeit von Hegels Idealismus beurteilen, so ist das Argument, das für diese Behauptung gegeben werden kann, von äußerster Wichtigkeit. Es lohnt daher, einige Sorgfalt darauf zu verwenden, es richtig zu verstehen.

9.5 Ein schlechtes Argument

Unglücklicherweise laden die Texte, die diesen Punkt diskutieren, – im Grunde diejenigen, welche die Begründung für den Übergang von der Betrachtung der Gegenstände des Bewusstseins im Abschnitt »Bewußtsein« hin zur Betrachtung der Subjekte des Bewusstseins im Abschnitt »Selbstbewußtsein« liefern – zu einer Lesart ein, in der wir nur ein sehr schwaches Argument erkennen können. Hegel hebt nämlich gleich von Anfang an hervor, dass das Bewusstsein selbst als etwas aufzufassen ist, das eine holistische Struktur besitzt. Es ist eine Einheit, die wesentlich in der Beziehung zwischen ihren voneinander unterschiedenen subjektiven und objektiven Polen besteht (die sich in erster Instanz in der Wahrnehmung als »unmittelbar sich unterscheidende Momente« zeigen).[20] Es könnte nun so *aussehen*, als ob Hegel sagt: Sobald wir die holistische Struktur der *Gegenstände* des Bewusstseins entdecken, erkennen wir die Ähnlichkeit, die zwischen ihnen und dem Bewusstsein selbst besteht. Dann sollten wir alles Bewusstsein, ganz gleich, wovon, analog zum Bewusstsein von solchen Gegenständen begreifen, die ihrerseits selbst die für das Bewusstsein charakteristische holistische Struktur besitzen. Das heißt, wir sollten ganz allgemein Bewusstsein analog zum Selbstbewusstsein verstehen. Dies können wir das »Analogieargument aus dem Holismus« nennen. Es ist ein Argument für jene Form von Idealismus, in welcher das Bewusstsein nach dem Modell des Selbstbewusstseins verstanden und auf diese Weise der Übergang vom Abschnitt »Bewußtsein« zum Abschnitt »Selbstbewußtsein« garantiert wird. In diesem Sinne finden wir im vorletzten Absatz des Bewusstseinsabschnitts, nach der Diskussion der »Unendlichkeit«, folgende Passage, in der zusammengefasst wird, was die Begründung dafür zu sein scheint, dass Hegel an dieser Stelle zur Beschäftigung mit dem *Selbst*bewusstsein übergeht:

Indem ihm dieser Begriff der Unendlichkeit Gegenstand ist, ist es also Bewußtsein des Unterschieds als eines *unmittelbar* ebensosehr Aufgehobenen; es ist für sich selbst, es ist Unterscheiden des Ununterschiedenen, oder *Selbstbewußtsein*. Ich unterscheide mich von mir selbst, und es ist darin unmittelbar für mich, daß dies Unterschiedene nicht unterschieden ist. Ich,

20 Vgl. *PhG*, S. 93.

das Gleichnamige, stoße mich von mir selbst ab; aber dies Unterschiedene, Ungleich-Gesetzte ist unmittelbar, indem es unterschieden ist, kein Unterschied für mich. Das Bewußtsein eines Anderen, eines Gegenstandes überhaupt, ist zwar selbst notwendig *Selbstbewußtsein*, [...] Bewußtsein seiner selbst in seinem Anderssein. Der notwendige Fortgang von den bisherigen Gestalten des Bewußtseins [...] drückt ebendies aus, daß nicht allein das Bewußtsein vom Dinge nur für ein Selbstbewußtsein möglich ist, sondern daß dies allein die Wahrheit jener Gestalten ist.[21]

Der Gegenstand des Bewusstseins besitzt die holistisch relationale Struktur, die Hegel »Unendlichkeit« nennt. Es handelt sich um eine Struktur von Unterschieden (Ausschlüssen), die »aufgehoben« werden, insofern die Einheit oder Identität der unterschiedenen Elemente so aufgefasst wird, dass sie in diesen wechselseitigen Ausschlussbeziehungen besteht. Aber das Bewusstsein ist selbst eine solche Struktur. Mithin ist das Bewusstsein von Gegenständen ein Bewusstsein von etwas, das die gleiche Struktur besitzt wie das Bewusstsein. Betrachtet man es strukturell, so ist es wie ein Bewusstsein von *Selbsten* und nicht von Gegenständen. Und folglich muss es allgemein als Selbstbewusstsein verstanden werden.

Das ist ein fürchterliches Argument. Bestünde das Ziel dieses Arguments darin, die *Identität* von Bewusstsein und Selbstbewusstsein zu erweisen (wäre dies die Absicht des ›ist‹ in der Behauptung »das Bewußtsein eines Anderen, eines Gegenstandes überhaupt, ist selbst notwendig Selbstbewußtsein«), dann hätte es die gleiche Form wie der folgende, sogenannte »schizophrene Schluss«:

Menschen sterben.
Gras stirbt.
———
Menschen sind Gras.

Es wäre der unrechtmäßige Versuch, Identität aus bloßer Ähnlichkeit abzuleiten. Wenn aber andererseits nur eine Strukturanalogie aufgezeigt werden sollte, dann scheint die Situation hier völlig symmetrisch zu sein. Warum sollte das Selbstbewusstsein aufgrund seines holistischen Charakters als fixes Glied dieser Analogie privilegiert werden, auf deren Grundlage wir dann den holistischen Charakter der Gegenstände des gewöhnlichen Bewusstseins verste-

21 Ebd., S. 134f. (Hervorhebungen von mir, R. B.)

hen sollen? Warum nicht umgekehrt? Unabhängig davon erscheint die Analogie auch nicht besonders stark. Auf den ersten Blick sieht das Verhältnis von Subjekt und Gegenstand im Bewusstsein asymmetrisch aus: Es kann keine bewussten Subjekte ohne Gegenstände geben, aber genau dieselben Dinge, die Gegenstand des Bewusstseins sein können (etwa die von der Naturwissenschaft theoretisch postulierten physikalischen Kräfte), existieren auch, ohne dass Subjekte ein Bewusstsein von ihnen haben. Freilich, es gibt sie nicht *als* Gegenstände des Bewusstseins. Aber spielt das eine Rolle? Die Asymmetrie scheint noch immer eine wirkliche zu sein. Es *könnte* sein, dass Hegel bestreiten will, dass es überhaupt solch eine Asymmetrie zwischen dem Status von Subjekten und von Gegenständen des Bewusstseins gibt. Wenn er dies jedoch täte, wäre er kaum dazu berechtigt, von einer solchen Auffassung *auszugehen*, um für eine idealistische Konklusion zu argumentieren. Ferner scheint sich keine entsprechende Asymmetrie in der holistisch relationalen Struktur zu finden, die er als implizit in der Bestimmtheit der objektiven Welt liegend erkannt hat. (Man könnte versuchen, eine solche auf Grundlage der Asymmetrie auszuarbeiten, die Hegel in der Diskussion der verkehrten Welt herausstellt. Diese Asymmetrie besteht zwischen einerseits den Tatsachen, welche Gegenstände welche Eigenschaften tatsächlich aufweisen, und andererseits den bloß möglichen Instantiierungen von Eigenschaften durch ebendieselben Gegenstände, die aufgrund ihrer jeweiligen Bestimmtheit diese Eigenschaften ausschließen. Allerdings scheint sich dies beträchtlich von der Asymmetrie zwischen Subjekt und Gegenstand zu unterscheiden.) Wenn dem so ist, dann hinge die Analogie zwischen der zugrunde liegenden holistischen Struktur der objektiven Welt, bei der wir am Ende des Abschnitts »Bewußtsein« angelangt sind, und jener holistischen Struktur, die das Bewusstsein haben soll, an einer sehr dünnen und abstrakten Hinsicht, in der beide einander ähnlich sind. Ein dünner Zweig, auf dem das idealistische Gebäude errichtet werden soll.

Wenn es überhaupt etwas bewirkt, so würde alles nur noch schlimmer, wenn Hegel sich auf seine Terminologie beriefe, um den Vergleich abzustützen. Man könnte versuchen, auf die Formel zu verweisen, dass der bestimmte objektive Inhalt (einer Eigenschaft etwa) eine Art der »Identität in der Verschiedenheit« sei, und dann die gleichen Worte verwenden, um das Bewusstsein zu beschreiben. Der bloße Umstand aber, dass man dieselbe Wendung für beides verwenden könnte, fällt hier kaum ins Gewicht, besonders in Anbetracht der soeben angeführten Unterschiede. Hegel kann wiederum sagen, »[a]llein *für sich zu sein* und *zu Anderem sich zu verhalten überhaupt*, macht seine [des Inhalts, R.B.] *Natur* und *Wesen* aus«,[22] und auf gleiche Weise könnte man sagen, dass das Bewusstsein sowohl »für sich sei« als auch »zu Anderem sich verhalte« (das heißt wesentlich ein Bewusstsein seiner selbst und seines Gegenstands umfasst). Dies zeigt jedoch lediglich, dass diese recht metaphorische Redeweise flexibel einsetzbar ist, anstatt dass hier irgendeine sehr erhellende Ähnlichkeit besteht. Die Beziehungen, in denen etwas steht, sein »Sein-für-Andere« zu nennen wäre ein ziemlich billiger Trick, um sich das Recht zu erkaufen, die Gegenstände des Bewusstseins an die bewussten Subjekte anzugleichen – insbesondere im Zusammenhang einer sozialen Theorie des Selbstbewusstseins, in der das Für-sich-Sein vom Sein-für-Andere her erklärt wird. Das Problem besteht weder darin, dass man nicht begründen kann, dass sich dieselbe Terminologie für beide Fälle verwenden lässt, noch darin, dass eine solche Verwendung nicht erhellend sein könnte. Es ist vielmehr, dass man sie begründen muss, damit sie erhellend ist. Am *Ende* dieser Ausführungen werden wir vielleicht begreifen, warum diese Art zu reden sinnvoll ist. Es lässt sich jedoch schwer erkennen, wie diese bildlichen Ausdrücke für sich genommen diese Ausführungen befördern können. Die bloße Möglichkeit, dass wir über die Gegenstände des Bewusstseins und über das Bewusstsein selbst anhand von Ausdrücken sprechen können, die so allgemein sind, dass wir einige Dinge von beiden aussagen, ist eine äußerst schwache Begründung dafür, in der Darstellung zum Abschnitt »Selbstbewußtsein« überzugehen. Sie könnte uns bestenfalls als Entschuldigung für einen Themensprung dienen – frei nach dem Motto: »So, nun schauen wir uns mal das Selbstbewusstsein an, da es ja soeben in den Ausführungen aufgetaucht ist.« Auf diese Weise würden wir jedoch weder ein Argument für irgendeine interessante oder kontroverse Form des Idealismus noch eine Klärung solch einer These liefern. Diese Art von Argument beruht auf einer terminologischen Verschiebung, bei der zwei ziemlich verschiedene Punkte miteinander vermengt werden:

22 Ebd., S. 109. (Hervorhebungen i. Orig.)

Der eine Punkt gehört gänzlich auf die Seite des objektiven Inhalts (Tatsachen, Gegenstände, Eigenschaften), der andere betrifft die Beziehung zwischen solchen Inhalten und Erkenntnissubjekten. Wenn dies das beste Argument wäre, das wir bei Hegel an dieser entscheidenden Verbindungsstelle seiner Theorie finden können, dann gäbe es keinen Grund, seinen Idealismus ernst zu nehmen.

9.6 Objektive Beziehungen und subjektive Prozesse

Einen Ausgangspunkt bildet hier die Unterscheidung zwischen inferentiellen *Prozessen* und inferentiellen *Beziehungen*, die zunächst im Zusammenhang der Logik auftaucht. Gilbert Harman hat provokativ dafür argumentiert, dass es so etwas wie Regeln deduktiven Schließens nicht gibt.[23] Wenn es sie nämlich gäbe, würden sie vermutlich etwas sagen wie »Aus *p* und *Wenn p, dann q* ist *q* zu folgern«. Das aber wäre eine schlechte Regel. Es könnte nämlich sein, dass wir bereits über Belege gegen *q* verfügen, die weitaus besser sind als die, die entweder für *p* oder für das Konditional sprechen. In diesem Fall sollten wir eine dieser Propositionen aufgeben. Die deduktive Logik lehrt uns nur, von den drei Propositionen *p*, *Wenn p, dann q* und *~q* nicht alle zu glauben. Sie sagt uns jedoch nicht, was wir inferentiell *tun* sollen. Sie spezifiziert lediglich einige deduktive *Beziehungen* der Implikation und Unvereinbarkeit, durch die das, was wir tun sollen, *beschränkt* wird, ohne es aber *festzulegen*. Die Inferenz ist ein *Prozess*, die Implikation eine *Beziehung*. Es kann letztlich nur Verwirrung daraus entstehen, wenn man die ziemlich verschiedenen Begriffe INFERENTIELLER PROZESS und INFERENTIELLE BEZIEHUNG zusammenwirft. Ich bezeichne Folgendes als »Harmans Einsicht«:

> (8) Wir müssen zwischen inferentiellen *Beziehungen* (Beziehungsstrukturen[24]) und inferentiellen *Prozessen* unterscheiden und das Verhältnis beider betrachten.

Harman macht diesen Punkt im Kontext der formal deduktiven Logik, aber er findet auch darüber hinaus Anwendung.

23 Vgl. Gilbert Harman, »Logic and Reasoning«, in: *Synthese* 60.1 (1984), S. 107-127.

24 Zunächst Beziehungsstrukturen von Begriffen unterster Stufe.

Insbesondere Hegels Ausdruck ›Schluß‹ weist genau diese Mehrdeutigkeit von Beziehung und Prozess auf. Im Englischen wird er gewöhnlich mit ›syllogism‹ übersetzt, und zwar aus dem guten Grund, dass der Ausdruck ›Schluß‹ historisch in Deutschland für die Behandlung der syllogistischen Inferenzen von Aristoteles verwendet wurde. Und es gibt Stellen, besonders die Diskussion der Formen des Schlusses in der *Wissenschaft der Logik*, an denen dies die einzige passende Übersetzung ist. Der Ausdruck hat jedoch weitere Bedeutung und meint im Allgemeinen das, was ich »Inferenz« nenne. Und während klar ist, dass Hegel zuweilen über die *Beziehungen* spricht, die zwischen den verschiedenen Elementen eines klassischen Syllogismus bestehen – beispielsweise über den Status bzw. die Rolle des Mittelbegriffs –, so ist ebenfalls klar, wie wir noch sehen werden, dass er zuweilen auch über die *Bewegung* von den Prämissen zur Konklusion spricht.[25] (Verwandte Ausdrücke wie etwa ›Vermittlung‹ haben einen ähnlichen Doppelsinn.) Tatsächlich ist ein Hauptanliegen Hegels, wie ich argumentieren werde, das *Verhältnis* von inferentiellen Beziehungen und inferentiellen Praktiken bzw. Prozessen.

Wir haben gesehen, dass Hegel einen noch grundlegenderen Begriff als MATERIALE INFERENZ hat: den Begriff MATERIALE UNVEREINBARKEIT. Die einzigen Formen von Inferenz, die aus Hegels Sicht einen Beitrag zum bestimmten begrifflichen Inhalt leisten, sind modal robuste Inferenzen, die sich von Ausschlussbeziehungen herleiten. Indem wir davon ausgehen, dass material *inferentielle* Beziehungen (Vermittlung, Schlüsse) in materialen Beziehungen der *Unvereinbarkeit* (bestimmter Negation, Ausschlüssen) fundiert sind, gelangen wir dahin, die Einsicht Harmans auszuweiten – nämlich auf Beziehungsstrukturen, die durch *Ausschluss* und (mithin durch) *Nezessierung* definiert sind. Dementsprechend lautet Hegels Variante von Harmans Einsicht in etwa wie folgt:

> (9) Indem wir Bestimmtheit auf der Grundlage von materialer Unvereinbarkeit und somit von Inferenzen verstehen, sollten wir zwischen *Beziehungen* und *Prozessen* unterscheiden.

25 Dies wird für Leser der englischen Übersetzung der *Phänomenologie* zuweilen unklar, da es zu *syllogism*, anders als zu ›Schluss‹, kein zugehöriges natürliches Verb gibt. In der *Wissenschaft der Logik* verwendet Hegel oft die Wendung »Verlauf der Schlüsse«; vgl. etwa *WL* II, S. 401.

Es ist meines Erachtens hilfreich, die Unterscheidung zwischen *objektiver* Unvereinbarkeit, wie sie sich bei Situationen, Eigenschaften, Sachverhalten oder auch bei den bestimmten Elementen einer »unendlichen« holistischen begrifflichen Beziehungsstruktur findet, und der *subjektiven* Unvereinbarkeit von Verpflichtungen anhand des harmanschen Modells von *Beziehungen* und *Prozessen* (bzw. Praktiken) zu deuten. So gedeutet, korrespondiert der *Beziehung* der Unvereinbarkeit von Tatsachen und Eigenschaften, die auf der *objektiven* Seite der *Wahrheit* angesiedelt ist, auf der *subjektiven* Seite der *Gewissheit* der *Prozess* des Auflösens miteinander unvereinbarer Verpflichtungen, welcher selbst darin besteht, dass eine dieser Verpflichtungen überarbeitet oder aufgegeben wird. Als eine Variation jenes Gedankens, den oben ich schon angeführt habe, können wir sagen: *Objektiv* miteinander unvereinbare Eigenschaften *können nicht* denselben Gegenstand charakterisieren (objektiv miteinander unvereinbare Tatsachen nicht dieselbe Welt), während *subjektiv* miteinander unvereinbare Verpflichtungen dasselbe Subjekt lediglich *nicht* charakterisieren *sollten*. Wann immer Letzteres der Fall ist, handelt es sich um einen *Irrtum*. Indem wir diesen anerkennen, tun wir (wie Hegel in der »Einleitung« argumentiert) nichts anderes, als unsere je eigenen Verpflichtungen als etwas zu betrachten, das gegenüber einer objektiven Welt verantwortlich ist (in dem hierfür konstitutiven Sinne, dass wir sie *als* Repräsentationen *von* einer solchen Welt betrachten). Indem wir aber einen Irrtum, also die Unvereinbarkeit von zwei unserer eigenen Verpflichtungen anerkennen, erkennen wir die Pflicht an, etwas *zu tun* – die Pflicht, unsere je eigenen Verpflichtungen zu *ändern*, um dadurch die Unvereinbarkeit zu beseitigen bzw. auszubessern.

Meines Erachtens behauptet der Idealismus, der bei Hegel im Übergang vom Abschnitt »Bewußtsein« zum Abschnitt »Selbstbewußtsein« zum Vorschein kommt, grob das Folgende: Wir können die Beziehungen *objektiver* Unvereinbarkeit, die jene begriffliche Beziehungsstruktur gliedern, durch die die objektive Welt eine *bestimmte* Welt ist, nicht verstehen, wenn wir nicht zugleich auch die *Prozesse* und *Praktiken* verstehen, welche die Anerkennung der *subjektiven* Unvereinbarkeit von *Verpflichtungen* ausmachen, wodurch wir diese Verpflichtungen als Repräsentationen *von* einer solchen Welt behandeln, insofern sie sich dieser Welt gegenüber für ihre Richtigkeit verantworten.

In einer Auffassung dieser Art vom Verhältnis zwischen subjektiven Erkenntnis*prozessen* und den *Beziehungen*, durch die mögliche Erkenntnisgegenstände gegliedert sind, wird Harmans Einsicht in eine andere Dimension hin ausgeweitet. Sie erfordert nämlich nicht bloß, dass wir zwischen begrifflichen Beziehungen (paradigmatisch Beziehungen materialer Unvereinbarkeit und Inferenz) und begrifflichen Prozessen (des Überarbeitens von Überzeugungen und Begriffen) *unterscheiden*, sondern ferner auch, dass unser Erfassen dieser Beziehungen darin *besteht*, dass wir in die entsprechenden Prozesse eintreten. Bei dieser Auffassung handelt es sich um eine spezifischere Variante des Bregriffspragmatismus.

> (10) Begriffspragmatismus: Das Erfassen eines Begriffs (begrifflichen Inhalts) ist eine *praktische* Fähigkeit, das Beherrschen einer Praxis bzw. die Fähigkeit, einen Prozess zu durchlaufen oder in ihn einzutreten. Es ist eine Fähigkeit, etwas *zu tun*.

(Sellars legt eine sprachliche Variante dieses Begriffspragmatismus vor, indem er behauptet, dass einen Begriff zu erfassen immer heißt, die Verwendung eines Wortes zu beherrschen.) Angewandt auf den vorliegenden Fall bedeutet dies: Indem wir die objektive Beziehung der bestimmten Negation bzw. materialen Unvereinbarkeit verstehen, welche die grundlegende Struktur des Begrifflichen ausmacht, erkennen wir letztlich praktisch nur unsere subjektive Pflicht an, in jenen Prozess einzutreten, in dem wir Unvereinbarkeiten zwischen den eigenen Verpflichtungen auflösen.[26]

Rückübertragen auf den sehr einfachen Fall von Harman, mit dem wir begonnen haben, stützt der Begriffspragmatismus eine stärkere Behauptung als diejenige, die Harman selbst aufstellt. Der Begriffspragmatismus stützt die Behauptung, dass wir den Begriff deduktiver *Beziehungen* der Implikation nicht verstehen können, solange wir diese nicht *als* normative Beschränkungen von inferentiellen *Prozessen* auffassen, in denen wir unsere je eigenen Überzeugungen auf rationale Weise ändern. Dass es sich bei den betreffenden Beziehungen um Beziehungen der *Implikation* handelt, bedeutet dieser Idee zufolge gerade, dass sie eine gewisse Rolle in

26 So sagt es auch Hegel: »Das subjektive Bewußtsein des absoluten Geistes ist wesentlich in sich Prozeß [...].« (*EphW* III, § 555)

der Beschränkung der rationalen Veränderung von Überzeugungen spielen. Wer diesem Gedanken zustimmt, geht über die ursprüngliche Einsicht Harmans hinaus. Denn Harman behauptet nicht, dass der Umstand, dass eine Proposition zu einer anderen in einer Beziehung der Implikation bzw. Folgerung steht, *nichts anderes* bedeute, als dass gewisse inferentielle Züge im Gegensatz zu anderen richtig bzw. angemessen sind (und *vice versa*). Er betrachtet folglich den Prozess, in dem wir inferentielle Beziehungen erfassen, nicht als ein wesentliches, definitorisches Element dessen, was diese Beziehungen ausmacht.[27]

9.7 Der objektive Idealismus und die Abhängigkeit des Sinns und der Referenz

Es ist hilfreich, hier einige Definitionen einzuführen:

(11) Der Begriff P ist *seinem Sinn nach* von dem Begriff Q *abhängig* genau dann, wenn wir nicht als jemand gelten können, der P erfasst hat, es sei denn, wir gelten auch als jemand, der Q erfasst hat.

(12) Der Begriff P ist *seiner Referenz nach* von dem Begriff Q *abhängig* genau dann, wenn P auf nichts Anwendung findet, es sei denn, Q findet auf etwas Anwendung.[28]

27 Dieses Verhältnis sollte als symmetrisch und gegenseitig verstanden werden: Wir verstehen auch die Idee von Verpflichtungen, die mit einem repräsentationalen Anspruch auftreten, nicht und mithin auch nicht den Begriff UNVEREINBARKEIT$_{\text{subjektiv}}$, solange wir nicht zugleich die Idee einer bestimmten Welt verstehen; für sie bestimmt zu sein bedeutet, dass sie anders sein kann, als wie sie repräsentiert wird. Und diese letztere Idee ist durch Beziehungen der UNVEREINBARKEIT$_{\text{objektiv}}$ gegliedert.

28 Dies können wir eine »grobe« Abhängigkeit der Referenz nennen, die nur Folgendes behauptet: Wenn die eine Eigenschaft in der Welt instantiiert ist, dann ist in derselben Welt auch die andere instantiiert. Eine »feine« Abhängigkeit der Referenz würde dagegen behaupten: Wenn irgendein Gegenstand die eine Eigenschaft instantiiert, dann instantiiert *derselbe Gegenstand* auch die andere. Die Begriffe LEHRER und SCHÜLER sind (einige einfache Stipulationen vorausgesetzt) in der ersten Weise aufeinander bezogen, die Begriffe QUADRATISCH und RECHTECKIG dagegen in der zweiten Weise.

Als paradigmatisches Beispiel einer Behauptung der Abhängigkeit des Sinns kann Sellars' klassisches Argument aus *Empirismus und die Philosophie des Geistes* gelten. Ihm zufolge kann jemand die Redeform ›Es scheint, …‹ nicht beherrschen, wenn er nicht die Redeform ›Es ist der Fall, dass …‹ beherrscht. Die Begriffe NAGEL und HAMMER sind wohl in ebendieser Weise aufeinander bezogen: Wir können nicht verstehen, was ein Nagel ist – etwas, das dazu gedacht ist, mit einem Hammer eingeschlagen zu werden –, ohne zugleich zu verstehen, was ein Hammer ist.[29]

Ein wichtiger Punkt, den wir nicht außer Acht lassen dürfen, ist hier folgender:

> (13) Aus einer Abhängigkeit des Sinns (*sense dependence*) folgt keine Abhängigkeit der Referenz (*reference dependence*).

Das bedeutet, selbst wenn der Begriff NAGEL seinem Sinn nach von dem Begriff HAMMER abhängt, so würde hieraus nicht folgen, dass es keine Nägel *geben* kann, wenn es keine Hämmer gibt, um sie einzuschlagen. (Vielleicht wurden Nägel einfach früher erfunden, oder alle Hämmer sind zerstört worden.[30]) Dieser Gedanke wird am deutlichsten, wenn wir die *Intensionen* und *Extensionen* von Begriffen im Rahmen möglicher Welten betrachten. Man betrachte eine Eigenschaft bzw. eine Intension, die über einen Vergleich *de re* definiert ist, etwa HAT EINE GRÖSSERE MASSE ALS DIE SONNE, UM DIE SICH DIE ERDE (TATSÄCHLICH) DREHT. (Wenn ich hier von einem Vergleich »*de re*« spreche, markiert das lediglich eine geläufige Unterscheidung des Skopus: Um die Anwendung des Begriffs zu beurteilen, müssen wir *zuerst* die Masse der Sonne bestimmen, um die sich die Erde in *dieser* Welt dreht, und diese *dann* mit der Masse von Körpern in anderen möglichen Welten vergleichen.) Ich gehe davon aus, dass diese Intension nur im Zusammenhang

29 Da Hämmer dazu gedacht sind, neben dem Einschlagen von Nägeln auch zu verschiedenen anderen Dingen verwendet zu werden, ist die Beziehung in diesem Fall nicht wechselseitig.

30 Ich bin mir nicht sicher, ob nicht Heidegger im ersten Abschnitt von *Sein und Zeit* diesbezüglich etwas durcheinandergebracht hat (vgl. Martin Heidegger, *Sein und Zeit*, Tübingen 2001). Sicherlich haben jedoch einige Kommentatoren der »Bewandtnis des Zuhandenen«, welche das Zuhandensein strukturiert, es klar versäumt, die zwei Typen von Behauptung zu unterscheiden, welche ich hier »Abhängigkeit des Sinns« und »Abhängigkeit der Referenz« nenne.

mit einer anderen Intension verständlich ist, nämlich DIE MASSE DER SONNE, UM DIE SICH DIE ERDE DREHT. Niemand kann als jemand gelten, der Erstere versteht, wenn er nicht zugleich Letztere versteht. (Selbstverständlich ist es für ein Verständnis des Begriffs nicht erforderlich zu wissen, welche Masse die Sonne genau hat, um die sich die Erde dreht; wir müssen also nicht eine bestimmte Anzahl von Kilogramm oder Pfund angeben können.) Und hier geht es nicht allein um unser Verstehen. Es geht um die Intensionen der Begriffe selbst: Die eine ist durch die andere (als eine Funktion dieser) definiert. Es ist jedoch klar, dass es Sterne geben kann, welche die Eigenschaft besitzen, eine größere Masse zu haben als die Sonne, um die sich die Erde dreht, auch wenn sie in einer möglichen Welt existieren, in der sich die Erde und ihre Sonne niemals herausgebildet haben. Die abhängige Intension kann folglich instantiiert sein, auch wenn die Intension, von der sie abhängt, es nicht ist.

Ein anderes Beispiel: Die Eigenschaft, von einer verlässlichen Prozedur der Meinungsbildung hervorgebracht worden zu sein, hängt begrifflich von der Eigenschaft ab, eine wahre Überzeugung zu sein. Denn eine verlässliche Prozedur der Meinungsbildung ist von der Art, dass sie Überzeugungen hervorbringt, die wahrscheinlich wahr sind. Aber eine Überzeugung kann die abhängige Eigenschaft aufweisen, ohne zugleich jene Eigenschaft aufzuweisen, von der die erste Eigenschaft abhängt. Sie kann folglich von einer verlässlichen Prozedur hervorgebracht und dennoch nicht wahr sein.

Aus dem Umstand, dass P_2 als eine Intension definiert ist, die eine Funktion der Intension P_1 ist, folgt schlicht und einfach nicht, dass, wo immer P_2 instantiiert ist, auch P_1 instantiiert ist. Die definitorische Abhängigkeit von *Intensionen* hat *de facto* keine Abhängigkeit von *Extensionen* zur Folge.

Wenn wir also zuerst die Einsicht Harmans, die aus der formalen Logik stammt, ausdehnen und auch auf materiale Beziehungen der Inferenz und Unvereinbarkeit anwenden, sie dann noch zu einer theoretischen Verpflichtung auf eine Art von Begriffspragmatismus verstärken, dann erhalten wir eine charakteristische *Behauptung einer wechselseitigen Abhängigkeit des Sinns*:

> (14) Der Begriff einer *objektiven* Welt ist nur in dem Maße verständlich, in dem wir den *subjektiven* Prozess des Anerkennens von Irrtümern – Hegels »Erfahrung« – verstehen, der

darin besteht, zwei Verpflichtungen, die wir bei uns vorfinden, als miteinander *unvereinbar* zu behandeln.

Diesen Strang des hegelschen Idealismus, den wir als *objektiven Idealismus* bezeichnen können, sollten wir meines Erachtens so auffassen, dass in ihm die hier erläuterte Gattung einer wechselseitigen Abhängigkeit des Sinns zwischen dem Reich der Wahrheit und dem der Gewissheit ausformuliert wird. Nehmen wir hier noch Hegels grundlegenden Begriff hinzu, so ergibt sich folgende, etwas artikuliertere Variante:

> (15) Objektiver Idealismus: Die Begriffe UNVEREINBARKEIT$_{\text{objektiv}}$ und UNVEREINBARKEIT$_{\text{subjektiv}}$ und *damit* die Begriffe OBJEKTIV BESTIMMTE WELT einerseits und IRRTUM und ERFAHRUNG – welche den Prozess charakterisieren, in dem wir miteinander unvereinbare Verpflichtungen auflösen – andererseits sind ihrem Sinn nach wechselseitig voneinander abhängig.

Hegel zufolge ist die wechselseitige Abhängigkeit des Sinns begrifflich fundamental, die zwischen den Begriffen UNVEREINBARKEIT$_{\text{objektiv}}$ und UNVEREINBARKEIT$_{\text{subjektiv}}$ besteht und in den verschiedenen Hinsichten zum Ausdruck kommt, in denen Gegenstände und Subjekte Unvereinbarkeiten von Eigenschaften bzw. Verpflichtungen »abstoßen«.[31] Die Überzeugungskraft dieser Behauptung wird uns aber vermutlich noch deutlicher, wenn wir ihre Anwendbarkeit auf Phänomene untersuchen, die wir, wie Hegel im Abschnitt »Bewußtsein« unter großem Aufwand zeigt, von diesen Unvereinbarkeiten her definieren können, nämlich auf Begriffe wie GEGENSTAND und EIGENSCHAFT, TATSACHE und GESETZ (bzw. NOTWENDIGKEIT).

Die folgenden drei Beispiele objektiv-idealistischer Thesen sollten meines Erachtens von gegenwärtigen Vertretern des Begriffspragmatismus je für sich verteidigt werden können:[32]

31 Obgleich diese beiden Strukturen letztlich zugunsten von etwas selbst noch stärker Holistischem aufgehoben werden, nämlich zugunsten der »unendlichen« holistischen Beziehungsstruktur der Unvereinbarkeit, die sich am Ende des Abschnitts »Bewußtsein« findet, und, zum Ende des Abschnitts »Vernunft« hin, zugunsten situierter verkörperter Gemeinschaften.

32 Die ersten zwei habe ich in meinem Buch *Expressive Vernunft* explizit verteidigt

– Erstens hängen die Begriffe SINGULÄRER TERMINUS und GEGENSTAND ihrem Sinn nach wechselseitig voneinander ab. Keiner von ihnen lässt sich verstehen, wenn wir nicht zumindest implizit den jeweils anderen und die grundlegenden Beziehungen zwischen beiden verstehen. Nur wer singuläre Termini verwenden kann, vermag auch Gegenstände herauszugreifen und sie von Eigenschaften, Sachverhalten und Situationen zu unterscheiden. Und die Verwendung singulärer Termini beherrschen wir so lange nicht, wie wir nicht verstehen, dass diese für Gegenstände stehen. Kants Spielart des Idealismus hängt teilweise davon ab, wie er das Verhältnis auffasst, das zwischen der Bezugnahme unserer Urteile auf Gegenstände und dem Umstand besteht, dass Urteile (direkt oder indirekt) singuläre Repräsentationen enthalten. Frege (der über die Anrede als »Idealist« nicht weniger entsetzt gewesen wäre als jeder andere unserer Zeitgenossen, der aber eine nicht weniger vorschnelle Auffassung davon hatte, worin das Anliegen des Deutschen Idealismus bestand) argumentiert in den *Grundlagen der Arithmetik* energisch und überzeugend für eine Abhängigkeit des Sinns in zumindest einer Richtung – nämlich des Begriffs GEGENSTAND von dem Begriff SINGULÄRER TERMINUS (jene Richtung, die für Idealisten am wichtigsten ist).[33]

– Zweitens hängen die Begriffe AKT DES AUSSAGENS und TATSACHE ihrem Sinn nach wechselseitig voneinander ab. Es ist ein wesentliches Merkmal von Tatsachen, dass sie der Inhalt von Aussagen, Urteilen, Überzeugungen sein können, dass sie also behauptbar und denkbar sind und geglaubt werden können. Was eine Tatsache ist, wissen wir nicht, solange wir nicht verstehen, dass sie ausgesagt werden kann. Diese Art zu denken steht einer Erklärungsordnung entgegen, in der man mit Gegenständen beginnt und versucht, Tatsachen als Anordnungen von Gegenständen aufzufassen. Dies könnten wir als ein »Baukasten«-Bild von Tatsachen

und dort auch einiges an Ausgangsmaterial bereitgestellt, das zusammengetragen werden müsste, um auch die dritte, sellarssche Behauptung zu rechtfertigen.

33 Vgl. Gottlob Frege, *Die Grundlagen der Arithmetik. Eine logisch mathematische Untersuchung über den Begriff der Zahl*, Stuttgart 1986.

bezeichnen. Man würde dann damit fortfahren, Sätze als spezielle Formen komplexer Repräsentation aufzufassen, in denen Gegenstände so repräsentiert werden, dass sie durch Eigenschaften charakterisiert sind und in Beziehungen zueinander stehen. (Wittgensteins *Tractatus* wird oft dahingehend missverstanden, als würde darin solch eine Auffassung vertreten.) Meines Erachtens muss aber ein solcher Ansatz scheitern, sobald es darum geht, propositionale Inhalte als solche verständlich zu machen. Die offensichtlichen Schwierigkeiten, die diese Strategie beispielsweise mit modalen, probabilistischen und normativen Tatsachen hat, sind dabei bloß oberflächliche Anzeichen tiefgreifenderer Schwierigkeiten. Diese bestehen darin, dass man hier versucht, den Begriff PROPOSITION oder TATSACHE in einem Rahmen verständlich zu machen, in dem zugleich außer Acht gelassen wird, was es heißt, einen Ausdruck als Aussagesatz zu verwenden. Mein Ziel ist es hier nicht, für die Behauptung einer Abhängigkeit des Sinns zu argumentieren, sondern sie lediglich einer ihr entgegengesetzten Herangehensweise gegenüberzustellen und so anzudeuten, dass es sich bei ihr um keine Auffassung handelt, die wir pauschal abtun sollten.

– Drittens hängen die Begriffe NOTWENDIGKEIT und GESETZ einerseits und KONTRAFAKTISCH-ROBUSTE INFERENZ andererseits ihrem Sinn nach wechselseitig voneinander ab. Auf der Grundlage seines Begriffspragmatismus hat Sellars für die kontroversere Richtung dieser Abhängigkeit des Sinns argumentiert: Wir haben den Unterschied zwischen gesetzmäßigen und »bloßen« Regularitäten nicht erfasst, solange wir die Ersten im Gegensatz zu Letzteren nicht als etwas auffassen, das kontrafaktische Begründungen unterstützt. (Hegels Variante hiervon ist die Verknüpfung zwischen den Begriffen GESETZ und ERKLÄRUNG, die sich grob so zueinander verhalten wie die Begriffe WAHRNEHMBARE EIGENSCHAFT und ANERKENNUNG DES IRRTUMS.)

Wenn wir diese Behauptungen bewerten, denen zufolge diese Begriffe, die unser Verständnis der Struktur der objektiven Welt gliedern, ihrem Sinn nach von den Begriffen abhängen, die unseren praktischen und erkennenden Tätigkeiten zugehören, dann ist es wichtig, fest im Blick zu behalten, dass die Abhängigkeit des Sinns keine Abhängigkeit der Referenz einschließt (siehe These 13 oben). Behauptet wird also *nicht*: Gäbe es keine Erkenntnistätigkeit – kein Auflösen subjektiv miteinander unvereinbarer Verpflichtungen, keine Verwendung singulärer Termini, keinen Akt des Aussagens, kein kontrafaktisches Begründen –, dann gäbe es auch keine bestimmte Weise, in der die Welt beschaffen ist, keine Gegenstände, Tatsachen oder Gesetze. Wir haben nicht den geringsten Grund zu glauben, dass Hegel irgendetwas dieser Art gemeint hat. Indem er seine Behauptungen einer Abhängigkeit des Sinns aufstellt, die meines Erachtens den objektiven Idealismus ausmachen, verpflichtet er sich mit Sicherheit nicht auf solch eine Idee.

Um dieses entscheidende Merkmal des Idealismus zu verdeutlichen, kann es hilfreich sein, wenn wir unseren Blick auf einen weniger kontroversen Fall richten, der sich zum objektiven Idealismus einigermaßen analog verhält, insofern auch in diesem Fall die Eigenschaften objektiver Dinge ihrem Sinn nach von subjektiven Tätigkeiten abhängen. Man denke beispielsweise an Eigenschaften, die *von Reaktionen abhängen* (*response dependent*). Damit meine ich Eigenschaften, die anhand jener Beziehung definiert sind, in der sie zu den Reaktionen von etwas anderem stehen. Allgemein hat eine solche Definition die folgende Form:

> Ein Gegenstand hat die Eigenschaft *E* genau dann, wenn ein Lebewesen der Art *A* (unter Umständen *U*) in der Weise *R* auf ihn reagieren *würde*.

Aus dem Umstand, dass *E* in diesem Sinne eine von Reaktionen abhängige Eigenschaft ist, folgt, dass sie (per Definition) ihrem Sinn nach von anderen Begriffen abhängt, insbesondere von der Reaktion *R* (wie auch von *A* und *U*). Die Eigenschaft *E* bleibt uns unverständlich, solange wir nicht die Reaktion *R* verstehen. Für unsere Zwecke spielt es dabei keine Rolle, welche Eigenschaften in dieser Weise als ihrem Sinn nach abhängig aufgefasst werden. Es ist plausibel, dass die Eigenschaften ›humorvoll‹ oder ›lustig‹ von dieser Art sind. Eine Bemerkung oder Begebenheit ist humorvoll bzw. lustig genau dann wenn die richtigen Personen (diejenigen mit einem Sinn für Humor) unter geeigneten Umständen geneigt sind, sie lustig *zu finden*, das heißt, über sie zu lachen. Einige sind der Meinung, dass auch ›schön‹ eine Eigenschaft ist, die von Reaktionen abhängt. Der Gedanke einer Abhängigkeit von Reaktionen [*response dependence*] wurde ebenfalls in der Analyse von Begriffen sekundärer Qualitäten verfolgt, indem man Eigenschaften wie zum Beispiel ›rot‹ herausgriff. Rot zu sein bedeutet gerade, auf eine solche Weise beschaffen zu sein, dass Lebewesen mit einem geeigneten Sehvermögen in einer gewissen Art und Weise reagieren, nämlich mit einer bestimmten Art von Erfahrung – es *erscheint* ihnen rot.[34]

Ungeachtet dessen, ob wir irgendeine dieser besonderen, potentiell philosophisch rätselhaften Arten von Eigenschaften am besten als Eigenschaften auffassen sollten, die von Reaktionen abhängig sind, ist der Begriff einer von Reaktionen abhängigen Eigenschaft klarerweise in sich kohärent. Es sollte ferner ebenfalls klar sein, dass aus einer Definition, die wie die obige eine Abhängigkeit von Reaktionen enthält, nicht folgt, dass in einer Welt ohne Lebewesen der Art *A*, ohne Reaktionen *R* bzw. Umstände *U* nichts die so definierte Eigenschaft *E* hätte. Es könnte nämlich dennoch (kontrafaktisch, in so vorgestellten Fällen) Gegenstände geben, die die folgende dispositionale Eigenschaft haben: Wenn diese Gegenstände in Umstände *U kämen* und es Lebewesen der Art *A gäbe*, dann *würden* diese Lebewesen Reaktionen wie *R* zeigen. Selbst wenn Analysen wie die oben angedeutete, in denen eine Abhängigkeit von Reaktionen behauptet wird, für Begriffe wie SCHÖN und ROT richtig wären, würde aus ihnen also weder folgen, dass es keine schönen Sonnenuntergänge oder roten Dinge gegeben hat, bevor es Lebewesen gab, die in der angegebenen Weise auf diese reagiert haben, noch dass es solche Dinge nicht in Welten gibt, die niemals von solchen Lebewesen bevölkert werden. Im gleichen Sinne und aus demselben Grund enthält auch die objektiv-idealistische Behauptung einer Abhängigkeit des Sinns zwischen dem Subjektiven und dem

34 Freilich werden jene, die hinreichend von Sellars' Analyse der Beziehung zwischen ›Es scheint rot‹ und ›Es ist rot‹ in *Empirismus und die Philosophie des Geistes* beeindruckt sind, von einer solchen Erklärung nicht groß in Versuchung geführt werden. Aber für sie steht eine noch anspruchsvollere Analyse der Begriffe sekundärer Qualitäten bereit. Eine solche diskutiere ich in meinem Aufsatz »Non-Inferential Knowledge, Perceptual Experience, and Secondary Qualities. Placing McDowell's Empiricism«, in: Nicholas H. Smith (Hg.), *Reading McDowell. On Mind and World*, London/New York 2002.

Objektiven *nicht*, dass es keine Gegenstände, Tatsachen, Gesetze oder (um dies mit Hegels zentralem Begriff zusammenzufassen) objektive Unvereinbarkeiten gäbe (mithin keine bestimmte objektive Welt), wenn und solange es keine Verwendungen singulärer Termini, keine Aussagen, keine Praktiken des Schlussfolgerns aus kontrafaktischen Situationen oder kein versuchtes Auflösen miteinander unvereinbarer Verpflichtungen gibt. Eine solche Behauptung *wäre* in der Tat verrückt (oder zumindest offensichtlich und nachweislich falsch). Aus dem objektiven Idealismus aber, wie er hier skizziert wurde, lässt sich keine derartige Behauptung folgern.

9.8 Jenseits des starken Holismus: Ein Modell

Mit diesen Ressourcen in Händen befinden wir uns nun in einer besseren Position, um den Holismus der Individuation etwas klarer zu verstehen. Ich habe weiter ober zwei Grade einer holistischen Verpflichtung unterschieden: Der schwachen holistischen Verpflichtung zufolge sind die Beziehungen zwischen den holistisch individuierten Elementen *notwendig* dafür, dass diese bestimmt sind, der starken holistischen Verpflichtung zufolge sind sie dagegen *hinreichend*. Wir können aber jetzt die Frage stellen: Sollte Hegels Holismus – sei er nun ein schwacher oder starker – als eine Position aufgefasst werden, in der eine Abhängigkeit des *Sinns* behauptet wird, oder behauptet er vielmehr eine Abhängigkeit der *Referenz*? Hegels Antwort hierauf ist klar:

(16) Der Holismus der Individuation ist eine Behauptung der wechselseitigen Abhängigkeit des Sinns.

Ihn so zu verstehen, dass er eine wechselseitige Abhängigkeit der *Referenz* behauptet, käme dem Fehler gleich, welchen Hegel unter dem Titel der »ersten verkehrten Welt« behandelt.[35] Dieser Fehler besteht in folgendem Gedankengang: Weil wir einen Gegenstand nur so als bestimmt begreifen können, dass er Eigenschaften aufweist, von denen jede selbst nur bestimmt ist, insofern sie andere, streng gegensätzliche Eigenschaften auf modal robuste Weise aus-

35 Vgl. *PhG*, S. 128-131.

schließt, deshalb muss immer dort, wo eine Eigenschaft an einem Gegenstand vorkommt, auch die entgegengesetzte Eigenschaft an diesem oder einem anderen Gegenstand vorkommen.

Die Konzeption der »verkehrten Welt« ergibt sich aus folgendem falschen Gedanken: Weil der ausschließende Gegensatz zwischen positiver und negativer Ladung wesentlich dafür ist, dass beide die bestimmten elektrischen Eigenschaften sind, die sie sind, müssten wir, indem wir sagen, ein Ding sei tatsächlich positiv geladen, implizit auch behaupten, dass ein anderes, entsprechendes Ding tatsächlich negativ geladen ist. Hegel führt – in einer Passage, die einigen rätselhaft erschienen ist – diese Art einer vorschnellen Missdeutung der Bedeutsamkeit jenes Holismus an, der aus seiner Auffassung von Bestimmtheit folgt, und zwar weil er zeigen möchte, dass hier eine differenziertere Deutung notwendig ist, um zu erkennen, was genau dieser Holismus beinhaltet.

Man beachte, dass in dieser Erklärung gilt:

> (17) Der objektive Idealismus selbst behauptet eine wechselseitige Beziehung der Abhängigkeit des Sinns und mithin eine Art des *Holismus.*

Das sich abzeichnende Problem, das wir identifiziert haben, betrifft den *starken* Holismus der Individuation – jenen Fall also, in dem wir uns zur Individuation der Elemente eines holistischen Beziehungssystems *ausschließlich* auf die Beziehungen berufen können, in denen diese zueinander stehen. Die Beispiele, die ich von Fällen einer offenkundig verständlichen Abhängigkeit des Sinns ohne gleichzeitige Abhängigkeit der Referenz gegeben habe, in denen die Intension des einen Begriffs eine Funktion der anderen war (paradigmatisch bei Eigenschaften, die von Reaktionen abhängen), enthielten noch keine *wechselseitige*, sondern nur eine *asymmetrische* Abhängigkeit des Sinns. Die eine Intension wurde hier unabhängig von ihren Beziehungen zur anderen als bereits spezifiziert betrachtet. Der starke Holismus fordert von uns, ohne eine solche vorgängige, unabhängige Individuation von Elementen auszukommen, die ihrem Sinn nach voneinander abhängen, insofern sie einander auf modal robuste Weise ausschließen. Ich habe dagegen behauptet, dass wir ohne bereits gegebene Beziehungsglieder die Beziehungen (und somit die Beziehungsglieder) nicht wirklich verstehen können. Wie wir noch sehen werden, spielt die Unmittelbarkeit in Hegels spezifischer Form des Holismus eine entscheidende Rolle. Bei ihr handelt es sich letztendlich um eine spezifische Form des *schwachen*, nicht des *starken* Holismus. Sie kennzeichnet die »unendlichen« Beziehungsstrukturen, innerhalb deren allein wir etwas überhaupt so auffassen können, dass es einen bestimmten begrifflichen Inhalt besitzt. Die Passagen, die Hegel auf einen starken Holismus zu verpflichten scheinen, sollten wir dagegen vielmehr so deuten, dass sie nur eine (letztlich inadäquate) Phase in dem Prozess beschreiben, durch den eine holistische Beziehungsstruktur erfasst und verstanden wird.

Wie nämlich der Begriffsrealismus vermuten lässt, müssen wir in eine äußerst spezielle Form von *Prozess* eintreten, um holistische Beziehungsstrukturen verständlich zu machen. Dann erkennen wir, dass der objektive Idealismus, der sich aus der Ausweitung und Ergänzung von Harmans Einsicht ergibt, durch jene Beziehungen instantiiert und gestützt wird, die zwischen der holistischen Beziehungsstruktur und diesem Prozess bestehen. Meines Erachtens ist dies die abschließende Form des Arguments, das Hegel für den objektiven Idealismus im ersten Teil der *Phänomenologie* gibt: Für *Bestimmtheit* ist eine Form von *Holismus* erforderlich, und diesen Holismus selbst können wir nur dann verstehen, wenn wir zugleich einen objektiven *Idealismus* annehmen.

Wir können uns die holistisch individuierten *Rollen* von Elementen in Hinblick auf eine Menge von Beziehungen systematisch folgendermaßen denken: Wir beginnen mit einigen *Zeichen*, die schon identifiziert und individuiert sind, beispielsweise Aussagenvariablen. Es handelt sich bei ihnen um Dinge, die wir unmittelbar *unterscheiden*, das heißt nichtinferentiell auseinanderhalten bzw. trennen können. Anfänglich nehmen wir aber nichts über ihren Inhalt an; der Umstand, dass sie unterscheidbar verschieden sind, ist hier ausreichend.[36] Als Nächstes sehen wir uns die Beziehun-

36 Hierbei müssen wir nicht annehmen, dass die Idee des unmittelbaren Unterschieds für sich genommen verständlich ist. Zum Unterschied gehört immer irgendein tatsächlicher Inhalt – beispielsweise weisen die Formgebungen der Zeichen eine unterschiedliche Gestalt auf. Wir können jedoch von diesem Inhalt abstrahieren und nur von einigen Folgerungen aus ihm – der bloßen Verschiedenheit der Zeichen – in unserem Begründen Gebrauch machen. Wie Hegel in der Logik seiner *Enzyklopädie* sagt: »*Abstraktion* ist [...] die Verwandlung eines in

gen zwischen ihnen an: Als Beispiel betrachte man die Beziehung, in der zwei Arten von Zeichen *p* und *q* zueinander stehen, wenn in einer Gemeinschaft das Instantiieren beider einer spezifischen Sanktion unterliegt.[37]

Daraufhin können wir die *Rollen* definieren, welche die Zeichen in Hinblick auf ebendiese Beziehungen spielen. So könnten wir beispielsweise jeder Satzvariablen die Menge all jener Satzvariablen zuordnen, die zu ihr in einer ersten Beziehung stehen – der Beziehung praktischer Unvereinbarkeit. Wir können eine solche Menge unvereinbarer Satzvariablen als eine Form von *Inhalt* der Unvereinbarkeit auffassen, der durch jene Satzvariable *ausgedrückt* wird, der diese Menge zugeordnet ist. Damit können wir nun *neue* Beziehungen für diese Rollen bzw. Inhalte definieren, die automatisch von den Beziehungen zwischen den Zeichen, die diese Inhalte umfassen, herbeigeführt werden. Beispielsweise werden den praktischen Unvereinbarkeiten, die zwischen den zugrunde liegenden Zeichen bestehen, Beziehungen inhaltlicher Unvereinbarkeit zwischen den Rollen zugewiesen. Wir können aber auch *Folgerungs*beziehungen zwischen Inhalten definieren, indem wir sagen, aus P (dem von ›*p*‹ ausgedrückten Inhalt) folgt Q genau dann, wenn Q eine Teilmenge von P ist.

Die so definierten Rollen sind von den zugrunde liegenden Zeichen *abstrahiert*, und zwar in einer Weise, die in der orthodoxen mathematischen Abstraktion, welche über die Bildung von Äquivalenzklassen verfährt, eine gewisse Entsprechung hat.[38] Solche abs-

sich Konkreten in diese Form der Einfachheit, – es sei, daß ein Teil des am Konkreten vorhandenen Mannigfaltigen *weggelassen* (durch das sogenannte *Analysieren*) und nur *eines* derselben herausgenommen wird, oder daß mit Weglassung ihrer Verschiedenheit die mannigfaltigen Bestimmtheiten in *eine zusammengezogen* werden.« (*EphW* I, § 115, Anm.; Hervorhebungen i. Orig.)

37 Die Sanktion könnte darin bestehen, dass man (als jemand gilt, der) die *Pflicht* hat, etwas *zu tun*, wozu man andernfalls keine Pflicht hätte. Beispielsweise könnte dies die Pflicht sein, die Bedingungen zu ändern, unter denen wir geneigt sind, im Rahmen systematischer (einer Systematisierung zugänglicher) Beschränkungen Instanzen anderer Zeichen in diesem Bereich hervorzubringen. In diesem Beispiel handelt es sich allgemein um sozial instituierte, normative Beziehungen der relativen praktischen Unvereinbarkeit von verschiedenen Arten von Akten. Das ist jedoch *nur* ein Beispiel (obgleich kein zufällig gewähltes).

38 Abstraktion im gewöhnlichen Sinne erfordert eine Äquivalenzrelation für den zugrunde liegenden Bereich, während sich die Variante, die wir hier betrachtet

trakten Rollen werden vollständig durch Beziehungen identifiziert und individuiert. Wenn wir die Augen nur genug zusammenkneifen, so dass sich die zwei Stufen von Beziehungen (Letztere vollständig durch Erstere definierbar) nicht mehr unterscheiden lassen, dann kann es so scheinen, als ob die Rollen vollständig durch diejenigen Beziehungen identifiziert und individuiert werden, in denen *sie selbst zueinander* stehen. Dies ist die paradoxe Formulierung des starken Holismus. Behalten wir aber die (einigermaßen subtile) Unterscheidung der beiden Ebenen im Blick, so erkennen wir, dass nichts Paradoxes darin liegt, wenn wir eine abstrakte Beziehungsstruktur von Rollen durch einen solchen Prozess definieren, der aus insgesamt drei Phasen besteht. Die *einzige* Möglichkeit aber, wie wir die Rollen und ihre Beziehungen herauszugreifen können, besteht darin, in jenen Prozess einzutreten, der auf unterster Stufe über das Erkennen der Zeichen und ihrer Beziehungen untereinander verläuft. Dies ist eine Beziehung der Abhängigkeit des Sinns: Die Rollen der Unvereinbarkeit (auf der zweiten Stufe) werden durch die Beziehungen der Zeichen untereinander (auf der ersten Stufe) definiert. Mithin hängt die symmetrische Abhängigkeit des Sinns, die wir auf der zweiten Stufe antreffen, davon ab, dass die zweite Stufe ihrem Sinn nach asymmetrisch von der ersten Stufe abhängig ist.

9.9 Das Durchlaufen der Momente: Dialektisches Verstehen

Das zweistufige Modell der Ausbildung holistischer Rollen kann uns meines Erachtens auch dabei helfen, Hegel in Bezug auf das Folgende zu verstehen:

> (18) Der Prozess, in dem wir holistisch identifizierte und individuierte Elemente erfassen und verstehen, wird von Hegel als das »Durchlaufen der Momente« bezeichnet.[39]

haben, auf eine *nicht*reflexive, *nicht*transitive Beziehung stützt. (Es ist in der Tat nicht nötig, sie als symmetrisch zu betrachten, obgleich Hegel scheinbar die bestimmte Negation als symmetrisch behandelt.)

39 Hegel schreibt beispielsweise, Gegenstand der Philosophie sei »das Dasein in seinem Begriffe. Es ist der Prozeß, der *sich seine Momente erzeugt und durchläuft*,

Aufgrund des holistischen Charakters der begrifflich gegliederten und objektiv bestimmten Inhalte, die das Bewusstsein erfassen muss, um zu erkennen, wie die Welt beschaffen ist, muss das Bewusstsein in einer zweifachen Weise gesetzt sein:

> einmal als das unruhige *Hin- und Hergehen*, welches alle seine Momente durchläuft, in ihnen das Anderssein vorschweben hat, das im Erfassen sich aufhebt; das andere Mal vielmehr als die *ruhige*, ihrer Wahrheit gewisse *Einheit*.[40]

Um den objektiven Idealismus zu verstehen, müssen wir begreifen, in welchem Verhältnis auf subjektiver Seite das »unruhige *Hin- und Hergehen*, welches alle seine Momente durchläuft«, und auf objektiver Seite der dabei erfasste *Inhalt* zueinander stehen. »Der Gegenstand ist dem Wesen nach dasselbe, was die Bewegung ist, sie die Entfaltung und Unterscheidung der Momente, er das Zusammengefaßtsein derselben.«[41]

Was also sind die »Momente« der holistischen Struktur, die durch objektive, modal robuste Ausschluss- und (mithin) Einschlussbeziehungen gegliedert sind und die wir Hegel zufolge »durchlaufen« müssen, um die Welt als bestimmt zu erfassen? Ferner, welche Form von »Bewegung« sollen wir hier vollziehen? Was müssen wir *tun*, um als jemand zu gelten, der »die Momente durchläuft«? Nahezu alles, was Hegel geschrieben hat, ist durch die eine oder andere Variante dieses begrifflichen Voranschreitens strukturiert. In seinem Denken ist der zugrunde liegende Gedanke ein flexibler, den er an viele unterschiedliche Themen und Umstände anpasst. Entsprechend ist es nicht einfach, auf eine Formel zu kommen, die allen diesen Themen gerecht wird. Die Grundzüge des Gedankens sind jedoch nicht schwer zu erkennen. Wir beginnen mit zwei »Momenten« oder Aspekten, die wir aus einem bestimmt gehaltvollen Gedanken oder einer Weise, wie die Welt beschaffen sein könnte, abstrahieren können. Diese Momente haben einen jeweils andersartigen Charakter: Identität und Verschiedenheit, Unmittelbarkeit und Vermittlung, Fürsichsein und Sein-für-Anderes.[42]

und diese ganze Bewegung macht das Positive und seine Wahrheit aus.« (*PhG*, S. 46; Hervorhebung von mir, R. B.)

40 *PhG*, S. 183. (Hervorhebungen i. Orig.)

41 Ebd., S. 93.

42 »In der Tat aber ist die Kraft das Unbedingt-Allgemeine, welches, was es *für ein*

Das Durchlaufen der Momente ist die Art und Weise, in der wir gemäß dem Metabegriff VERNUNFT die Beziehungen zwischen diesen Begriffen und dem der Bestimmtheit verstehen. Die Auffassung hingegen, man könne *zuerst* logische Begriffe wie etwa IDENTITÄT und VERSCHIEDENHEIT für sich verstehen und diese *danach* irgendwie zusammenbringen, um eine adäquate Konzeption von BESTIMMTHEIT zu erlangen, kennzeichnet die Art und Weise, in der man gemäß dem Metabegriff VERSTAND, der letztlich unbefriedigend und unbrauchbar ist, die Beziehungen zwischen diesen Begriffen und dem der Bestimmtheit versteht. Der gesamte »Durchgang« durch die zwei Momente ergibt drei Phasen – je eine den Momenten zugehörende und die dritte als spezifische Weise, ihre Verbindung und Beziehung zueinander zu begreifen. Diese Phase ist das Ziel und Ergebnis dieses Prozesses. In jeder dieser Phasen »setzen« wir in Hegels Terminologie etwas Bestimmtes *als* beispielsweise ein schlicht unmittelbar Seiendes. Indem wir dies tun, fassen wir es gemäß der Konzeption einfacher Identität bzw. des Fürsichseins auf. ›*X* als *Y* setzen‹ bedeutet hier: *X* als *Y* betrachten bzw. behandeln, *X* als *Y* auffassen bzw. repräsentieren, den Begriff *Y* auf *X* anwenden, den Referenzgegenstand *X* als etwas kennzeichnen, das durch den Sinn *Y* herausgegriffen wird, die Extension *X* anhand der Intension *Y* spezifizieren.[43]

Hegel geht es um einen expressiv fortschreitenden Übergang, der von einer Deutung des Gegenstands der Erkenntnis zu einer anderen verläuft, wobei jede Deutung die ihr jeweils vorausgegangene voraussetzt. Dies können wir fürs Erste an dem Gedankengang illustrieren, den wir durchlaufen, wenn wir *Eigenschaften* – die erste Kategorie, in welcher dieser Punkt aufkommt – als holistisch identifiziert und individuiert auffassen. Wir können erkennen, dass die Weise, in der wir Eigenschaften verstehen, drei Phasen umfasst:

Anderes, ebenso an sich selbst ist; oder welches den Unterschied – denn er ist nichts anderes, als das *Für-ein-Anderes-Sein* – an ihm selbst hat.« (Ebd., S. 110; Hervorhebungen i. Orig.) »Für-ein-Anderes-Sein« ist Hegels Art, über *Beziehungen* zu reden – im relevanten Fall über strenge Ausschlussbeziehungen.

43 Hegel spricht zuweilen – meines Erachtens eher unglücklich – von der Situation, in der man beispielsweise Eigenschaften einmal als unmittelbar und ein anderes Mal als vermittelt setzt, und zwar in dem Sinne, dass sich hier ein und derselbe *Inhalt* (eine bestimmte Eigenschaft) in zwei verschiedenen *Formen* zu erkennen gibt.

(A) Zuerst erfassen wir die Eigenschaft als *unmittelbar gehaltvoll*. Sie ist nur das, was sie ist, sie ist einfach nur da. Indem wir behaupten, dass wir sie anfänglich als objektiv *unmittelbar* auffassen, sprechen wir auf objektiver Seite aus, dass wir eine atomistische Konzeption von ihr haben. Wir nehmen an, dass es für diese Eigenschaft möglich ist, unabhängig von ihren Beziehungen zu anderen Eigenschaften das zu sein, was sie ist. Mithin müssen wir auf der subjektiven Seite diese Beziehungen bzw. diese anderen Eigenschaften nicht *berücksichtigen*, um zu *urteilen*, dass etwas jene Eigenschaft hat. Die Eigenschaften, um die es hier geht, sind auf sinnlich Allgemeines eingeschränkt, auf beobachtbare Eigenschaften also, über die wir Urteile fällen können, die subjektiv *unmittelbar* sind, insofern sie in der Beobachtung bei uns *nichtinferentiell* ausgelöst werden. Diese Urteile spielen die Rolle der primitiv individuierten *Zeichen* auf der ersten Stufe der holistischen Rollenabstraktion. Indem wir sie so auffassen, dass sie von subjektiven Beziehungen der Unvereinbarkeit zwischen diesen Verpflichtungen unabhängig sind, tun wir letztlich nichts anderes, als die von ihnen vorgestellte objektive Welt als etwas zu begreifen, das aus beobachtbaren Sachverhalten besteht. Und diese Sachverhalte werden von uns etwas als objektiv Unmittelbares aufgefasst, insofern wir die Dinge, die in den Sinneseindrücken vorgestellt werden, als das betrachten, was sie sind – unabhängig von allen Beziehungen, die zwischen ihnen bestehen.

Das ist allerdings eine instabile Position. Denn sie enthält keine kohärente Konzeption dessen, was wir als *bestimmt gehaltvoll* erfassen. Um damit zu beginnen, das in einer solchen Konzeption implizit Enthaltene explizit zu machen, müssen wir durch die Betrachtung des nächsten »Moments« zur nächsten Phase übergehen.

(B) Als Nächstes erkennen wir, dass die Eigenschaft nur insofern bestimmt ist, als sie sich von anderen Eigenschaften *streng unterscheidet*, das heißt diese Eigenschaften insofern ausschließt, als es für ein und denselben Gegenstand (zu ein und derselben Zeit) unmöglich ist, zwei Eigenschaften zu besitzen, die in diesem Sinne miteinander unvereinbar sind. In diesem Augenblick sind wir davon abgerückt, die Eigenschaft hinsichtlich ihrer *unmittelbaren Identität* bzw. *Einheit* zu betrachten; stattdessen betrachten wir nun ihre *Beziehungen* zu, ihre *Vermittlung* durch, ihre *Verschiedenheit* von bzw. *Ungleichheit* mit anderen Eigenschaften. In dieser

Phase nehmen wir auf Beziehungen subjektiver Unvereinbarkeit zwischen Verpflichtungen Rücksicht. Diese stellen Beziehungen objektiver Unvereinbarkeit vor, die zwischen den Sachverhalten bestehen, die selbst wiederum von ursprünglichen Verpflichtungen vorgestellt werden. Auf diese Weise, so sagt Hegel, gehen wir (im Denken) von der Sache (hier der Eigenschaft) in ihr Anderes über – das Fürsichsein hat sich in ein Sein-für-Anderes aufgelöst. Die Eigenschaft wird nun ausschließlich von ihren Beziehungen her aufgefasst, insbesondere (vorausgesetzt die Beziehungen materialer Unvereinbarkeit gliedern Bestimmtheit, wie Hegel argumentiert) von ihrer *strengen Verschiedenheit* von anderen Eigenschaften. Wir lösen auf diese Weise die ursprüngliche Konzeption der Identität von Eigenschaften auf, der zufolge diese etwas Unmittelbares sind, ohne aber zugleich eine stabile Nachfolgekonzeption der Identität einzuführen.

Auch dieser Gedanke erweist sich als instabil. Indem wir nämlich jede Eigenschaft als eine Beziehung der Vermittlung bzw. des Ausschlusses von anderen Eigenschaften setzen – sie allein von diesen Beziehungen her auffassen –, führen wir die Beziehungen ein, ohne zugleich die nötigen begrifflichen Ressourcen bereitzustellen, um die Beziehungsglieder verständlich zu machen. Im Wesentlichen ist das diejenige Position, auf die ich oben hingewiesen habe; sie bietet uns letztlich keine verständliche Konzeption von Eigenschaften (Tatsachen, »Kräften« usw.) als Elementen einer solchen holistischen Beziehungsstruktur, die durch bestimmte Ausschlussbeziehungen gegliedert ist. Wir können dies leicht anders so formulieren: In der ersten Phase sind wir dazu aufgerufen, die Eigenschaften unabhängig von ihren Beziehungen untereinander als gehaltvoll aufzufassen, nämlich als etwas, dessen Sinn jeweils *unabhängig* von dem der anderen Eigenschaften herausgegriffen wird. In der zweiten Phase werden daraufhin diese Eigenschaften so aufgefasst, dass sie *ihrem Sinn nach wechselseitig* streng *voneinander abhängen*. Wie aber sollen wir das nun verstehen? Wenn keiner der Sinne schon von Anfang an bestimmt ist, wie können dann die Unterscheidungen zwischen ihnen (zwischen was eigentlich?) sie zu etwas Bestimmtem machen? Mit dieser Konzeption der wechselseitigen Abhängigkeit des Sinns laufen wir somit Gefahr, (unendlich!) im Kreis herumzuirren, ohne dass wir darin vorankämen, den Inhalt auch nur eines der Sinne zu bestimmen, auf die wir dabei stoßen. Wie müssen wir diese ganze Angelegenheit verstehen, damit das Bestimmen in Gang kommt?

Das Modell der holistischen Rollenabstraktion zeigt uns, auf welche Weise wir die ersten beiden Konzeptionen (gemäß denen der Inhalt einmal unmittelbar und ein anderes Mal stark holistisch aufgefasst wird) miteinander verbinden müssen, um eine dritte Konzeption zu erhalten. Wir müssen die von uns besprochenen Dinge – hier Eigenschaften – in einer Weise neu denken, in welcher das Unmittelbare, das uns zuerst gegeben war, als ein *Zeichen* gedeutet wird, das eine Wirklichkeit zum Ausdruck bringt, die durch Beziehungen gegliedert ist, die wir als solche zuerst in der zweiten Phase verstanden haben. Es sind die Beziehungen zwischen den *Rollen*, welche das Unmittelbare haben kann, die wir letztlich so auffassen sollten, dass sie in holistischen Beziehungen zueinander stehen.

(C) In der abschließenden Phase kehren wir zum bestimmten Inhalt der Eigenschaft zurück, fassen deren *Identität* aber jetzt als etwas auf, das wesentlich in ihren Ausschlussbeziehungen zu (ihrer Verschiedenheit von) jenen Eigenschaften *besteht*, zu denen sie im Kontrast steht (wie auch in ihren Einschlussbeziehungen zu den Eigenschaften, die aus ihr folgen bzw. aus denen sie folgt). Wenn wir zuvor den bestimmten Inhalt erst als etwas bloß *Unmittelbares* behandelt haben und daraufhin als etwas bloß *Vermitteltes*, dann erfassen wir ihn jetzt als vollständig *vermittelte Unmittelbarkeit*.[44] Sein Fürsichsein besteht – das erkennen wir nun – in seinem Sein-für-Anderes. In dieser Phase konstruieren wir somit jene Rollen samt den neuen Beziehungen zwischen ihnen, die wir als dasjenige betrachten, was durch das Unmittelbare, das sich in der ersten Phase darbot, *zum Ausdruck gebracht* wird. Die *Erscheinung*, die uns durch Beobachtung (nichtinferentiell, unmittelbar) zugänglich ist und welche ein *Zeichen* der ihr zugrunde liegenden *Wirklichkeit* ist, *drückt* diese Wirklichkeit *aus*, die uns nur *theoretisch* (inferentiell, durch Vermittlung) zugänglich ist. Diese bestimmt gehaltvollen Rollen werden vollständig durch ihre Beziehungen untereinander

44 »In der Vollendung des Schlusses dagegen, worin die objektive Allgemeinheit ebensosehr als Totalität der Formbestimmungen gesetzt ist, ist der Unterschied des Vermittelnden und Vermittelten weggefallen. Das, was vermittelt ist, ist selbst wesentliches Moment seines Vermittelnden, und jedes Moment ist als die Totalität der Vermittelten.« (*WL* II, S. 400)

konstituiert. Es handelt sich bei ihnen aber um höherstufige Beziehungen, welche von den niederstufigen Beziehungen der Zeichen untereinander (des Unmittelbaren) mit herbeigeführt werden.

Die abschließende Phase besteht in einer Konzeption, der zufolge die Eigenschaft als etwas »Unendliches« aufzufassen ist – eine holistische Rolle in Hinblick auf materiale Beziehungen der Unvereinbarkeit bzw. des Ausschlusses. Zu dieser Rolle leistet die Unmittelbarkeit des sinnlich Allgemeinen jedoch einen wesentlichen Beitrag. Denn unsere subjektiv unmittelbaren Verpflichtungen, die wir nichtinferentiell durch die sinnliche Wahrnehmung erworben haben, fassen wir jetzt als etwas auf, das eine objektive Welt vorstellt, deren Unmittelbarkeit (ihr nacktes Dasein) lediglich ein *Zeichen* ist, eine Erscheinung, die eine Struktur *ausdrückt*, welche durch reiche Vermittlung bestimmt und daher holistisch ist.

In einem Bild wie diesem ist die Unmittelbarkeit kein bloßes Zeichen für irgendetwas *anderes*, einen Inhalt. Das wäre ein repräsentationales und kein expressives Modell. Eine Unmittelbarkeit-als-Zeichen ist mit dem Inhalt, den sie ausdrückt, durchtränkt; sie zeigt sich als sie selbst: eine Unmittelbarkeit *als* vermittelte. Und so muss sie auch sein, um bestimmt gehaltvoll zu sein. Indem wir die Beziehungen der Inferenz und Unvereinbarkeit betrachten, die ein solches Unmittelbares dazu befähigen, theoretische Merkmale der Wirklichkeit zu enthüllen, die *nur* inferentiell zugänglich sind, machen wir keinen Sprung *über dieses hinaus* zu etwas anderem. Wir gehen vielmehr zu etwas über, das in dem Unmittelbaren, in seinem Inhalt, (in einem direkt inferentiellen Sinne) *implizit* enthalten ist. Diese dritte Phase – die holistisch-»unendliche« Konzeption, die unser schlussendliches Ziel ist – *wird* uns *allein* durch den Prozess verständlich gemacht, in dem wir zu ihr gelangen. Denn wir können die holistischen Rollen nur in mehreren Phasen *aufbauen*: Wir müssen mit etwas anfangen, das als unmittelbar aufgefasst wird, und erst dann die Vermittlung untersuchen, welche in dem Umstand implizit enthalten ist, dass wir es als bestimmt betrachten.

Die folgende ist eine weitere der vielen Passagen, in denen Hegel diesen fundamentalen Prozess beschreibt. (Hoffentlich können wir sie an diesem Punkt unserer Ausführungen so lesen, dass Hegel sich darin bemüht, etwas zu sagen, das wir jetzt etwas klarer ausdrücken können.)

Die Bewegung des [unmittelbar, R. B.] Seienden ist, sich einesteils ein Anderes und so zu seinem immanenten Inhalte zu werden; andernteils nimmt es diese Entfaltung [seines Inhalts, R. B.] oder dies sein Dasein in sich zurück, d. h. macht sich selbst zu einem *Momente* und vereinfacht sich zur Bestimmtheit. In jener Bewegung ist die *Negativität* das Unterscheiden und das Setzen des *Daseins*; in diesem Zurückgehen in sich ist sie das Werden der *bestimmten Einfachheit*.[45]

Diese »Bewegung« müssen wir ausführen, um die Beziehungen nachzuzeichnen, die jene Art von bestimmtem Inhalt gliedern, die Hegel »Einzelheit« nennt. Die »Negativität« erscheint hier in ihrer typischen doppelten Gestalt: Auf *objektiver* Seite erscheint sie in Form modal robuster *Beziehungen* des materialen Ausschlusses; auf *subjektiver* Seite erscheint sie dagegen als *Bewegung*, als eine gewisse *Tätigkeit* – das *Ändern* unserer Verpflichtungen, indem wir die Bedeutsamkeit jener Beziehungen erfassen und anerkennen.[46]

Von der Warte aus, die Hegel im Abschnitt »Absolutes Wissen« erreicht, gibt er rückblickend folgende Zusammenfassung der Konzeption, die wir nun haben sollten:

Der Gegenstand ist also teils *unmittelbares* Sein oder ein Ding überhaupt, was dem unmittelbaren Bewußtsein entspricht; teils ein Anderswerden seiner, sein Verhältnis oder *Sein für Anderes* und *Fürsichsein*, die Bestimmtheit, was der *Wahrnehmung*, teils *Wesen* oder als Allgemeines, was dem Verstande entspricht. Er ist, als Ganzes, der Schluß oder die Bewegung des Allgemeinen durch die Bestimmung zur Einzelheit, wie die umgekehrte, von der Einzelheit durch sie als aufgehobene oder die Bestimmung zum Allgemeinen. – *Nach diesen drei Bestimmungen also muß das Bewußtsein ihn als sich selbst wissen*.[47]

Dies also ist das Grundgerüst des hegelschen Idealismus. Es liefert den Kontext, in dem sowohl die beiden spezifischeren idea-

45 *PhG*, S. 51. (Hervorhebungen i. Orig.)

46 Wie so oft spricht Hegel von dieser Bewegung als von etwas, das *passiert*, anstatt von etwas, das wir *tun*. Damit betont er aber lediglich, dass unsere Tätigkeit in einer derartigen Bewegung ausschließlich darin besteht, dass wir das, was in jeder der von uns vertretenen Konzeptionen implizit enthalten ist, ans Tageslicht befördern, d. h. es explizit machen. Der Verlauf der Bewegung, der für uns erforderlich ist, um diese Konzeptionen zu verstehen, ist entsprechend durch das holistisch-relationale Wesen der begrifflichen Inhalte bestimmt, die wir erfassen.

47 *PhG*, S. 576. (Hervorhebungen i. Orig., außer die letzte, R. B.)

listischen Behauptungen (bezüglich des Verhältnisses der Begriffe SINGULÄRER TERMINUS und GEGENSTAND, AUSSAGE und TATSACHE sowie KONTRAFAKTISCHE BEGRÜNDUNG und GESETZ) verortet sind, die ich vorgestellt habe, als auch Hegels originäre Deutung, in der objektive Unvereinbarkeit vom Prozess der *Erfahrung* her verstanden wird – dem Prozess, in dem wir miteinander unvereinbare Verpflichtungen auflösen. Die objektive Welt ist eine holistische Beziehungsstruktur und nur in dem Maße bestimmt, wie sie durch modal robuste Beziehungen materialer Unvereinbarkeit gegliedert ist. Eine solche begriffliche Struktur können wir prinzipiell nur anhand eines Prozesses begreifen, in dem die genannten Momente durchlaufen werden: Der Prozess besteht in der holistischen Rollenabstraktion, welche von der Unmittelbarkeit über die Vermittlung schließlich zur Unmittelbarkeit als Ausdruck rein vermittelter Inhalte aufsteigt. Die Bestimmtheit der objektiven Welt und der strukturierte Prozess, in dem wir sie erfassen, sind ihrem Sinn nach wechselseitig voneinander abhängige Begriffe, von denen wir den einen nur vom jeweils anderen her verstehen können. Weder beinhaltet der objektive Idealismus, so aufgefasst, irgendwelche Behauptungen einer Abhängigkeit der *Referenz*, noch folgen solche aus ihm – als wäre unsere Tätigkeit der Begriffsverwendung erforderlich, um eine begrifflich strukturierte Welt *hervorzubringen*, anstatt dazu, sie als solche *verständlich zu machen*. Der Gedanke, dass diese Welt sowieso immer schon existiert, ungeachtet etwaiger Tätigkeiten von erkennenden und handelnden Subjekten, war seit jeher der fundamentalste Einwand gegen jede Form des Idealismus. Dieser Gedanke ist wahr und wichtig; aber er ist kein Einwand gegen Hegels objektiven Idealismus in der hier vorgelegten Deutung.

9.10 Zusammenfassung

Ich habe dafür argumentiert,

– dass eine Auffassung, der zufolge die *objektive* Welt *bestimmt* ist, für Hegel zur Folge hat, dass wir sie als eine *holistische Beziehungsstruktur* begreifen müssen;

- dass es auf den ersten Blick ein Problem mit der Verständlichkeit von stark holistischen Beziehungsstrukturen gibt.

Weiterhin habe ich für Folgendes argumentiert:

- eine Verstärkung der Einsicht Harmans, wie wir das Verhältnis von objektiven Beziehungen und subjektiven Prozessen deuten müssen, also für eine spezifische Form des Begriffspragmatismus;
- ein Verständnis des *Idealismus*, in dem dieser eine Beziehung der Abhängigkeit des *Sinns* behauptet, nämlich des Begriffs OBJEKTIVE BESTIMMTHEIT vom Begriff SUBJEKTIVE PROZESSE DES AUFLÖSENS MITEINANDER UNVEREINBARER VERPFLICHTUNGEN;
- ein Verständnis des Holismus, in dem dieser gleichfalls eine Beziehung der Abhängigkeit des *Sinns* behauptet.

Der objektive IDEALISMUS stellt – so die Behauptung Hegels – die *einzige* Möglichkeit dar, die Begriffe HOLISMUS und BESTIMMTHEIT verständlich zu machen. Abschließend bleibt nur noch anzugeben, durch welche *subjektiven Prozesse* wir die *objektiven, schwach holistischen semantischen Beziehungsstrukturen* verstehen können. Dafür habe ich das Modell der *holistischen Rollenabstraktion* angeboten, welche mit *Zeichen* anfängt und mit den *Rollen* endet, die diese Zeichen bzw. die von ihnen ausgedrückten Inhalte spielen, wobei die Rollen im Sinne von höherstufigen Beziehungen zwischen *Mengen* von Zeichen gedeutet werden.

Der objektive Idealismus – eine These der Abhängigkeit des Sinns, welche den Begriff der objektiven holistischen Beziehungsstruktur und den Begriff einer gewissen Art subjektiver Prozesse zueinander in Beziehung setzt – erscheint somit als Antwort auf die begrifflichen Schwierigkeiten, die im Gefolge einer Konzeption auftreten, in der stark holistische Beziehungsstrukturen angenommen werden. Indem wir die verschiedenen Fragen entwirren, die mit der Abhängigkeit des Sinns und der Abhängigkeit der Referenz zusammenhängen, weisen wir den Idealismus als eine respektable Antwort auf genuin begriffliche Probleme aus, die man potentiell auch verteidigen kann. Es ist eine unvorhergesehene Zugabe einer solchen Herangehensweise, dass sie uns zugleich eine neuartige (obgleich, zugegeben, knappe)[48] Erklärung der *dialektischen Methode* an die Hand gibt, welche allen philosophischen Theorien Hegels ihre Struktur verleiht. Diese Methode reagiert auf die Notwendigkeit, dass wir holistische Strukturen nur dadurch verstehen können, dass wir ihre Momente durchlaufen. Ihr zufolge beginnen wir mit Konzeptionen des unmittelbaren Seins der Dinge bzw. ihres Seins an sich, gehen dann dazu über, die Dinge in ihrem vermittelten Sein für anderes zu erfassen, um daraufhin zu verstehen, was sie, durch ihr Sein *für anderes* konstituiert, *an sich* sind – als *vermittelte Unmittelbarkeit*. Nicht nur der *objektive Idealismus*, auch Hegels spezifisch strukturierter und dialektischer *Prozess des Verstehens* erscheint als ein Erfordernis, um die (schwach) holistischen Beziehungsstrukturen zu begreifen. Diese Strukturen sind Hegel zufolge implizit im Begriff einer Welt enthalten, die *bestimmtermaßen* in einer Weise verfasst ist und nicht anders. Wenn wir einen zentralen Strang des hegelschen Idealismus[49] in dieser Struktur verorten,

48 Es ist insbesondere bemerkenswert, dass in dieser Skizze eine Erklärung des folgenden Punkts fehlt: Wie garantiert der Umstand, dass das Subjekt in einen Prozess der Überarbeitung seiner material miteinander unvereinbaren Verpflichtungen eintritt, dass wir diese Verpflichtungen als etwas auffassen können, das eine durch objektive Beziehungen materialer Unvereinbarkeit gegliederte Welt vorstellt (repräsentiert, auf sie Bezug nimmt, sich für seine Richtigkeit ihr gegenüber verantwortet)? Hegel beginnt diesen Punkt in der »Einleitung« in die Phänomenologie auszuführen. Es geht dort darum zu erklären, wie die repräsentationale Dimension der Begriffsverwendung aus dem Prozess der Berichtigung der eigenen Verpflichtung entspringt, mithin, wie sich die Beschäftigung mit der *Referenz* aus der Beschäftigung mit dem *Sinn* sowie der hier betrachteten Form der Abhängigkeit des Sinns ergibt. Ich gehe andernorts hierauf ein.

49 Ein anderer Strang ist der von mir so genannte »begriffliche« Idealismus. Grob gesagt, verstehe ich den *absoluten* Idealismus als das Produkt aus objektivem und begrifflichem Idealismus. Der begriffliche ist jene Form von Idealismus, die ich oben in Kap. 8 unter dem Slogan diskutiert habe »Die Einheit und Struktur des Begriffs ist dieselbe wie die Einheit und Struktur des selbstbewussten Selbst«. Aus Sicht des aktuellen Kapitels ist er das, was wir erhalten, wenn wir die verstärkte Variante der Einsicht Harmans noch ein weiteres Mal anwenden und damit subjektive Prozesse und objektive Beziehungen so auffassen, dass sie sich nicht wie Elemente einer Beziehungsstruktur zueinander verhalten, sondern selbst wieder wie die Momente eines Prozesses. In dieser Deutung des Verhältnisses von objektiven Beziehungen und subjektiven Prozessen wird dieses Verhältnis nicht den Beziehungen zwischen Gegenständen nachgebildet, sondern den Prozessen, die sich bei den Subjekten finden. Innerhalb *dieses* Prozesses umfasst das »für An-

werden dadurch, wie mir scheint, sowohl Hegels Denken als auch die Fragen, die ihn umgetrieben haben, erhellt.[50]

dere« der zweiten Phase schließlich das Verhältnis zwischen dem Objektiven und dem Subjektiven. Das aber gehört nicht hierher.

50 Ich danke John McDowell, der mir geholfen hat, die verschiedenen Fäden dieses Arguments zu entwirren und zu erkennen, wie genau jene Auffassung charakterisiert werden muss, die ich hier zu rekonstruieren und Hegel zuzuschreiben versucht habe.

Textnachweise

Die Kapitel des ersten Teils – »Normen, Selbste, Begriffe«, »Autonomie, Gemeinschaft, Freiheit« und »Geschichte, Vernunft, Wirklichkeit« – sind auf Englisch erschienen in Robert B. Brandom, *Reason in Philosophy. Animating Ideas*, Cambridge, Mass./London 2009, Kap. 1-3.

Die Kapitel des zweiten Teils – »Begriffsrealismus und die semantische Möglichkeit von Erkenntnis«, »Repräsentation und die Erfahrung des Irrtums« und »Entlang des Weges der Verzweiflung in den bacchantischen Taumel« – werden hier erstmals veröffentlicht. Ihnen liegen Vorlesungen zugrunde, die Robert Brandom 2011 an der Ludwig-Maximilians-Universität in München gehalten hat.

Das siebte Kapitel – »Skizze eines Programms zu einer kritischen Hegellektüre« – ist auf Englisch erschienen in: *Internationales Jahrbuch des Deutschen Idealismus* 3 (2005), S. 131-161. Eine gekürzte Version des Textes erschien bereits auf Deutsch (in der Übersetzung von Karsten Kleber, die jedoch für den vorliegenden Band stark überarbeitet wurde) in: Reinhard Hiltscher und Stefan Klingner (Hg.), *Georg Wilhelm Friedrich Hegel*, Darmstadt 2012, S. 39-66.

Das achte und das neunte Kapitel – »Einige pragmatistische Themen in Hegels Idealismus« und »Holismus und Idealismus in Hegels *Phänomenologie*« – sind auf Englisch erschienen in Robert B. Brandom, *Tales of the Mighty Dead. Historical Essays in the Metaphysics of Intentionality*, Cambridge Mass./London 2002, Kap. 6 und 7. Eine Übersetzung des achten Kapitels erschien bereits in: *Deutsche Zeitschrift für Philosophie* 47.3 (1999), S. 355-381. Das Kapitel wurde aber für den vorliegenden Band neu übersetzt.

Register

Immanuel Kant
im Suhrkamp Verlag

Werkausgabe

stw-Werkausgabe in zwölf Bänden. Herausgegeben von Wilhelm Weischedel. (Die Ausgabe ist text- und seitenidentisch mit der 1968 erschienenen zwölfbändigen Theorie-Werkausgabe.) 12 Bände mit Gesamtregister in Kassette. 5245 Seiten. Die Bände sind auch einzeln lieferbar

- Band I: Vorkritische Schriften bis 1768/1. stw 186. 524 Seiten

- Band II: Vorkritische Schriften bis 1768/2. stw 187. 519 Seiten

- Band III/IV: Kritik der reinen Vernunft. Zwei Bände. stw 55. 724 Seiten

- Band V: Schriften zur Metaphysik und Logik 1. stw 188. 384 Seiten

- Band VI: Schriften zur Metaphysik und Logik 2. stw 189. 327 Seiten

- Band VII: Kritik der praktischen Vernunft. Grundlegung zur Metaphysik der Sitten. stw 56. 302 Seiten

- Band VIII: Die Metaphysik der Sitten. stw 190. 896 Seiten

- Band IX: Schriften zur Naturphilosophie. stw 191. 172 Seiten

- Band X: Kritik der Urteilskraft. stw 57. 468 Seiten

NF 130/1/6.09

- Band XI: Schriften zur Anthropologie, Geschichtsphilosophie, Politik und Pädagogik 1. stw 192. 404 Seiten

- Band XII: Schriften zur Anthropologie, Geschichtsphilosophie, Politik und Pädagogik 2. Register. stw 193. 532 Seiten

Schriften zur Ästhetik und Naturphilosophie. Herausgegeben von Manfred Frank und Véronique Zanetti. Zwei Bände und ein Kommentarband. stw 1517. 1400 Seiten

Theoretische Philosophie. Textausgabe und Kommentar. Herausgegeben von Georg Mohr. Drei Bände und ein Kommentarband. stw 1518. 1500 Seiten

NF 130/2/6.09

Georg Wilhelm Friedrich Hegel im Suhrkamp Verlag

stw-Werkausgabe in zwanzig Bänden. Redaktion: Eva Moldenhauer und Karl Markus Michel. Mit einem Registerband. (Die Ausgabe ist text- und seitenidentisch mit der 1969 ff. erschienenen Theorie-Werkausgabe.) 12618 Seiten

Die Bände sind auch einzeln lieferbar

1: Frühe Schriften. stw 601. 637 Seiten

2: Jenaer Schriften. 1801-1807. stw 602. 593 Seiten

3: Phänomenologie des Geistes. stw 603. 599 Seiten

4: Nürnberger und Heidelberger Schriften 1808-1817. stw 604. 623 Seiten

5: Wissenschaft der Logik I. Erster Teil. Die objektive Logik. Erstes Buch. stw 605. 457 Seiten

6: Wissenschaft der Logik II. Erster Teil. Die objektive Logik. Zweites Buch. Zweiter Teil. Die subjektive Logik. stw 606. 575 Seiten

7: Grundlinien der Philosophie des Rechts oder Naturrecht und Staatswissenschaft im Grundrisse. Mit Hegels eigenhändigen Notizen und den mündlichen Zusätzen. stw 607. 531 Seiten

8: Enzyklopädie der philosophischen Wissenschaften im Grundrisse 1830. Erster Teil. Die Wissenschaft der Logik. Mit den mündlichen Zusätzen. stw 608. 393 Seiten

NF 115/1/6.09

9: Enzyklopädie der philosophischen Wissenschaften im Grundrisse 1830. Zweiter Teil. Die Naturphilosophie. Mit den mündlichen Zusätzen. stw 609. 539 Seiten

10: Enzyklopädie der philosophischen Wissenschaften im Grundrisse 1830. Zweiter Teil. Die Naturphilosophie. Dritter Teil. Die Philosophie des Geistes. Mit den mündlichen Zusätzen. stw 610. 432 Seiten

11: Berliner Schriften 1818-1831. stw 611. 432 Seiten

12: Vorlesungen über die Philosophie der Geschichte. stw 612. 568 Seiten

13: Vorlesungen über die Ästhetik I. stw 613. 546 Seiten

14: Vorlesungen über die Ästhetik II. stw 614. 462 Seiten

15: Vorlesungen über die Ästhetik III. stw 615. 578 Seiten

16: Vorlesungen über die Philosophie der Religion I. stw 616. 442 Seiten

17: Vorlesungen über die Philosophie der Religion II. Vorlesungen über die Beweise vom Dasein Gottes. stw 617. 540 Seiten

18: Vorlesungen über die Geschichte der Philosophie I. stw 618. 560 Seiten

19: Vorlesungen über die Geschichte der Philosophie II. stw 619. 600 Seiten

20: Vorlesungen über die Geschichte der Philosophie III. stw 620. 566 Seiten

NF 115/2/6.09

Einzelausgaben

Die Philosophie der Kunst. Vorlesung von 1826. Herausgegeben von Annemarie Gethmann-Siefert, Jeong-Im Kwon und Karsten Berr. stw 1722. 297 Seiten

Die Philosophie des Rechts. Vorlesung von 1821/22. Herausgegeben von Hansgeorg Hoppe. stw 1721. 237 Seiten

Zu Georg Wilhelm Friedrich Hegel Eine Auswahl

Materialien zu Hegels ›Phänomenologie des Geistes‹. Herausgegeben von Hans Friedrich Fulda und Dieter Henrich. stw 9. 445 Seiten

Materialien zu Hegels Rechtsphilosophie. Herausgegeben von Manfred Riedel. Band 1. stw 88. 437 Seiten

Der Weg zum System. Materialien zum jungen Hegel. Herausgegeben von Christoph Jamme und Helmut Schneider. stw 763. 307 Seiten

Herbert Schnädelbach (Hg.). Hegels Philosophie – Kommentare zu den Hauptwerken. Drei Bände.
stw 1475-1477. 1500 Seiten

- Band 1: Ludwig Siep, der Weg der »Phänomenologie des Geistes«. stw 1475 384 Seiten
- Band 2: Herbert Schnädelbach, Hegels praktische Philosophie. stw 1476. 400 Seiten
- Band 3: Hegels »Enzyklopädie der philosophischen Wissenschaften« (1830). Von Hermann Drüe, Annemarie Gethmann-Siefert, Christa Hackenesch, Walter Jaeschke, Wolfgang Neuser und Herbert Schnädelbach. stw 1477. 568 Seiten

NF 115/3/6.09